U0455423

燕京论坛
2014

Yanjing Forum 2014

首都师范大学文学院/编

社会科学文献出版社
SOCIAL SCIENCES ACADEMIC PRESS (CHINA)

目 录

文艺学、古代文学及其他

时间：2014 年 3 月 17 日（周一）14：30

地点：首都师范大学北一区文科楼 603 学术报告厅

主讲人简介

张伟　哲学博士，鲁迅美术学院文化传播与管理系主任、教授、博士生导师，教育部高校艺术学理论类教学指导委员会委员、中国文艺家联合会文艺思潮研究基地首席专家、全国艺术学学会常务理事。长期从事文化理论、美学和艺术理论教学及研究，撰写专著、主编和参编各类教材和著作 13 部，主持国家哲学社会科学基金项目及辽宁省社科基金项目多项。

主持人（王德胜）　今天我们邀请的是来自鲁迅美术学院文化传播与管理系主任张伟教授。张老师曾经在 2012 年的时候来过一次。张老师这几年主要是在做文艺学研究和文化创意策划之类的工作，今天主要讲一下文艺学研究的方法论问题。

谈文艺学研究的方法论问题

张　伟

王教授是全国响当当的教授，所谓名师出高徒，和名师的高徒一起交流，心理压力很大，也很忐忑。这次讲座主要来谈论文艺学的研究方法，讲这么几个问题：第一，什么是文艺学研究方法；第二，反思文艺学认识论的方法；第三，建构本体论的研究方法。所谓哲学本质就是方法问题，任何重大成就的取得都是原有方法的突破和新方法的创立。从某种意义上说，我的一个感受就是研究生期间的学习就是确立一种方法，这是很关键的。因为假若你读博，将来写博士论文，绪论里边其中有一部分要谈到文献综述，就是你所谈的问题前人研究到哪儿；还有研究对象，也就是我这个论文研究什么东西；再者就得谈研究方法。这些是前言当中绕不开的几个问题，很多同学在谈研究方法的时候说自己用到了现象学方法、调查学统计学方法、逻辑历史统一方法，等等，说了很多，但没有完全理解这些方法的含义。

实际上，我们的一个基本观点方法在学术研究中至关重要，因为在研究中方法变化以后整个结论就会发生变化，比如我念大学的时候老师给我们上课，说《红楼梦》写了四大家族衰亡史、写了阶级斗争发展规律，你们听没听过这样的话，现在还这样讲吗？说《红楼梦》写四大家族衰亡史、写阶级斗争发展规律，是新中国成立几十年来一直讲的。这种方法是什么呢？就是马克思的阶级分析方法。你要换个方法来研究呢？比如说用宗教学研究方法，我会说《红楼梦》写了什么，就是由聚到散的过程，那就是什么史湘云、林黛玉都到大观园来了，最后都死的死、逃的逃、亡的亡。一旦方法发生变化结论就不一样，所以我的一个观点就是说研究生学习期间，形成研究方法至关重要，因为它涉及一个进入你研究领域的路径。你们看没看过电影《红高粱》？那是张艺谋拍的电影。这电影你用阶级分析方法就分析不了，那里面有个抗日英雄是个土匪，被日本人扒皮了。姜文就是个轿夫，抬着一个新娘然后看人家小腿儿挺白，到了地里就起歹心把人强暴了，然后他还在高粱地里边踩出一个像祭坛一样的圆圈。这要是用传统的阶级分析方法就分析不了，它主要写的是一个人的生命的问题，是从文化学的角度来研究人的生命问题。所以说呢，任何一种方法的变更都会带来结论上的变化。

人类近代史三大思想家，弗洛伊德、爱因斯坦、马克思。弗洛伊德完成了心灵领域的革命，爱因斯坦完成了自然领域的革命，马克思完成了社会领域的革命。弗洛伊德的贡献就在于他将精神分析的方法归于他创立的潜意识理解，爱因斯坦把成功的秘诀用公式表现出来：成功等于艰苦的劳动加正确的方法加少说废话，所以方法对我们来说是至关重要的。

简单地理解方法是什么？方法就是为了达到某种目的所采取的方式手段的总和。目的是要过河，是架桥还是渡船还是游过去，这就是方法，就是为了达到目的所采取的方式手段。所以文学研究方法就是研究文艺过程当中所用的手段方式的总和，是我们当代文艺理论研究中应该首要解决的问题，它不仅影响到对文艺理论的理解，而且也决定着文艺理论研究方向。

前面简单地说了一下对方法的理解和意义，现在我重点来讲一下后面两点：第一个是反思文艺学认识论研究方法，第二个是建构文艺学研究的本体论方法。为什么要讲这个，就是因为我们现在的文艺理论依然还是认识论的体系，依然是"文艺是对生活的反映，生活是文艺的源泉"这样的理论观点。它的哲学基础还是认识论的方法，从新中国成立以来到今天一直是认识论。我正在编一本艺术学理论的书，北京大学出版社将出版，就是想着从本体论角度来重新梳理一下艺术理论这个问题。

一

目前文艺理论的研究方法是建立在马克思主义认识论基础之上的，对研究文艺的主客体关系、研究文艺对生活与艺术的关系上发挥了很大作用，但是它也确实带来很多问题，这些问题我概括成三点：第一是本质主义立场，第二是二元对立思维，第三是对待科学技术的至尊态度。

其一，我们要做的就是反思本质主义的立场。在传统的文艺理论中，文艺本质被认为是在文艺后面决定文艺特性的根本性质。对文艺本质首先发难的是尼采，他认为本质对于文艺来说是没有价值的，却一度被赋予和赠予价值。而他认为更有价值的是艺术的精神，也就是大家所熟知的"日神精神"和"酒神精神"。

同时，在这个对本质论反思过程中，20世纪发生的"语言学转向"起到了重大的作用。"语言学转向"是把语言问题作为哲学研究的基本对象，把语言本身的一种理性知识提高到哲学基本问题的地位，大家可能听说过还有什么文化学转向、视觉转向……那么，什么叫"转向"呢？人类思想史上的一次重大的变革就叫转向。最早的转向从认识论开始，笛卡尔提出"我思故我在"，引发了"认识论转向"。继西方近代"认识论转向"之后，20世纪发生的"语言学转向"起到了重要的作用。"语言学转向"是指把语言问题作为哲学研究的基本对象，也就是把语言本身的一种理性知识提升到哲学基本问题的地位。索绪尔在《普通语言学教程》中把日常生活语言称之为"言语"，它是个别文化现象，因而显示出无序的状态；"语言"是群体文化现象，自身具有系统性和结构性，是一个"自足自律"的实体。

这样，就把"语言"赋予了本体的意义，而不再是仅用来传达思想的工具。索绪尔有几个概念，"言语"和"语言"，还有"能指"和"所指"，一提到这些概念指的就是结构主义的概念。

过去我们认为语言是表达思想的工具，现在，从"语言学转向"开始，语言被赋予了存在的地位，所以海德格尔有句话叫"语言是存在之家"，伽达默尔也有一句话"能被理解的存在就是语言"，实际师徒两人说的是一个意思，就是绝不再把语言置于仅仅是一种工具这样的地位。所以索绪尔的语言学为维特根斯坦的思想奠定了基础，他讲"语言活动就和游戏一样没有共同特征，也没有本质。同一语言在不同的语境中具有不同的意义"。海德格尔也对本质论提出了反对意见。《哲学的终结和思的任务》中说哲学终结以后留给"思"的任务就是走向事物本身，"思"当下与之打交道的东西，不是现象背后的"本质"。

那么我们说文艺的本质主义立场的局限表现在哪儿呢？第一，本质主义立场将终极本质和现象对立起来，认为终极的存在是唯一真实的存在。这样，文艺的本质是真实的，而文艺的现象是虚假的。这是柏拉图以来的"理念论"的延续和发展。第二，本质主义立场将本质的存在和人的存在对立起来，把以人学为旨归的活生生的文艺存在看成了远离人和生活世界的存在。第三，本质主义立场追求绝对的客观性，其实在文艺中这种绝对客观性是根本不存在的。我们总是强调寻找事物背后的那种所谓绝对客观的东西，我们把这种思维方式称为客体性思维。卡西尔也反对本质论，强调功能论。他认为没有一个所谓的人的本质问题，你们看他的《人论》，他就讲人的本质是由一个圆圈构成的，语言、哲学、艺术、历史、宗教，构成一个圆圈，构成人的一个本质的东西，所以现在我们有一个思维方式就是强调功能性的思维，反对单一线性的实体性思维，本质主义就是单一线性的实体性思维的产物。第四，本质主义立场是建立在科学思维基础之上的，把本质当作局限在认知领域中的认识，这样就把文艺变成了科学。文艺本体论不仅包括文艺是什么的问题，而且包括文艺的意义问题，这是科学的知识论所无能为力的。这是我们讲的第一个问题，就是反思这种认识论导致的本质的思维，包括你们的王教授、陶东风老师也在全力反对这种本质主义的东西。

其二，就是反思二元对立的思维方式。本体论本身不是什么新鲜的东西，到了笛卡尔那儿发生了一个认识论的转向，这种转向就是他把"我"

作为预设的前提从对象当中分离出来，形成了主客对立的东西、二元对立的东西，这个对深化人的认识是有意义的，但是我们反对把认识论提升到了一种无以复加的程度。而现在不仅是本体论在复兴，形而上学也在复兴。过去哲学怎么说的呀？以静止的、片面的、不变的观点看待事物的方法就是形而上学，对吧？"形而上者为之道，形而下者为之器"，所以形而上学就是哲学。我们现在强调辩证法，对应的是形而上的东西，辩证法可以分析事物，但它解决不了终极的问题，解决不了信仰的问题。为什么我们共产主义信仰到现在还没有建立起来，其中很要命的就是因为这种信仰要人们相信"使劳动成为第一需要，使物质极大丰富"，把物质作为一个预设的前提，让人去信仰，但是它忘记了物质丰富以后人的精神向何处去的问题。现在不是都流行"都去哪儿了"吗？这些天人们最闹心的就是"飞机去哪儿了"（马来西亚飞机失联事件），实际现在我最担心的是"人的精神去哪儿了"，原因就是我们把物质的东西强调到了无以复加的地步，这是我们的问题所在。所以从某种意义上说形而上学就是形而上者为之道的哲学。人的信仰、人的终极问题，这些都是形而上学的问题，而不是我们平常过去哲学书上所说的什么静止的片面的不变的观点看问题是形而上学。我给研究生上课最主要就是让他们反思我们过去几十年来所形成的根深蒂固的东西。

建立在认识论基础上的文艺学带来的问题就是二元结构对立的一种思维方式。

第一就是内容与形式的结构的二元对立，就是指我们今天把文艺作品分为内容形式两部分且隔离开。韦勒克就说过，"把一件文艺品分割成两半：粗糙的内容和附加于其上、纯粹的外在形式。显然一件文艺品的美学效果并非存在于它所谓的内容中"，这是韦勒克和沃伦的《文学理论》中所说的一句话，是新批评的观点。这种二元对立的思维仍是今天课堂中占统治地位的方法，就是内容和形式的二分法。重内容轻形式，因为否定内容而否定文艺作品的存在价值，这都是问题。所以到了后现代主义代表德里达就是强调要来一个颠倒：你不是重内容轻形式吗，我就强调重形式轻内容。他为了颠覆目前的占统治地位的流行的观念，给你来一个彻底的颠倒，给你调过来。其实我们现在研究的实际就是重内容轻形式，我们没有完全理解西方"形式"的概念，大家可能知道亚里士多德提出"四因说"：第一个是材料因，第二个是目的因，第三个是动力因，第四个是形式因。在

"四因说"中的"形式因"中对"形式"是怎么下定义的呢？他是这样给"形式"下的定义的："形式是事物构成的力量"。这完全不同于我们今天所谓的形式，我们今天怎么定义"形式"？"形式是为内容服务的外在的形态和组织"。

第二就是文学和文化的学科二元对立。文学与文化属于不同学科，但是在这两个学科之间，文学就是文学，文化就是文化，两者完全不相容的观点也是值得反思的。文化研究和文学研究的争论就是典型的二元对立思维模式的表现。在当下文学理论研究的领域中正进行着一场文化研究和文学研究的争论。一批年轻学者针对文学理论的研究现状表现出了强烈的反思精神，认为改革开放以来的文学理论界在拨乱反正中起到了思想解放的先锋作用，但是历史发展到今天，面对"全球化"的浪潮，再固守原来的理论模式，已经不能适应时代的要求，需要对文学理论再反思。他们主张在以消费为特征的"图像"时代，要对传统的本质主义的研究加以超越，以适应文化转向的需要，要打破传统研究的疆界，扩展研究的对象和领域。这些主张被另一些学者称为文学理论研究的"越界"。他们认为文艺学就是以文学活动和文学问题为研究对象，否则文艺学学科就不能成立。这场争论表面看来是文学理论边界之争，其实涉及了对于文学理论自身的反思问题。学者们认为文学理论边界之争源于审美的泛化已经成为一个不争的现实。应该认识到我们今天所说的文学理论不是传统意义上的文学理论，而是在文化研究语境中的文学理论，不能对文化研究的范式视而不见，不能再局限于文学是文学、文化是文化的二元对立的思维模式当中。

第三就是反思科学至尊态度。文艺研究向科学靠拢，强调文艺的知识性在当下中国的文艺理论教学和科研中已经形成惯例。知识是科学研究的对象，文艺是精神现象而不是科学。同样，文艺理论也不是科学，而是一门人文学科，这应该成为我们的共识。但是，在文艺理论研究中，总有些人试图把文艺理论当作科学来看待。科学思维仅仅是人类思维的一种，把它提高到最高的地位是科学霸权的表现。卡西尔就认为知识论立场是科学霸权不断发展的产物，他在《人论》中讲科学渗透了生活的各个层面，处于文化的霸权地位。科学仅仅是人类把握外在世界的工具，对科学的强调就等于放弃了对内在世界的探索。科学使人失去精神性，因为它无法提供生存的意义。因为科学一方面给我们带来了极大的物质便利，但同时也带来了灾难，科学并不是万能的。原子弹的威胁、今天的沙尘暴问题、雾霾问题等，这就是科学带来的额外东西。科学技术发展可以解释外在的空间，但是解决不了什么呢？解决不了人的信仰问题，解决不了价值问题，解决不了生活意义问题，这是科学所不能解决的。所以我们现在的价值缺失、信仰危机，和过分强调科学不能一点关系都没有。我们今天没有别的思想理论统治世界我们就用科学来统治，宗教盛行的时候用上帝来统治，今天谁反科学谁就是大逆不道，我们现在没有可信的只能信这些东西。所以我一直反对"文艺学是科学"这个提法。

那么海德格尔同样也反思了这个问题。他看到了哲学向科学靠拢的结果是哲学的地盘几乎被科学全部占领，人文价值正受到科学技术的威胁。他说："技术思想占支配地位"，"技术理性消解了人性"，"科学技术破坏了'和谐'"。这是海德格尔在《诗·语言·思》里面讲的话。利奥塔作为后现代主义代表人物，也认为近代以来哲学和科学一直处于相冲突的状态。科学认为叙事无法用证据证明自己的合法性，于是不断地步步紧逼，要叙事出让自己的地盘，成了文化帝国主义的主宰者。叙事则不断地容忍和退让，而放弃了维系"宏大叙事"的功能。科学霸权的结果是单一的话语导致生活的平面化和人文关怀的缺失，从而也使哲学出现了空前的危机。

所以我们就看到当代的思想家们都对科学目前的这种状态这种霸权地位表示了不满，那么文艺研究的界限在哪儿？我们可以肯定地说文艺不是科学，它的研究对象也不是规律、知识，而是意义、价值、象征和启示等范畴，这些是科学无法解决的问题。反思文艺研究中的科学至尊的态度，其实质是为文艺研究留下自由的天地，为文艺的研究者提供广阔的创造的空间。

二

我们的传统的文艺理论，就是你们在大学里学的文艺理论，基本都是建立在认识论基础之上的。反思文艺研究中的知识论"前提"，不是让文艺研究走向虚无，而是在文艺研究中确立生存本体论的理论前提。

那么讲几个常见的概念。一个就是"本体"的概念，在人类思想史上关于"本体"有过种种不同的规定，如古希腊哲学、近代哲学和古典哲学等都把本体规定为"存在""实体""绝对""理性""上帝"等。现代哲学对本体也有过种种不同的消解，也有种种不同的建构，如叔本华把"生存意志"作为世界的本体，尼采把"权力意志"作为世界的本体。这种本体论是对人类生存问题的关心。那么什么是本体？本体是本体论的对象，是建构逻辑体系并保证其自足性的逻辑基础，换言之，本体论是以本体为基础的自明自足的逻辑体系。对本体的追求源于人们对生存的"终极关怀"的渴望，因为人要超越自己的有限性而达到无限的理想境界。人类思维总是立足于现实又超越现实，生活在有限中又去追求无限。恩格斯把这种思维特性称为"至上性"。然而，由于现实的有限性使人类无法到达理想的彼岸，于是人类有了"终极"的理念，希望通过"终极"来到达理想的境地，从而实现人的自由。从这个意义上说，本体就是一种"终极"的承诺。

本体和本质有区别，这是我自己的观点，不一定对。我们就是试图做出区别，有人说它们是一样的，我认为是有区别的。在传统本体论那里把"本体"等同于本质，认为本质是共相，是从内容和形式中抽取出来的共有的特性，它存在于一切事物之中。它表示事物的普遍联系，因而是事物的相对稳定的方面。与本质相对立的是事物的现象，是处于经常变异的现实中出现的实际状貌。这种本质论认为有一个决定事物存在的本质即是无所是的东西，以此与其他事物的现象相区别。现代本体论认为"本体"是从人的生存出发的一种目的论的思维假定，是逻辑的承诺和建构。"本体"体现了"生成"的动态性，以区别于"已成"的本质规定性，生成、已成这个词我是在读斯宾格勒时读到的，他有一本书《西方的没落》，英文本里面有两个词，已成叫 become，生成叫 becoming，是一个动态的过程，本体、存在、思维存在，是在于它是一种悬设生成，悬设也就是承诺，后面我要解释这个概念，"本体"的建构是为了给人的生活世界提供安身立命之所。这样，本体论的问题就成了人与生活世界的存在的价值和意义的问题。"本体"没有本质只有意义，其意义出现在"本体"的敞开的过程之中。

文艺本体和文艺本质不同，它既不是对文艺的共性的规定，也不是对文艺的普遍联系的抽象，而是对生存的终极意义的承诺。对生存的终极意义的承诺就是对生存的终极价值的承诺，这就是"本体论"的问题，必须通过本体论阐释来加以完成。

这里的本体论，不是传统意义的实体本体论。我前面说过，传统意义的本体论就是古希腊的本体论叫实体本体论，也叫自然本体论，现在复兴的本体论叫生存本体论，本体论的复兴说明近代认识论转向之后哲学的许多问题都依赖于本体问题的合理解决，这是很关键的一步，本体论复兴是哲学观念的当代变革，是哲学自身发展的再一次否定之否定的上升。这种复兴是由海德格尔完成的。他的目的是通过对"在"的把握去认识存在，但不是对"存在是什么"问题的追问，而是对"存在是如何存在"的问题的追问，即追问存在的意义问题。康德最苦恼的事情是如何"把握外在世界的实在性"的问题。海德格尔认为"我"不在世界之外，世界也不在"我"之外，两者是一体的存在。这其实就是道家的"物我同一"的状态。海德格尔以"此在"于时间境域的展开来进行形而上学的追问"为什么在者在无反倒不在"，对"无"的追问显然是非科学的，理应是哲学的问题。科学只问"在者"，哲学才能问"无"。因为"无"是科学所达不到的，所以，谈论"无"是一种智慧，也是一种人生境界。人们要谈论"无"只能用非科学的方式如文艺、哲学等来进行。这里他完成了从认识论到现代本体论的转换。

本体论复兴还与奎因有关。奎因认为任何理论家都有某种本体论的立场，都包含某种本体论的"前提"。奎因对本体论的新的理解，改变了形而上学的命运，重新确立了本体论的地位。他是怎么说的呢？他认为本体论就是"何物存在"的问题。但是，这里有两种截然不同的立场：一种是本体论事实问题即"何物实际存在"，这是时空意义上的客体存在；另一种是本体论承诺，即"说何物存在"问题，这是超验意义上的观念存在。后面我还要涉及这一点，是观念上的还是时空意义上的，奎因他说的任何思想家都是在言说"何物存在"的问题，说"何物存在"就是一个承诺问题，就是一个悬设问题，大家一定要注意这么两个词——"悬设"和"承诺"。我刚才谈到方法论之于我们它的重要意义在哪儿，我们所有的研究都是从我们自己的立场出发的一种言说和承诺，都是这个东西，一种悬设，一种承诺。问题是需要我们读研究生期间、读博士期间找到这种言说方式，这种言说方式找到了这就是你自己的东西，一生受用的东西。但是这东西也挺难，我带研究生我就要求他们读书，要求他们必读的中国的三本书就是《道德经》《论语》《庄子》，要读一学期，每个礼拜让他们来汇报，然后每读一本书写一篇作业；西方就是柏拉图的《文艺对话集》、亚里士多德的《诗学》、黑格尔的《美学》、康德的《判断力批判》，还有海德格尔有一本书叫《林中路》，这几本书必读。接着说奎因，奎因否定了传统本体论的概念和知识论立场上的方法，认为并没有一个实际存在的客观本体。他把传统本体论转换成了理论的约定和承诺。这样本体承诺就不是一个与事实相关的东西，而是与语言有关的东西，是思维前提的建构问题，还是一种信念和悬设的问题，所以我们经常看"承诺"和"悬设"这两个词，因为我们任何的理论思考实际上都是一种承诺和悬设的问题。我们所说的本体论是一种现代本体论，前面说了古希腊的本体论是一种实体本体论或者叫自然本体论，我们所说的"生存本体论"是指将人的生存作为本体承诺的意义。因为只有人的存在才有人的世界，才有本体论的存在。生存本体论是把人的生存作为本体承诺表现的此在，此在就是人的存在。生存本体论的对象是人的生存世界或者说是"生活世界"。"生活世界"是精神本体论承诺的本体基础，为"应该"的生活提供"前提"和根据。永恒的本体是不存在的，活生生的本体永远呈现于生活世界之中。黑格尔以"绝对精神"为本体，但他的绝对精神属于彼岸的理性，缺乏现实的人文关怀也缺乏与生活世界的联系。胡塞尔发现的"生活世界"既不是物理的世界也不是纯心灵的世界，而是此在的本真的世界，并使生活世界进入了本体论的视野。那么我提出一个概念叫"以悟觉的方式"，这不一定对，"以悟觉的方式"在时间的境域中追问存在的意义。"悟觉"是此在的理解方式，"此在"就是人的存在，人的存在和动物的存在的区别在于他具有悟性。悟觉和感觉还不一样，感觉是非理性的，完全感性的；而悟觉背后有理性的内容，是人类生活本身始源性的特征，体现为人类生活的整体状态。中国美学以悟觉的方式追求天人合一，即以天的本体合于人的存在，体现了生生不息的生存精神。

其实当今世界上学术界有两个前沿性的东西：一个是法国的，一个是德国的。法国的就是后现代主义，你看德里达、福柯、利奥塔这些后现代主义后学们，他们都是法国的；德国还是在海德格尔、伽达默尔这里。法国是后现代主义的大本营，德国还是在生存本体论的意义上，它实际还是新康德主义的东西，它不是黑格尔的传统，所以我们说反思认识论以后要确立一种本体论的思路。大家记住，一切人文学科的研究，其出发点和落脚点都是人，我们现在、过去的研究中有一点就是对人的忽视，不仅在做研究时，现实生活中也是一样。我一直强调，"人"是我们所有研究的出发点。所以说，我讲课就是"呼吁对人的尊重"，要确立一种本体论的东西。我曾经说过生成本体论问题和后现代主义问题是当代学术的两个前沿问题，当然这观点不一定完全对，但是我觉得这两个问题是值得我们关注的。所以走到生成本体论这儿，我认为起码在方法上已经站在了学术的前沿。

三

为什么要确立本体论的研究方法呢？我觉得是创新的需要，为了文艺理论的创新。这么多年我一直进行文艺理论元理论的研究，也一直关注文艺理论创新问题。因为这里面涉及一个新问题：建设新的文艺理论，需要文艺学观念的更新。只有更新观念，才能创新。这里就有一个解释学上讲的"解释循环"问题。文艺学要创新是对的，但是如果我们用传统的思维去创新，这是不可能的，这是一个悖论。所以要创新文艺理论，必须要有新的思维模式、思维方法，而这种思维方法我认为就是一个生成本体论的问题。

所以我们反思、批判认识论，确立本体论的目的是什么，目的就是推进文艺理论研究的深入发展和创新。所以从这个意义上说，文艺学不仅是对客观规律和文艺现象的概括和总结，而且是一种创造的思维活动，是对文艺本体论承诺的结果。这个时候，大家在看到"承诺""悬设"这些词后就不陌生了。

那么，文艺学不是对文艺现象的单纯概括和总结，而是一种理论创造，其理论前提有一个"逻辑先在性"的问题。逻辑先在对应的是时间先在。先有文艺实践，后有文艺学，文艺学只能是对文艺实践的概括和总结，这是我们过去的传统的艺术理论所讲的。"理论是灰色的，生命之树常青"，这是歌德说的一句话。先去做然后再去思考，这是经验社会的"时间先在性"逻辑，所以大家注意两个概念：一个叫"时间先在性"，一个叫"逻辑先在性"。

如果按经验世界的时间先在性逻辑推演下去，文艺学就永远跟在文艺实践后面爬行，就好比黑格尔说的"小虫追大象"一样没有意义。康德把时间看作逻辑的概念而不是经验的概念，是"形而上学的说明"。黑格尔的《小逻辑》里也讲哲学以思想为对象，而不是以经验为对象。美学也是一样，美学和文艺理论的区别在哪儿，我认为美学是哲学，是以思想为对象的，和经验无关。在现实中，我们往往把时间理解为经验的概念。海德格尔在《存在与时间》里面，将我们一般认为的时间概念称为"流俗"的观念，在他看来时间不是匀速流逝着的存在者，而是不断涌现的"当前化"的创造性的过程。他把"在"和"时间"看作同一性的问题。"在"并不是一个时间性的问题，而是一个逻辑性的概念。海德格尔在《形而上学导论》的开篇就说："为什么在者在而无反倒不在？"这是里面的第一句话，也是所有问题中的先在的和首要的问题。这里的"先在"不是时间上的先在，而是逻辑上的先在。海德格尔认为这个问题之所以重要，是因为首先它是最广泛的问题，而说它广泛是因为它不为任何一种"在者"所限制，所谓"在者"即一切现实的存在。其次，它是最深刻的问题，因为它不是对"在者"的追问，而是对"在者"的根据的追问。最后，它是最原始的问题。因为它抛开个别的"在者"去追问"在"的整体。这样就提出一个"逻辑先在性"的问题。就思维和存在的关系来说，先有存在后有思维，这个连农夫都明白的道理，却在康德、海德格尔那里成了问题，难道他们愚蠢到连普通人都不如的地步吗？"时间先在性是经验问题，逻辑先在性是理论问题"。这是我在《文学评论》的一篇文章里发表的观点。黑格尔在《小逻辑》中认为哲学也包括一切理论都是以思想为对象的，是对思想的反思。经验是生活层面的内容，不能进入哲学的视野，所以，所有的理论都是逻辑性的。大家要记住这一点，所有理论都是逻辑性的，不是时间性的，不是经验性的。就"时间先在性"来说先有实践后有对于实践的总结，换言之，没有实践活动，就没有理论的产生；就"逻辑先在性"来说，理论是指导实践的，先有观念，后有事物的创造。

这样我们就理解康德提出的"人为自然立法"的含义所在了。康德的"哥白尼革命"的意义就在于他改变了传统的所谓"认识"的一种方法。"人为自然立法"不是像我们说的"向雾霾宣战"，不是向老天爷宣战，也不是说人为自然下什么律令，而是人类确立逻辑观念的先在。这里面涉及"真理观"的问题。在黑格尔那里，所谓"真理"是指人的认识与事实相符。我们今天所说的马克思的真理观也是这样。而到了康德那里，"真理"是指对象要符合人的认识。"对象要符合人的认识"和"人的认识要符合实际"这是两种截然不同的认识方式。"对象符合人的认识"是康德"人为自然立法"的另一种解说，是强调逻辑先在的一种观点。

逻辑先在作为已知判断，在海德格尔那里就是前理解，这种前理解不是理解者的主观预期，而是通过作为流传物的文本世界对理解者影响先验的进入理解者的存在。所以这样的理解者就不是文本世界的"他者"，而是共同参与理解的筹划活动，使理解成为可能。那么这种逻辑先在，在伽达默尔那里就变成了一种"前见"，"前见"即观念的先在性、逻辑的先在性。

伽达默尔甚至提出为"前见"正名，"前见"是一种在特定语境中主体受到传统影响而形成的意象性所要表现的某种可能性倾向，所以他说，"一切理解都包含着某种前见"。启蒙运动的一个基本口号就是"前见误用的消除"，要消除一切前见的误用，要符合实际。但是这种口号在伽达默尔看来，本身就是一种前见，这种前见不仅统治现实生活，而且指挥思想进程。

　　同样，逻辑先在性也体现在语言当中，语言哲学认为，任何交流创造都必须在语言当中进行。海德格尔说，"语言是存在之家"；伽达默尔说，"唯一能理解的存在是语言"。他们都把语言赋予了本体的地位。实际呢，"语言是存在之家"这句话就是康德的先验的概念。超验，就是超越经验，比如"鬼"谁也没见过。我小时候一回家就赶紧关门，就怕鬼跟进来。谁也没见过，那就是超验。先验，就是先于经验。我们过去批判唯心主义先验论是没有道理的。从语言学角度看，语言本身就是先于我们经验而存在的。所以我们现在要记住两个概念，一个叫"逻辑先在性"，一个叫"时间先在性"，时间先在是和经验联系在一起的，它不是理论的东西，不是理论的对象。理论是以思想为对象的，它是逻辑先在。所以康德的"先验"的概念、海德格尔的"前理解"的概念，伽达默尔的"前见"概念都有其合理性。我前面讲的方法的养成，实际就是读研究生期间确立研究文学的"先见"，确立研究文学的"前理解"，确立研究文学的"逻辑前提"。这对我们来说，是一个至关重要的问题。我们强调逻辑先在的意义，在于为文艺家（或者叫文艺理论家）的创造留下地盘。就像康德为科学划界，为信仰留下地盘一样。否则我们这些搞文艺学研究的就没有了创造的余地。因为我们只有确立理论研究是一种悬设、一种承诺而不是总结的时候，我们每个人的创造能力才能发挥。

四

　　最后，讲一下文艺本体论建构的意义。一个是文艺生存的本体论建构不是知识论的文艺的逻辑的分解，而是有机的生存领域的完整把握。这就是说，本质论把文艺放到了罗格斯下面任意的分解，把文艺的特性绝对化，或者归到"再现"，或者归到"表现"。这样的生存论的研究，逃避罗格斯的捕获，始终保持文艺的完整性。再一个呢，文艺的生存本体论的建构不是对文艺本体论自身的认识，而是对生存意义的理解。认识论的本质扼杀了文艺真正的意义，即它无法回答人生意义的问题，因为人们创造文艺绝不是来自物质的需要，而是一种精神的体验；另外，生存本体论的建构不是建立在文艺经验之上本质的认识，而是对文艺观念的理解，体现为无限的生成过程；最后一个，文艺的生存本体论建构不是对"在者"的分析，而是对"在"的追问。

这就是今天我想跟大家交流的东西。

互 动 环 节

主持人（王德胜）：因为张老师是学哲学出身，他在讲的时候就一直在不停地解释什么是"存在""先在"，这两个一个是经验性概念，一个是本体论概念，可能不学哲学的同学听起来会有点累。这没关系，因为这个问题比较抽象。不像我们搞文学理论的人，写东西时概念性的东西其实并不多，感悟性的东西比较多，评论性的东西比较多，这种抽象性的逻辑性的层层推理的东西比较少。所有搞文学理论的人写的关于文学方法论的文章，都是很具体的，他不会讨论所谓的本体性的问题，当他用到"本体"两个字的时候，往往会跟"本质"相混淆，这时候我们可以看出来，他对这两个词就没有弄清楚。

回到张老师开场白讲的东西，确实我们现在很多同学在写东西的时候都很功利，是为了毕业而去写文章，是为了写文章而写文章，很少有人是为了解决问题而去写文章。但是即便我们在做毕业论文，在完成一个功利性的任务的时候，我们也很少考虑方法论的问题。我们一般是"老三条"：第一条是马克思主义历史与逻辑相统一方法；然后呢，文本细读法，搞文学的一般用文本细读；再就是社会学方法。总之，在方法那部分提的方法越多，就说明越没有方法。其实用我的话概括很简单，本文所提的问题是什么，就是已有的认识是什么认识，这些已有的认识当中存在什么问题，本文就是对已有认识的问题进行的再思考。通过什么途径，方法就是途径，本文选择在哪些视野上，比如说在美学视野上，在心理学视野上，还是在文化学视野上来谈方法。我们经常把方法论具体化为某种工具性的方法。所谓历史与逻辑的统一，就是讲一点历史发展过程，然后再说方法。再加一点文本，就是文本细读法。社会学方法，就是再分析一下它的社会现实意义。这些都是老方法，这都不行。

　　其实很简单，既然文艺理论或美学追问的是"思"本身，就是思想本身，思问题之"思"，应该说理解、把握这种方法或途径，就是把握"思"的方法。就我个人理解，这种方法有可能在工作中简化为某种具体的工具性方法，但是在理论层面还是带有一种本体性的意义。方法论本身可以转化为一种本体性的思考。对方法的思考，本身就是一种带有根本性的追问，像海德格尔这些人之所以受人尊敬，不在于他们解决了多少问题，而在于他们提出了解决问题的途径，所谓的方法论。像结构主义呀，后结构主义呀，包括后现代，都开辟了一些途径。我们写论文也是这样，我不知道你们几位开题了没有，往往写论文时最痛苦的是找不到问题。等到想好问题后，就不知道怎么下手了。一盘饭上来了，不知道用手抓着吃，还是拿勺子吃，对不对？我老跟同学开玩笑说，管他哪种方式，你用对于你来说最方便的方式吃，这就是你的方法，把饭吃下去就行，关键是你能消化。

　　咱们大家对当下的一些研究方法还有什么要问张老师的请准备。大多数开题报告在我看来，都是不合格的开题报告，都是综述一大堆，而且这综述是简单的材料整理，一般都是哪本书哪一期中提到了什么，一共有多少人谈到了这个问题，根本没有逻辑层次。这里面都没有谈到问题，就是你看到人家的东西后，人家解决了什么，遗留下什么问题，都没有看到。你的出发点没有找到，你要说什么，你的研究对象必须在序言里面说清楚。还有就是研究方法，一般都是三段论，说完几句就没话可说了。所以说问题意识很关键，提出问题、分析问题、解决问题，就是是什么、为什么、怎么办。其实论文无非就是这些。你们在论文写作中有什么问题也可以向张老师请教一下。

　　问：张老师我有一个疑问，您说的那个古希腊的本体论是实体本体论或者是自然本体论，然后现代就是海德格尔的生存本体论，但是海德格尔中间在追问"思"的时候，他正好追问到古希腊去了。这我就不太理解，为什么他要一直追问到古希腊，而古希腊之后他反认为不是真正的"思"呢？

　　答：他不是追问到自然本体论，而是在追问这个问题的原初。他是在回归问题的起点，而不是回归自然本体论。要从哲学方面说，这就是始源性。

　　问：您刚才说到，哲学的本质就是方法，研究文学的方法您也是从这些哲学家的思想和方法中总结出来的。我想问一下这个生存本体论可以用来指导其他学科吗，比如人类学、社会学？

答：这个方法更多的是从方法论意义上讲的。方法和方法论还是有区别的，虽然我这里面还是叫它"方法"，但其实今天讲的是方法论问题。方法论就是在看问题的时候的世界观。马克思主义世界观就是方法论。怎么理解呢？就是我看问题的时候是世界观，解决问题的时候就是方法论。所以就像你说的，对其他学科，也有它的适用性。但是我们今天所讲的，是具体落实到了传统的文艺学的认识论，是思维前提的问题，是从这个意义上讲的。

问：我们在讲经济学的时候用到两种方法。第一种是经验法，就是所有的东西都是有数据的，从实践来得出理论，去指导实际的运作。但是就西方经济学来说，我在上学和讲学的时候发现，它到了一个阶段就走不下去了，到了一个点它就不讲它的实质是什么，只是讲一些表面的东西。并不是不能延伸，而是一延伸，就走向了马克思的资本论。您刚才讲到一种认知的问题，就是本源论。我现在就想科学之间是不是相通的。我现在做文化产业，还有传播学也这样的，这个学派也出现了很多宏观的理论，它主要是处理一些宏观层面的认知问题。您刚才讲的时候，我就一直在思考，是不是它们也是从哲学上的方法来指导的，还是我的认识有一些偏差？

答：你的问题我这样来理解，经济学、哲学、美学还是有区别的。经济学肯定是社会科学，这是无疑的，但是哲学是人文学科。前面我也强调了哲学呀、美学呀这些都不是科学，这是一个区别。不只经济学，任何学科上升到最高层面，都有一个哲学问题。像你说的到了一个地方就不研究了，比如说公平效率的问题，改革开放三十年一直把效率放在第一位，所以才带来了效率第一，出现了贫富差距扩大化问题。现在又开始把公平放到前面，效率放到后面了，这就是一个哲学问题，不是一般的经济学自身的问题了。因为我主要是就方法论来讲的，除了这些以外，很多学科还有具体的方法，比如田野调查方法、抽样分析方法等。但是无论你用哪种方法，都要有一种方法的自觉，要有一种方法一以贯之。要是没有统一的方法，就会像墙头草，随风倒，就不知道哪个对哪个错。有一个方法后，就像有了一个测试器，可以去测试它、衡量它，按照一个路径去梳理它。我是这样理解这个问题的。

主持人（王德胜）：其实像你说的公平与效率的问题，肯定是一个经济学上的问题，在具体层面上。但从哲学方面来讲，是从人自身的生存发展来考虑效率与公平的。这时的效率已经不是一般经济问题了，而是人的一种生存活动，所以说把问题就抽象化了。而把问题抽象化以后，变成了人的生存问题，就是哲学问题了。好，没什么问题的话，咱们今天下午就到这儿了，谢谢张老师。

（录音整理：宋玉雪）

时间：2014 年 4 月 9 日（周三）9：30～11：30
地点：首都师范大学北一区文科楼 6 层会议室（603）

主讲人简介

阿莱什·希德戈 （Aleš Šteger, 1973），斯洛文尼亚当代最负盛名最具活力的青年诗人，享誉欧美。阿莱什出生于斯洛文尼亚的 Ptuj（当时属于原南斯拉夫），毕业于卢布尔雅那大学，主攻比较文学和德语文学，后从事文学编辑工作。22 岁出版第一本诗集，佳评如潮，现已出版六本诗集、一本小说、两本散文集。1998 年获得 Veronika Prize（斯洛文尼亚年度最佳诗歌奖），1999 年获得 Petrarch 欧洲青年作家奖，散文集《柏林》（2007）于 2008 年获得 Rožanc Award（斯洛文尼亚语最高散文奖）。他的作品已被译成 15 种语言。《事物之书》Knjiga Reci（The Book of Things, 2005）由美国诗人 Brian Henry 译成英文，2010 年在美国出版即获好评，2011 年夺得 BTBA 最佳图书翻译奖（诗歌类）。

主持人（孙晓娅） 尊敬的阿莱什先生，各位同学，大家早上好！今天，我们非常荣幸地请来斯洛文尼亚著名青年诗人阿莱什先生为我们做有关 1945 年以后的东欧诗歌创作的讲座，担任本次翻译工作的是北京外国语大学的鲍捷老师。我先简要地介绍主讲人。阿莱什·希德戈（Aleš Šteger），斯洛文尼亚当代最负盛名、最具活力的青年诗人，享誉欧美。阿莱什出生于斯洛文尼亚的 Ptuj（当时属于原南斯拉夫），毕业于卢比尔雅那大学，主攻比较文学和德语文学，后从事文学编辑工作。22 岁出版第一本诗集，佳评如潮，阿莱什先生不仅写诗歌，还写小说和散文，他的散文集《柏林》（2007）于 2008 年获得斯洛文尼亚语最高散文奖，他的作品至今已被译成 15 种语言。阿莱什此次是作为首都师范大学中国诗歌研究中心的首位国际驻校诗、驻校首都师范大学的，为了让同学们更多地了解阿莱什的诗歌创作，首先，有请我校本科生为大家朗诵阿莱什先生的几首中文译诗，阿莱什先生也会朗诵其中的一首英文版的诗作。

1945 年以后的东欧诗歌创作

——小气候，抗争，追寻超越

〔斯洛文尼亚〕阿莱什·希德戈（Aleš Šteger）

做个小孩

还是个小孩的时候我读到
星星死去有两种方式。
按照第一种方式
星星开始冷却。
好几百万年之后
它慢慢失去它的热和光。
所有可能的生命都渐渐消失，
直到它终于变成
无限的寒冷，一颗死去的巨大天星的地平线。
按照第二种方式
星星开始收缩。
好几百万年之后
每一粒原子，每一滴光，
每一种欲望、思想、希望
都被一个不存在的中心吸引
当星星和它整个的大气层
被压缩成一只网球，
它的死才结束。

所有一切成了一个中心，
无穷的物质和引力。

还是个小孩的时候我读到
星星死去有两种方式。
当那个孩子消失，
每一只小鸟不过是在模仿
这两种死亡中的一种。
文明的起源、诗歌的诞生。
我出生了两次而我的父亲有两次对我失去信心。
你瞪眼瞧着书本太久
他说，这对你的健康很不好。
学会怎么样正确地拿好球拍，
然后把球击到比球网更远的地方，
这样你才会做得更好。

（本首诗由作者、尼古拉·杰夫斯、理查德·乔治、布莱恩·亨利合作英译）

诞　生

诗人
当听到了声音就诞生了。
声音是不朽的。
它在这里。永远地降临在如
借贷。
乌鸫的唧唧声有一顷刻
淹没了观众的咆哮声。
爱情是扯断的线头。
纺织工业是神圣的。
你从哪里听到的？

我耳朵里。

（本首诗由马特加兹·维德马和王慧琴合译，梁俪真校）

方　程

如同在做爱中
也如同在诗中，
别人的身体
无法以神秘的方式企及。

没有规律，
唯有别离。

我们必须越过
所有词汇，
如同三角洲的流水
静静淌过河床，
流经它宽阔的
土地。
让两枚雨做的舌头
以水拼写，
在水之中，从水内部。
你在，你在。

（本首诗由马特加兹·维德马和王慧琴合译，梁俪真校）

欧　洲

你仍然兜售这故事：土耳其人
在维也纳城门外，假装把帐篷拆除。

他们蒙起脸孔，扮作售卖烤肉串，

直至如今他们还在等待机会，

从小亭里跳出来扭断你的脖子。

虽然你的部落永远消失

在你野蛮意图的沼泽里，

你自己也分不清楚哥德人、

斯拉夫人、盎格鲁人与法兰克人的头骨，

但你仍然相信只有儿子溅血才能让你振兴。

你仍然以为你会把我们骗倒。

我闭上疲惫的眼睛，你出现，

仿如打着鼾生孩子的肥胖多毛的女人，

仿如在黑暗里这女人旁边那个

想着美国偷偷地手淫的男人。

（本首诗由比尔·马丁与汤姆·洛扎尔合作英译，由梁秉钧译）

主持人（孙晓娅）：几位同学的朗诵都很好，对于诗歌文本的理解非常到位。昨天上午我主持了首都师范大学首届国际驻校诗人阿莱什先生和首都师范大学第十届驻校诗人杨方的一场深入的对话，由鲍捷老师担任翻译。为了增加这次对话的有效性，今年初我特别邀请美国诗人梅丹理先翻译了杨方的多首代表诗歌作品。此次对话不仅探触到他们各自的诗歌写作，而且涉及种族、历史、文化等方面，视野非常开阔，并远远超出了我个人的期待，相信今天的讲座也会丰富深广，下面大家掌声欢迎阿莱什先生。

阿莱什：今天我想要讨论1945年之后，即二战结束后的东欧诗歌创作。在最基本的层面上，我不仅想要谈论诗歌，还想与你们分享诗人思考诗歌的方式。比起一场学术训练，我的谈话更像是从一个置身其中者的角度探讨欧洲诗人如何看待他们自身。如果有任何问题，希望大家在讲座过程中打断我并直接提出来。

我选取了一些在我看来关键的东欧诗歌，它们来自不同年代的诗人，有些年轻，有些年长。我个人非常喜欢他们的创作，并有意识地挑选了那些我认为——比起其他诗歌而言——不为中国人所熟知的那些作品。我确信你们知道切斯瓦夫·米沃什这样的波兰诗人，但其他同样优秀的诗人及其作品对你们来说也许并不同样熟悉。这就是我选取它们的原因。孙晓娅教授周到地为你们准备了这份诗歌手册，这是你们应该带回家的东西。我们很快将要通读这些诗歌，也许你们不会理解所有的内容，但它是一次在家中继续阅读的邀请。

在你们拿到的诗歌当中，实际上没有一首是用英文写成的，而是以不同语言被创作出来。这些语言的分布覆盖了整个欧洲。"多语言"是欧洲的重要特征，通过我的讲述，我想让你们了解更多欧洲人的思维方式，以及欧洲诗歌在当代如何运作。我将我的谈话主题称为"小气候""抗争""追寻超越"，这是三个我想在谈话中与你们探讨的关键词。

1. "小气候"

请理解第一个关键词"小气候"（microclimate）不只是一个气象学术语，而且是一个隐喻，指向一个丰富多元的镶嵌图案，它由构成欧洲的那些不同的政治、社会、语言事实所组成。我来自斯洛文尼亚，我的母语以及我全部用来进行写作的语言都是斯洛文尼亚语。从使用该语言的人数来看，斯洛文尼亚并不比一个北京的小县城大。即便如此，它仍然有着非常深厚的文学传统、活跃的出版产业，并能够贡献出在我看来极其有趣的诗人。从地理角度来说，如果你手持斯洛文尼亚的地图，会看到它坐落在意大利、奥地利、克罗地亚和匈牙利等几个国家之间，临近亚得里亚海。但重要的是，你不能只在地理上知道它坐落在何处，你需要把它想成一张语言地图。我们在最基本的层面上被不同语言所包围。如果你从我所居住的卢布尔雅那出发，沿同一个方向开 3~4 个小时的汽车，再没有人会说你的语言。这种不被自己使用的语言——或是异国语言所包围的体验，对大多数欧洲人来说很寻常，几乎遍及了所有人。因此我们可以将自己的立场作为一个探讨"欧洲为何"的案例。

为了理解任何欧洲诗歌，你需要探索两个层面：第一层是背景，关于以诗人的母语写成的诗歌；第二层是更为宽广的语境，即便不是国际的，至少是欧洲的。在 2000 年，有一场非常奢华的项目在欧洲进行：一列独特的、满载着诗人和作家的火车行驶了五周，从欧洲最西边的里斯本出发，穿过马德里、巴黎、柏林，直到莫斯科，然后返回柏林。这趟列车上有超过 100 位欧洲作家。他们来自 43 个国家，其中包括一些较为遥远的东欧国家如乌克兰。在此次旅行中，他们的作品被翻译为将近 100 种语言。我们需要多次更换火车。如果你搭乘火车在欧洲旅行，你不能只乘坐一趟火车，因为我们有不同宽度的铁轨。从火车体系在欧洲如何运作的这个基本事实，你们已经能看出欧洲与中国的巨大差异。如果我的观察正确，中国有着悠久的统一历史，所有的道路都通向北京；欧洲恰恰相反，那里有许许多多的小型实体。它们大多数时候协作，但有时也存在竞争或误解。五周之中，阅读到处在进行着，诗人们探讨并交流，每个人可以说真正看到了欧洲一隅。在这场旅行结束之后，包括我在内的所有参与活动的诗人都被要求写一个关于此次经历的文本——关于何为欧洲，特别是何为 2000 年的欧洲。刚才有位同学朗诵了我的诗歌《欧洲》，那就是我在此次体验之后完成的作品。我在这首诗中对欧洲的看法，是它正处于东方的威胁当中。当时使用"东方"这个词，我并非在意指中国，我更多地在意指土耳其和俄罗斯。欧洲有其内在的脆弱性，它建立在战争和冲突的基础上，并且它试图在一个朝向美国的当下世界中寻找自己的位置。所有这一切都有着深层次的历史原因。我认为上述说法不仅在政治方面具备有效性，还存在于包括阅读在内的许许多多情况当中。它们进入欧洲，并且塑造着欧洲诗人的想法。

今年我们在整个欧洲范围内都在纪念一个重要的历史事件，即一战开始 100 周年。一战的经验深深嵌入了欧洲以及欧洲诗人的潜意识。二战可以被解读为一战的延续。如果我们审视两次世界大战之前的欧洲诗歌，不难发现我们审视诗歌的视角发生了根本变化。一战之前——这是概括性的内容，但我认为它能有助于你们的理解——在诗歌中占据主导地位的是形式和历史。一战之后，主流的诗歌美学是反抗，是先锋主义，是试图摆脱历史背景的束缚。我不久前正在阅读一些关于一战的故事。其中有些故事涉及 20 世纪 40 年代自杀的人，仅仅因为他们没有被遴选入伍。参军被视为一个关乎个人荣誉的问题，并且所有人都以为这场战争会非常短暂，他们将作为英雄从中走出。但事实恰好相反。这是一场漫长的并且自我毁灭的战争。它没有真正的赢家，却摧毁了此前欧洲所有根深蒂固的价值观念。作为诗人，我们需要将此作成诗歌并译介出去。我相信你们读过大量的 20 世纪早期的欧洲先锋主义诗歌，比如超现实主义、未来主义、达达主义等，它们都可以被视为对战争和科技做出的反应。

斯洛文尼亚有一位非常卓越的诗人斯莱可·科索沃尔（Srečko Kosovel）。他仅仅活了 22 岁，却在这段时间内写出了超过 1000 首的诗歌。他是

20 世纪欧洲最杰出的诗人之一，是一个天才。当战争开始时他年仅 10 岁，战争结束时他 14 岁。但稍后他写作的相关诗歌中有强烈的个人体验，并且抓住了战争带给人的感觉。《欧洲在死亡》是他诗歌的标题。我用英语朗读，这样你们就能跟上。

Europe is dying

Srečko Kosovel

The League of Nations and the apothecary,

both are a lie.

Operations! Revolutions!

On a grey road I appear.

Brown leaves are falling from trees,

and only one thing I fear.

When these trees are black, no longer verdant

and grey fields

and small houses

and I will scream

then everything, everywhere around

will be silent.

在一战后的欧洲，正是这种对寂静的恐惧与幻灭的感受在盛行着。但换一个角度，让我们来想象这种体验——在欧洲的各个不同的语言及文化中，人们彼此隔绝。战后的这个时期也是许多欧洲民族国家已建立的历史阶段。在这些民族国家中，许多语言——例如斯洛文尼亚语——被作为口语使用着，并同时用于文学创作。但它们在被承认为官方语言之前仅仅是民间的。在欧洲，许许多多诗人倾向于遗忘此前的一切。这对于你们来说也许非同寻常。但如果你们更为细致地审视他们的思考方式，以及他们与其他作者的沟通交流，会发现他们代表着在一战后写作的独特诗群。语言的性质本身也起到作用。在我看来，使用拉丁字母时产生遗忘比起使用汉字时产生遗忘更为容易。如果我理解得正确，汉字通常提醒人们它背后隐藏的历史。在使用拉丁字母时，事情并非如此。你可以更为轻易地忘记它所承载的历史。这种遗忘在所有这些小气候当中以不同形式、在不同程度上发生着。这是一个对于历史的永恒再造——你想象一个历史，你把它询唤出来，你操纵它。对于上述出现的情况，你们可以在脑海中将它们想象成一个马赛克式的绘画作品。

2. "抗争"

此前我提到世界大战期间出现的先锋派对虚构性的打破。从这些基本经验当中，成长起几代尤其多产的、非常吸引我的、强有力的作家们。他们通常在两次世界大战之中降生，但在二战后进行创作。他们在这些历史经验的基础上思考所有事情，包括一战之中产生的断裂性、二战以及1945年之后东西阵营彼此对立的欧洲。你们知道我出生于一个共产主义国家，对此我非常荣幸。我严肃地认为如此，而不是在开玩笑，因为我意识到政治系统可以非常复杂，没有一种理想模式。欧洲存在多种形式的共产主义。南斯拉夫的共产主义是最柔和的派别之一。东德人民在几十年当中都被禁止去南斯拉夫旅行，因为东德的共产党人担心他们会在南斯拉夫堕落。东德最主要的作家之一是彼得·胡策尔（Peter Huchel）。我不知道他是否在这里为人所知，他是贝尔托·布莱希特——一个重要戏剧作家的非常要好的朋友。胡策尔极为喜爱中国古典诗歌。他在东德主办一个核心刊物《意义与形式》，它在当时极为重要。他始终努力在东德创造出一个能够自由思考的空间。最后他于20世纪70年代移民到西德，并居住于此直至去世，但他过得非常不愉快。通过他的审美风格，你可以看到德语文学当中延续至今的一种分歧。直到现在，东德的诗人仍在私下里认为他们是传统的唯一继承者。他们试图从回溯的、超越一战历史经验的视角来进行创作。相反，有些来自西德的诗人，至今却更多地倾向于从我所提到过的方式——基于那场与先锋主义共同开始的战争——进行写作。从这个角度来看，胡策尔非常有意思，因为他试图将这一建立在德国经典诗歌基础上的"大德国传统"——特别是浪漫主义诗歌传统如歌德、席勒——与东方的美学与传统相融合，后者多数来自中国。这种尝试的结果是一种非常安静的诗歌风格。这些诗歌不像西方特别是美国的诗歌那样强调对力量的运作。它试图创造出非常精确的画面。这一追求有非常深厚的传统渊源，并且能够在其他历史以及神话当中找到相似点。

Eastern River

Peter Huchel

Do not look for the stones

in water above the mud,

the boat is gone.

No longer with nets and baskets

the river is dotted.

The sun wick,

the marsh marigold flickered out in rain.

Only the willow still bears witness,

in its roots

the secrets of tramps lie hidden,

their paltry treasures,

a rusty fishhook,

a bottle full of sand,

atine with no bottom,

in which to preserve

conversations long forgotten.

On the boughs,

empty nests of the penduline titmice,

shoes light as birds.

No one slips them

over children's feet.

Translated by Michael Hamburger

　　从这首诗的最后两行——"没有人将它们滑落/在孩子们的脚背"你们
可以听到此次战争经验的回声。

　　还有一位在斯洛文尼亚语境下成长的诗人，他可能属于相对年轻一代，
但仍然是此次战争经验的有力见证者，同时也是 1945 年之后在斯洛文尼亚

的首都卢布尔雅那所发生的事件的目击者。他的名字叫戴恩·扎伊茨（Dane Zajc）。戴恩首先目睹了他家的房屋在二战中被德军所烧毁，当时他只是个小男孩；此后又目睹他的兄长在二战后被共产党人所处决。不被允许进入大学读书，他需要在首都卢布尔雅那独自谋生。在那里他成为一名儿童图书馆的读书管理员。正如我此前论及的所有这一代诗人——这些人发现了一个被烧毁的世界，他是一个在审美和个体意义上追求完整性与反抗性的例子。官方美学在当时是既定的，通过以他自己的方式进行他自己的创作，他处于极度危险当中。我们需要用这种理解方式来阅读这首诗歌：它关于如何创造一种新的语言，即语言如何在他这里生长，并且生长于灰烬。我不打算用英语阅读这首诗歌，我这里有戴恩的朗诵音频，他是一个完美的诗歌朗诵者。你们可以聆听，并且独立阅读。你们将会发现，他是一位对他自己诗歌的出色讲解者。他把他自己的诗歌铭记在心。他曾经说过他被他的诗歌所追逐，后者是某种几乎无法忍受的存在，无法遗忘——不仅是他自己的诗歌，还有与之捆绑在一起的经验。

Lump of Ashes
Dane Zajc

For a long time you carried fire in your mouth.
For a long time you hid it there.
Behind a bony fence of teeth.
Pressed within the white magic circle of your lips.

You know that no one must catch scent
of the smoke in your mouth.
You remember that black crows will kill a white one.
So you lock your mouth.
And hide the key.

But then you feel a word in you mouth.
It echoes in the cavern of your head.

You begin to search for the key to your mouth.

You search for a long time.

When you find it, you unlock the lichen from your lips.

You unlock the rust from your teeth.

Then you search for your tongue.

But it isn't there.

You want to utter a word.

But your mouth is full of ashes.

And instead of a word

a lump of ashes rolls down

your blackened throat.

So you throw away the rusty key.

And you make a new language from the soil.

A tongue that speaks with words of clay.

Translated by Erica Johnson Debeljak

　　下一位诗人在西欧非常有名，至今他的诗歌仍然被广泛地阅读。他就是来自塞尔维亚的瓦斯科·波帕（Vasko Popa）。他的诗歌对于二战后的情形有非常强的概括性，既在政治方面，也在审美方面。当时不同的美学圈子之间往往存在观念上的高度重合，它们在彼此互不了解的情况下同时存在着。

Hide – And – Seek

Vasko Popa

Someone hides from someone else

Hides under his tongue

The other looks for him under the earth

He hides on his forehead

The other looks for him in the sky

He hides inside his forgetfulness

The other looks for him in the grass

Looks for him looks

There's no place he doesn't look

And looking he loses himself

与前面两首诗对照来看，从这首诗中你们可以发现某些熟悉的、类似的主题——土地、语言、记忆或遗忘。这非常有趣，以为这些诗人通常并不认识对方。他们使用不同的语言、处于不同的环境当中、在不同的政治形势下进行写作。但是除去上述这些区别以及他们各自的传统，他们有着高度统一的主题框架，并代表着战后气度宏大的东欧诗歌。当下存在某种对于诗人的理解误区。这种观点认为所有的诗人在根本上都属于那些美好的旧日时光，而这批诗人受到了惩罚，但他们对某些坚固的对立面仍然有反抗力量。在我个人看来，这种看法并不准确。我们今天也有很多值得反抗的东西，只是通常我们懒惰到不能够辨识出它们。

A song about the closest guilt

Jan Skácel

There is a spring replete with blood

And everyone has drunk of it

And someone killed only a sparrow

And someone horribly offended

And afterwards he repented

And let the water his palms stain

And watched it against the sunlight

And his fear he couldn't sustain

And held but not long upheld

The water in his fingers, oh my Lord

And crushed the rock in empty quarry

And prayed：stone me or use Thy sword

And held but not long upheld
And his fear he couldn't sustain
And the spring is replete with blood
And all of us now have its stain

　　你们再次看到非常直接的呼唤。但当时存在的事实是，我们迄今为止介绍的这些诗人都无法直接提出诗歌的主题，他们必须创造出一种秘密的语言，一种能够被受教育者甚至是被教育程度不那么良好的人所理解的语言，但是他们不被允许直接对事物命名。例如我此前提到的戴恩·扎伊茨，他有一首非常著名的诗歌叫作《大黑公牛》。"大公牛"是当时在核心党派成员中所流行的对秘密警察领袖的昵称。但在这首诗歌当中，他只刻画了它的动物性。这是一种与区域性"小气候"绕圈子的游戏。为了抵达诗歌的力度，你需要去追问和质疑这种"小气候"。欧洲没有统一的气候，只有局部气候。当然，自 1989 年以来，欧洲在政治上发生了很大变化。为了理解当下的欧洲，你们首先要了解作为政治组织的欧盟。但我在欧洲看到了某种共同的文化空间，这个空间本身远远大于欧盟。目前在乌克兰发生的事件也可以在这个意义上被理解成乌克兰自身两种力量的对峙，其西部曾经属于西欧的奥匈帝国，东部则曾经属于东欧的沙俄帝国。由此你们可以看到，我们欧洲人努力去忘记但总是从过去闪烁出光芒的一战历史，从上到下笼罩着我们。这同样发生在诗歌当中。在欧盟有 24 种官方语言。仅仅在这片领土之内，就多于 40 种语言拥有强有力的传统和作家群，它们被讲述着，并非作为官方语言，而是作为一种有着文化身份和历史沿革的语言，比如巴斯克语和威尔士语。欧盟是在贸易联盟的基础上建立的，后者是在 1945 年之后成立的有关贸易往来的会议组织。从官方来说，没有一个欧盟成员国愿意放弃自己的文化政治和身份政治。它们希望欧盟仅仅是一个在经济框架下运作的合作组织。如果你对欧洲各个角落的诗人所重视的东西进行比较，你会发现极大的不同。你可以将法国作为例子。法国曾经有极其优秀的先锋诗歌以及诗人，比如弗朗西斯·蓬热（Francis Ponge），但在 20 世纪 60 年代之后几乎整体败北。诗歌的语境不复存在，被理论所取代。法国在过去的 30 至 40 年中出现了许多伟大的理论家以及哲学家，他们比任何法国的诗人都更广为人知也更有影响力。这一现状带给人的感觉是法国雄厚的诗歌传统太过庞大，而诗歌作为艺术表达已经过时。但是从另一方面，你可以举波兰或是斯洛文尼亚作为例子。那里有诸多伟大的诗人，比如切斯拉夫·米沃什（Czeslaw Milosz）、维斯拉瓦·辛波丝卡（Wislawa Szymborska）、戴恩·扎伊茨或是托马斯·萨拉蒙（Toma Alamun）。在这两个国家，诗人受到尊敬，并被认为在社会上扮演着非常重要的角色。如果有人写诗，他不会被视作疯癫。你们看到，在当代欧洲，对诗人来说存在着非常不同的语境。他们需要与公众对诗歌的不同理解作斗争。两个概念在这里至关重要——"多元文化主义"和"多元语言主义"。多种不同文化在寻找与彼此相处的方式，没有一个帝国，我也不知道它将如何成为可能。由于有多种不同的语言，译介成为关注的重点。译介在欧洲是一项非常重要的政策。想象一下，仅仅在欧盟议会，所有它所出产的政策和文件都需要被立即同步翻译成 24 种语言。它是人类历史上最大的翻译工厂。尽管我倾向于认为——这略微偏离我们的话题——如果他们翻译欧洲诗歌而不是欧洲法案，他们将会做出更大的贡献。与此同时，世界全球化的趋势日益增强，英语成为人们彼此交流的语言——也是我在对你们说的语言。但正是因为局部气候的重要性，仅仅依赖于英语译介是困难的。今天我们阅读了一些译为英语的诗歌，但是以翻译性语言为中介，我们的阅读只能到达一定的理解层次。当我们谈论诗歌的翻译时，至关重要的是要意识到诗歌效果的产生不是通过其他的语言中介，而是在可能的情况下以母语直接产生。在很多情况下这并不现实，但我们应该致力于使其成为可能。

3. "追寻超越"

基于 1990 年之后欧洲政治背景的变化，新一代的艺术家和诗人产生了。尽管很难对他们进行归类，但我认为一种对身份的追寻和重塑在欧洲诗歌中发生着。为了这个目的，诗人们开始追溯一战前的历史。比如托马斯·鲁日茨基（Tomasz Różycki），一位用波兰语写作的波兰诗人，是上述现象的代表者。我选择他，部分因为他与同时代的波兰诗人颇有不同。波兰诗人忠实于简单原则。波兰有着辉煌的当代史，涵盖了诸多诺贝尔奖获得者以及包括米沃什、辛波丝卡、鲁热维奇在内的卓越诗人。作为对他们的反叛——在某种程度上他们都属于形而上诗人，追求绝对真理、上帝、诗歌规则等精密典雅、思想宏大的主题。大多数年轻一代的诗人对此不满，他们需要其他的一些东西。所以他们以美国为例子，大多数特别选择了欧·亨利以及其他"垮掉的一代"诗人。"垮掉的一代"诗人是北美地区 20 世纪 50 年代至 60 年代的诗歌现象，包括艾伦·金斯伯格等。大多数年轻一代的波兰诗人都试图从"轻描淡写的政治"当中进行创作。他们会以讽刺和嘲弄的态度，描述非常琐碎的日常生活和细微事件。他们的诗歌表达也倾向于节制，因此他们不会像传统诗人那样展示诗歌。相反，这些诗歌会是绝对的节制性陈述，它们强调诗歌没有特别之处，只是多种寻常的表达方式之一。在过去的 30 年中，这种美学风尚可以在许多西欧国家中找到。在我看来，这并没有太大意思。托马斯·鲁日茨基与我所谈及的这种诗歌趋势有所不同。他试图以一种非常清新的方式，探讨关于身份分歧的宏大主题。昨天，我和驻校诗人杨方女士探讨了关于故土的主题。对我来说，这场对话是一次非常有趣并且富有启发的经历。托马斯在此也主要对故乡的概念进行了探讨。

A Crossing

Tomasz Różycki

The left bank is in the fatherland, but not the right.
This means the birch tree is, but not the beech.
And in between fish live in the dark. Yesterday I threw
bread into the water and from afar watched it turn murky.

Then I quietly uttered the words. And then you could hear
frogs croaking, carp smacking their lips. In the morning I threw
bread into the water and watched it sink. The silt devours
all good wishes, and the way through remains unknown.

Today I went back and did it again, moving my lips
like a moon on black water. Before you take a step,
wait for a sign from the sludge. A call will lead you, a kiss
from lips blue with cold, sleep light as a hollowed out canoe.

On the left bank is the beech tree, on the other side the birch.

And boats lie at the bottom. The fatherland is beyond the fog.

Translated from the Polish by Mira Rosenthal

你们可以看到，他试图在诗歌中展示某种地理学特征。由于边境位于水里，它是不可定义的、流动的。在欧洲，我们始终被边境界定所困扰，现实与我们的想象始终存在差异。

下一位仍然是成长于东德的诗人。他或许是同时代诗人当中国际知名度最高的一位。他就是杜厄斯·格林拜因（Durs Grünbein）。我们倾向于认为，100 年前的巴黎对欧洲意味着什么，今天的柏林对欧洲就意味着什么。这不仅因为全世界的艺术家都涌入柏林定居并工作，还因为柏林是欧洲的隐喻。它是一个非常严酷的帝国的首都，一个被严重炸毁的城市，一个被分割 15 年的城市，一个重新统一并且得到再造的城市——这一过程有时会让人想起中国。德国与中国有很多相似的地方，特别是对高楼大厦的偏爱。格林拜因是一个非常喜欢将自身与传统相联系的诗人，特别是那些古老的、用拉丁语写作的因而是罗马帝国时期的诗歌。你们在这首英文译诗中无法直接看到这一点，但在原作中，这首诗歌的形式是他从奥维德那里直接借鉴来的。借助这种严格的、古罗马挽歌的诗歌形式，他想表达的是非常晚近的经验。

Berlin Posthumous

Durs Grünbein

You can always go to Berlin. Remember, you've been there before.
Kierkegaard, Repetition

December morning. Driving past the cemetery walls in the taxi,
You feel a strange pang of envy. "Their worries are over."
In your eyes, forced apart by light, you have a sensation as of wet sand.
The driver is fingering his worry-beads. You see nothing but biers
In the windows, junk, behind yellow drawn curtains.
And then you begin counting. The fingers of both hands
Are not enough for all the undertakers on the stretch

Between your front door and the station, all hustling shamelessly

For the dead of tomorrow. A cutthroat business, evidently.

Everything here is right angles. Crosses and latticework cure you

Of your yen to die as a samurai with a sword in your guts.

The bakers have kneaded their dough. Different fruit gleams in flats.

The butchers are whetting their blades before getting to work.

The taximeter skips ahead twenty cents at a time-money it takes

Forever to earn if what you do for a living is turn hexameters.

A delicate shiver in your brain, the effect of so much cynicism

Taken on an empty stomach, first thing in the morning.

Silently you catch the eye of the driver in the rearview mirror.

He will have to step on it if you're not to miss your train.

6.03, a low voice gabbles financial news on the car radio.

A raiding party on some stock exchange, someone else's credit rating dives.

"Ever considered the future?" the bold print mugs you in Coffins for all

the Family.

On the pavement edge, a life flashes by-a blur and gone.

"What's the sense in endless moping. Just leave us to do the coping."

Translation by Michael Hofmann

　　正如你们所看到的，这首诗歌是对当下经验的呈现，但他试图囊括过去——记忆、死者、幽灵的世界，以一种非常严格的形式。在英语版本当中，它的词语被安排得更为灵活自由，但在德语原作中，这首诗歌非常整齐。

　　我希望以一位女诗人的创作来结束我的演讲。过去的 20 年中，在欧洲到处可见同样的现象：被承认的诗歌或文学创作更多是男性的事业。尽管女性或许永远是最好的读者，但书是由男性写成的。至少数据显示如此。目前欧洲的这一局面正在改变。女性仍然是最好的读者，但是她们也在成为最好的作者。举例来说，在斯洛文尼亚的文学界，诗歌和散文作者的男女性别比例各占 50% 。这在斯洛文尼亚的文学史上是前所未有的。从 18 至 19 世纪以来，文学创作的主角一直都是男性。我个人认为只存在着两种文学，它们以好坏而非男女进行区分。但这场对女性作家的解放是一个重要的维度。安娜·瑞斯特维奇（Ana Ristović）来自萨尔维亚。她是从另一个角度经历前南斯拉夫战争的诗人。正如战争中的许多知识分子，她感到痛苦，因为她的国家参与了一场注定要失败，并且自我毁灭的战争。她非常反战。你们可以看到，我今天大量地论及了战争。通常来说，我这一代，甚至更早一代的欧洲诗人已经不再如此频繁地思考过去的战争。但在我看来，对于我们对美学和社会的认识论转向来说，这场战争是一个关键的转折点。

Spring Trade

Ana Ristović

Some little bird
sang,
spoke two, three words
and shat on the terrace, ashine with sun.

So this little bird,
still a matchbox
that outgrew its wingspan.
His eyes only half phosphoric grains.

From the small shit
grew a four-leaf
clover：

our luck speaks in an animal language
and in the language of good digestion,
outdoing its causes
and not choosing the spot where I would land.

It must keep quiet, truly：
if he mentions

the sun above us,

it changes

into golden gallows.

Translated by Brian Henry

正如你们所见，这首诗采取了一种更为幽默的对细微事物的处理方式。最后一行的意象"金色的十字架"在欧洲诗歌中有漫长的传统。安娜在这里所做的，是将如下元素结合起来：图式、历史所指、非常具体的细节描绘、从这些细节中衍生出的黑色幽默风格的故事，以及偶尔隐现的沃尔夫式的荒诞。附着在上面的还有一种黑色的、污秽的美学理念，表现于对排泄物所进行的讨论。但这并非因为她要震惊读者，而是由于她想如其所是地展现她目击的现实，从美到震惊体验。我认为这是一种正在发生于欧洲诗歌中的共同走向：一方面探索那些比我们更大的东西、那些联结着我们的东西；另一方面探索那些深深地扎根于我们个体经验的东西。

我希望我唤起了你们对于这些诗歌以及诗人的兴趣，使你们稍后去搜索更多关于他们以及他们诗歌的信息。非常感谢你们认真的聆听。现在是提问的时间。

互 动 环 节

问：我认为数学与诗歌当中存在共通性，比如对自由的追求。我想请问您如何看待诗歌写作与自然科学的共性？

答：我认为对于当下的诗人群体来说，这是一个关键问题。很多诗人试图对此进行反思。他们在不同层面上去寻找诗歌与科技的桥梁。第一个层面是将自然科学视为隐喻，第二个层面是从科学的视角追寻创意产生的过程，比如细查诗人工作时大脑如何运作，试图找出大脑的哪个部分产生了诗歌作品。所以尽管方法论不同，我们的日常生活、对人的定义等都在过去的几十年当中发生了颠覆性的变化。这不仅限于我们交流的方式。举例来说，这些我在演讲开始时展示的这些诗歌原本都足以引起震惊，因为它们以书的形式呈现出来。这种震惊感受在当下几乎是不可能的——你需要一本书，你就可以免费从互联网上得到它。时代完全变化了，但是从最基本的层面来说，对于这些在我们日常生活中遇到的技术变革，其共同法则均以战争工业为基础。网络、遗传学及其他都是战争工业的产物。所以我们需要看到这个问题的伦理及道德维度。在诗歌技术的层面——诗歌是如何写成的，我们所不能回避的是日常经验。今天的日常生活经验是微信，是快速交流，是越来越少的人愿意用很多时间来钻研一首诗歌。诗歌如何对这些事实做出反应？诗歌如何对被大众传媒转变过的语言做出反应？这些都是非常关键的问题，我对此没有确切的答案。

问：在你进行创作时，你的预设读者是一小部分人，还是很多人？

答：当我写诗时，我写诗仅仅因为我写诗。我的面前没有读者。当我校正我写下的东西时，我已经是我的第一位读者。我不再是诗歌的作者，而是一个从编辑的角度对其校正的人。然后是第三个我，是试图使这首诗延伸到未知的读者的我。为了得到任何可能的反馈，我不希望被我的诗歌所吸引，不希望沉溺于我的诗歌的语境以及它的美，而是希望能与它的创造者开展一场对话。我得以写作我所有的诗歌，那是因为我有一切从他人的优秀诗歌中得到的启发。我不是传统的创始者，不是某个开创了诗歌写作的人，我只是某个非常渺小的、享受诗歌盛宴的人，有时为他人写作诗歌。

主持人（孙晓娅）：阿莱什昨天在与杨方对话时就多次流露出这个观点，他反对诗歌的功利性，他没有绝对的创作目的——比如"我"是为了解决战争，"我"是为了政治问题，"我"是为了立场问题，等等。

问：您提到 20 世纪早期是民族国家业已建立的时期。与此同时，诗人们不约而同地关注了诸如民族语言、区域政治等议题。诗歌对于地域特殊性的关注必然有助于民族国家的巩固。我想知道的是，诗人们是否有意为之，还是他们仅仅在表达自己的感受，而这些表达是否在客观上对民族特殊性的形成产生了作用？

答：在欧洲，建构民族性以及民族国家的努力是在拿破仑战争之后开始的，介于拿破仑战争和一战之间。另外有许多民族国家在一战刚刚结束之后被建立起来。一战增加了芬兰、波兰、南斯拉夫、匈牙利，去除了俄罗斯帝国以及奥匈帝国。这场战争确实是在政治上对于欧洲的根本重塑。在所有这些国家当中，你都能找到民族主义或是爱国主义的诗人，他们活跃于 19 世纪末到 20 世纪初以及更晚近的历史时期。他们自觉地为某种政治立场、民族主义等代言。你到处都能发现他们。他们是当时的文学圈子里的主流。但是从历史的角度来看，比起其他抗拒将自身作为民族主义以及政治工具的诗人来说，这些诗人在当代不再那么被欣赏。因此我今天展示的所有诗歌都不是民族主义的、为政治代言的诗歌。相反，它们都试图提出更广阔的、复杂的问题：某种特定的政治倾向对人类来说意味着什么？社会机制是什么样的？为了政治的目的，压力以何种方式被施加到人类身上？所有我所展示的诗歌——我认为它们代表了 20 世纪的宏大声音，基本都在本国内完成，却采取了旁观者的视角。如果你今天观察 20 世纪伟大诗人的地图，你可以看到在维持自身独立性的基础上继续写作有两种方式：一种是采取一个内在者的立场——你留在你的国家，但你永远不属于它机制的一部分，并且从侧面进行写作；另一种是自我放逐和走向流亡。

问：我认为一个写作者的责任是直面现实。如果事情确实发生了，就不能视而不见，而是要发出自救的声音，或是帮助别人呼救的声音。这与职业道德相关。诗人也要有其自身的职业道德，要有一颗拯救世界的善良的心。这与政治无关，与功利无关，与旁观无关。刚才您谈到了您周边国家的政治状况，包括乌克兰的动乱，一战二战的延续所带来的政治动荡。您是否觉得您在写作中对这些状况进行了刻意回避？换言之，您写作的时候只看到了花朵和大海，却没有看到战争的、动乱的、伤害的碎片。

答：政治始终在简化现实。政治是一种非此即彼的思维方式，而儒家哲学则强调即此即彼。因此我认为艺术创作更为复杂，并且比起政治思考来说有更弱的规定性。我不认为我为任何国家代言，无论是斯洛文尼亚还是欧洲。我开始写诗是源于我对翻译过来的拉丁美洲诗歌的阅读——比如聂鲁达，他们与我毫无关系。但从诗歌的角度来说，他们改变了我的生活。我认为我作为一个人，应该自己决定我要表达什么、为谁表达。如果我认为我被任何战争、冲突所影响，它们直接对我发言并且需要我的回应，我已经做了很多。在南斯拉夫战争当中我进行诗歌创作。这是我自己的故事。如果我认为世界上所有的故事都是我的故事，这将会对我的语言，对我的审美表述产生很大的伤害。在所有的政治冲突中，有太多的感受和太多人的故事，很难在诗歌或是其他表述方式中对这些复杂的成分进行到位的表达，很难避免被头脑简单的政客所炸毁，以便达到他们每日的目标。我不是任何政策的奴隶，我只是诗歌的谦卑侍者。

主持人（孙晓娅）：今天参加讲座的同学来自不同的专业甚至是不同的

学科，这与阿莱什的讲座题目的吸引力不无关系。那么我很感兴趣的是，1990 年代，哈贝马斯和德里达曾联合署名发表了《论欧洲的复兴》，并在其中对欧洲心态、欧洲命运进行了探讨。今天讲座的关键词是独立性、小气候、抗争，诗人站在内部视角，自内而外地探讨欧洲的走向。我想问的是：您如何看待欧洲文化共同体的建构，能否预测欧洲的未来？

答：这是一个很有挑战和趣味的问题。我知道哈贝马斯和德里达共同发表的那篇声明。你需要看到他们在从两个非常不同的视角进行讨论——德里达从犹太人的视角，哈贝马斯从某种启蒙的、泛欧洲的视角。我认为欧洲现在处于身份危机的边缘。我之前提到过两个普遍的概念，"多语言主义"以及"多文化主义"。但是它们并没有如字面所示的那样在欧洲运作。事实上，为了有足够的竞争力，欧洲需要变得更加统一。我担心这同时也意味着在文化事务上的更加同一化。从政治层面上来看，统一性是不可避免的。另一方面存在着特别是来自右派政治势力的反抗性力量，它们在全欧洲得到了支持。它们的基本诉求是终结欧盟，恢复民族国家的独立性。我认为这将是灾难性的，但它正成为某种日益显现化的威胁。

主持人（孙晓娅）：提这个问题的原因与我前年去克罗地亚的一个细节经历有关。当时克罗地亚还没有加入欧盟，在克罗地亚街道的墙上，经常会看见用彩色笔写着"拒绝欧盟"。由此我想，对于是否加入欧盟，以及对欧洲共同体的理解，即便是在欧洲内部，不同国家，或同一国家的不同区域的人的观念和想法可能截然不同。那么通过阿莱什的讲座，我们可以看到，对于欧盟究竟扮演着何种角色，始终是处于探讨的争议的状态。当然了，这个问题太跨越政治和经济，与诗歌有点远离。

答：我喜欢欧盟，也喜欢欧洲的多元文化。但是在一个存在激烈竞争的世界中，如果头部不知道足部在干什么，运作身体将变得非常艰难。多元文化对小说和诗歌非常有益，因为你能够获得多种新奇的灵感。但是有的时候，我认为必要的任务需要在必要的时候完成。

主持人（孙晓娅）：阿莱什先生把他对欧洲历史的、动态性的把握，在这短短的两个小时之内给我们做了一个宏观和微观相融合的展现。宏观既有历史的、动态的变动，也有政治的、文化的、经济的交叉因素。在微观层面上，他选取了三个关键词，表现出他对中东诗歌的了解和认识。另一方面，他对这种了解的呈现方式很好。他选取了几位东欧的代表性诗人，从他们的诗作文本切入。这是我多年来一直在课堂上跟同学们所强调的，即不要脱离诗歌文本，不要做空泛的对诗歌的概念解读和观念了解，而要从诗歌的文本介入诗歌内核。我认为，阿莱什今天的讲座把东欧的多语言、多文化、现代经验，以及文化问题、诗歌问题、经济问题、政治问题甚至是整个欧洲的定位问题都融合起来，包容性很强。今天的讲座既有诗歌审美的鉴赏，也有历史的梳理；既有政治的理性洞见，也有前卫的艺术反观。

具体而言，阿莱什所谈及的"小气候"恰恰呈现了欧洲目前的文化存在现状——不同国家的历史性的文化存在，自古以来就在欧洲发生着。关于抗争问题，当阿莱什谈到抗争问题时我想到另一个词，即"入侵"。入侵和抗争是两个纠结不开的、矛盾的关联词。这一组关联词可以带出欧洲多年存在的历史问题。我去斯洛文尼亚时，参观了一个郊区的古城堡，是土耳其侵略时的遗留古堡。如今，作为一处旅游的纪念地。由此，我想到欧洲不同的国家——包括统一国家的王室之间，都处于一种经常性的互动的"入侵—抗争"关系，这是一种历史性的、任何人都无法改变的存在。那么，阿莱什从反抗的角度进入欧洲现代诗歌的文化症候，是非常敏锐而独特的视角，也可以清晰地引发我们对中东欧诗歌的思考。

在讲座中，阿莱什谈到翻译问题。在欧洲，包括他谈到的斯洛文尼亚以及周边国家，有很多从事诗歌创作兼及翻译的诗人，多元语境多种语言共生，使得很多优秀的诗人同时也是优秀的翻译家，当然，这是我们中国所无法比肩的。当下，中国有这么多优秀的当代诗人，但能做翻译诗歌的人寥寥无几，更不要说优秀的诗歌翻译家了。显然，不是他们没有兴趣，而是没有翻译的能力。这就是我们当下现时代的文化处境，想一想戴望舒、穆旦，足以汗颜。

当下，我们在诗歌翻译方面所做的工作远远不及欧洲。他们的诗歌翻译非常活跃，并且非常到位。

最后，阿莱什提到阅读诗歌的一个重要环节，即从原语言的角度进入诗歌，而不是借助中间语言。这就是中国当下诗歌翻译中存在的最大问题。我们借助中文翻译阅读西方诗歌——比如叶芝的诗歌——会觉得语言缺少诗味，换而言之，不如你期待的或想象的一流诗人那么杰出。但是，如果你有能力直接阅读叶芝的诗歌，感受他的韵律和情境，所获得的感受又是完全不同的，这是翻译的缺失所致。

阿莱什先生的讲座，让我们深深感受到作为优秀的诗人，他同时也是非常睿智理性、视野开阔而深广的学者，多种因素是构成他本次精彩讲座的基础。当然，我有一个真诚而热情的期待，希望我们在座的同学能够凭借今天的讲座，早一点打开全球化语境下多语言诗歌阅读的视野。最后，让我们用热烈的掌声感谢阿莱什先生以及担任本场翻译的鲍捷老师。谢谢你们！

（录音整理　王昱）

时间：2014 年 4 月 16 日（周三）9：00

地点：首都师范大学北一区文科楼 215 教室

主讲人简介

刘彦顺　安徽砀山人。文学博士。现任浙江师范大学人文学院教授、浙江师范大学重点学科文艺学学科负责人，硕士生导师，从事文艺美学、美育理论的研究。出版专著《走向现代形态美育学的建构》、《中国现代美育思想史论》（合著）、《时间性——美学关键词研究》、《生态美学读本》；并在《文艺研究》《文艺理论研究》《文艺争鸣》《中国美学》等杂志发表学术论文 30 余篇。主持国家社科基金重大项目子课题 1 项及省厅项目多项。

海德格尔给美学贡献了什么

——从《艺术作品的本源》谈起

刘彦顺

　　今天我给大家汇报一下本人阅读海德格尔《艺术作品的本源》这篇文章的一些感受。本来这个感受可以给大家汇报得比较全面、深刻，这个深刻并不是说我对海德格尔的理解有多深刻，而是说阅读海德格尔对于本人来说有深刻的感受。但是有一点非常遗憾，我今天上午未必能把所有的感受说出来，因为我积累了很多年的一个文本，昨天落在飞机上了。所以昨天我还和王德胜老师说，我会再买几本书，一方面送给学生，另一方面自己再重新开始读。

　　海德格尔的这篇文章原来收在《林中路》当中，后来同济大学的孙周兴教授专门编了一本书，书名叫作《依于本源而居——海德格尔艺术现象学文选》。这本书印得很漂亮，封面上是海德格尔大幅的头像，而且书中还有很多插图。为了看这本书，我专门在京东商城买了两排德国品牌施德楼的笔，一排 24 种颜色，分别是荧光笔和水笔。每看一遍，就在书上用笔画一遍，因为荧光笔不会把字遮住。书已经看了十几遍了，所以上面的色彩比涂鸦还要好看，另外还有很多的点评和眉批。

对我自己而言，我觉得另外还有一篇文章能在美学领域中和海德格尔的这篇文章相匹配，那就是钱锺书在《管锥编》第一册论《周易》的时候，其中关于乾卦那一篇，写的是意象与诗象之间的区别。《周易》中很显然是有很多象征、比喻、意象的，这个"象"和诗歌里面的"象"到底有什么区别？尽管钱先生已经去世，我觉得到现在为止，他在这方面所达到的高度无人企及。这样的文章我认为能够和海德格尔的《艺术作品的本源》相提并论，且有实实在在的相通之处。

海德格尔《艺术作品的本源》虽然号称文章，但是以大开本印出来之后，就从《依于本源而居》中所选的情况来看，也有 60 多页。它是书或者是文章这当然并不重要，但我第一次阅读时，我就想用荧光笔把其中关键的观点、语句画出来，这也是我们读书的一个最起码的要求。当我们看一篇文章或一本书时，至少要把握到它的精华部分或概要，能够把它总结出来。但是当我看海德格尔的这篇文章时，我发现我这个做法彻底失败了。我把重要的语句画下来，就发现是从第一句画到了最后一句。这篇文章的确是太精彩了，但是也太难懂了，那不是一般的难懂。

尽管现象学哲学研究已经到了很高很高的境界，但是有一个最大的局限，那就是——不能直接运用到美学上。这就意味着重大的缺陷，意味着现象学哲学不是普遍意义上的哲学。为什么？因为解决不了人类四大价值、四大领域中的审美问题。所以，我们不管是研究哪一个流派或者是哪一个人的思想，要检验自身学术的水平怎么样，那就放到美学里试一下。我觉得这是最好的一块试金石。

我觉得，尽管西方美学的流派，著名的学者、思想家这么多，到目前为止，以我个人真实但可能不全面的想法来看，唯一能够真正和美学这门学科完全直通的就是现象学，包括后来的存在主义。我还有一种想法，海德格尔当然是一个存在主义哲学家，但是我觉得应该给他一个更准确的称号，他是更彻头彻尾的现象学家。因为他跟其他所有的存在主义哲学家都不太一样，这个不太一样的地方就在于他接受了胡塞尔的熏陶。他基本上继承了自己老师最精彩的思想，并且在此基础上有自己全新的创造。

比如说刚才王德胜老师提到，最近十几年我对时间性的问题一直比较关注。到底我为什么会关注这个问题，当然和现象学有密切的关系，但是更直接的关系来自我们的导师曾繁仁老师。有一次在他家里面闲聊，我就问他，当我们读一本小说，正在看一部好看的连续剧或者正在听一首好听的歌曲，这个"我"——主体和对象到底是一种什么关系？这对于我们学习美学的人来说是必须要回答的。当时我非常佩服曾老师，他说，复旦大学的蒋孔阳先生以前曾经在著作中讲过一句话，这两者之间的关系就如同电光石火，同时发生。

当时我就觉得这句话说得很有禅意，因为这里面就存在"时间"的问题。那时我懵懵懂懂的，真的是不知道这到底是怎么回事，但这又是困扰我很久的一个问题：对于一个人来说，审美的活动、审美的生活每天都那么丰富、那么鲜活，为什么研究它的人，我们看了他们的文章，听了他们所说的话，甚至都不想活在这个世界上，或者说不相信曾经活在这个世界上过，所以我自己特别恨这样的美学。那些看起来写得特别高深的文章，其实却是糊里糊涂的。我觉得所有这些不好的美学都有一个共同的毛病，这个毛病就是解决不了美学研究的对象问题。

我常常会感到很疑惑。从1985年开始读大学，就对美学这样的一门课感兴趣，一直到了今天读了学士、硕士、博士，然后在大学里面教书，却连这样一个问题都没有弄明白吗？但是事实上确实没有弄明白，比如说主客之间的关系问题。我觉得人类所创造的四大价值都需要回答这个问题，然后我们才可以根据你的回答来判定，比如说科学、宗教、道德、审美，它们相同或者不相同的地方都在于回答主客之间到底是一种什么样的关系。

在科学的研究中，它所追求的很显然是最终的客观结果，它一定是一个对的或者说真的东西，而且一定是抽象的。在里面没有任何主观的成分，我们不会从中看出这来自哪一个科学家。在科学研究的过程中，我们也什么都看不到。对于宗教来说也是这样。我认为科学和宗教在主观和客观方面是两个极端。一般情况下，在宗教里面都有一个最高的神。那这个神是什么，我觉得就是绝对的主观。如果你要向基督教神学提出，请给我证明上帝长什么样、体重多少、是男是女、是否上厕所，这是不可能的。你信则有，不信则无。但是，我们也不要随便地说这个宗教不好，那个宗教不对。这就是我们汉文化的好处。所以，在西方，科学的文化和神学的文明，这两者走得比较开。相应的，西方的美学，我们可以划分为两大阵营——神学的美学和反映论的美学。

但是很显然有一个领域，就是主观和客观没有办法分开。比如说"两个黄鹂鸣翠柳"，这简单的七个字就是按照这样一种顺序排列，然后当我们读到它的时候，就会产生特定的愉悦的感觉；而你在没有读它的时候是不会产生这种感觉的；当读完之后，这种感觉就消失了，已经成为回忆。当然，诗歌是比较特殊的。第一是它篇幅比较小，第二是我们中国的诗歌是易于背诵的。这就是说主观和客观没有办法分开，无法分离。

我们刚才提到，本人最喜欢的两篇文章，一个是海德格尔《艺术作品的本源》，另外一个就是钱锺书的论诗象和易象区别的那一篇。在这篇文章中，钱锺书先生讲到的，可以说正是这种思想。易象是可以替换的，可以替代的，但是它所传达的意义没有变化，这就是易象。打个比方，女性应该是温柔的，这是中华文明几千年以来在文化的源头就给男女气质做出的一个基本限定。为了说明女性的温柔，你可以采纳不同的喻体，比如用"坤"——大地，不管走在哪里的大地上面，大地都不会说"我痛""你怎么可以践踏我"；你也可以采用其他的易象，但是所说明的道理没有改变。但是"诗象"就不是这样的。如果你试图改变"两个黄鹂鸣翠柳"中的任何一个字，那后果是可想而知的。这意味着什么？意味着我们阅读小说、看电影、看电视，我们当时所获得的感受是被特定的对象所构成的。这就是主客不能分离的关键。我们讲了这么半天，好像还没有切入海德格尔，但其实快了。

在席勒之前的西方美学，是愚蠢的美学，因为主客分得太开。你们说那有价值吗？当然有价值，有一定的价值。但是基本上我给它的判断是"愚蠢的美学"。它会肢解美学研究的对象。不管是柏拉图还是亚里士多德，当然亚里士多德要好一些。还是中世纪的那些美学家，比如奥古斯丁；还是到了德国古典美学，其中我觉得黑格尔做得特别过分，简直是个傻瓜。他先设定一个理念，然后理念会分裂，一层一层地产生不同的文学艺术。哪有这样的事情？但是这是可以理解的。为什么能够理解？他这样做是事出有因的，因为他有强大的宗教信仰。所以从反面来看，奥古斯丁很深刻，黑格尔也很深刻，但是从整体上我们接纳不了。

在这里我们顺便提一下，奥古斯丁是特别有意思的。在座的各位如果接纳西方的文明，当然会有很多种方式，但是我觉得对于学习美学的人来说能够看一看奥古斯丁的《忏悔录》，我们就能够基本上把握住基督教神学，尤其是基督教神学美学的精髓。他在《忏悔录》中就忏悔，年轻的时候喜欢谈恋爱，不管对方是未婚少女还是有夫之妇都爱，喜欢看戏，喜欢听好听的声音，喜欢看到蓝天，喜欢听到鸟鸣，喜欢吃到美味的东西，尤其是吃东西的时候，明明已经吃饱了，不需要再吃了，但是我们的舌头还是控制不住味蕾的需要。在中国文化中也是这样，为什么我们会吃得这么胖，主要是因为实在是受不了美味的诱惑。

但是奥古斯丁最有创造性的是他在书的后半部分开始思考时间的问题。这是非常耐人寻味的一件事。为什么前面一直在鲜活地忏悔，然后接下来就来思考时间的问题，这太有意思了。在座的各位不妨去看一看。通过这篇作品你可以理解什么是神学的美学。我们把奥古斯丁简单的概括一下，就是他认为时间是一种延伸，而且是一种主观意识的延伸。在他以前，没有人提出过这种看法，之前的人们认为时间就是在空间里面一个物体的移动，这是空间化的时间观。所以说奥古斯丁在这里来说是一个天才的创造。

这意味着我们在生活当中你的任何感受都有一个开始，一个延续，一个结束，这就是主观时间。主观时间不是我们说的几点几分，所以我们要想理解主观时间会有很大的阻碍，原因就在于我们受客观时间这种思想的影响太深了。奥古斯丁讲到，当你的头脑当中，在你的意识里面充满着上帝的时候，在这个时候，就是纯粹的信仰，理想的信仰。但是当你的意识中出现了美丽的少妇、红烧肉、臭豆腐等，你对上帝的信仰在时间上就出现了断裂，自己就不完全属于神了。这是一个极端，是神学美学。在主客二分当中，将主观完全分离出来。

那还有客观的美学，就是我们俗称的反映论美学，或者认识论的美学。这种美学目前在我们国内还是大行其道的，尤其是在文学史教学的领域。我前一段时间看了一本书，是英国的一位非常著名的艺术评论家罗斯金的《现代画家》，一共好几册。看过之后，我觉得这还叫艺术评论家，这还叫有名？他把很多画家的画归类，他是怎么归类的？他说这幅画的光线就是北京时间9点38分的光线，然后这样就依据类似的标准来归类。可是这样做有什么意思呢？难道画家的才能就是要和自然界完全一样吗？所以我一直对《蒙娜丽莎》怀有疑虑。别人都说蒙娜丽莎画得好，可是我没觉得它哪里好。好像类似的话我也在首师大讲过，不就是一张照得很漂亮的相片吗？如果给我照这样一张照片，说不定我也会成为刘娜丽莎什么的。

插一句，以上对西方美学和哲学的评价不是我本人发现的，是中国近现代有一位著名的学者——梁启超的发现。梁启超说，西方的传统哲学和传统美学当然有它巨大的价值，那就是宗教和科学方面的创立。他们的美学也是这样，神学美学成就比较大，而在认识论的美学方面，我们认为没有什么值得骄傲的成就。所以马克思、恩格斯对西方哲学史的判定是正确的，是这样两种路线的斗争，而且往往是唯心主义贡献更大。

那么西方美学和哲学到了胡塞尔的时候，其实我们还应该把这个时间再往前提一下，也就是到了胡塞尔的老师布伦塔诺的时候，出现了明显的改观。布伦塔诺原来是一个牧师，后来从事了哲学的研究，他也研究心理学。在布伦塔诺同时代有一位著名的心理学家，我们把他称作现代心理学之父——冯特。冯特开了以自然科学的手段研究心理学的先河。冯特开了先河，取得了很惊人的成就，但是其中存在的问题也是很多的。这里面的问题在布伦塔诺看来就是他不研究行为。这是什么意思呢？比如说我看到了一朵花，这朵花是红的，那么冯特去研究的话，就会研究这朵花的波长等是怎样的，然后投射到我们的眼睛里面我们就产生了"红"，这是对的。但是布伦塔诺不这样做，布伦塔诺怎么做？他说我们才不研究波长或者投射到眼睛、大脑里面而产生了刺激。我要研究的是，这个环境里有一个"红"，红的瓶盖，就是我看到了瓶盖这样一个行为。我研究这样一个行为，而且是"一个"行为。在这个行为当中有两个基本的相关项，这两个相关项分别是"我"和"瓶盖"。所以他从宗教、神学哲学里面拿出来一个词来描述，就叫"意向性"，也叫"意向行为"。比如说我现在不看了，这个行为就消失了，但是如果从科学的意义上说，这个瓶盖还在这里。但是现在的着重点不是它是否在这里，而是我在看着它。

此前我还讲过一些比较简单的、来自梁启超的话。我觉得梁启超最了不起的地方在于他能够把自己对佛教哲学的研究放到美学里边。比如说佛经里面有这样一句话说——软，硬——你说这样的东西是主观的还是客观的？现在我把手握住矿泉水瓶，会感觉到凉，你说"凉"是主观的还是客观的？

只有我们把手握在这里的时候，"凉"才是存在的。为什么非要不是主观的就是客观的呢？如果是客观的就不是主观的，为什么非要采纳这样一种方式去回答这个问题呢？这是一个行为。所以布伦塔诺写了一篇文章，这篇文章非常经典，即《论心理现象和物理现象的区别》，大家不妨去看一下。其实其中的思想非常简单，也容易理解，就是说在"凉"当中，在我的意向活动当中，有它的存在，即有矿泉水瓶的存在，这就是心理现象。基本上绝大多数心理活动都有一个对象。比如说你想念、你希望，这些肯定都存在一个对象；你郁闷，也有一个对象；但是无聊有没有对象？这就需要进行专门的研究了。这是布伦塔诺的贡献，他也培养了很多好学生，其中之一就是胡塞尔。还有一些，比如说斯通普夫，但他的书基本上没有翻译到国内来。我们把布伦塔诺的心理学称为"意动心理学"，这是心理学上的一个专有名称，主要是来自意向性、意向行为。

那么，到了胡塞尔之后，已经是登峰造极的阶段了，他创立了现象学。但是现象学的著作对我们来说，如果用天书来形容的话，那也是毫不过分的。我可以说，我长这么大，我看书从来没有像看现象学的书一样，遭受到如此大的智力上的挑战。为什么会是一种挑战？就是因为我们之前的智力不是偏向主观就是偏向客观。对于主客不能分的这样一个领域，我们接受不了。如果说从主观上能接受得了，但是又存在缺少一整套去描述它的术语、概念体系和观念的问题，然而胡塞尔解决了这样的一个问题。

所以，同学们可以去看一下研究现象学的书，一般情况下会用这样一些词评价胡塞尔——"卓越""精微""精密""精辟"，却不会将这些词放到其他人身上。也有人把胡塞尔的哲学称作"工作哲学"，拿过来，直接就可以用。在胡塞尔的影响下，也出现了不少的现象学的美学家。可能对于在座最熟悉的莫过于英伽登，他的《对作为艺术的文学作品的认识》也可以说是天才的创造。因为从基础现象学到文学现象学并不是说能进行直接嫁接的。另外一个，那就是海德格尔，当然还有其他的。比如有一个现象学作者的书最近被翻译到国内来，那就是许茨，而大家可能更熟悉的是他对社会现象学的分析。海德格尔有一个女弟子，我们都知道她的名字——阿伦特，也是海德格尔的 lover，她研究现象学叫人权现象学。所以胡塞尔对世界的影响，尤其是对西方世界的影响是翻天覆地的。

海德格尔老老实实地跟着自己的老师学习，但是我们不得不承认，他们两人至少是能够并驾齐驱的。原来我更推崇胡塞尔，现在我基本上有这样一种判断：海德格尔比自己的老师更聪明，但是他们并不能互相替代。海德格尔曾经写过一本书，这本书他是分成好几部写的，那就是《存在与时间》。我们看到的应该是之二，之一叫《时间概念史导论》，之三应该叫

《存在与时间》。第一部前几年翻译过来了，海德格尔在这本书里面对自己的老师有一个非常恰当的评价。他说，现象学有三大发现，第一个发现是意向性，就是指现象学特别擅长描述"凉"，特别擅长描述"软"。比如说我现在握住这个瓶子的时候，我能够感到它是一个圆柱体、凉的、光滑的、柔软的。当然这是一个神经正常的人类的正常感受。但是我们也可以拿一个环境美的对象让你描述一下，你就会发现那太难了。在自然空间美当中，我们站在某一个地方到底产生了哪些感觉，这些感觉到底涉及哪些我们的感官，这些感受之间到底是一种怎样的关系，要描述这些很难。

第二个发现是本质直观，也翻译成"范畴直观"。其实后来我们很多研究现象学的学者把这个贡献称为解决了一般和个别的关系问题。这样一个问题我们从小到大在学哲学原理的时候是背得滚瓜烂熟的。个别到一般是什么样的关系？个别是现象，而一般要建立在个别的基础上，到最后要抛弃个别。但是到了胡塞尔，他不再这样说一般和个别的关系。他认为范畴，就是我们以往说的抽象的东西是直观的。我们打一个比方，大家所坐的椅子，它肯定有自己的本质，我们因此而不会把它称作沙发、摇篮，更不会称之为大床。但是我们怎样将它与以上的东西相区别，对"椅子"进行定义呢？我们给它一个冰冷的定义，当然可以，但是更多的时候，我们坐在椅子上，椅子的本质就已经直观地呈现出来了。而胡塞尔的讲解要比我深刻得多，如果大家觉得我讲得非常浅薄的话，那一定是我的错，不是胡塞尔的错。

第三个发现是关于"先天"它原本的含义是什么。这个特别不好理解。以前康德说有一个物自体，人世间所有自然科学的规律原来都存在，后来人们认识到它，这中间就存在了一个时间差，它在前，我们在后，我们通过先天的综合判断可以进行科学的研究。这是康德的创见。但是到了胡塞尔，到了海德格尔，他们不再这样思考问题了，而这也是海德格尔最厉害的地方。他认为自己的老师在这方面解决得不好，到底情况怎么样，有时间的话，大家可以自己去看。

海德格尔说，只有一个人愿意做一件事情，他才会不停地做下去。比如说 11 点我们就会出发到首都机场去乘飞机飞到杭州，和一些人吃饭，吃过饭之后还可以到运河边上喝茶，这就是"时间的绽放"。肯定是我们喜欢做一件事情，我们才会不停地去做，而且我们还会把这件事情做得越来越好。这叫"存在的升值"。所以海德格尔写了一本书叫作《存在与时间》。

我觉得很多人把它理解得太烂了，在我们国内我推荐大家去看张祥龙老师写的书。海德格尔为什么把这两个词放在一起？可以说他的这样一本书完全"革命"了我们对时间、对人生的看法。他讲得特别有意思，"此在"是对"存在"的领悟。你不要再去理解谁先谁后的问题，而是在我们做的过程当中存在。其实他讲的人生的意义这样就体现出来了。所以，"意义"在《存在与时间》里面是最关键的词。这个意义就是我们为什么活着。我们喜欢做一件事情是因为我们认为它有价值，所以我们才会不停地去做。这就是"此在"。此在是最理想的存在着的状态。如果一个人非常心满意足，那么我们可以说你没有"此在"。完全不发展，完全不进步，一点都不变化，这样的人有没有？当然有。有的人可能到了初二、初三，基本上他一生的世界观等方面就停留在那里了。虽然他的身体在生长，也会成家立业，但是其实他已经提前死了。所以时间是什么？时间就是意义的实现。它是绽放的、涌出的。我觉得我们古代所讲的"境界"等都可以在这个方面得到理解。我们所讲的境界的提升其核心正是时间性的，但是这个时间绝对不是客观时间。

到了晚年的时候，海德格尔纠正了自己在《存在与时间》中的一些看法。他用了一个词——本有。而这个词在《艺术作品的本源》当中是最重要的一个词。它的意思是什么？我们打个比方说，现在正在发生一种行为，由我、王老师和在座各位共同参与的，这样的一种行为正在持续，我们不好给它命名，海德格尔就用了这样一个词——本有，在此之前，它被翻译成"大道"，大道存在。大道这个词好像过于直接，而且容易和我们中国哲学中的一些词混起来，所以孙周兴老师后来在《哲学论稿》里加了一个注——从"本有"而来——就是现在发生了什么，而什么正在持续。比如说，刘老师正在讲他对现象学的理解，这是存在一种理想的状态是大家能够理解我，我也兴高采烈地在这里讲，这样的一种氛围就正在持续。

那么美学研究的对象是什么？那你就要保持住它，不让它受到损害。你不要采纳任何的观念、原理、教条等的理念去试图驯服它、割裂它，而就让它存在，就这样保持住它的原貌。而且海德格尔讲得非常有意思的一点是什么？他说这样的东西流畅，带有冲力。

所以这里给大家一个提示，《艺术作品的本源》尽管是海德格尔晚年的著作，但是跟他早年的一些思想是完全相通的，海德格尔没有违背自己，他年轻时候的一些想法在晚年得到了持续。他早年的《弗莱堡文选》有一个大标题——"形式显示的现象学"。我们这样枯燥地说很难理解，但是他举了一个例子。他说科学家研究的过程也是主客不分的，比如说我们把注意力放在我们要研究的对象上，这当然也是主客不分离的。但是这个过程和我们阅读小说的过程是不一样的。科学研究的过程中，对象始终保持中立，它不会因为我们的心理不一样就产生不一样的结果。在"1 + 1 = 2"中，我心里的 1 和在座心里的 1 是完全一样的。

所以海德格尔说，在科学研究的过程中，尽管你也会出现激动、沮丧、郁闷等行为，但是你的这个行为不会放到"1 + 1"上去，而对于另外的一些活动来说就不是这样的。比如说"两个黄鹂鸣翠柳，一行白鹭上青天"，只有这十四个字两行诗才会呈现出所谓的"本有"。海德格尔用很多词来形容"本有"，比如说"涌出""涌现""生发"。我想"生发"最好翻译成"兴发"。昨天下午我给本科生讲了一下"意义"和"兴发"的问题。我们今天上午讲的现象学就不是一个枯燥的存在，这不是视频，而刘老师就很鲜活地站在这里，王老师也在这里，这样的灯光，这样的雾霾，于是就产生了这样的一个行为。一个行为，你不要试图区分形式、内容、材料，而只去分析其中的一个方面。当然可以分析，但是都要带有整体上的"质"，整体上的性质。所以这是海德格尔这篇文章对美学的第一个贡献，就是美学研究的对象到底是什么。

在接下来的陈述当中，我会把我从头到尾思考的轨迹展现出来。海德格尔在《艺术作品的本源》这篇文章当中提出的第一个问题是"本源指的是一个事物从何而来，通过它是其所是，并且如其所是"。这是典型的现象学的语言，在其他的哲学中是看不到的。所以尽管本人现象学学得一鳞半爪，但是对现象学的精神已经很理解了。

接下来海德格尔说，有人说是作品，有人说是作家、艺术家，比如说《红楼梦》是曹雪芹创造出来的，而不是刘老师创造出来的，所以很显然艺术家是本源。但是曹雪芹是通过《红楼梦》出名的呀，这样作品又成了本源了。海德格尔说这真的是很麻烦，是不是存在第三种可能，通过这种东西——艺术，作家和作品成为"是其所是，如其所是"？但当我们讲到艺术的时候，我们往往会想到美术、书法或者更具体的作品，它们成为一个集合。所以海德格尔说，思考艺术作品的本源的确是需要很强大的智慧。有时候会绕圈子，两者好像是互相决定的，但这都是于理不通的。

他说没有关系。我们从哪里开始？我们从最现实的经验出发。这个最现实的经验是第一人称的。所以我认为做美学，首先做的就是回忆。昨天晚上，我打开了QQ空间就听到了自己设定的音乐，非常好听，大概是一首民间音乐，很短。不管怎么研究美学，我都要在我的回忆当中让它存在，而且最好让它重现。我不管你研究的美学是什么样，但是你至少要不糟蹋美学。所以美学有两个定义，一个是好美学，还有一个是糟蹋美的美学。

这是海德格尔特别伟大的地方。我们可以想见他对美学的贡献来自哪里，来自他自己的老师胡塞尔。他明确地提出反对心理主义。简单地说，就是要把作品和作者切断联系。这并不是说切断版权上的联系，也并不是说切断杜甫某一首诗的确是写他某一年、某一个事件的这种联系。杜甫在写这首诗时的心理活动直接导致了他写出这首诗，或者要从诗中直接推导出杜甫写诗的心理状态，海德格尔说，此路不通。这当然也是现象学最旗帜鲜明的一个主张，那就是反对心理主义。他还说："为了找到在作品中真正起支配作用的艺术的本质，我们还是来探究一下现实的作品，追问一下作品是什么以及如何是。"

当然，海德格尔第一个思考的问题是"物"的问题。比如说文学作品是用语言写成的，绘画是用颜料、油彩，音乐是用音符等写成的，都跟"物"有关系。很显然第一个直接的现实是物。而且他列举了西方历史上关于"物"的三种说法，他说每一种都站不住脚。如果有兴趣，大家可以直接去读。我们在这里简单地解释一下。第一种说法，物是这一个物所有性质的总和。比如说石头，它有形状、重量、一定的温度、硬度。第二种说法，物是人感受到的这个物的所有特征的总和。后来海德格尔举了很多精彩的例子把这个说法也否定掉了。比如说当我们听到一辆汽车的噪音的时候，并不是说我听到了噪音，而是说我听到了汽车。第三种说法，直接和美学史上一个重要的概念相沟通，那就是质料与形式。比如说制造一个物品肯定有材料，我们根据让它变成什么而赋予其特定的形式。椅子很显然是一个椅子，而床是不会出现在教室当中的。也许以后的教育会进化到这样的阶段，躺在床上上课，这也未尝不可，但是到今天为止还是这样。我们赋予木材、钢筋和铁这样的形式，就成为现在的椅子。而海德格尔说，这种回答同样是不彻底的。

接下来他话锋一转，就从物转到了器具。他说，到目前为止他找不出物是什么。拿文学作品来说，它显然是由文字构成的。我单纯地找到了语言作为物的特性，跟其他的都没关系，也就能够推导出文学作为文学作品的语言到底有什么特性。我是这样来思考的。他在文章中给出一个词——"象征",其实也可以翻译成符号。这不是作为修辞手法的"象征"。这就是说文学作品除了是语言,它还可以是其他的东西。

接下来,他说"器具"是个好东西。它既有物的特征,又有艺术作品的特征。因为它既是物,又加上了人的创造。我们是不是可以通过考虑这个东西来找到艺术作品的本源啊?接下来,海德格尔就讲到我们中国学者特别喜欢用的一个例子——凡·高所画的《鞋》。这个《鞋》是一个特别精彩的转折,而且在海德格尔对《鞋》的描述当中出现了海德格尔整篇文章所具有的一个文风。

他整篇文章的文风是非常鲜明的,那就是由比喻来构成的。关于是不是由比喻来构成的,有很多种说法。到底是不是比喻,我们接下来会看到的,但是这是我对《艺术作品本源》的一个基本的判断:它是以诗意化的语言,尤其是以密集的、出现的、相互关联的比喻,而且他还以一个比喻为母体而产生很多子喻,然后来描述一些经验。

海德格尔是怎样描述凡·高的《鞋》的?那是神乎其神的。现在我们看不到那双鞋,到底是哪一双鞋也有争议。我们且把这些放到一边,先看他的描述。这双鞋是一双很破旧的鞋,是农妇穿的,我们能够看到黑洞洞的鞋口,很凌乱的鞋带,就能够想到农夫在田埂上走路,挑重担,还想到了面包,而且更加难能可贵的是他想到了这位大妈——她如何分娩。海德格尔怎么能想出这样的东西来?但是没有关系,他说了,我们要针对艺术作品存在的现实。现实是什么,就像我们刚才举的那些例子一样。他的描述都完全是第一人称的,世界上所有的文学史也都是第一人称的。有些人专门研究文学史,他就成了文学史的权威,成了文学史的代言人。他说文学史不是这样的。但是事实上那些作品都是在这个时期写成的,为什么不是这个文学史里面的呢?所有的文学史都是研究文学史的个人对作品的欣赏史,是第一人称的。

在这个时候,海德格尔就出现了最重要的一个比喻,那就是"大地"和"世界"。这两个词可以说是整篇文章的中心,特别难以理解。到目前为止,我的看法是这样的。鞋作为一种器具,海德格尔把它比喻成大地,他不是指我们下面的那个大地,而是一个比喻。器具肯定应该有用,而且耐用,这是海德格尔说的。而最好用、最耐用的东西我们在使用它的时候往往感觉不到它的存在。我们穿了鞋子走路,我们是不是就会每天想我们穿了这样的鞋子。一般情况下是不会想的，除非鞋子不合脚的时候。海德格尔把这种体现称为"宁静"——大地的宁静。大地承载着我们，承载着我们的生活，海德格尔说，这叫"世界"。因为这个鞋对于农妇来说太适用了，所以农妇穿着它做事，就像刘老师穿着自己的鞋一样，坐上飞机来到了这里。我的这双鞋子也很不容易啊，因为它是一双学者的鞋子。比如说我上课，挣钱，有课时费，就可以给女儿买好吃的、买新衣服。带她去买新衣服的时候，她就会非常开心。这时我就会想这就是我的世界，这就是我的"鞋"。

海德格尔最聪明的地方就是他找到了这样的一个转折——凡·高所画的鞋既是鞋，又是艺术作品。在这个时候他说了这样一句话：这器具属于大地，它在农妇的世界里得到保存；正是由于这种保存的归属关系，器具本身才得以出现，而且得以自持。这一段话翻译得特别有诗意，是刘小枫翻译的。这"大地"和"世界"到底是什么关系。这应该是我们讲的第二点，就是对于"器具"的描述。这是一个关键的转折。

接下来我们讲一下第三个他对美学的贡献——艺术作品中真理的理解。

第一点，海德格尔描述说，尽管我没有看到这个农妇的真的鞋子，但是我一看到这幅画，这个器具，活了。这是我自己的话，海德格尔是这样说的，通过这个作品也只有在这个作品中，器具的存在才专门地显露出来了。这话是典型的现象学精神。比如说我握瓶子的这样一个行为，两个相关项是我的手和矿泉水的瓶子。而凉的感受是由这个对象来构成的或者说瓶子在我的这样一种行为当中"被给出"。我们在汉语中很少这样说，但我现在也习惯了。我用它来描述我看《红楼梦》，我就会说，林黛玉的形象在我的阅读的行为当中被给出。

海德格尔说，在艺术作品中存在着真理，已经自行设置入作品了。这句话说起来虽然简单，但是它厉害在哪里呢？我觉得第一个小点在于它和传统的反映论完全不一样。传统的反映论就是我们平常常说的——"某一个作品真实地反映了……"海德格尔说这是真理的相符论。比如说某某作品描绘了某一个时期怎样怎样的生活，反映了怎样怎样的心态、怎样怎样的文化。这里存在一个前提是——我们知道这个时期的生活是怎样的、现实是怎样的、文化是怎样的、心态是怎样的，如果相符，就说明反映的对，如果不相符，就反映的错，作品就没有价值。

但是海德格尔说，你凭什么说你所说的作品之外的东西是真实的？这是完全不能够断定的。所以以后我们的文学史老师再这样说，你就可以跟他说，你先去研究历史，然后再来研究文学。海德格尔说，艺术作品当中的"真"是自行设置入作品的，它无待与另外的东西进行比较，去进行相符或是不相符的比较。当我们阅读《红楼梦》的时候，大观园中那种人与人之间的关系，各色人等，你说我们还没有感受到吗？贾宝玉的确是在各个方面都不太理想，但是他有一个好处就是相对来说尊重女性，而且他往往是不如女人。贾宝玉的长相，说实话，不太爷们儿，唇红齿白，那么娇嫩，你说他懂什么，而且他还喜欢使用红色的东西，他有什么可爱的，但是他有他的好处。而林黛玉的确是《红楼梦》里最迷人的。薛宝钗在身体上比她要好多了，但是她只是一个一夜情的对象，长期和薛宝钗生活在一起会郁郁而终的。

大家可能会说刘老师你的思想有偏见，不是，这是我阅读《红楼梦》感受到的世界。所以我觉得这是海德格尔特别伟大的一点。刚刚我们提到反映论的美学，是不是我们应该剖析了？但是海德格尔聪明之处在哪里？他更新了西方美学史上的反映论。这使得反映论可以继续使用下去，但是已经是脱胎换骨了。海德格尔讲了一句很有意思的话——迄今为止，人们都一直认为艺术与美，或仅仅和美相关，而跟真理没有关系，所以把"美"给了美学，把"真"给了其他的比如说逻辑学，等等。所以说艺术当中的"真"不是相符的"真"。

第二点，真理是时间性的。他举了一个例子，我们如果把它举出来就会觉得很不理想。他翻译了德国的一首诗来描述古希腊的喷泉。我们不要用这个例子，而用李白的《望庐山瀑布》来做例子。如果我们抽象地看就会说，庐山瀑布、庐山是美的。但是在阅读这首诗的时候，我们会发现意蕴是兴发着的。

昨天下午我们还讲了一个例子，什么叫兴发。"一二一，一二一，你吃苹果我吃梨"，你如果把它念上 100 遍，不管你高不高兴，如果我再说到"一二一，一二一"时，你肯定会在心里把"你吃苹果我吃梨"念出来的。这就叫兴发。我们以前往往把"真"理解为科学的原理，理解为一些规律、公式，理解成抽象的表达，但海德格尔说不是这样的。每一个人都有闺蜜、哥们儿，好久不见后在一起聊一下。神神忽忽聊得昏天黑地，聊了什么不知道，但是有一种东西在产生着。我们的友谊就是这样产生的，而且状态就是这样。闺蜜的情谊就这样产生着，兴发着。这也是海德格尔的创见。

　　当然，这来自他的老师胡塞尔。胡塞尔做工作比海德格尔精密多了、成熟多了，所以导致海德格尔后来就不再直接说自己老师的东西了，因为他做得已经够好了。但是这有一个后果，如果我们单独阅读海德格尔，就没法理解他了。当海德格尔说，真理是历史性的其实是在说它是时间性的。而且这一时间性指的是内时间意识的产生。关于这个我们就不再多讲了，但是我们给大家讲一个词——视域。

　　这是胡塞尔著作中关于时间的一个特别著名的思想。"时间"不是指客观时间的一个点现在、一个点过去、一个点未来，而三者之间没有关系。不是这样的。胡塞尔说，就像我们看一个东西，比如说看这儿，当你看这儿的时候，你同时也看到了这两边。当你把焦点放在这里的时候，这两边好像是产生了一个"域"，所以时间的产生有一个"域"在这样的移动，但这个域不是一个点。胡塞尔就把这个叫作"滞留"，往前叫"前摄"，而这个叫原初的印象。这个是非常有意思的。张祥龙老师用了我们中国的一个词来形容它，我觉得太有意思了，叫"牵挂"。牵着前面的，挂着后面的。"床前明月光"，当我们读到"光"的时候，前面的四个字没有消失；甚至我们读到"疑是地上霜"的时候，前面的那些字都没有消失。所以，这个就叫"视域"。"视域"后来也体现在伽达默尔的思想里边，所以如果我们不知道胡塞尔的学说，就没有办法理解。我以前给同学上课经常讲王国维在《人间词话》里提到的"隔"与"不隔"，这到底是什么意思？当中国古诗里面出现了一些用的不好的典故或者说用事的时候，到这里出现了断裂，没有办法持续下去了，我们把这样的作品称作有瑕疵的作品，比如说《少年游》。

　　所以，第三点，关于"真理"，艺术作品是以自己的方式开启真理。以自己的方式就是"大地"。

　　今天上午的时间很短，接下来我就简单地讲一下"世界"和"大地"的冲突。用简单的语言说，"大地"就是——寓杂多于统一。比如说一个作品，既不多余什么，也不缺少什么。但是很显然一个作品是由很多不同的东西做成的。

　　一个文字和后面所有的文字之间会有裂隙的存在。这个"裂隙"也是海德格尔来自"大地"的一个比喻。但是在好的作品里面，裂隙消失了。海德格尔一再地说，大地要归于沉静。但这并不意味着大地是僵化的、僵死的，而是说大地之间的各个因素充满了矛盾和争斗，但是它们被杰出的艺术家放在了一个作品里，它们就会变成其中任何一个字词都不能够被替换的状态。

但是，以在座各位的聪明才智，我们可以试图对它做一些改变。你可以改变，可以重写《红楼梦》，我们都可以尝试一下，改变《红楼梦》叙事的顺序或者说视点等。能不能做到？做不到。所以"大地"是坚实的、沉静的。

表面上在讲大地，其实我们是在讲通过阅读这个作品我们得到的感受实在太迷人了。所以我们不要单独地讲是"大地"还是"世界"。比如说我通过《红楼梦》的阅读，我感受到了大观园的世界。这就是在"世界"与"大地"之间存在冲突。这个冲突是什么？我们拿文学作品来说，就是言与意之间的矛盾。"大地"要归于平静，而"世界"要绽放、要涌出来。大地是要锁闭的，而另一个是要开放的。

我也经常写日志，但是我的日志都是乱写的，我不想好好写，因为我知道好好写我也写不好。但如果乱写别人一看就知道，就不会说你什么了。我们读过那么多好的作品，我们不忍心去写的。

由于时间的限制，我们只能这样简单地说一下。大家不妨去仔细地看一下什么叫"世界"，什么叫"大地"，什么叫"世界"和"大地"的对立，什么叫"世界"的抽离。比如海德格尔说，一个雕塑，现在不放在原处，而放在博物馆里了，这样不好。其实这个意思就像我们学文学史不应该只学到老师的化约式的介绍，你应该去阅读它、听它、感受它，就像一件衣服，我们要自己去穿。这样，主客不分的"本有"才能保持下来。当然在这里，海德格尔还天才地描绘了一个对象——古希腊的神庙。他描述自己在其中走，看到了很多，然后他说神存在。

去年暑假我到了吴哥窟，我强烈推荐大家去这个地方，到那里我们真的是会对世界文明史的发展有全新的认识。当我在那里行走的时候，我想起了海德格尔对神庙的描述，神在，而且是活的。

另外还有很多，比如"世界"是给定的。海德格尔说，世界不是我们的对象。当我们说《红楼梦》的时候，好像它在我之外，然后我就这样陈述。其实不是的，不是置身世界之外，而是一个行为在发生着。不管我们怎样研究文学作品，反正你不要破坏它。

海德格尔还有一些话在翻译成汉语之后不太好理解，他说，世界世界着，世界世界化。其实在中国古典的著作里，"父父子子"不也是这样的一种构词方式吗？这就是我们平常所说的这部作品比较生动。中国的汉字也同样是伟大的，比如说"生"和"动"到底什么意思？难道我们不是和海德格尔的这种思想完全相互沟通的吗？是可以相互沟通的。

今天我的介绍是很简略的一个介绍，大家有时间可以去阅读一下这篇文章，而且最好能够和胡塞尔的思想沟通起来。然后我们就会发现海德格尔其实为我们指明了美学作为一门学科的方向，因为它能够解决很多问题，最关键的问题就是审美对象的问题。关于海德格尔的美学，我们最后说一句，他只是艺术美学。它不涉及空间，也不涉及我们的穿戴的这些日常美学方面。今天，我就讲到这里，谢谢大家。

（录音整理：巩伊玲）

时间：**2014 年 5 月 28 日（周三）9：30**
地点：**首都师范大学北一区文科楼 603 学术报告厅**

主讲人简介

　　吴思敬　著名诗歌评论家、理论家，首都师范大学文学院教授、博士生导师，《诗探索》主编，中国当代文学研究会副会长，中国诗歌学会副会长，享受国务院特殊津贴，被教育部授予全国优秀教师称号，原首都师范大学文学院院长。专著有《诗歌基本原理》《诗歌鉴赏心理》《写作心理能力的培养》《冲撞中的精灵》《心理诗学》《诗学沉思录》《走向哲学的诗》《自由的精灵与沉重的翅膀》《吴思敬论新诗》《中国当代诗人论》等，主编《中国诗歌通史》等。《写作心理能力的培养》《诗歌基本原理》分获1987 年、1992 年北京市高等学校哲学社会科学中青年优秀成果奖，《心理诗学》获北京市第五届哲学社会科学优秀成果一等奖。

　　主持人（胡疆锋）　各位老师和同学，欢迎大家来到燕京论坛，今天我们非常荣幸地请到了中国著名的诗歌评论家、理论家、首都师范大学文学院的教授、博士生导师吴思敬老师。燕京论坛以往都是请外校的著名学者，吴老师作为我们本校的一名杰出学者，我们能够聆听吴老师的讲座也是感到非常荣幸。吴老师这段时间行程安排得特别密，下午还要赶到外地，过几天还要去香港，所以抽出这个时间是非常难得的。吴老师的著作我们在海报上已给大家列出，对我以及我同龄的教师而言，我们基本上就是读着吴老师的书长大的，做硕士论文还有博士论文都受到了吴老师极大的影响。关于吴老师的著作和获奖情况我就不一一介绍了，还是把时间留给吴老师。下面让我们以热烈的掌声欢迎吴老师给大家做讲座。

诗歌：让心灵自由飞翔

吴思敬

　　同学们好，我今天讲的题目是《诗歌：让心灵自由飞翔》，讲两个小时左右，然后与大家互动、交流。

　　大约距现在七十年前，也就是 1943 年，在荷兰的首都阿姆斯特丹，法西斯正在疯狂地排犹，他们把在阿姆斯特丹抓的犹太人集中到一个领事馆里面，然后送到集中营监禁或是处决。此时，法西斯忙着抓人、杀人，犹太人忙着逃命，惶惶不安。就在这些被抓的犹太人当中，有一个小姑娘叫伊蒂，她却在领事馆的一个巨大的垃圾箱旁边读诗，读谁的诗呢？读里尔克的诗。我们想，一个人的生命即将到终点了，却还坐在那里读诗，这就说明是诗给了她巨大的勇气，让她能够平静地面对死亡。她读的是里尔克的诗，说明里尔克的诗具有巨大的精神感召力量。伊蒂最后还是被法西斯杀死了，但是我们怎么知道她在生命的最后时刻还在读诗呢？因为她每天都写日记，里面记载了这个年轻的生命对生活、对死亡的看法。所以我们说，一个伟大的民族即使再富有，诗歌也不会显得多余，一个伟大的民族即使再贫穷，也不应当缺少诗歌。

　　对我们中国来说，诗歌尤其有着特殊的意义。大家知道，中国不像有宗教传统的西方国家，一个人出生、死亡，以及遇到重大灾难的时候，都可以到教堂去，寻求一种精神的安慰。中国多数人是没有宗教信仰的，有一些害群之马干起坏事来是不受良心谴责的，所以像是毒牛奶、黑心棉、黑砖窑等现象就层出不穷，包括一些刑事犯，其凶残的手段到了令人发指的地步。在我国古代，即便是强盗也还要遵循"盗亦有道"的行为规范。我们时常在古代小说中看到山大王劫道，通常会向路人喊话："此山是我开，此树是我栽，若要从此过，留下买路财。"简单来说，就是破财留命，把钱交出来，我就不杀你。但是现在像张军那样疯狂的杀人犯，他行凶的时候为了不留任何的线索，把一切相关的人都干掉，经常是"满门抄斩"，非常地血腥。所以当下我国经济犯罪和刑事犯罪所呈现的问题，表面看是经济问题、刑事犯罪问题，从深层说则反映出当下社会道德的滑坡，人文精神的丧失。

20 世纪蔡元培先生曾经提出过"以美育代宗教"说，林语堂则把这一思想具体化为："中国诗在中国代替了宗教的任务。"从历史上看，凡重大事件或灾难发生的时候，中国人往往倾向于写诗来消除自己胸中之块垒。这就有 1976 年四五运动时的天安门诗歌，有粉碎"四人帮"以后诗的大繁荣。2008 年汶川大地震发生后，中国很多人，不管是不是诗人，都在网络上或短信中写诗或传播诗，借此表达对遇难者的哀悼，抒发一种大悲悯的情怀。当然这些地震诗不只是达到全民的情绪宣泄的作用，它更多地还有反思，特别是体现了人的价值高于一切的理念。5 月 12 日下午发生大地震，第二天四川诗人梁平就写了一首《默哀：为汶川大地震罹难的生命》，在这首诗的最后，诗人写下了："我真的希望/我们的共和国/应该为那些罹难的生命/下半旗志哀。"当时这一提法是十分大胆的，因为此前中国只为逝世的国家领袖下半旗，而从没有为普通老百姓下半旗。但几天后，中央果然决定在 5 月 19 日正式下半旗悼念遇难者。这就是诗人，他总是站在时代的潮头，说出人们心中想、笔下无的东西，甚至一般人心中尚未想到，诗人却能见微知著，写出带有预言性质的诗篇。

在文学领域，诗一直是最高的文学形式，被称为文学皇冠上的宝石。诗的历史最为古老，诗的生命却永远年轻，诗和生命有着相通的含义。北京老诗人邵燕祥曾经写过一个小册子《献给十八岁的诗人》，在他看来十八岁的年轻人都处在诗的年华当中，他们在本质意义上都是诗人，或者说是具有成为诗人的潜能。在文学的起跑线上，学诗的年轻人总是最多的，可是能够在这条路坚持跑到终点的却寥寥无几。为什么？这里除去个人的才华、努力程度和客观环境之外，很重要的一点就是对诗的认识还不够到位，诗歌观念还有待调整。这也正是我们今天讲座的一个出发点，我所提出的命题就是"诗歌，让心灵自由飞翔"，我认为理解了这点，对于一个诗歌写作者来说是非常必要的。

一　"自由"二字是对新诗品质的准确概括

2005 年在广西玉林举行的一次诗歌研讨会上，一位记者向老诗人蔡其矫提出了一个问题："蔡老，如果用最简洁的语言描述一下新诗最可贵的品质，您的回答是什么？"蔡老脱口而出了两个字："自由！"蔡其矫出生于1918 年，逝世时虚岁是 90 岁，他的一生恰与新诗相伴，他在晚年高声呼唤的"自由"两个字，在我看来，应当说是对新诗品质的最好的概括。

新诗在"五四"时期诞生不是偶然的。郁达夫曾说过，五四运动的最大的成功，第一要算"个人"的发现，从前的人，是为君而存在，为道而存在，为父母而存在，现在的人才晓得为自我而存在了。由此看来，诗体的大解放，正是人的解放的思想在文学领域中的一种反映。胡适要"把从前一切束缚诗神的自由的枷锁镣铐，拢统推翻"（《谈新诗》），康白情说："新诗破除一切桎梏人性底陈套，只求其无悖诗底精神罢了。"（《新诗的我见》）他们谈的是诗，但出发点却是人；他们鼓吹诗体的解放，实际上是为了精神的自由发展；他们要打破旧的格律的束缚，实际是为了打破精神枷锁的束缚。

在"五四"之后，这种对人自由精神的呼唤始终没有停止过。艾青则这样礼赞诗歌的自由的精神："诗与自由，是我们生命的两种最可宝贵的东西。"（《诗与宣传》）"诗是自由的使者……诗的声音，就是自由的声音；诗的笑，就是自由的笑。"（《诗论·诗的精神》）正是基于这样的想法，艾青选择了自由体诗作为自己写作的主要形式，他从来不去写旧体诗，也不去写现代格律诗，而是毕生写自由诗。后来，废名提出了一个重要的思想，就是"新诗应该是自由诗"，对废名"新诗应该是自由诗"中"自由诗"的理解，恐不宜狭窄地把"自由诗"理解为一种诗体，而是应看成"自由的诗"为妥，废名这里所着眼的不只是某种诗体的建设，他强调的是新诗的自由的精神。

保持心灵自由，就诗人个人而言，一是要有勇气，要有自信。中国有句老话，叫"放胆文章拼命酒，无弦曲子断肠诗"。酒是不能拼命去喝的，但是文章却要放胆去做。为了保持心灵的自由，诗人应当有勇气直面人生，直面旧的习惯势力和世俗的种种压力，他不会受权威或世俗的限制和束缚，而往往是旧的习惯势力的叛逆者。二是要能拒绝诱惑，甘于寂寞。元好问曾这样评价柳宗元的诗："谢客风容映动古今，发源谁似柳州深？朱弦一拂遗音在，却是当年寂寞心。"（《论诗三十首·二十》）柳宗元诗的源头是和谢灵运相连接的，柳宗元的价值就在于他有一颗寂寞的心，像是他的《江雪》《永州八记》等，完全能够看出他的寂寞心情。诗人就应该去掉功利之思，不慕繁华，不逐浮名，视功名富贵如浮云；坚持自己的创作追求，恪守自己的美学理想，决不随波逐流。有了寂寞之心，才能甘于寂寞做人，才可能祛除杂念，排除内在的与外在的干扰，为自己建立一道心理的屏障。

二 诗人应当是一个民族中关注天空的人

当商品经济大潮和大众文化的红尘滚滚而来的时候，也许低俗是不可避免的；但不能所有人都去低俗，而应当有中流砥柱来抵制低俗。也就是说，有陷落红尘的人，就应有仰望天空的人。正如黑格尔所说，一个民族有一些关注天空的人，他们才有希望；一个民族只是关心脚下的事情，那是没有未来的。

毫无疑问，诗人应当是一个民族中关注天空的人。固然，天空是美的，如哥白尼所说："有什么东西能够跟天空相媲美，能够比无美不臻的天空更美呢！"但实际上，对天空的关注，更重要的是指把个人存在与宇宙融合起来的那样一种人生境界的关注。

人生是一个过程，寄居于天地之间，追求不同，境界也就存在着高低的差别。诗人郑敏在西南联大哲学系念书时，听过冯友兰先生讲"人生哲学"课，感到终身受益。冯先生把人的精神世界概括为由低而高的"四大境界"：自然境界、功利境界、道德境界、天地境界。

自然境界，是说一个人做事，只是顺着他的生物本能和社会习俗来生活，对于他的生活目的没有清楚的了解，处于混沌的状态，得过且过。功利境界，是说这种境界中的人，其行为是"为利"，或是求增加他自己的财产，或是求增进他自己的荣誉。他所做的事，其后果可以有利于他人和社会，其动机则是利己的。道德境界，其行为主要目的是"行义"（"义"与"利"是相反相成的。求自己的利的行为，是"为利"的行为；求社会的利的行为，是"行义"的行为）。他为社会的利益去做各种事，不是以"占有"，而是以"贡献"为目的。最高的层面是天地境界，是指在此境界中的人，知道人不但是社会的"全"的一部分，并且是宇宙的"全"的一部分。

不但对于社会，人应有贡献，即使对于宇宙，人亦应有贡献。人不但应在社会中，堂堂地做一个人，亦应在宇宙间，堂堂地做一个人。这样看来，只有立于天地境界的人，才算是"大彻大悟"，才能对宇宙、人生有完全的体认和把握。这样的人，就其形体而言，他仍是自然的一部分，但是就其精神而言，却超越了有限的自我，进入浑然与天地融合的最高境界，这也是最高的人生境界，如冯友兰所言："天地境界是人的最高的'安身立命之地'……有一种超社会的意义。"（《三松堂自序》）

作为人生最高境界的天地境界，与审美境界是相通的。一个人在审美境界中获得的"顶峰体验"，便是一种主客观交融的生命体验。此时，审美主体从拘囿自己的现实环境、从"烦恼人生"中解脱出来，与审美对象契合在一起，进入一种物我两忘、自我与世界交融的状态，精神上获得一种解脱，心灵上获得一种空前的自由感。《管子》上说："人与天调，然后天地之美生。"天即宇宙，宇宙是人所生活的大环境，人只有和宇宙这个大环境保持一致，才能领略到人生之美、宇宙之美。我们通常所说的仰望天空便是基于人与宇宙、与自然交涉中最深层次的领悟，强调对现实的超越，强调在更深广、更终极意义上的对生活的认识，强调内心的无限自由对外在的有限自由的超越，从而高扬生生不息的生命精神，提升自己的人生境界。

伟大的诗篇都是基于天地境界的。曹操的《观沧海》、陈子昂的《登幽州台歌》、张若虚的《春江花月夜》、苏轼的《水调歌头·明月几时有》等，这些诗篇之所以成为千古绝唱，就是因为它们传达了宇宙人生的空漠之感，那种对时间的永恒和人生的有限的深沉喟叹，那种超然旷达、淡泊宁静的人生态度，成为古代诗学的最高境界。

在当代优秀诗人的身上也不难寻觅出这种超然与旷达。像郑敏先生受冯友兰先生的影响，她就意识到要将自我与自然相互融合，打消物我之间的界限，与自然对话，汲取自然的博大和生机，从而进入天地境界，才有可能跨越得失——这个人生最关键的障碍，以轻松的心情跑到终点。

晚年的郑敏在接受《经济观察报》的采访时曾说过："写诗要让人感觉到忽然进入另外一个世界，如果我还在这个世界，就不用写了。"（刘溜：《"九叶"诗人郑敏》）进入21世纪后，当时已经80多岁的她在《诗刊》上发表《最后的诞生》，这首诗中有这样几句：

　　许久，许久以前/正是这双有力的手/将我送入母亲的湖水中/现在还是这双手引导我——/一个脆弱的身躯走向最后的诞生……

　　一颗小小的粒子重新/飘浮在宇宙母亲的身体里/我并没有消失/从遥远的星河/我在倾听人类的信息……

　　面对死亡诗人没有恐惧，没有悲观，更没有及时行乐的渴盼，而是以一位哲学家的姿态冷静面对。她把自己的肉体生命的诞生，看成第一次的诞生，而把即将到来的死亡，看成化为一颗小小的粒子重新回到宇宙母亲的身体，因而是"最后的诞生"。这种参透生死后的达观，这种对宇宙、对人生的大爱，表明诗人晚年的思想境界已达到其人生的巅峰。

　　可喜的是，不只是饱经沧桑的老诗人，不少由青春写作起步，而现在已步入成熟的中年诗人，也开始理解并神往这种与自然融合、与天地合一的境界。

　　蓝蓝说："宇宙感的获得对于诗人，对于欲知晓人在世界的位置、人与现实世界的关系，直至探求有关认识自我、生与死等问题的一切思想者，有着不言而喻的意义。"（《"回避"的技术与"介入"的诗歌》）

　　杜涯认为，诗人应当"以人类悲苦为自己悲苦，以天地呼吸为自己呼吸，以自然律动为自己律动，以万物盛衰为自己盛衰，以时空所在为自己所在，以宇宙之心为自己之心。他心中因而获取了一种新的前所未有的力量：达于时空、与天地万物交融、与世界从容交谈的力量。他开始获得一种世界意识，以至宇宙意识：他进入了世界的核心，进入了万物，与其合而为一。此时的诗人，他的精神已遍及时空，触及万物，优游无碍，与世间万物呈足够的交叉关系、相容关系：包容于万物之中"（《诗，抵达境界》）。

　　王小妮曾打过一个比方："让我们回想一下，现在的春夏秋冬一年里面，能有几个朗朗的晴天？如果一个人能在他自己的头顶上，随时造出一块蓝天，只有他才能看见的，是蓝到发紫的蓝天，这不是人间的意外幸福吗？"（《第二届华语文学传媒大奖年度诗歌奖获奖演说》）

　　李琦说："少年时代，我学过舞蹈。在我眼里，舞蹈老师简直灵异而神奇。她说，把手伸起来！伸向天空的时候，要感觉到手就在长……她还在指导我们在舞蹈中发现远方。她说：往远处看，眼里要有一个远方，非常美、非常远的远方……想起遥远的少年时代，我更清楚了自己是个什么样的人，也越发理解了当年的舞蹈老师。她是那种真正爱艺术的人，犹如我真正需要诗歌。老师的舞蹈和我的写作首先是悦己的，是一种自我痴迷，是心旷神怡。现实生活是一个世界，舞蹈或写作是另一个世界。我们是拥有两个世界的人。现实生活里经历的一切，会在另一重精神世界里神秘地折射出来。实际上，只有在这个虚幻的精神世界里，我们才能蓬勃而放松，手臂向天空延长，目光朝远处眺望。这才真正是'诗意地栖居'。"（《李琦近作选·自序》）

蓝蓝、杜涯、王小妮、李琦均是 20 世纪 90 年代以来很优秀的诗人。他们的这些话不同于朦胧诗人的启蒙的宣告，也不同于 80 年代"第三代"诗人的反叛、语言的狂欢，其内涵的深刻与到位，反映了进入 21 世纪以来，年轻诗人的成熟和回归。

基于天地境界的诗歌写作即所谓灵性书写，强调的是精神境界的提升，即由欲望、情感层面向哲学、宗教层面的挺进，追求的是精神的终极关怀和对人性的深层体认。每一位诗人，因为所处环境不同、经历不同会有不同的人生经验，但这些具体琐屑的人生经验永远满足不了诗人理想与情感的饥渴，他渴望超越。灵性书写，就是诗人实现精神超越的一种途径。

诗人卢卫平曾写过一首诗，题为《遗产》，写的是母亲对他的启示，他说："我四岁时 母亲教我数星星……/母亲说 世上没有谁能数完天上的星星/没有谁不数错星星/没有星星会责怪数错它的人/数过星星的孩子不怕黑夜/星星在高处照看着黑夜的孩子/母亲死后 留给我的除了悲痛/就是我一直在数的星星。"所以母亲教给他的是对星空的仰望和敬畏，正是基于这样一种体验，他才写出了这首颇有深度的《在命运的暮色中》：

在命运的暮色中/一个盲人在仰望天空/一个聋子在问盲人 看见了什么/盲人说 看见了星星

聋子沿着盲人的方向望去/有星闪烁/聋子问 你是怎么看见的/盲人说 坚持仰望/就有不灭的星在内心闪耀

你听见星星在说什么/盲人问聋子/聋子说 星星正和我们的患难兄弟/哑巴在交谈/哑巴的手语告诉我/星星将引领我们走向光明的坦途

这是一首带有浓重的寓言色彩的诗。盲人和聋子，他们尽管肉体的感官有缺陷，但他们依然能够凭心灵感官感应这个世界，这种特殊的感应能力是基于信仰与大爱：他们坚持仰望，坚持倾听，最终都获得了心灵的补偿。这是一种向上的灵性书写，强调的是精神境界的提升。

仰望天空体现了诗人对现实的超越，但这不等于诗人对现实的漠视与脱离。人生需要天空，更离不开大地。海德格尔说："作诗并不飞越和超出大地，以便离弃大地，悬浮于大地之上。毋宁说，作诗首先把人带向大地，使人归属于大地，从而使人进入栖居之中。"（《人诗意地栖居》）海德格尔认同荷尔德林的思想，荷尔德林曾经说过，人诗意地在大地上栖居，而不是在半空中。

这是由于审美作为人的存在方式，不是指向抽象的理念世界或超验的彼岸世界，而是高度肯定和善待现实生活中的个体生命与自由。因此，终极关怀脱离不开现实关怀。能够仰望天空的诗人，必然也会俯视大地，重视日常经验写作。把诗歌从飘浮的空中拉回来，在平凡琐屑的日常生活中发现诗意，这更需要诗人有独特的眼光，要以宏阔的、远大的整体视点观察现实的生存环境，要在灵与肉、心与物、主观与客观的冲突中，揭示现代社会的群体意识和个人心态，让日常经验经过诗人的处理发出诗的光泽。

20 世纪 90 年代后的诗人创作很突出的一点，就是从平凡琐碎的生活中来发现诗意。诗人王家新进入 21 世纪之后写了一首有关滚铁环的诗，这是儿时许多孩子共有的人生经验，多年以后他对这一游戏有了新的体悟：

> 我现在写诗／而我早年的乐趣是滚铁环／一个人，在放学的路上／在金色的夕光中／把铁环从半山坡上使劲往上推／然后看着它摇摇晃晃地滚下来／用手猛地接住／再使劲地往山上推／就这样一次，又一次——
>
> 如今我已写诗多年／那个男孩仍在滚动他的铁环／他仍在那面山坡上推／他仍在无声地喊／他的后背上已长出了翅膀／而我在写作中停了下来／也许，我在等待——／那只闪闪发亮的铁环从山上／一路跌落到深谷里时／溅起的回音？／我在等待那一声最深的哭喊

如果联想到这首诗的题目是《简单的自传》，那么诗中的滚铁环就不再单纯是一种寻常的游戏，而被赋予了象征内涵。滚铁环的男孩，就像不停地推石上山的西西弗斯一样，为了理想永不言弃，这也是诗人内心世界的写照。在这个滚铁环的孩子身上我们看到了诗人对诗的钟爱，对诗人使命的理解，以及把诗歌与生命融为一体的人生态度。

三 心灵的自由与诗的发现

心灵的自由和诗的发现是互为因果的，心灵的自由是诗的发现的前提，诗的发现是心灵自由的实现。

（一）诗的发现是心灵自由的实现

我国古代有这样一个神话故事。姜嫄有一次在大雨之后到野外去，发现有一个巨大的脚印，因为好奇想和自己的脚来比量一下，当她赤足踏上巨人脚印的一瞬间，感受到一种全身心的震动，回去之后就怀孕了，之后生下了后稷。如果我们打个不是很准确的比方，姜嫄是一个诗人，后稷就是她所写的一首诗，她赤足踏上脚印所感受的心灵震颤，就是诗的受孕，也可以说是诗的发现。

诗的发现是诗人在长期的信息贮存和情感积累基础上，受内在或外在因素的触发，通过创造性的思维而实现的飞跃，这是一种独创性极强的精神活动。就像清代诗人张问陶在《论诗绝句》中所说的："凭空何处造情文，还仗灵光助几分。奇句忽来魂魄动，真如天上落将军！"诗的发现就是如同飞将军一般，自天而降。

大家比较熟悉的苏联诗人马雅可夫斯基，他在 1915 年坐火车回莫斯科时，对面坐着一个很漂亮的俄罗斯的少女，诗人想和这个女孩子聊聊天，但是这个女孩子警惕性很高，根本不理他。于是诗人想我怎样才能向她表示我不是一个坏人呢？突然便冒出来一句："我是穿着裤子的白云。"这句话一出，马雅可夫斯基顿时觉得是一句好诗，而少女也因此打消了戒心。但是诗人并没有满足于跟女孩子聊天，反而担心少女会把自己这句好诗偷去，但是在反复交流之后，发现这个少女不过只是脸蛋漂亮，对诗并没有真正的感悟。马雅可夫斯基回去之后，就以在火车上偶然触发的这句"穿裤子的云"展开想象，写了一篇带有未来主义色彩的著名长诗《穿裤子的云》。

诗的发现就是这样突如其来，不由自主，呈现出一种顿悟性。我国古代诗人对此有深刻的体验，宋代诗人陈与义的《春晓》写道："朝来庭树有鸣禽，红绿扶春上远林。忽有好诗生眼底，安排句法已难寻。"诗人在春天的鸟语花香之中，在头脑中生出好诗，等想写出来的时候却已经消逝了。

这样的心态很多诗人都有过描述，苏轼曾写道："作诗火急追亡逋，清景一失后难摹。"（《腊日游孤山访惠勤惠恩二僧》）写诗就好像捉拿逃犯一样。在文学史上，我们会看到有李贺的锦囊、梅尧臣的诗袋，他们有了感触立刻写下来装在锦囊、诗袋当中，这就说明诗歌的发现是稍纵即逝的，必须及时抓住。

由于诗的发现的这种顿悟性，所以诗人发现诗的时候往往伴随着一种巨大的情绪高涨，或者说是全身心的震动。这种心态和科学家有了某个重大发现，其感触是相同的。英国有个生物学家华南士，有一次发现了一种新品种的蝴蝶，他之后这样描述自己当时的心情："我的心狂跳不止，热血冲向头部，有一种要晕厥的感觉，甚至觉得马上要死去。"诗人更是如此，郭沫若就是一个激情型的诗人，他在日本创作《地球，我的母亲》的时候，其灵感是在福冈图书馆看书的时候突然迸发的，为了寻找诗的感觉，他到图书馆后面的小径上漫步，脱了木屐，赤脚和大地接触，然后又躺下来在地上滚动，寻求和大地母亲亲近的感觉。这样的行为在一般人眼中就是疯狂，但是诗人在诗情到来的瞬间会忘乎所以，做出一般人难以想象的举动。

诗的发现所伴随的这种巨大的情绪高涨，和全人格震动，美国心理学家马斯洛称之为"顶峰体验"，也就是在创造和审美活动中最奇妙、最关键的时刻所感到的一种极为完美和幸福的体验，这也正是心灵的自由感。

上面我所说的是，诗的发现是心灵自由的实现。下面我要谈的是，心灵的自由又是诗的发现的前提。

（二）心灵的自由是诗的发现的前提

1. 诗人应该有一颗博大的爱心，才能体会到心灵的自由，才能发现美和诗。

印度大诗人泰戈尔在《飞鸟集》中有一句诗："美啊，在爱中找你自己吧。"点出了诗的发现和爱的关系。爱是人类最普遍和最基本的一种情绪体验，有很多种，包括自爱、情爱、博爱。

诗人首先要自爱，要自尊、自重、自强、自信，就像屈原在《离骚》中说的："纷吾既有此内美兮"，强调自己的内在美。诗人多有一种傲骨，有一种强烈的自信。在当代社会当中，当写诗已经不能给他带来金钱和名声的时候，支撑他的就是这种强烈的自信。

很多人说诗人是情种，的确，情爱在诗歌写作当中是有明显的体现。

爱情诗在各民族诗歌中所占比重最大，而且有的诗人，像是聂鲁达，在我国被称为革命诗人，但是他自己说过一个诗人如果不写爱情诗，是很奇怪的。英国的白朗宁夫人，本名是伊丽莎白，在 15 岁时因为骑马摔伤脊椎，因此瘫痪，但是继续写诗，被当时一个贵族青年白朗宁看到了，非常喜欢，之后对伊丽莎白热烈地追求。虽然开始伊丽莎白因为瘫痪感到自卑，拒绝白朗宁，但是白朗宁最终还是感动了伊丽莎白，二人结为夫妇，婚后白朗宁夫人的身体却奇迹般恢复了。这一段曲折的情感经历成为白朗宁夫人写作诗歌的一个最基本的精神来源。后来白朗宁夫人的《十四行集》，在英国被认为继莎士比亚以后写得最好的《十四行集》。

以前，我们对郭沫若"五四"时期新诗的研究，多集中于狂飙突进的时代精神，以及郭沫若的个性，这种解释是对的，但是有时会忽略某些因素，其中就包括情感因素。郭沫若留学日本之初也是想学医的，但是由于他耳聋，无法从医，后来又想学哲学，但是他后来成为一个诗人而不是哲学家，他自己的解释是："把我从疯狂的一步救转了的，恐怕就是我和安娜的恋爱。"安娜就是郭安娜，是婚后郭沫若给她起的名字，原名是佐藤富子。郭沫若在医院探访友人的时候和这位女护士相遇，被她的美貌以及善解人意深深吸引，两个人发生了深深的感情。郭沫若正是在这种感情波动之中，创作了大量的诗歌，像是收在《女神》当中的《新月与白云》《别离》《维纳斯》等，再如这首《死的诱惑》，这样写道：

> 我有一把小刀/他依在窗边向我微笑/他说/沫若你莫要心焦/快来亲亲我的嘴/我来给你解决一切烦恼

诗人在爱情生活中要死要活的情感体验，借小刀这样具体的意象，很自然地将诗展现出来了。

但是作为一个真正的诗人，光自爱是不行，光爱一个人也不够，而要用一颗爱心来拥抱世界。屠格涅夫的散文诗《乞丐》，这样写道：

> 我在街上走着……一个乞丐—— 一个衰弱的老人挡住了我。
>
> 红肿的、流着泪水的眼睛，发青的嘴唇，粗糙、褴褛的衣服，龌龊的伤口……呵，贫穷把这个不幸的人折磨成了什么样子啊！
>
> 他向我伸出一只红肿、肮脏的手……他呻吟着，他喃喃地乞求

帮助。

我伸手搜索自己身上所有的口袋……既没有钱包，也没有怀表，甚至连一块手帕也没有……我随身什么东西也没有带。

但乞丐在等待着……他伸出来的手，微微地摆动着和抖颤着。

我惘然无措，惶惑不安，紧紧地握了握这只肮脏的、发抖的手。"请别见怪，兄弟；我什么也没有带，兄弟。"

乞丐那对红肿的眼睛凝视着我；他发青的嘴唇微笑了一下——接着，他也照样紧握了我的变得冷起来的手指。

"哪儿的话，兄弟，"他吃力地说道，"这也应当谢谢啦。这也是一种施舍啊，兄弟。"

我明白，我也从我的兄弟那儿得到了施舍。

我想，我的一生中遇过无数的乞丐，有时候也曾经掏出一毛、两毛，但是从未想过要去握乞丐的手，这就是我们和一个伟大的诗人的差距，对人的认识的差距。当然，屠格涅夫是基于俄罗斯东正教的思想，但是这颗博大的爱心也恰恰应该是一个诗人应该拥有的。

对人类如此，对自然也是一样，一个有着广泛的人类之爱的人也会去爱人类的无机的身体——大自然的。真正的诗人都是自然的儿子，他们怀着深情，用人的眼光来看待自然。清代画家恽寿平说："春山如笑，夏山如怒，秋山如妆，冬山如睡。四山之异，山不言，而人能言。"他描写四季之山用了描写人的动作的四个动词：笑、怒、妆、睡，说明他把自然的山看成具有人的感情的。《镜花缘》这个小说将花分为十二师、十二友、十二婢，三十六种名花的分类是否合理我们可以讨论，但更重要的是将花看成自己的老师、朋友、身边的女孩，这种对自然的态度才是诗人观察生活的态度。有了这种对自然的博爱，那么在生活中发现诗就不难了。

现在是卖西瓜的季节，过去北京到了这个时候，集市上会有拉秧瓜，瓜摊上一位卖瓜的人，手里掂着一个比拳头大不了多少的瓜，对周围的顾客也像是对自己说："这也是一辈子。"他漫不经心的一句话，但是诗人听了会觉得这是一首沉重的诗，寄托了不少人生感慨。

白薯，四川叫红苕，切开之后会流出白色的浆液，粘在手上，洗都洗不掉。但是一个农村出身的诗人白连春却说："经过冷冷一冬/红苕更甜了/你看那削了皮的红苕/流出的白色液体/这是养人的奶。"白连春把红苕看成一种埋在泥土里的乳汁，这是挨过饿的农村人对红苕的感情，是城里拿烤白薯当零食吃的年轻人根本想不到的。

优秀的诗人都有一种悲悯的情怀，有为人类承受苦难的勇气。甘肃诗人牛庆国，他的故乡在甘肃会宁，当年左宗棠经过这里的时候，曾经给会宁批了四个字"苦甲天下"。牛庆国就出生在会宁的一个叫"杏儿岔"的小山村，顾名思义，这个地方就只有杏树。牛庆国后来走出大山，当他再回望故乡的时候，有感而发，写了一首《杏花》。描写杏花的诗太多了，牛庆国是这样写的：

杏花，我们的村花

春天你若站在高处/像喊崖娃娃那样/喊一声杏花/鲜艳的女子/就会一下子开遍/家家户户　沟沟岔岔/那其中最粉红的/就是我的妹妹/和情人

当翻山越岭的唢呐/大红大绿地吹过/杏花，大朵的谢了/小朵的也谢了/丢开杏花叫杏儿了/酸酸甜甜的日子/就是黄土里流出的民歌

杏花，你还好吗/站在村口的杏树下/握住一颗杏核/我真怕嗑出/一口的苦来

这首诗很短，表面上诗人写的是杏花，但实际上写的是西部农村少女的命运，这些西部的少女年轻时就像盛开的杏花，到以后出嫁，慢慢变成了苦杏核。苦杏核之苦正是西部少女命运之苦。我们注意到，牛庆国是一个男性诗人，但是他能超越性别差异，对西部农村少女表现出深刻的同情和关怀，体现了一种大悲悯的情怀。

如果说牛庆国写的是农村杏花，诗人鲁克的《第N次写到杏花》就写的是进了城的杏花，他这样写道：

想到杏花/烂漫的春天就在你枯涩的心底发芽/没有什么比这更愉快的了/你闭上眼，心底喊着杏花/隔山隔水/那粉红的妹子总踮着脚尖/一准儿出现在你记忆的沟崖？

那种香总是很淡/淡得若有若无悠悠长长/城里的玫瑰或者香水的味道是比不了的/你深吸一口气，就一口/那乡野的味道你一辈子不忘

我这已经是第N次写到杏花/初春的子夜/这板结的城市只有乡愁

的种子悄悄发芽/对面大酒楼上的霓虹早就关了/城里的春天从来都是这样虚假

你闭上眼/那杏花说来就来了/但这一次你没有觉得愉快/那是刚才/酒吧门前零落着春天的歌谣/一个素净的女孩儿被一张钞票搂着/半推半就地钻进了夜色里的轿车

这不关你的事/的确如此/你深吸一口气/只想忘掉狗日的钞票刚才唤过的那个名字/那个你心疼了半生的芬芳的名字——杏花……

这首诗写的是陷入城市的杏花，实际上在当下社会中，很多女孩子在农村是一颗苦杏核，进了城，也依然不能摆脱被蹂躏的命运，所以鲁克同样作为一个男诗人，但其所关注的现象都体现了一种深厚的博爱的情怀。

可见诗的发现是基于诗人充满爱的心灵，少女可以为失去的爱情而唱，吝啬鬼不能为丢掉的钱袋子而歌，为什么，因为少女有一颗纯洁的充满爱的心灵，而后者因为贪婪而让心灵冰洁。因此我们要不断涵养自己心灵，让它像春天的阳光那般温暖，像浩瀚的大海那般深邃，像晶莹的露珠那般透明，有这样一颗博大纯真的心灵，那么从生活中发现美和诗就不难了。

2. 怀着一颗童心才会有强烈的心灵自由感，才能在被人忽略的地方发现诗。

苏联作家巴乌斯托夫斯基在《金蔷薇》中说过这样一段话："童年时代，阳光更温暖，草木更茂密，天更苍蔚，雨更滂沛。在孩子的眼里，每一个大人都很有趣。"他说对生活、对我们周围一切事物诗意的理解，就是童年给我们最伟大的馈赠，一个人如果在悠长的严肃的一生中没有失去这种馈赠，那么他就是诗人或者作家，归根结底他们的区别是不大的。可见巴乌斯托夫斯基对童心的高度推崇。我国诗人和文学理论家王国维在《人间词话》中写道："词人者，不失其赤子之心者也。"赤子之心就是童心，诗人就要有一颗童心。

童心为何如此可贵呢？首先就在于真诚。小孩子饿了要吃，渴了要喝，笑起来是真笑，而不会装笑、冷笑、嘲笑、苦笑、皮笑肉不笑，诗人说到底就要有一颗说真话的心，诗说到底就是写发自心窝的真话。其次，童心还往往超脱实用。孩子由于阅历浅，不谙人事，沉浸在幻想的境界中，和实际的人生拉开距离，所以就能在成年人看不到的地方发现美，像是一个空罐头盒，如果给一个成年人，成年人觉得是受了戏弄，但是如果给一个孩子，他却能拿着这个空盒子玩上半天。

现代画家、散文家丰子恺先生，就是一位保有童心的作家，他的女儿阿宝小时候很淘气，四岁的时候把自己的小鞋给家里的凳子穿上了。她妈妈看见后就批评阿宝说这样会把鞋子弄脏，但是丰子恺说："你不要这样，你没看她在创造吗？"后来丰子恺就画了一幅漫画，题目叫《阿宝两只脚，凳子四只脚》。丰子恺还有一个儿子，小名叫瞻瞻，小时候想骑自行车，家里没有，他就用两个芭蕉扇，一前一后骑在胯下，丰子恺见状就画了一幅《瞻瞻的车》，瞻瞻长大了之后叫丰华瞻，后来是复旦大学研究外国文学的教授。丰子恺从他的孩子身上观察到这种可贵的童心，后来编了一部书，前言中写道："我如同蜘蛛网落花一般，把你们童年创作捕捉下来，但是可悲的是，等你们能看懂这些画的时候，你们就已经不再是纯真的孩子了。"确实如此。

诗的发现、审美的发现有时要像孩子一样，摆脱实用心态，和实际人生拉开距离。像是我们看到水龙头滴水，如果从实用心态出发，我们会说谁没关严水龙头；为了宣传节水，还可以编成顺口溜："同志们听我言，自来水管要关严。"但是这不是诗，只是在用合辙押韵的语言来说人所共知的大道理，缺乏诗人独到的发现。但是一个七岁的小姑娘见状，却说："谁欺负你了，你不停地流眼泪。"这个小姑娘不是诗人，但这句话具有诗的质素，第一她有一种爱心、同情心；第二她把水龙头拟人化了，具有一种诗人的眼光。

许多诗人的发现就是从童年时代开始，比如说星星和月亮，如果我们用实用的眼光来看，月亮是地球的卫星，星星更是数不胜数，但有个 12 岁的男孩，面对星月突发奇想，写了首诗叫《星月的由来》：

树枝想去撕裂天空/却只戳成了几个微小的窟窿/他透出了天外的光亮/人们把它叫做月亮和星星。

这首诗就是顾城在 12 岁所写的，虽然不是代表作，但是能看出一个 12 岁的孩子的超人的想象力。

同样还有莫小邪的《月亮》：

早就想把月亮摘下/挂在我的胸前/这样会显得我更加丰满/让天下的女人都恨我/因为我抢走唯一的月亮/就像恨我抢走月亮唯一的少年。

这种奇特的想象是带有"80后"新一代女孩子的风貌，那种自我中心的霸气，这和中国传统女性，像是《渴望》中的刘慧芳、《京华烟云》中的姚木兰完全不同。

许多伟大的艺术家都是大孩子，并不羞于与儿童为伍，而是尊崇儿童。"五四"时期，郑振铎曾经给叶圣陶写过一首诗《赤子之心——赠圣陶》：

我们不过是穷乏的小孩子/偶然想假装富有/脸便先红了。

这首诗是当年郑振铎赠给叶圣陶的，也可以说是赠给当时的，也是今天的年轻诗人的。

3. 打破陈旧思维定式，让诗的思绪自由翱翔。

定式是个心理学的概念，意思是主体面临某种活动而呈现的心理准备状态。这种心理准备状态，往往是和以前主体所承受的心理刺激相关。心理学家曾做过心理实验，15次给被试者两个完全相同的球，可是在第16次给了被试者一大一小的两个球，这时候被试者依然觉得是相同的球，这说明人在接受刺激的时候和之前的刺激活动是有关的，前面的刺激活动形成了人的心理定式。定式有时并非全是坏事，比如检验工，这样的心理定式能够及时发现问题。但是对于诗歌这种高度创造性的工作，定式就会起些副作用。

日本有个诗人叫高田敏子，因为创作水平提高不上去很痛苦，有一次在咖啡馆约一位老作家来请教，老作家指着玻璃杯问她这是什么，她说这是玻璃杯，老作家又说你再看看，她还是觉得这就是玻璃杯，然后老作家说所以你不行，为什么你只是将它看作玻璃杯呢，倒入水是玻璃杯，放入花就是花瓶，放入笔就是笔筒呀。高田敏子恍然大悟，觉得之前完全是被事物实用的层面束缚住了。

在街上我们经常看到"修理钟表"的招牌，一般人看到修理钟表就会想到我的表慢了，或者是表坏了，该拿来修一修了。但是一个诗人看到这个招牌，他却吟哦道：修理钟表，修理分钟，修理小时，修理一天，修理一月……请修理一下我们这个时代吧，它已不能正常度过。这就是诗人，通过现实中修理钟表的招牌，思维一下子飞跃起来，从而发现了诗。苏轼有这样的诗句："论画以形似，见与儿童邻。作诗必此诗，定知非诗人。"（《书鄢陵王主簿所画折枝二首》）如果谈画就只谈画得像与不像，是太一般的看法。如果写诗也只是死扣题目，那也一定不是诗人。这就是袁枚在《随园诗话》中所说的："诗含两层意，不求其佳而自佳。"

再如麻将中的骰子，这是一种赌具。以骰子为题怎么写？一位明代身处青楼的女诗人是这样写的："一片寒微骨，翻成面面心。自从遭点污，抛掷到如今。"（王世贞的《艺苑卮言》）如果从表层看，诗句句写的是骰子，但往深里想一下，实际上句句写的是诗人自身的命运。正是因为出身寒微，才进了青楼，送往迎来，难有真心，命运完全为别人所操控，诗人是在一个赌具上寄托了自己的人生之慨。

从诗人的层面来看，要想写出好诗，就一定要有自己独特的发现。比如怀亲诗，从当年孟郊《游子吟》开始，给母亲写诗层出不穷。陕西诗人李汉荣写了一本《生日》，一共三十六首诗，写的全是母亲。但是真正写好自己的母亲并不容易，是对诗人很大的考验。江非写过一首诗《妈妈》：

> 妈妈，你见过地铁吗/妈妈，你见过电车吗/妈妈，你见过玛丽莲·梦露她的照片吗
>
> 妈妈，你见过飞机吗/不是飞在天空中的一只白雀/而是落在地上的十间大屋吗/你见过银行的点钞机、国家的印钞机/像门前的小河一样/唰唰地点钞声和哗哗地印钞声吗
>
> 妈妈，你知道吗/地铁在地下/电车有辫子/梦露也是一个女人/她一生很少穿裤子吗
>
> 妈妈，今天您已经爬了两次山坡/妈妈，今天您已经背回了两背柴火/天黑了，四十六岁了/你第三次背回的柴火/总是比前两次高得多

这也是写妈妈，但是诗人所写的角度却与别人不同。这首诗前半部分是铺垫，最后的那一小节异峰突起，写出了诗人自己的母亲，也是千千万万农村人的母亲的共同命运和她们勤劳、坚忍的品格，这是忍着心痛、含着泪花的礼赞，具有一种强大的穿透力。

现在是一个网络时代，包括在座的各位，每天都在与网络和手机打交道，离传统的诗意越来越远，但是我们就不能发现诗了吗？这也是对我们诗人的一种考验。

比如电脑操作，面对电脑、鼠标、键盘，一般人看来是枯燥无味，但

是诗人却能从这种操作之中发现诗意，像是《清空回收站》这样写道：

右键选中/再点删除/你一下一下地点/我的心就一阵一阵的疼

是的/倦了、累了、头晕眼花/你说现在的你对我什么样的表达都失去激情/我们初恋时，你可不是这样/那时我的每一句话都能唤起你甜美的笑容

而现在你就像一株不返青的柳树/任凭我千呼万唤/你就是刮不起半丝春风/犹如一次意外的死机/莫名其妙的我/只能对着莫名其妙的你/莫名其妙地发愣

该删的删/该除的除了/你爱的文件包里已经没有了关于我的内容/但我分明感觉到你决然后面的迟疑/你狠心的手指每点一下/都禁不住轻微地颤动

鼠标再点一下/就全结束了/亲爱的，我想问问你/颤抖的你有没有点了/全部还原的可能？

这是从电脑操作中生发出的一首爱情诗，这种感情体验在我们过去的民歌当中有很多，像"柑子落进古井心，一边浮来一边沉。你要沉来沉到底，半浮半沉伤人心"。写的也是一种藕断丝连的感情。但是不同时代会选不同的意象，运用不同的语言。人类的感情可以是相同的，但是艺术思维的手段却是不同的，我们就是要找出自己独特的艺术语言。

再如《最小化》：

坐在电脑前聊天的妻子/听到我的脚步/慌张地把聊天室最小化了

她开始浏览那些她从不注意的/形形色色的网页/明星走光了/老头变性了/瓦斯爆炸了/火车相撞了/局部战争了

我看着她/我看着她抖颤的手/我看着她流汗的脸/我看着她脚底下的紧张/我看着她发丝上的慌乱

好久好久/大概战争会停的/变性手术也走下手术台了/煤井底下的人走回地面了/老婆，我的爱人/她把聊天室点开了

那个聊天对象急了/一串串地发问：你怎么了？/你没事吧？/我给你惹事了？你怎么了/你说一个字呀/你怎么了……

老婆，我的爱人/14 岁孩子的妈妈/她的脸红了，手抖了/老婆，我

的爱人急急地打下了一行字／又慌乱地回头看着我

"——我爸爸来了，一直站在我身后"／我微笑着走开／对于一个把自己最小化的女人／谁也无权说三道四

这样的场景确实在网络时代极为常见，我想在座的恐怕在家里都有这种体验，这首诗就写出了大家心中有却笔下无的东西，因此这就是诗。

最后，我把今天所讲的内容归结一下：在物欲横流，道德沦丧，世俗的红尘遮蔽了人性的诗意本质的时代，不能不让人思考海德格尔提出的一个有名的命题："在一个贫乏的时代里，诗人如何为？"（《诗·语言·思》）在任何一个时代，诗人都不能把自己等同于芸芸众生。他不仅要忠实地抒写自己真实的心灵，还要透过自己所创造的立足于大地而又向天空敞开的诗的世界，展开自觉的人性探求，坚持诗的独立品格，召唤自由的心灵，昭示人们返回存在的家园。创造的成功是自由的实现。让心灵自由飞翔吧，说到底，心灵的自由不仅是创造成功作品的必要条件，同时也是人生追求的一种境界。

互 动 环 节

主持人（胡疆锋）： 谢谢吴老师的演讲，接下来的时间交给大家，大家有什么问题可以在这里请教吴老师。

问： 吴老师，今天您主要是围绕着诗歌的自由创作来谈的，但是从另一个角度来看，诗歌也有不自由的地方，您怎么看待诗歌的自由和不自由的关系？

答： 诗人所追求的自由实际上是一种心灵解放的渴望。陈寅恪曾经写过一首诗叫《读报有感》："弦箭文章苦未休，权门奔走喘吴牛。自由共道文人笔，最是文人不自由。"最后两句最重要，这个文人就是诗人。"弦箭文章苦未休"讲的是文人相轻，成天打笔仗。"权门奔走喘吴牛"讲的是有些诗人为了自己的生存投靠权势，这些都是不自由的表现，但是他们却口口声声说什么自由，这就是他们最不自由的地方。今天很多作家就是如此，心灵无法真正自由。我今天主要探讨的是诗人人生理想追求的层面，要以自由的心灵为主要依托。从写作角度来看，诗永远是介于自由和不自由之间的。首先诗歌运用语言符号来创作，要遵循一定的语言规范，当然有的

诗人会创造新词，但是一首诗不可能从头到尾都是新词。再有的就是诗歌自身形成的规范，像是到了自由诗这个阶段，要分行，不分行的就叫散文诗。打个比方，写诗就像是我们穿服装一样，格律诗穿的是制服，自由诗则要穿个性化服装，个性化服装不是胡来，而是要经过精心设计，将内在美与外在美完整地体现出来。所以自由诗同样要有对美的追求，而且是难度更大的追求。这几年来，由于口语化的风行，出现很多形式像诗但并不是诗的创作。

问：吴老师，您提及了两个世界，一个是现实世界，另一个是艺术世界，诗人很容易沉浸在自己的世界中，那该如何将"仰望天空"和"脚踏实地"更好地结合？

答：这个问题很好。仰望天空和关怀大地，这二者应该是一致的。伟大的诗人一定是脚踏实地的，像杜甫，他有一个很远大的理想，是基于儒家的，他既有像《望岳》的那种气魄，又有《北征》这样史诗性的诗作，这都说明杜甫无限的想象力和博大的胸怀，杜甫有很多诗如《三吏》《三别》《茅屋为秋风所破歌》《又呈吴郎》等都体现了对底层人民的关怀。所以一个真正伟大的诗人，确实能够将仰望天空和对底层的关注相互结合。

主持人（胡疆锋）：因为时间关系，提问环节先到这里。每次和吴老师在一起都能感受到吴老师对诗的激情，还有对生活的激情，很容易受到感染。今天讲座的信息量非常大，关于诗的特性、如何读诗，等等，很多东西都值得我们细细消化。今天的讲座就到这里，谢谢大家。

（录音整理：翁立萌）

时间：**2014 年 5 月 23 日**（周五）
地点：**首都师范大学文科楼 105 阶梯教室**

主讲人简介

　　陈黎　1954 年生，台湾花莲人，台湾师范大学英语系毕业。著有诗集、散文集、音乐评介集等二十余种。译有《万物静默如谜：辛波斯卡诗选》《拉丁美洲现代诗选》《世界当代诗抄》《聂鲁达：二十首情诗和一首绝望的歌》《精灵：普拉斯诗集》等二十余种。曾获国家文艺奖，时报文学奖叙事诗首奖、新诗首奖，联合报文学奖新诗首奖，台湾文学奖新诗金典奖，梁实秋文学奖诗翻译奖等。1999 年受邀参加鹿特丹国际诗歌节。2004 年受邀参加巴黎书展中国文学主题展。2005 年获选"台湾当代十大诗人"。2012年，获邀代表台湾参加伦敦奥林匹克诗歌节。

　　主持人（孙晓娅）　尊敬的吴思敬教授、王家新教授、陈黎教授，大家下午好！在今天主讲人——台湾著名诗人、翻译家、人民大学的驻校诗人陈黎老师讲座之前，我安排学生先朗诵他近三十年创作和翻译的经典作品，朗诵的诗作是我从家新老师提供的陈黎老师众多作品中选取出来的，具有诗人不同阶段代表性的特质，以期让大家更为丰富地了解主讲人。

诗与译诗

陈　黎

动物摇篮曲

让时间固定如花豹的斑点

疲倦的水鸟滑过水面，轻轻滴下它的
眼泪，像一只离弦的箭需要落实
这是花园，没有音乐的花园，灰蒙蒙的
大象沉重、沉重地走过你的身边，并且请你
为蜂巢，为没有蜜蜂的蜂巢守望

我将为夜，为没有衣裳的草叶收拾露水。当星星
升起，天空逐渐高过门口的长颈鹿
让哺乳的母亲远离它们的孩子，像一只
弓背的猫终于也疏松它的脊椎，不再
抽象地坚持爱的颜色、梦的高度，因为
这是花园，没有音乐的花园

笨拙的驴游行时不要学它打鼾
让时间停住呼吸，像装死的熊静静躺下
一些雪白的花扑打它的睫毛，一些蝴蝶
我将为牛栏，为没有屋檐的燕子擦拭门牌
当灰蒙蒙的大象沉重地走过你的身边，并且请你
为断柱，为没有忧伤的断柱织补缝隙

这是花园，没有音乐的花园。盘旋的鹰不要
搜索猎犬，你不要奔跑，像天使的额头
它的宽广包容五十座城堡、七百匹马车
让远离母亲的孩子回到它们的母亲，像久久
湮没的神话宗教重新被发觉信仰
我将为果树，为落尽果实的果树赞美祈祷

让时间固定如花豹，花豹的斑点
一些雪白的花扑打它的睫毛，一些蝴蝶
熟睡的狮子它们的愤怒不要惊动
这是花园，没有音乐的花园。灰蒙蒙的
大象沉重、沉重地走过你的身边，并且请你、

请泥土快快藏好它的足印　　　　　　　　　　（1977）

春夜听冬之旅

——寄费雪狄斯考

这世界老了，
负载如许沉重的爱与虚无；
你歌声里的狮子也老了，
犹然眷恋地斜倚在童年的菩提树下，
不肯轻易入眠。

睡眠也许是好的，
当走过的岁月像一层层冰雪
覆盖过人间的愁苦、磨难；
睡眠里有花也许是好的，
当孤寂的心依然在荒芜中寻找草绿。

春花开在冬夜，
热泪僵冻于湖底，
这世界教我们希望，也教我们失望；
我们的生命是仅有的一张薄纸，
写满白霜与尘土，叹息与阴影。

我们在一撕即破的纸上做梦，
不因其短小、单薄而减轻重量；
我们在擦过又擦过的梦里种树，
并且在每一次难过的时候
回到它的身边。

春夜听冬之旅，
你沙哑的歌声是梦中的梦，

带着冬天与春天一同旅行。　　　　　　　　　　　　　　（1988）

注：年初，在卫星电视上听到伟大的德国男中音费雪狄斯考在东京演唱的《冬之旅》。少年以来，通过唱片，聆听了无数费氏所唱的德国艺术歌曲，多次灌录的舒伯特联篇歌曲集《冬之旅》更是一遍遍聆赏。这一次，在阒静的午夜，亲聆一首首熟悉的名曲（菩提树、春之梦……）伴随岁月的声音自 63 岁的老歌者口中传出，感动之余，只能流泪。那苍凉而沧桑的歌声中包含多少艺术的爱与生命的真啊。

岛屿边缘

在缩尺一比四千万的世界地图上
我们的岛是一粒不完整的黄纽扣
松落在蓝色的制服上
我的存在如今是一缕比蛛丝还细的
透明的线，穿过面海的我的窗口
用力把岛屿和大海缝在一起

在孤寂的年月的边缘，新的一岁
和旧的一岁交替的缝隙
心思如一册镜书，冷冷地凝结住
时间的波纹
翻阅它，你看到一页页模糊的
过去，在镜面明亮地闪现

另一粒秘密的扣子——
像隐形的录音机，贴在你的胸前
把你的和人类的记忆
重迭地收录、播放
混合着爱与恨，梦与真
苦难与喜悦的录音带

现在，你听到的是
世界的声音
你自己的和所有死者、生者的
心跳。如果你用心呼叫
所有的死者和生者将清楚地
和你说话

在岛屿边缘，在睡眠与
苏醒的交界
我的手握住如针的我的存在
穿过被岛上人民的手磨圆磨亮的
黄纽扣，用力刺入
蓝色制服后面地球的心脏　　　　　　　　　　　　（1993）

滑翔练习

—— 用瓦烈赫主题

1

在
这样的高度回望人间
你的呼吸在我的呼吸之上

我们
御风而行，还有
逃学的星星

同睡过
如此冗长而黑暗的上古时代、中古时代后突然醒来在
当代的光里

许多

潮湿发亮的金羊毛，被整条银河的唇呼唤着的
你的名

夜晚的
勋章，被抚摸，被拓印的
语字

那个
（是的那个）搜藏雷电、搜藏云雨以时间为脊梁的巨大
仓库的秘密

角落

2
我想到
神和人的差别其实只是在对
重量的感受

你的
存在，譬如说，倾斜了他们所说的
万有引力

性
是人的
而那么神。

我的
爱是重的，因为无惧而飞得这么
高

心
是小小的

飞行器

跟着

你的震动。因滑而翔，因翔

而轻，一切复杂的都

简单了　　　　　　　　　　　　　　　　　　（1998）

　　注："在我们同睡过许多夜晚的那个角落"，"我想到你的性。我的心跟着简单了"，是瓦烈赫（Vallejo，1892－1938）诗集 *Trilce* 里两首诗的开头。

慢　郎

急惊风的我，寻找你已经半世纪了

慢郎，听说你住在古代中国

（所以又叫慢郎中）很慢很慢

生年不满百可以怀千岁忧的古代

你没听过弗洛伊德，没用过

手机，email，或实时通

焦虑，不安，神经质，镇静剂

这些词汇还没丢进你们的搜索引擎

你不知道什么叫天秤座，什么叫

摆荡与反摆荡，什么叫朝九晚五

什么叫高铁，捷运，子弹列车

什么叫快感，快锅，快餐，快乐丸

你们最快，不过是用一把快刀

斩乱麻或抽之断水（而麻照乱、

水更流）或者振笔疾书快雪时晴帖

一个月雪融后到达收件者手中

急啊，你知道吗，应该用快递或

宅急便，或者传简讯。我替你着急

漫不经心，慢条斯理，慢工出细活

不是我的风格。我自然也有慢处

我傲慢，我自大，对于不仁的天地
浩瀚的宇宙，那爬到高不及 101
大楼的幽州台，前不见古人，后
不见来者，念天地悠悠，独怆然
泪下的陈姓诗人，绝不是我
我轻慢，对千百年来重不可移的
礼教制度、国家民族机器、
贞节牌坊、纪念柱、纪念碑
我谩骂一切我不爽、不耻、不屑者
而很快地，我的骨头也重得像铜像
我不喝啤酒的啤酒肚，我很轻的
青春，很薄的一夜情，随风远扬
我轻薄一切单调重复僵硬迂腐者
腐儒、腐刑、腐臭、腐旧、腐烂文章
而我的牙齿毛发器官也不免
或蛀，或落，或失色，或失灵——
它们来得太快，慢郎，教我如何
慢一点，让它们慢一点
让时间，让快乐，让焦急的心
在这岛上，在现代，在后现代
慢慢地傲慢，轻慢，怠慢
慢慢地老去，朽去，松去

（2008）

我想和你一起生活

茨维塔耶娃（Marina Tsvetayeva，1892 – 1941，俄国）

陈黎 译

……我想和你一起生活
在某个小镇，
共享无尽的黄昏
和绵绵不绝的钟声。

在这个小镇的旅店里——
古老时钟敲出的
微弱响声
像时间轻轻滴落。
有时候，在黄昏，自顶楼某个房间传来
笛声，
吹笛者倚着窗牖，
而窗口大朵郁金香。
此刻你若不爱我，我也不会在意。

在房间中央，一个瓷砖砌成的炉子，
每一块瓷砖上画着一幅画：
一颗心，一艘帆船，一朵玫瑰。
而自我们唯一的窗户张望，
雪，雪，雪。

你会躺成我喜欢的姿势：慵懒，
淡然，冷漠。
一两回点燃火柴的
刺耳声。
你香烟的火苗由旺转弱，
烟的末梢颤抖着，颤抖着
短小灰白的烟蒂——连灰烬
你都懒得弹落——
香烟遂飞舞进火中。

白石上的黑石

西撒·瓦烈赫（César Vallejo，1892－1938，秘鲁）

陈黎 译

我将在豪雨中的巴黎死去，

那一天早已经走进我的记忆。
我将在巴黎死去——而我并不恐惧——
在某个跟今天一样的秋天的星期四。

一定是星期四，因为今天（星期四）当我提笔
写这些诗的时候，我的手肘不安得
厉害，而从来从来，我不曾
感觉到像今天这样的寂寞。

西撒·瓦烈赫他死了，每一个人都狠狠地
锤他，虽然他什么也没做。
他们用棍子重重地揍他，重重地

用绳索；他的证人有
星期四，手肘骨
寂寞，雨，还有路……

我喜欢你沉默的时候

聂鲁达（Pablo Neruda，1904－1973，智利）

陈黎 译

我喜欢你沉默的时候，你仿佛在遥远的地方。
你远远地听我说话，而我的声音触不到你。
你的眼睛好像已经飞走，
好像一个吻已经封住了你的嘴巴。

由于万物都充满我的灵魂，
你从万物中浮现，充满我的灵魂。
梦之蝴蝶，你就像我的灵魂，
你就像"忧郁"这个词。

我喜欢你沉默的时候，你仿佛在遥远的地方。
你仿佛在哀叹，一只喁喁私语的蝴蝶。
你远远地听我说话，而我的声音够不着你：
让我跟着你的静默一起沉默。

让我和你交谈，用你的静默——
明亮如一盏灯，简单如一只戒指。
你仿佛是夜，默不作声，满布繁星。
你的静默是星子的静默，如此遥远而单纯。

我喜欢你沉默的时候，因为你仿佛不在，
遥远而令人心痛，仿佛你已经死去。
那时，一个词，一个微笑就够了，
而我感到欢喜，欢喜那并不是真的。

内在的树

帕斯（Octavio Paz，1914－1998，墨西哥）

陈黎 译

一棵树长在头颅里，
一棵树向内生长。
根须是血管，
枝桠是神经，
思想是叶纠缠。
你匆匆一瞥它便着了火，
而它荫凉处的果实
是血红的橘，
是燃烧的石榴。
破晓
于肉体的夜晚。
在内在，我的头颅内，

树在说话。

靠近些——你听见了吗？

孙晓娅：听过同学们的朗诵，我心情很激动，尽管每一个人对诗歌的诠释是不一样的，可能有的是一种创新，甚至是远离了陈黎老师诗作的这种本意，但是从你们的声音、神态和眼神中，我深深地感受到你们对诗歌真诚的爱和理解。陈黎老师是台湾花莲人，2011 年 9 月，我们和吴思敬教授前往台北"国立"教育大学参加中生代诗人——两岸三地第四届当代诗学研讨会后，曾去过花莲，当时就写下了一首诗《梦端——雨后赏台湾花莲海岸》：

梦端——雨后赏台湾花莲海岸

云雾
从唐时绵延铺展的绸带
拥卷群山

隔世的梦
氤氲游走
等待升腾在太平洋辽阔的海岸线

如果有微风袭来
沉寂的古镜能否映照昔日的容颜

那一天
我只想做任性的孩子

踏着细沙
听海浪
在碧绿与深蓝之间
吟咏
（2011 年 9 月）

就我个人而言，对身为花莲人的陈黎老师倍感亲切。此外，在那次中生代研讨会上，有幸结识了向明老师，80多岁高龄的他，得知我们即将离开台湾，只身前往我们就住的酒店，将其毕生存留的个人诗集馈赠给我们。这个细节我始终不能忘怀。此外，仅就我个人而言，丝毫感受不到海峡两岸存在着历史的缝隙，我们始终是紧密牵连的，由此，我在那首诗中表达了绵延不断的血脉之情。

回到今天的主讲人陈黎老师，他是花莲人，是当代台湾很有影响力的诗人，是一位倾尽近30年的心血致力于诗歌翻译的诗人，这尤其让人尊敬。下面让我们用热烈的掌声欢迎诗人陈黎给我们带来精彩的讲座，同时也欢迎参加讲座的诗人潇潇、冯晏、杨方和黄华老师。

陈黎： 在场的各位前辈、各位同学、各位老师大家好！我是一个很简单很率真的人，很难掩饰我自己的情绪。我刚才坐在前面看同学们很安静可是也很自在、自信地上台念诗，虽然有些是我自己的诗，有些是我翻译的其他优秀诗人的诗，可是我觉得真的是很感动，一如我之前在中国人民大学所看到的。这些学生都不是职业的朗读者，可是今天首都师范大学的本科生们，他们把自身个性与对诗的感觉毫不犹豫地表现出来，我们可以感觉到每一位同学在念的时候，他所在意的那个细节。我觉得不管是我自己所写的中文诗，或者说你们自己所写的诗，恐怕都可以成为我们一生里面几乎是最好的记忆的一部分。我本来有点紧张，可是看到同学们这么好的开始的时候，就比较不紧张了。

我今天想先从我自身写作的一些经验，来跟大家分享我在岛屿台湾所做的一点点有关于诗的工作，还有整个台湾相对大陆来讲，在语言感觉上面一些小小的差异，或者说语言的感觉可能是各有其美、各有其失吧。

我在台湾的东部花莲长大，一直到赴台湾师范大学读英语系才有机会离开，我想我跟在座的各位同学算是同行。花莲在台湾的东部，我的学校前面就是太平洋，东边是太平洋，西边就是台湾的中央山脉，台湾一向是以它有名的太鲁阁峡谷吸引中外的注意。我除了在大学读书的四年之外，几乎过去半个多世纪都在花莲长大，这与我写作的一些定位似乎有点关系。因为我发现，就如我自己在散文里所写，我几乎是足不出户，没有离开过台湾，可是我仿佛通过我的阅读和写作，在我的小城花莲里复制了所有的城，通过我自己阅读和写作的世界去旅行。我在师范大学读书的时候，1970年代，那个时候我们每天看到台湾的报纸，知道大陆方面的某些情境，也都知道"文化大革命"运动，而在当时的台湾，国民党政府大力推行中华文化复兴运动。我在台湾出生，但我父亲是福建籍，说闽南话，也就是我们所说的台湾话，他们是从大陆来的移民者，可是我的父亲在他父亲之前就已经从福建移民到花莲来。而我的母亲，他们的祖先是从广东梅县迁移到台湾，可是恐怕也是超过一百年以上。我从小是在这样的一个语言环境之下长大，我们小时候在学校是推行国语运动，那个时候如果讲方言是要罚钱的。那时台湾的方言其实不只是所谓的闽南语和客家语，我小时候以为方言就是台语，没想到客家话也是，更没想到原住民语言也是一样。可是当初我们称原住民同胞都是山地同胞，问他们你会不会说山地话的时候，我以为山地话是一种话，后来长大了自己才觉得很羞耻，因为台湾的原住民起码有十几个族群，他们每一种语言之间的差别要比英语和法语之间的差别还大，可是我们居然跟着国民党以为他们是一种语言而已。所以在当时以普通话为主的国语教育之下，台湾学生的升学、就业等都是以中国的语文、历史、地理为考试的对象。我父母亲那一辈，他们在 1945 年以前，也就是二战以前，是受日本的教育，所以在我长大的过程当中，我的父母亲总是用日语互相交谈，包括与他们的朋友们。在家里面父母亲会和我们讲台语或者客家话，可是当他们讲他们的私密话的时候，都是讲日本话。我觉得这私密听久了，有些字眼好像也会在自己的语言中盘旋，所以当我后来回想在自己长大的过程中，除了在中学以及大学所读的英文之外，所接触的语言其实蛮多样的，正如同台湾是一个向四方开放的岛屿和地域一样。我这种多重糅杂的语言经验，当然也会反映在我自己的阅读和写作中，所以后来我发现，在我的写作中有不同的语言元素存在，不同语言的词汇会不时地穿插其中。

我从事翻译工作是与我太太一起，我们是师大英语系的同班同学，我们在大学毕业之后就开始想要持续地去翻译一些东西，最早是翻译英国诗人像普拉斯和她先生特德·休斯，或者是英国运动派诗人菲利普·拉金的一些诗。在大学我们选择西班牙语作为第一外国语，所以我自己对西班牙语的诗歌是非常有兴趣的，也是因缘际会，那时我还蛮喜欢买书，虽然当时外国书很贵。我买了一堆拉丁美洲文学的诗，包括很多西班牙语以及西语和英语对译的诗，还有一些西班牙文学史或者拉丁美洲文学史。我在二十三四岁就开始翻译，想要学习我的老师余光中翻译一本厚厚的现代诗选，他曾经翻译过两次英美现代诗选，后来的结果是我在 30 岁之前就翻译出版了一本六百多页的《拉丁美洲现代诗选》。翻译拉丁美洲现代诗，特别是大量翻译聂鲁达的诗作，对我的写作有一些很明显的启发，这种启发一方面也标志着在台湾现代文学出现一些阶段性的里程碑。我们都知道，刚才孙老师也提到过的现在八十几岁的向明先生，他与余光中、洛夫是同年，都已经有 85 岁左右，或者年纪比较小一点的痖弦先生，或者是今年已经过世的九十几岁的周梦蝶先生，或者是大家公认在台湾超现实主义作品中最精彩且诗作大量被翻译成外国语的商禽先生，他也是从大陆跟国民党到台湾的老兵，这些人从大陆把中国现代诗的主旨带过来。后来移居到美国，但是 101 岁高龄去年已过世的诗人纪弦先生，他在上海时曾与戴望舒一起，他把现代派从中国大陆整个"横的移植"到台湾来，他认为台湾的现代诗或者说中国的现代诗应该是对西方"横的移植"而不是继承古典中国。这当然是他的说法，实际上对我来讲，我这一辈，也就是在战后 1945 年以后出生的一辈台湾诗人，我们前辈诗人的创作受到了很多西方现代主义的影响，所以在他们身上我们可以看到很多出于个人和时代因素的现代主义的讳饰。特别是当时台湾受到国民党的统治，很多地方对思想的控制很紧，可是诗人们总是有办法通过写作以及各种前卫的表现手法，特别是用让读者或当局看不太懂的超现实主义去偷渡一些东西。所以当我们听说在大陆有朦胧诗运动的时候，那种情境是与台湾当初的现代诗运动很像，我们会觉得"好清楚噢怎么会朦胧呢？"所以到底怎么样才是朦胧并不是很重要，重要的是艺术就是要通过艺术的表现，它的转化与变形，从而把它的真知灼见和它的思想暗藏于内，我想就这一点来说，两岸的用心是一样的。

在我写作初期，我当然受到了现代主义这些作家，包括我们所熟悉的 T. S. 艾略特、叶慈，或者更早一点的象征主义诗人，譬如波特莱尔、魏尔伦、兰波、瓦雷里这些诗人的影响。我也和我的前辈一样，阅读到了 20 世纪 20～30 年代中国的新诗人的作品，从大家耳熟能详的诗人卞之琳、何其芳、冯至、穆旦，一直到当时令我个人非常着迷的废名。其实废名的诗作强烈地启发了我，虽然当时我们看到的他的作品有限，当然后来看到他全部的东西，但像废名、李金发的作品对台湾创作者来讲都是很新奇的，特别是废名。我曾经跟我的朋友——在加州大学的奚密老师聊过，我觉得其实在台湾现代诗里面有一个谱系，就是在我刚刚所说的正宗的现代主义传统之下有一个比较诙谐、另类的谱系，它的祖宗可能就是从废名开始，然后到纪弦、商禽。商禽是一个非常迷人的超现实主义诗人，他写的诗不是很多，可是国内外都觉得他很迷人。商禽曾告诉我，他离开家乡跟着国民党政府，而后被抓去当兵一路来台湾的时候，他放在口袋里里面的一本破破的诗集就是废名的诗集。这本诗集当时在台湾是禁书，在中国大陆本身根本没办法看，可是通过抄写或影印，很多人也辗转读到他们的东西。所以像商禽的诗到了台湾之后，很显然也影响了很多人写作的方式。我觉得从废名、纪弦、商禽到比我年纪稍长一点的罗青，到我自己，还有比我小两岁的夏宇，夏宇是台湾的一个文化女英雄，她的诗在华人世界也受到很广泛的阅读和回响，其实所谓另类，到现在来讲是后现代。说废名是当时的后现代算不算呢？也算是！不然他的诗怎么会把车牌号码放进去，无厘头地把一些具有后现代性的信息插入文本里面。所以这个部分我私底下观察，觉得似乎是中文现代诗的另外一个谱系。这个谱系在台湾包括纪弦、商禽、夏宇这几位卓然有成的诗人，这个小传统应该也算是蔚然大观，所以在我这一辈身上可以发现，我们有某些企图，想要在继承现代主义后另辟蹊径。

我自己的方式是，除了去阅读英美现代诗或欧美现代诗之外，还想要通过第三世界拉丁美洲的文学特别是诗歌，找到与世界对话的方式。对于处在发展中国家的我们来讲，单论新文学或者新诗这种形式的话，所谓的世界就是西方或者欧美。比如马尔克斯的小说《百年孤独》通过所谓的魔幻写实把拉丁美洲的神话、绘画这些传统和现代主义的技巧糅在一起，那我也思考怎么样用类似第三世界拉丁美洲的某些创作样式，与当代艺术结合、对话。我在翻译和阅读拉丁美洲现代诗的过程中发现，其实它与台湾现代诗的发展情境有类似的地方，只是那个时候我约莫感觉到它可能比台湾各种主义流派的形成过程早 20 年，也就是说我们现在所看到的譬如帕斯、聂鲁达、瓦烈赫，这是三个最显赫的 20 世纪拉丁美洲现代主义诗人，他们创作的成绩与高峰比我们刚才所提到的台湾 20 世纪 60 年代的出现要早 20 年，某些东西可能是在台湾再现。那台湾与大陆的诗歌相比，或者大陆的诗歌和同样是第三世界拉丁美洲文学的关系差几年我就不能确定了，因为中间有"文革"，很多东西时间上会比台湾更慢。就是说台湾的朦胧诗是很朦胧，大陆可能是在 70～80 年代才开始有朦胧诗出现，之前应该是毛毛诗吧，下着毛毛雨的毛泽东的诗，或者毛语录的诗，这是跟现代诗不太一样的，这些是我自己的一个观察。当我开始翻译菲利普·拉金的诗时，因为他是用口语写作，而且他用日常的卑微作题材，所以你很明显可以发觉他跟叶慈的不同。我们今天已经可以清楚地看到叶慈对 20 世纪前半世纪英国诗的影响，一如菲利普·拉金对 20 世纪后半世纪英国诗的影响，这个态势非常明显。

　　我自己在不知不觉之中摸索怎么样可以让我的诗有别于前一代，或者说怎样去追寻给我营养和滋润的诗歌源头时，在中国现代诗本身，我就锁定了何其芳。何其芳对痖弦有极度强烈的影响，痖弦诗作的标题与句子都是承继何其芳的，可是痖弦是很有创意的诗人，所以经过他的转化，我们也不觉得他的诗作是完全的何其芳。何其芳与李广田等人的《汉园集》或者他的散文集《画梦录》，我年轻时看的时候感觉像触电一样，觉得真美。可是我对何其芳的阅读是比较吊诡，因为当时在台湾要全面找到关于 30 年代的作品是不太容易，所以我就通过我自己阅读购买西洋书籍的管道，因为西洋书籍比较少受到国民党检查，买到一本美国人所写的关于何其芳的论文集和他的诗歌翻译。当我读到我先前所熟悉的《汉园集》里面的诗歌之外，又读到一些他后来逐渐走向延安的《夜歌和白天的歌》或者《成都，让我把你摇醒》这样一些诗的时候，我很有兴趣，我很期望知道诗歌除了像现代主义这样关注个人内在的孤寂或时代某些画面之外，是否有可能用一种清新的、新鲜的口语去关注日常事务。在当时何其芳对我来讲具有非常大的吸引力，特别是我是通过英文的翻译读解他的诗作，譬如说英文是"我喜欢纯纯粹粹地去谈一些事情"，其实它用拼音拼出来我也不知道中文是怎么写的，可是后来我看到何其芳的原作，其实很多地方是很直白的，诗意不是那么大，但通过英文翻译而来的句子让我觉得正好，它真的是蛮清新的，但又不是那么的直白。我自己在出了两本诗集之后，我的第二本诗集叫《动物摇篮曲》，我就开始试验用聂鲁达或者何其芳《夜歌和白天的歌》那样的诗，写一些平凡的小人物或者是身边一些事情，也会写一些社会的东西。可是让我困惑的是，那本论文集里面没有讲到，那时候何其芳也还活着，但他后来怎么不写诗了？我猜想如果是何其芳离开现代主义或者说颓废的现代主义的东西，走向更明亮的民众或者更可亲的口语的时候，他会怎么做呢？他会怎么样把口语和艺术作结合呢？可是我发现这居然是一片空白。我很奇怪这到底是怎么一回事，等到两岸沟通相对方便的时候，我当然很容易就买到了何其芳的全集，以及穆旦、冯至、卞之琳的全集，从卞之琳或者何其芳的身上大家可以很清楚看到他们在新中国成立后写的新诗，只能用四个字形容是惨不忍睹。社会写实主义是完蛋的诗。所以我想苏联为什么解体，我们都看到社会写实主义是一种庞大可是大而无当的东西，跟人心有一点点距离。现在两岸乃至全世界，大家都希望用一种更有人性更有感情的文字来表达，所以在当时我虽然有一点困惑，不知道这种诗该怎么写，但起码聂鲁达和何其芳给了我一些很鲜明的动力。

下面这个阶段的诗作我觉得可以跟大陆的朋友们分享。我在1980年代就出了两本诗集，可是之后我回到花莲教书，那个时候我觉得生活比诗重要，而且也不知道何其芳在写什么诗，只知道他关注一些劳动阶级、市井小民或者战地的朋友们，那个时候我会觉得写诗还蛮丢脸的。应该说我虽然在学生时代写诗，但出来当一个中学老师的时候，几乎有十年时间都写不出来哪怕十首诗。1988年的时候，也就是从《春夜听冬之旅》那首诗开始，我又重新写诗。因为那时有一次我帮学校编校刊，校长说这个校刊不好，要把它全部烧掉，然后他说陈老师你下学期不用当导师了。我一开始觉得很难过，可是没想到我没当导师的时候突然有比较多的时间去写作，我的生命或者说创作的生命因而重新开始，所以我从1988年到现在为止一直持续地在创作。在1988年这个阶段，我几乎一年之内密集地写作诗与散文，包括受到聂鲁达的影响写一些很长很长的作品，比如以我家乡为背景的《太鲁阁·一九八九》，那首诗大概有将近250行吧，在那里面我不断地去回视中国的东西，台湾的历史与人文，以及我刚才所说的不知道原住民是不一样的族群这样让我羞耻的东西，这也可以说是我对热爱现实、观照社会最直接的一个响应。甚至我有时诗写出来就直接念给我的同事，问他们说跟着我念你有没有感动，是把诗当作一个工具。后来我在1993年之后出版《家庭之旅》这样用日常生活作为背景的诗的时候，或者说用3行小诗写一百首的《小宇宙》的时候，突然觉得文学关心政治、关心社会好像有一点点肉麻，虽然我觉得当时所写的诗也是非常真切，所以过了那个阶段之后，我在1995年出了一本被台湾诗评界认为是我个人创作里程碑的《岛屿边缘》。在这本诗集里面，我的诗作大量触及台湾的主题，可是我想要响应拉丁美洲诗人们面对现代诗时的情境，我就用我自己的方式或者用台湾的方式写出了很多台湾的现代诗。我非常大胆地使用了一些之前我从未想到自己会用它来写诗的方式，其中大部分是因为我们使用计算机的关系，新的语言、新的感性或新的知性触发我用新的方式写作。第二是因为我觉得写作诗应该发现更高的东西，不必只对抗眼前的政治或社会的某些现实，我当然也关心台湾，可是我要我的东西更大胆更逍遥一点。譬如说我有一首诗叫《岛屿飞行》，在这里面我想象我是台湾的一座小山，而台湾的山们在开同学会，可是我很调皮，我飞到天上去，然后我的同学们也就是那些山说"柯柯尔宝，赶快下来"，前面几句之后我在后面把九十六座台湾的山连续并置其中，但中间有一座是空的，那就是飞到天上去的我自己。像这种东西，大家乍看都会觉得很惊讶，觉得这难道是诗吗？可是我觉得那里面也有我对土地真切的感情存在。所以简单来讲，我在80年代跟着台湾所谓的乡土文学运动，希望正视现实或者说想要对政治、社会有一些响应的那个阶段过去之后，我认为诗作为文学创作的一种载体，应该还是要放在一个比较高的视角上面。1995年以后再写诗，我就完全不在乎对社会的任何责任或负担，因为我对诗的责任或任务，已经是在我身体里内化成我的一部分，剩下的是一个诗人透过他的创作，他怎样才能让读者透过一种新的样式去关心那些古老的不断重复的主题，不管是社会的现实也好，还是人性的光和影也好，1995年之后我的诗愈发自由。我也从未想到说自己是不是一个后现代主义者，但是有些学者他们认为这就是所谓的后现代。我想后现代其实就是当代的意思，现在每个人都用手机，而且都能记录影像，都大量地转寄信件、复制东西，这些都是后现代的特性，但这不是李白那个时代所有的东西吧，所以我觉得我们讲什么主义什么代一点都不重要。在我过去的十年或者二十年当中，表面上看起来我的写作风格是很多样，或者有的人认为我的风格很大胆，其实我觉得我一直在遵守着我对诗的理解，我认为的诗应该是精致的、内敛的、节制的、均衡的，我一直在寻求这种秩序。很多人认为我强烈地受到西方的影响，可是我觉得我一直在响应从小所阅读到的中国经典，包括一些诗人或者民歌、乐府诗，等等。我一直在思考怎么样用简单新奇的方式去翻新最大胆动人的东西，所以作为一个写作者，我最近十年的写作，通过对中国文字的开发，特别是它的字音、字形、字义，它的音像所夹带的趣味，想要显现它有别于其他语言的诗的趣味与魅力。

最后我想讲一下中国大陆和台湾语言之间的差别。首先是在"文革"阶段，我们对传统文化的接收和排斥，我想一来一往之间是有一些落差的。那时我们在考大学的时候的确都要读四书，孔子、孟子都是耳熟能详的，这样几十年下来，那些语法就变成我日常语法的一部分，所以我在写东西的时候很自然就是文白相杂。可是文白相杂并不是因为我们受到国民党的影响才这样做的，阅读到周作人、沈从文、鲁迅的时候，阅读到我的前辈诗人包括余光中、杨牧、叶维廉以及他们的散文的时候，我们可以看到他们也是这样将过去所承继的中文美感和当代口语结合在一起。其次就是我觉得两岸的语言之所以不同，也因为在"文革"前后，两岸对待中国传统文化还是有一些差异的，譬如简体字与繁体字的一些差异。如果把我自己的诗变成简体字的话，有些形象之美可能会消失，可是我非常注重中国文字的形象之美，譬如说我很多诗完全是用押韵，不是押声音的韵，而是押偏旁的韵。我有一首诗叫做达达主义的《达达》，达达就是错字边，那首诗里我大量运用错字旁的东西，如果把它翻译成简体字的话，有些东西可能就不见了。我还有一首诗叫做《孤独昆虫学家的早餐桌巾》，它全部是用虫字边写成的，但我发现比如"刺猬"的"猬"，这个字在台湾是虫字边，到了大陆就是犬字边了，这很显然是因为繁简体字的不同而有别。第三个更重要的就是两岸的语感。在五年前我也曾经来过北京，那个时候跟诗人和大学生们接触的感觉是，有些人会说好像我们讲的东西有点文绉绉，有点娘娘腔。我觉得娘娘腔可能就像女生的思绪会比较绵密一点，或者说它不是直奔主题，而是对更细微的东西一个照顾，难道这也有过错吗？注意细节，并且懂得尊重某些东西，难道这也有过错吗？我觉得所谓的这种娘娘腔，或者讲得比较好听，我们对语言的这种亲密，它并不是罪过。你对某些东西更熟悉的时候，你当然希望能照顾到更多的细节。可是我五年前去北方的时候，北方的诗人都说你们南方太琐碎了，不够伟大。什么是伟大呢？我想诗不过就是从日常小小的东西里面呈现生命与人性的幽微，或者宇宙的巧妙与趣味。

我所翻译的辛波斯卡在两年前能够有机会被大陆的读者接受，而且一年多卖了超过 10 万本，这代表五年前大陆读者对台湾诗人语言的排斥，好像在这几年慢慢消失了。因为之前在大陆辛波斯卡的诗并不是没有翻译本，除了翻译的语意之外，语言的感觉应该也是这本诗选能够被大陆的读者接受的一个小小的明证，它能够证明两岸语言的感觉或者生活的感觉已经在慢慢接近。我这两年在网络上看到中国大陆的很多东西，包括诗的写作我觉得是非常强大有力的，特别是我自己在大学里面教书，那很"不幸"现在台湾大学里面只要来五个陆生，前五名都是大陆学生，来十个前十名都是大陆学生。这代表大陆的年轻人对知识的渴望比起同年纪的台湾的他们的同侪有过之而无不及，这也是我觉得在两岸互动当中可以互相给对方一些借鉴和一些启发的。

最后，我想用最简单的方式，用两首我的诗来呈现我刚刚所说的，我自己写作的一些情境。我曾经写过一组诗叫《小宇宙》，大概有一百首，它们广义来讲是受到日本俳句的影响。因为俳句有五七五十七个音节，这里面有些东西也是小的趣味，可是诗人们可能会想这个东西跟国际民生无关。但我想每个人也都在生活，这里面是不是有些也有让我们喜欢的一个因素在呢，是不是也是诗人不可废缺的一部分呢。我们可以在互动之后去体会或者去比较一下，看看它们是不是也可以被大陆的读者接受。

小宇宙——现代俳句一百首（选）

14
我等候，我渴望你：
一粒骰子在夜的空碗里
企图转出第七面

18
寂寥冬日里的重大
事件：一块耳屎
掉落在书桌上

51
云雾小孩的九九乘法表：
山乘山等于树，山乘树等于
我，山乘我等于虚无……

陈黎："山乘山等于树"，三乘三等于四，台湾过去念"一二三树"。下面"山乘树等于我"（音三乘四等于五），"山乘我等于虚无"（音三乘五等于十五），这是台湾国语。《小宇宙》在台湾曾经是高校入学考试的题目，它考了两题，两题我都写错答案，可是我想试试说也很可爱。另外台湾有一个音乐团体叫作苏打绿，他们曾经发过一张唱片就叫作《小宇宙》，我那时候在教书就很奇怪他们怎么也叫"小宇宙"呢？因为《小宇宙》是我的诗集呀。我就问学生苏打绿是谁，学生说苏打绿不是人，我说不是人是鬼哦，后来我上网才看到他们是一个音乐团体，主唱叫吴青峰。吴青峰是读台湾的政治大学，他在网络上面说的，我是不认识他，他说他读大学的时候非常喜欢台湾现代诗人，他最崇拜的两个人，按照他所写的是陈黎和夏宇，那夏宇当然是女生，陈黎是我。我想他居然拿我的诗作为他的标题向我致敬，后来我看他的几首歌，的确跟我早期一些诗的名字几乎是一模一样，我想勉强算起来他也算我的粉丝吧。我的意思不是要他来为我站台，我是说诗是每个人都可以喜欢的，假如说我们认为我们喜欢苏打绿或者其他一些歌手是正常的话，那么我们喜欢这首诗应该也是正常的事吧。我们再来念几首诗：

49
所有夜晚的忧伤都要在白日
转成金黄的稻穗，等候
另一个忧伤的夜晚收割

63
在不断打破世界纪录之后
我们孤寂的铅球选手，一举
把自己的头掷出去

66
一颗痣因肉体的白
成为一座岛：我想念
你衣服里波光万顷的海

97
婚姻物语：一个衣柜的寂寞加
一个衣柜的寂寞等于
一个衣柜的寂寞

02
争鸣：
0 岁的老蝉教 0 岁的

幼蝉唱"生日快乐"

　　陈黎：我们都知道人生苦短，可是你知道蝉生更苦短吗？最老的蝉也活不到一个夏天一个秋天，也活不到一岁，最老的蝉也是 0 岁，刚生出来的蝉也是 0 岁。就像我在《春夜听冬之旅》中所说，并不会因为一撕即破的纸而减少我们对生命的重量，所以老蝉教小蝉说生日快乐，活着的时候要快乐。第 66 首诗是写我和杨牧，杨牧也是花莲的诗人，我们都是读花莲中学，我们学校外面就是一望无际的太平洋，还蛮自由的。

18
海岸教室：
无鹰不起立，有浪才翻书
其余一律自由活动

58
人啊，来一张
存在的写真：
　　　　囚

　　陈黎：这首诗应该还蛮古代的，因为它用古代那个"囚"的中文字，可它还是很当代，因为它是自拍。自拍这种行为不是我们现在才开始的，老祖宗很早就自拍了，而且帮我们每一个人共同的写真都弄出来，就是"囚"，一个人被框框框住。不管你是岳飞、文天祥也好，还是毛泽东、林彪，现在已经过了那个时代，他们都作古了，我们说阿公阿妈、曾祖母也都是囚。这是我们共同的自拍。

　　有人说我用日本俳句五七五十七个音节来写诗。我们知道写作也是一种翻译，如果用外文翻译杜甫"国破山河在"的五言绝句，或者李白《静夜思》中"床前明月光"的时候，他要怎么翻译？他要翻作平平仄仄平吗，也要押韵吗，还是说他可以用另外一种方式。日本的俳句是十七个音节五七五，十七个音节翻成中文的时候可能不到十七个字，我们知道さようなら是再见，さようなら是四个音节，可是再见只有两个字而已，虽然这样的翻译是可以质疑的。有人说陈老师你可以翻译，那你可不可以写一个五七五俳句的诗给我们看看，我说我就试试看吧，所以我就写了下面的这首诗。

42
一二僧嗜舞
移二山寺舞溜溪
衣二衫似无

陈黎：它就是五七五，那个"移二山寺舞溜溪"的"溪"跟七是同音，是同一个字有两种发音。我想我这样的美学其实是非常古典的，我们都知道"语不惊人死不休"，杜甫告诉我们写作就是要让别人吓一跳，这才算是诗。在我来讲的话，每一个古代诗人都是现代诗人，都是前卫的诗人，同样每一个现代诗人或后现代诗人也都是古典的诗人。因为我们所生发的所珍惜的那些美感的要素，我想是古今如一的。可是每个时代不一样，我们表现的方式、借用的素材、媒介或感性可能略有不同，所以像"一二僧嗜舞"的话，因为我们从小也都读五音文，对这些东西的解释或者汉字的多义性是完全可以掌握的：一两个和尚很喜欢跳舞，"移二山寺舞溜溪"是很超现实主义的，他移动两个山寺，你可以把"舞"当作动词，也可以当作不及物动词，他们在滑溜溜的溪旁边跳舞，或者说舞动两条滑溜溜的溪都可以，跳了一整个下午，身上的汗很多，所以衣服就若隐若现了。这首诗你不仅可以顺着念，还可以倒过来念都没有问题。对于台湾的娘娘腔或者说阴性的书写，如果说阴性那杜甫也很阴性，不然他为什么有《秋兴八首》，那里面很多东西我们到现在都看不懂。我最后以我 1995 年《岛屿边缘》中的一首诗来结尾，当初这首诗写出来让大家很不理解说这到底算是诗吗。有一个礼拜天我起来的时候打开电脑，用两分半钟写了这首诗。

战争交响曲

兵兵兵兵兵兵兵兵兵兵兵兵兵兵兵兵兵兵兵兵兵
兵兵兵兵兵兵兵兵兵兵兵兵兵兵兵兵兵兵兵兵
兵兵兵兵兵兵兵兵兵兵兵兵兵兵兵兵兵兵兵兵
兵兵兵兵兵兵兵兵兵兵兵兵兵兵兵兵兵兵兵兵兵
兵兵兵兵兵兵兵兵兵兵兵兵兵兵兵兵兵兵兵兵兵

兵兵兵兵兵兵兵兵兵兵兵兵兵兵兵兵兵兵兵兵兵
兵兵兵兵兵兵兵兵兵兵兵兵兵兵兵兵兵兵兵兵兵
兵兵兵兵兵兵兵兵兵兵兵兵兵兵兵兵兵兵兵兵兵
兵兵兵兵兵兵兵兵兵兵兵兵兵兵兵兵兵兵兵兵兵
兵兵兵兵兵兵兵兵兵兵兵兵兵兵兵兵兵兵兵兵兵
兵兵兵兵兵兵兵兵兵兵兵兵兵兵兵兵兵兵兵兵兵
兵兵兵兵兵兵兵兵兵兵兵兵兵兵兵兵兵兵兵兵兵
兵兵兵兵兵兵兵兵兵兵兵兵兵兵兵兵兵兵兵兵兵
兵兵兵兵兵兵兵兵兵兵兵兵兵兵兵兵兵兵兵兵兵
兵兵兵兵兵兵兵兵兵兵兵兵兵兵兵兵兵兵兵兵兵
兵兵兵兵兵兵兵兵兵兵兵兵兵兵兵兵兵兵兵兵兵

兵兵兵兵兵兵兵乒兵兵兵兵兵兵兵兵兵兵兵兵乒
兵兵兵兵兵兵兵兵兵兵乒兵兵兵兵兵乒兵兵兵乒
乒兵兵兵兵兵乒兵乒兵兵乒兵乒兵兵乒兵兵乒
兵乒兵乒兵兵乒兵乒兵兵兵兵乒兵乒兵兵乒
乒兵乒兵兵乒兵乒兵兵兵兵乒兵乒兵乒兵乒
乒乒兵乒兵兵乒兵乒兵兵兵乒兵乒兵乒乒
乒乒兵乒兵兵乒兵乒兵乒兵乒兵乒兵乒乒
乒兵乒兵乒兵乒兵乒兵乒兵乒兵乒兵乒乒
乒兵乒兵乒兵乒乒兵乒兵乒兵乒兵乒乒
乒兵乒兵乒兵乒乒兵乒兵乒兵乒兵兵乒　乒兵兵　　兵
兵兵　兵兵兵乒　　乒　兵　　乒乒　　兵兵　　兵兵
　乒乒　　兵兵　乒　兵　乒　兵　乒乒乒　　兵　乒
乒兵　兵　兵兵　乒　乒兵　乒　兵　　乒
乒　　　　兵兵　　　　乒　　兵　乒
　乒　　兵　　　乒　　　兵　　兵
　　乒　　　　　　　　兵

丘丘丘丘丘丘丘丘丘丘丘丘丘丘丘丘丘丘丘丘丘
丘丘丘丘丘丘丘丘丘丘丘丘丘丘丘丘丘丘丘丘丘
丘丘丘丘丘丘丘丘丘丘丘丘丘丘丘丘丘丘丘丘丘

丘丘丘丘丘丘丘丘丘丘丘丘丘丘丘丘丘丘丘丘丘丘
丘丘丘丘丘丘丘丘丘丘丘丘丘丘丘丘丘丘丘丘丘丘
丘丘丘丘丘丘丘丘丘丘丘丘丘丘丘丘丘丘丘丘丘丘
丘丘丘丘丘丘丘丘丘丘丘丘丘丘丘丘丘丘丘丘丘丘
丘丘丘丘丘丘丘丘丘丘丘丘丘丘丘丘丘丘丘丘丘丘
丘丘丘丘丘丘丘丘丘丘丘丘丘丘丘丘丘丘丘丘丘丘
丘丘丘丘丘丘丘丘丘丘丘丘丘丘丘丘丘丘丘丘丘丘
丘丘丘丘丘丘丘丘丘丘丘丘丘丘丘丘丘丘丘丘丘丘
丘丘丘丘丘丘丘丘丘丘丘丘丘丘丘丘丘丘丘丘丘丘
丘丘丘丘丘丘丘丘丘丘丘丘丘丘丘丘丘丘丘丘丘丘
丘丘丘丘丘丘丘丘丘丘丘丘丘丘丘丘丘丘丘丘丘丘
丘丘丘丘丘丘丘丘丘丘丘丘丘丘丘丘丘丘丘丘丘丘

一九九五·七

陈黎：第一段我用"兵"，我才花了30秒钟大量复制，而第三段是大量的"丘"，中间我用"乒乒乓乓""乒乒乒乒乓乓乓乓"，把"乒""乓"这两个字组合起来，视觉上看是一个断了脚的士兵，你也可以当作他受伤，或者把它念出来"乒乓"刚好是枪的声音。可是乒乓是我们中国最厉害的桌球运动，战争就像打乒乓球这有点讽刺，所以中间在视觉上你可以看到有些空白，我当初写这些空白是暗示说可能是被拉走的受伤的士兵，但是其中也有我们中国传统绘画里面一些留白的因素。虽然我用了四个字，但是也可以将它们算作一个字，因为"兵""乒""乓"还有"丘"都是"兵"的一部分。这首诗在我刚写出来的时候很多人都觉得不以为然，可是不到二十年，台湾每一个中学生都读过这首诗了，课本里面、考卷上面就不断出现，它也被一些外国的读者看到或者翻译。我先前也说过我自己的诗被翻译成外国语包括法文或日文，或者这首诗在被翻译的时候没有被改变只有做注释而已，可是有些并不是翻译我整本书的译者，他们居然也很直接去回应中国诗的特质。有一位波兰的翻译家，他在英国教翻译，他在翻译这首诗的时候，他还是运用那个图形，把"兵"改成"A man"，阿兵哥就是"A man"，一排一排"A man"千军万马、军容壮盛地走过来。到了第二段把"A man"变成零零落落的"乒""乓"的时候，他就译成了

"Ah man"，当人落单的时候就是"Ah man"，两个人三个人的时候它还是这样排。写成"Ah men"，那边有一个人倒下来，暗示说他受伤了。到第三段我写"丘"的时候，"丘"是小坟墓，就是说这是一个坟藏或者没有手脚的尸体的时候，他更紧张，从"A man"到"Ah man"变成了"Amen"。由此可见，写作者并不是我，而是中国文字本身。我想这里面也有我通过这样的翻译，而把中国文字译成一首诗，而外国的一些读者，他们也通过翻译把它翻成英文写成的新的诗。另外，在台湾有人把它做成一个动画，把《战争交响曲》转换成视觉的诗，我想这也是一种所谓的翻译吧，下面我放映一下。

（放映完毕）

陈黎：谢谢各位。我要特别感谢孙老师对我的邀请。同时三个礼拜前在北大，吴思敬教授的站台给我很大很大的力量，我后来跟王家新老师到长沙去的时候都带着你给我们的鼓励。到上海其实也很顺利地碰到一些年轻的朋友们，我们通过诗歌有非常好的互动的情境。所以今天我也是再次感谢吴老师来帮我站台。我今天就先跟各位报告到这里为止，待会儿如果有时间的话再放一小段东西。那下面我想还是请在座的老师或前辈来互动一下。谢谢。

互 动 环 节

孙晓娅：感谢陈黎老师精彩、先锋的讲座，将诗歌用动漫多媒体方式表达出来，并不是首创，但很生动鲜活，学习了！下面是互动环节，请同学们珍惜这样一个对话的机会。同学们有什么问题，关于陈黎老师自己创作与翻译的，以及关于台湾诗歌，甚至是对他某首诗的解读，都可以提问和交流。

问：陈老师您好，我有两个关于译诗的问题。第一个问题是，我曾经看过您的一篇《甜蜜的辛苦》，是译诗里面的杂感，在这篇文章里您说在您译诗的过程之中您大量地看很多资料，尤其是文字的资料，还有比如听西洋的乐曲都会帮助到您。我的问题是，在您译诗的过程当中，很多诗人会描写特定的景色或者一种特定的环境，他的指向非常明确，那您会不会去亲身感受一下，然后再去翻译，还是说只是从文字上面去找资料或去翻字典？如果您有这样的经历的话，可以给我们举一个例子吗？

答：我想在座的王老师也有很多丰富的翻译经验，那我就抛砖引玉，待会儿也请王老师或是其他老师来回应。我要跟在座的同学们分享,其实我从来没有想要当所谓的翻译者,我更不想要当什么作家,我觉得很辛苦。人生就是玩一玩也很好,可是那些东西它是在我的身上从小就伴随着我的,所以我每天也在翻译一些东西,我们每天手机发出去的信息也是在创作,在散发我们的思绪。我觉得快乐是很重要的,所以我要说我自己为什么非常大胆地想要去翻译。从小我爸爸妈妈也鼓励我们听音乐,就是听古典音乐,譬如说我们听到舒伯特的《魔王》的时候,《魔王》叫作 Erlkönig,后面那个 o 还点两点打两个头,但我们的中学里面没有德文课,所以我就觉得很好奇。但你听了几遍之后就知道这个字母是怎样念,könig 是 king 的意思,国王的意思,就是魔王 Erlkönig,那个时候你自然而然就会觉得对外文有一点亲近,你会熟悉它。在台湾我自己在大学里面通过购买原版唱片,就像你现在看到普契尼的唱片很可能是意大利文,然后旁边是英文、德文、法文,这样你很快就可以看到不同语言的东西。我们总是好奇,特别当我们东西很少的时候,我们会反复为之,去抚摸它、亲近它,这就是感情的一种喜悦,所以你自然而然就会看到这到底是什么东西。听古典音乐的好处是它强迫你一直在听这个歌,譬如说一些音乐剧,比如莎拉布莱曼她唱《歌剧魅影》,歌词反复反复唱 memory 的时候,我们就记住它了。同样我们没有学意大利文,没有学法语、德语,可是我们通过唱片反复聆听的时候,那些字就在我们身上了。我们当然知道它词语的位置跟英文是不一样的,那我们就会想这个字到底是名词还是形容词,这样一种初选的接近当然就是第一个阶段的翻译,所以等到我去翻译德语诗的时候,虽然我没有学过德语,可是我相信我可以用这样的方式去翻译它,更何况我们有词典、辞书,更何况现在的网络很方便,有一些翻译机器或者搜寻引擎等,它们都可以帮助我们在没有老师的情况下,很安全地告诉我们这个词究竟是形容词还是动词或名词,我们并不会把它的位置放错。比如说"我好感动哦",可是"感动"的东西居然是另外一个受词或是名词、形容词,而不是我们原来中文的上下文。这部分是我自己所看到的,那我要回到你的问题,如果我们有时间的话,一辈子只听一首歌的话,我们可以去找它所有的资料,可是我们没有的话,就只能够尽力而为了。两个礼拜前我在北大巴西文化中心讲西班牙的传统民歌,它也是诗歌叫 Fado,是命运的意思,在场的人大概有三四十位,大家都觉得不可思议,竟然用葡萄牙文唱这个歌。那里只有少数七八个胡续东教授的学生,他们懂得葡萄牙语,可是每一个人在我印出来的歌词底下，每一个人都跟着唱每一首歌，而且很激动，唱到葡萄牙那个不流血革命歌曲的时候大家都很激动，所以我们是可以透过诗歌的原文找出它字音、字义的一些感受。我在翻译葡萄牙文 Fado 的时候的确有上网去查，因为我在写 Fado 民歌的时候知道葡萄牙有两个传承：一个是里斯本，维姆·文德斯的电影《里斯本物语》中有讲到里斯本的 Fado，另外一个是欧洲最古老的大学 Coimbra（孔布拉），我这辈子最想去的地方除了北京之外就是 Coimbra（孔布拉），它是传统的大学，可是他们唱的 Fado 是像吟游诗人一样的。所以你从影像与声音里面，甚至从地图上面去感受某些东西的时候，在你翻译这些诗的时候，当然是有帮助的。我们没办法用所有时间单去做一件事情，所以我们只能尽力而为。谢谢。

　　问：第二个问题是，您在翻译这些外国诗歌的时候是不是会很注重年纪的问题。比如说您翻译的诗人的年纪、他这首诗歌的年纪和您自己的年纪。我觉得一个人年轻的时候特别难去翻译出一个上了年纪有一定阅历的人的诗歌，可能翻译不出来他的那种感觉，那以您现在的年纪还会去翻译一种青春澎湃的特别有激情的诗歌吗？您会有意识地去选择这个吗？

　　答：我觉得所有的诗人都是自葬，都是发育不良或者太早熟的。他们在九十岁所写的东西和十九岁所写的可能差别不大，所以我自己并没有太多这样的考量。只是对我来说，譬如说像刚才所说到的聂鲁达的诗，我发现一方面是这个诗真美，二方面是觉得很不爽，不爽就不快乐。因为他写这些诗的时候不过才二十岁而已，他的《二十首情诗和一首绝望的歌》先前已经译成多国语言，卖了超过一亿本，我当时是二十岁出头的时候翻译他的诗，那个时候他跟我年纪差不多，我还可以接受他作为一个年轻诗人写的这些诗蛮不错，我还想我过几年要写得跟他一样好。可是没想到当我三十岁的时候再继续翻他这些诗，我就更加不爽，因为他的诗里面所写的对于人生和爱情的感悟几乎是支配预告着我的命运，也就是说一个二十几岁的诗人怎么能够写到人生某些共通的东西。下个月要在大陆出版他的三本情诗集，我这次来也有去校对稿子，我就更加不高兴了，我都已经超过半世纪花甲之年了，可是我还在为一个二十岁的年轻诗人不断地去校对和斟酌，而且我发现他居然无情地命中我们这些后中年人或者后老年人寂寞的心境。在这方面我想更年轻的王家新老师应该有一些体会吧。

　　王家新：我是有一点翻译的经验。翻译的一个动因，对我来说，陈黎先生和我的经历好像很不一样。我们经过"文革"，"文革"之后上大学，我上的是中文系，我根本不是一个职业的翻译家。那么翻译对我来说，首先是一个自我的辨认，我也可以举些例子。比如说翻译茨维塔耶娃，其实我从未想过去翻译她，但是 1992 年我在伦敦参加一个诗歌节，诗歌节里有小册子，封面有她的一首诗，我一读就像触电一样，有一种电流贯彻全身，而且读到最后不敢往下看。这首诗的题目叫作《约会》，开头就是"我将迟到，为我们的约会/当我到达，我的头发将会变灰……"一读完就全身般地颤动。后来我就在伦敦翻译了这样一首诗，但近年又翻译了更多。我认为这是一种自我的认同，它是一个他者，但是是一个内在的他者，我们可以带着我们身上说俄语或者说德语的他者，通过翻译把它发掘出来、塑造出来。这是我补充的一点，主要还是陈黎老师。

黄华：陈老师，关于您刚才放的诗歌《战争交响曲》，我是第一次读它，我觉得这首诗给我的感觉是完全开放的，而且您刚才所谈到的诗歌的音与形，我觉得这些在您的诗歌里是得到了非常好甚至可以说是完美的定型。我注意了一下您这首诗的写作时间是 1995 年，您能不能告诉我们是什么原因使您创作了这首诗，以及您能不能给我们解释一下，您对您这首诗的理解。因为我刚才注意到您读这首诗的时候，最后的"丘"应该还有很多的音，但是您就沉默了。

孙晓娅：黄华老师是我们首都师范大学文学院比较文学的老师，今天她看到海报专程来听陈黎老师的讲座。

陈黎：我在翻译瓦烈赫的诗作《白石上的黑石》时，我发现他是在聂鲁达和帕斯之前的拉丁美洲现代诗的一个高峰。他在法国流亡、留学过。他的诗里面有很多试验也就是形式上的技巧或者排版的技巧，甚至有些字是他自己发明的，在西班牙语里是找不到的。他说新诗应该把一些新的语汇放进去，他所说的新语汇包括马达、收音机等，这些对现在的我们来说都是旧的东西，可是我们把这种精神再现的话，就是把手机、面纸这样李白和杜甫的时代没有的词汇语汇放进来，或者电脑的某些方式放进来的话，也是和瓦烈赫所说的一样，每一个时代应该有它新的知性和新的感性。所以我觉得如果我在写这首诗（《战争交响曲》）的时候，没有电脑的话，我不可能用大量复制的方法，因为当我很熟悉怎么样去复制的时候，内在会有一种忍不住的冲动，想要去使用这种语言，这是内在的一种趋向，对应着时代的召唤。另外你刚才讲得很好，我想这首诗是比较开放的。开放有两个意思：一个是说后现代主义的某些东西是不固定的，我写这首诗的时候根本没想过这首诗该怎么念，它是视觉的还是听觉的，它其实是开放的，可以让观众来参与。据说台湾的养老院曾经把这首诗变为院歌，就直接搬过来那样"乒乒乒乓乒"，做广场的大妈操，这首诗你以为它是文字游戏，但其实它是开放的。我从小就非常喜欢中国文字，买了大量的辞书和百科全书，每天翻那个东西，都看不完还觉得很好。这首诗本身很像是对文字的游戏，可是它有没有可能是对政治和现实的呼唤，更开放的呼应，我想也有可能。那天在北大，吴思敬老师的一席话让我觉得很受鼓舞，吴老师您可不可以就这首诗帮我站台一下，讲几句话可以吗？

吴思敬： 刚才黄华老师和陈老师的对话，主要是针对这首《战争交响曲》。大家应当说很幸运地在陈黎老师在场的情况之下，欣赏了这样一首我们现在应当称之为多媒体诗歌的作品。我们大陆现在是讲网络诗歌，实际上我们的网络诗歌，除去少数人是荧屏写作的，就是他现场写完就直接放上去，但这只是一个创作过程，它本身还是一种纸面的文学写作，只不过他把稿纸搬到屏幕上去了。因此我们所说的网络诗歌和现在台湾一部分人所说的多媒体诗歌还是有很大的本质差别的。多媒体诗歌很重要的一点是运用了音、象、声、包括多媒体的技术，我觉得刚才陈黎老师这首诗，就是一个很典型的多媒体诗歌。他这首诗特别重用了，刚才也在屏幕演示了，有文字、他配的音、他的朗诵还有图像，这种尝试是我们大陆很少有的，据我了解现在大陆能这样做的诗人不太多。我们有一位华侨大学的毛翰老师，他是运用多媒体的形式演绎《诗经》，包括《诗经》现代化的演绎，他把声、光、画结合在一起，作这样的一种尝试。但是我觉得陈黎老师的这种尝试，应当说是真正意义上的诗的尝试，而且这首诗还让我们看到了这几年我们大陆理论界所提出的一个字思维问题，就是汉字思维，也就是说我们中国人用汉语写作、用汉字写作，和西方人用拼音文字写作的思维方式是有很大不同的。以拼音文字写作时字母本身所焕发的诗意，不像我们的汉字，汉字严格地说是对历史对文化的一种概括，每个字的字形就凝结着一首诗，这一点在陈黎老师的创作之中非常明显地体现出来。他这个"乒乒乓乓"完全是音，但是它又和我们汉语对这些文字的理解纠集在一起。他还有一首诗叫做《黄巢杀人八百万》，这首诗完全是一系列"杀杀杀杀杀杀"构成的，就是一个"杀"字，但是我们看这一首诗的时候心是在紧缩，觉得历史就是在"杀杀杀"的声音中进展的。我想到当年我们的领袖一个讲话，说我们不怕核大战，打起来当时我们中国有六亿人，再死三亿，我们还可以坚持到最后。这里面（《战争交响曲》）有对历史的看法，对人的生命的看法，和陈黎先生他这种反思，我觉得是非常深刻的。陈黎的诗绝不是在做简单的文字游戏，而是他对人的生命的一种深刻的思考。对他的诗歌，特别刚才我讲到的对汉字的这种研究，以及从汉字之中触发诗意，更是陈黎老师一个重要的贡献。

孙晓娅：接下来有请前来参加我们活动的诗人潇潇和冯晏也就相关问题与学生进行互动，给予学生知道。

潇潇：美好的情诗，如果以我个人的经验，我曾写过一组与仓央嘉措有关的情诗，这组诗写的都是爱情诗。我觉得真正的美好，对我个人来说，这种情感能够打动我自己，让我不得不写出内心，就像刚才王家新老师所说的，他读到《约会》那首诗时浑身触电，我当时写几首诗也是，刚才看到陈黎老师的《小宇宙》也是——第一首诗就是："我的小宇宙，已为你打开。"你是女孩子，我们都有过这样一种感情，我个人的小宇宙也是作为一个女性的小宇宙，就突然地被一种爱情打开了，我无意中也用到了"小宇宙"这个词，当时我也没看到你的《小宇宙》，这就是人类一种共通的经验，不管是男人还是女人。那么这种触电的感觉，这种非要抒发不可的爱情诗，当你写出来的时候，肯定会打动你旁边有共同经验的朋友，不管他是不是诗人。我觉得在写爱情诗的时候，还有另外一部分，也是刚才陈黎老师说到的，不是把最美的词汇放进爱情诗里面就是美好的爱情诗或美丽的爱情诗，最打动人的恰恰是那种伤感的、忧伤的、达不到彼岸的爱情，是失落的、忧伤的爱情。其实我这组与仓央嘉措有关的情诗，几乎都是这样一种情绪的表达，从这种表达来说，也就是说我们认为是忧伤的甚至是比较阴暗的——我说的这个"阴暗"是中性词不是贬义词——这样一种情怀，可能在爱情诗里往往更真实、更执着，可能会更美。当然那种美也美，这就不用说了大家都能感觉到，但是可能像这样一种忧伤的、绝望的甚至有些时候某种情愫抵达死亡边缘的体会，是爱情诗里面最极致的一种表达。我就简单说这些，谢谢。请冯晏老师说一下吧。

冯晏：那我也说爱情诗吧，我已经很多年不写爱情诗了，年轻的时候确实是写过，但是我想可能是年轻的时候，如果你有爱情你会发现它是你的全部，所以你写爱情诗的时候可能把一首诗都放在了你的这段爱情里面。但是长大以后，或者等你更深刻了一些，你和这个宇宙，和这个世界、和自然产生联系的时候，你所有的爱情会变成一点点，非常淡化。你考虑一个重大问题的时候就会发现，一放到宇宙里面这个问题就特别小。比如说有一份爱情的经典的经验的话，我会放到我一首诗里的一个词里，绝对不会全部都写到，这是跟年龄有关。可能是我这个年龄就说这样的话，但是对年轻人好像不太管用。

王家新：很惭愧，我很少写爱情诗，几乎没有。原因很多样，一是不那么早熟，因为"文革"那个年代，非常受压抑，从小玩到一块的女孩儿都不一块儿玩了，人家都和出身好的男孩一块儿玩了。那我这么爱好文学，就一头钻进书堆里面了。另一个原因是我上大学之后，不知道在什么地方读到里尔克的一句话，结果就成了对我的一个告诫，他的意思是说不要写爱情诗，所以在我的诗中你很难找到一些直接写爱情的诗。那难道说这就意味着我的诗中没有爱吗？不是这样的，没有爱你无法成为一个诗人，可以说诗人就是为爱而燃烧的人，为语言而燃烧的人，没有这个你无法成为一个诗人，但是它不是以单独的某个作品的形式出现。恰好前不久我在长沙的一个朗诵会，朗诵了一首短诗，读完之后一位女士说我这是一首爱情诗，是情诗。很短的几句，就叫《马》，我念一下："有时我们看到的马有一双孩子的眼，／有时我们看到的马有一双囚犯的眼，／有时我们看到的马，一转眼化为树木和岩石，／有时我们看到的马，比天使还要羞怯……／但此刻，我的马，你从雾霾中向我们走来，／在你的眼中我看到一场燃烧的火灾！"就这样一首短诗。这是春节前写的，因为是马年，本来这个诗题目叫马年，我觉得太直接了，因为我对马年有不太好的感觉，虽然我特别喜欢马，拍了大量马的照片，中国的马、欧洲的马、美国的马，以后可以办个马展。写了这样一首诗，结果被认为是一首爱情诗，很危险啊，燃烧的火灾很危险，这是她的一种读解。当一个诗人提供你这首诗，那么怎么读是读者的事情，你也可以把它读成爱情诗，也可以把它读成其他的诗。诗最好是自己不要给它定义，让读者来读。好，谢谢。

孙晓娅：陈黎老师是人大的驻校诗人，杨方是我们首都师范大学的驻校诗人，下面请杨方发言。

杨方：首先向陈黎老师问好，特别向往听你这次讲座，为了听这次讲座我推迟了回家看儿子的计划。你的那首诗歌《战争交响曲》给我很大的震撼，我刚才在微信上发出来以后，很多朋友看到都向我打听哪一首《战争交响曲》。我觉得在你那首诗里，你把美术、音乐、视觉和听觉都融合进去了，包括汉字的象形文字。我现在一时也表达不出我的那种感受，太震撼了。刚才私底下我还在跟孙晓娅老师说，今天这堂讲座能听到这首诗歌，而且陈黎老师在现场，我觉得特别的荣幸。谢谢陈黎老师。

陈黎：非常感谢。

孙晓娅：在讲座和交流即将结束之际，我要特别感谢在场的两个人：一位是吴思敬教授，吴老师在这样一个炎热的下午，和我们同学一起从头至尾听完陈黎先生的讲座，这恰恰就是一种不竭的诗性源泉，是对诗歌最好、最有力的支持。另一位就是在座很多学生都非常喜欢的诗人王家新，感谢家新老师推荐陈黎老师前来讲座，给我们首师大的学生提供这样宝贵的交流机会。最后，有请吴思敬老师为今天的讲座做个总结发言。

吴思敬：今天下午的讲座确实是一堂很精彩的讲座。首先我觉得这次活动是非常有意义的，陈黎老师是台湾当下中生代诗人中的优秀代表。此前，在改革开放以后，我们大陆介绍更多的是台湾的前生代诗人，比如余光中、洛夫、罗门、郑愁予、周梦蝶，等等。这代老诗人，他们自身的创作，放到两岸的文学史上都是有重要影响的诗人，而且他们的诗确实达到了很高的成就。但是在这些前生代诗人之后，所谓中生代诗人，50年代到60年代这个阶段出生的诗人，以前我们大陆的介绍是很不够的。我接触到的比较早的是林耀德先生，但是他现在已经去世了。我觉得这次家新和中国人民大学做了一件非常有意义的事情，他们没有请前生代的诗人做驻校诗人，而请了一位优秀的中生代诗人作为中国人民大学的驻校诗人，这是非常有眼光的。而今天的这个讲座，我们可以看到，陈黎先生展示了他多方面的创作成果和他深厚的修养。首先他的诗歌创作，我认为确实是当下台湾诗歌创作的一个典型代表，从开始朗诵的几首诗到后面展示的多媒体诗歌，虽然不多，大量的作品可能今天没有办法一一展示，但是我觉得从今天朗诵的几首诗和陈老师刚才所讲的，就已经大致可以看出他的创作风貌。他是一位真诚的诗人，而且也是一位有责任感的诗人、有创见的诗人。在这位诗人身上，体现的是一种创造的精神，他不愿意重复别人，拿出的每个东西都是新的，所以他后来的这些诗作才给我们以震撼。我认为，诗的精神，就是发现的精神，就是创造的精神，就是基于爱的这样一种精神，这些在陈黎老师的身上我们都看到了。其次，今天我们这个活动还有一个非常成功的地方，就是大陆诗人和台湾诗人的互动。今天来的几位诗人，像家新老师、冯晏老师、潇潇老师，他们几位都是和陈黎相对应的中生代诗人。杨方老师她还小一点儿，她是"70"后比较小的，是另外一代了，但是刚才几位诗人应当说和陈黎老师绝对是对应的，但是我们也确实看到了他们的诗和陈黎老师不一样。因为在台湾已经实现了民主化、新闻自由、党派的自由竞争，等等，它在政治革新的很多问题上都基本实现了，所以台湾的中生代诗人似乎活得更放松，他们想怎么写就怎么写，想怎么玩儿就怎么玩儿。而我们大陆的中生代诗人，他们的生活经历——他们从苦难中生长，他们经历了"文革"，他们的精神负担，应当说是台湾中生代诗人所没有经历的，所以他们更沉重，没有更多的精力去写那些轻松的东西，而是更多地关注我们的国计民生。潇潇老师有几首长诗，大家可以去读，还有家新老师的几首代表作，他的那些优秀的作品，哪怕他的小诗。我曾经在一篇文章中引用过他的《简单的自传》，他写滚铁环，但是真正把他的生命体验写出来了，通过游戏把他的一生写出来了，我觉得非常不容易。今天每位老师都有自己的探讨，所以我认为这次是我们大陆中生代诗人和台湾中生代诗人一次非常好的对话，希望陈黎老师有机会的话，能更多地和我们的中生代诗人进行对话。我们现在有一个两岸三地中生代高层的诗歌论坛，也将会给更多的老师或者诗人们提供机会。在此，我非常诚恳地感谢陈黎先生，我以前虽然熟悉陈黎老师的诗，但是也是第一次和他见面，我觉得他确实是让我深受感动的一位非常优秀的诗人。感谢陈黎老师，感谢今天到会的家新、冯晏、潇潇、杨方几位诗人，感谢晓娅老师的组织，这次活动非常成功。最后，感谢同学们，你们在长达两个多小时的时间中，对诗歌非常专注。我们有诗歌中心，我们会跟外国诗人、台湾诗人，更多是跟我们大陆的诗人包括驻校诗人有更多的交流机会。希望你们热爱诗歌、关心诗歌，在座的各位中能够出现未来的诗人、未来的诗评家！

（录音整理：许敏霏）

时间：**2014 年 5 月 20 日**（周二）

地点：首都师范大学国际文化大厦第九会议室

主讲人简介

洪浚浩　美国布法罗纽约州立大学传播系教授、博士生导师，哈佛大学费正清中国研究中心研究员。

中国文化走出去的喜与忧

洪浚浩

　　我今天所讲的题目——中国文化走出去的喜与忧，主要是在美国做了一些实证调查的基础上来研究和探讨中国文化走出去的成就与问题。

　　中国文化走出去是中国的国策之一，它不单是文化部门的事情，实际上，它已上升到整个国家的发展战略层面。我个人认为这很重要，也确实需要这么做。十几亿的中国人在中国文化里生活，但在世界上，还有很多人对中国文化的了解非常欠缺。

　　我打算从以下几个方面来讲这个主题。第一部分是中国文化走出去的必要性。很多人可能会说，这个问题还需要谈吗？国内很多学者写过不少这方面的文章，但主要是从政治的角度来看这个问题。而我们真正研究这个问题，也还需要从文化本身的理论出发。第二部分是中国文化走出去的紧迫性。这个问题是靠大量数据作为支撑。前段时间我和我的团队，还有国内另外一所大学接手了国家的一个项目，第一手地来了解这个问题。第三部分是中国文化走出去面临的一些挑战。第四部分是关于中国文化走出去的在政策层面上的一些建议。今天讲座的重点是在第二、第三部分，其余略讲。主要根据第一手的实证资料来论证与解读。

一 中国文化走出去的背景与现状

中国文化国际传播的进程在不断加速，国家资金的大量投入，其中也包括孔子学院数量的不断增长，可谓日新月异。

但是同时也存在发展不对称的问题，中国文化在世界舞台上尚未取得相对应的地位和影响；核心价值理念还没有被准确和有效地传播到世界上去，世界上不少人对中国文化的核心理念甚至还存在着严重的误解。对中国文化核心理念的不了解与误解，又影响并阻碍着中国在世界政治和经济事务中地位与影响力的进一步提升。

从文化理论的角度来讲，中国文化走出去是基于以下几个方面的需求：

（1）是基于全球化背景下文化交流、融合与发展的内在要求；

（2）是基于中华民族伟大复兴历史性任务的内在要求；

（3）是基于中国文化对世界文明发展有积极作用的内在要求；

（4）是基于中国文化走向现代及自身发展的需求。

而从国际传播与国际政治的角度来讲，中国文化走出去还可以起到以下三个方面的作用和承担应尽的国际义务。

（1）To balance the information flow.

从国际文化交流的角度来说，目前整个世界的信息流通是不平衡的，主要是从第二世界国家流向第三世界国家，从文化高压区流向文化低压区，从文化强的地方流向文化弱的地方。所以出口文化产品，特别是对一些文化大国来说，"To balance the information flow"是它们的义务所在。

（2）To help fulfill the goal of NWICO Movement.

NWICO 是专有名词。从 20 世纪 70 年代开始，将近 100 个第三世界国家加上部分的第二世界国家提出要构建 NWICO（N = New，W = World，I = Information，C = Communication，O = Order，即新的世界传播秩序）。但是很多专家做过研究，直到 20 世纪末，取得的效果微乎其微，到底是改善了还是恶化了？实际上，是恶化了。那为什么第二世界与第三世界之间的信息流通会越来越差呢？第三世界是发展了，但是第二世界发展得更快。因此，对外输出文化产品应是一种实际的行动，否则就是空口号。

(3) To show a nation's Cultural Identity.

西方文化学讲的这点很重要。最能代表一个国家的特征不是它的政府、经济、军事，而是文化。国家之间的差异最明显的特征是体现在其文化上。

二 中国文化走出去的紧迫性

根据实际调查的结果，从总体上说，美国的绝大部分公众对中国，对中国文化，对中国的传统理念和价值观，基本处于了解很少、不了解或者很不了解的状况，甚至有着不同程度的误解。

比如说，当我们问到你认为你有多了解中国文化价值观的时候，回答很了解和有所了解的人加在一起，也只有1/10而已。

即使那些回答自己对中国文化价值观很了解和有所了解的人，其实也未必真的很了解或非常了解，而很可能也是并没有多少了解、不太了解甚至存在着误解。比如，在具体问到你认为中国文化价值观最主要的内容是什么时，回答五花八门，许多回答与文化价值观可谓风马牛不相及。

虽然有很多人在回答时提到了家庭、尊重、教育等与中国文化传统有关联的一些方面，但不少人的回答则是比较负面的荣耀、运气、钱财等，更有一些人的回答是严苛、刻板、保守，还有一些人的回答是孔子、花木兰、中国书法，或者是与价值观毫无关联的阴阳、龙、熊猫、玉石和独生子女等。

这些答案反映了美国公众接收有关中国文化价值观的渠道非常杂乱，接收到的有关中国文化价值观的内容也是非常肤浅和支离破碎的。

在回答认为对中国文化价值观很了解或有所了解的人中，十个人中就有一人回答是中国食物、中餐，甚至一些人的回答就是米饭。

更需要引起注意的是，许多美国大学生对中国文化价值观存在着非常负面的印象甚至严重的误解。比如在问到中国文化价值观中的哪些方面你不太认同时，学生们共列出近百个他们不太认同的方面。排在前25位的主要包括：性别歧视，不尊重个人自由，对父母的绝对服从，计划生育，以惩罚为手段，不会享受生活，法律不健全，太强调集体主义，太强调纪律，过于依赖父母，物质主义，不敢挑战权威，太崇拜权力，过于传统，等等。

从中可以看出两个问题：一是大部分美国人对中国文化价值观很不了解，并把文化价值观与社会现象混淆在一起了；二是大部分美国人对中国文化价值观虽然很不了解，但在他们的基本感觉里有着相当多负面的东西。

相比较，接受调查的大学生们被问到对美国文化价值观了解的程度时，高达95%的被调查者认为自己属于非常了解、很了解或基本了解，只有5%的人回答不太了解或不了解。

不仅如此，他们对美国的文化价值观感到非常自豪。在问到对美国文化价值观的具体认识时，大部分人的回答集中在自由、成功、友谊、个人努力和快乐这一类在西方社会里属于很积极向上的词。

同时，在问到你有多认同美国的文化价值观时，即使在美国这个政治上非常多元化的社会，绝大多数的学生对美国的文化价值观还是很认同的，高达80%的人回答了非常认同或基本认同，可见人们对一个国家的文化价值观的认同态度与他们对具体政治的认同态度并不是一样的。

美国公众在选举哪个党的候选人当总统、当州长、当议员，在支持哪个党提出的各项政策和治国理念上，态度常常很不一致，但在对美国文化价值观的认同上却显示出了少有的一致性，这一点值得我们思考和借鉴。

在回答"你认为中国文化价值观与美国文化价值观之间最主要的区别是什么"的时候，回答令人深思并值得引起关注。

首先，回答最多的是"教育方式"。中国家长和老师对学生特别强调"成功""成人"，这一教育理念已经名扬四海，在中国和世界不断涌现出来的被当作成功典型的"虎妈""虎爸"们的教育模式已经在世界范围内产生了广泛的负面影响。另外，诸如"关系""土豪""大妈"等词入选牛津辞典，其实它们的负面意义远远大于正面意义。

还有不少人的回答也值得引起我们的深思，比如有相当一部分人回答是中美两种文化对和平的态度不同，也有相当一部分人回答是中美两种文化对人的权利的尊重态度不同，另外还有相当一部分人回答是中美两种文化对自由的态度不同，等等。

这些都说明相当数量的美国普通人对中国的认识仍然停留在冷战时期留下的思维模式之中，而这种认识方式对中国要进一步在世界舞台上扮演更为重要的角色、发挥更重要的作用是一种无形的阻力。

三 中国文化走出去面临的挑战

1. 中国文化不仅要大力"走出去"，更要真正地"走进去"

中国文化确实开始大规模地走出去了，但是还没能够真正走进其他的国家和社会，没能够真正传播给那些地方的广大公众。

一个严峻现状是，绝大多数美国人在获取和了解有关中国的情况时，仍然是通过美国的传媒与文化产品、学校教育或家庭与社交圈的影响，其中又以美国的传媒与文化产品为最主要的渠道。

比如，在问到"你是从什么渠道获取有关中国的相关知识的"这个问题时，回答最多的是通过"美国媒体产品"，占 29.6%，其次的回答是通过"学校课程"，占 23.8%，再其次是通过"朋友与家人"，占 19.5%。这三项加在一起，占了所有回答总数的 72.9%。

再比如，回答通过"英文版的中国媒体产品"的，只占 18.6%，即平均每五个人中只有不到一人有时会通过英文版的中国媒体与文化产品来获取有关中国的情况。

回答通过"中文版的中国媒体产品"的，只占回答总数的 5%，即平均每二十个人中只有一人有时会通过中国的中文版的媒体与文化产品来获取有关中国的情况，而这个人还很可能是一名华裔。

近一二十年来，中国一直不断在大气力、大手笔地打造中国自己的国际传播渠道，并且已经建成了包括报纸、杂志、书刊、广播电视和网络媒体等各种媒介形式在内的、由先进技术和雄厚资金作支撑的国际传播渠道。

然而，渠道虽然已经基本建成，但是这些传播渠道并没有在真正意义上开始畅通传播，也还没能真正将中国的声音通过中国自己的国际传播渠道传播到世界上其他国家的受众之中去，也还没能够改变西方国家的受众仍然主要是通过西方国家的媒体来了解中国的这一长期以来存在的基本状况。

如果中国的核心文化价值观主要是依靠美国的媒体和文化产品来传播给美国公众的话，鉴于中美两国在政治制度、意识形态和文化理念等方面的巨大差异甚至对立，那么可想而知其传播效果将会是怎么样的。

在回答"你认为美国媒体提供的有关中国的消息充分吗"时，回答"严重匮乏""不充分"或"不够充分"的人，多达 92.5%，即平均每十个人中，有九个人以上坦承美国媒体对中国的报道是很不充分的。

上面这个问题还只是个数量方面的问题，更为严峻的是在进一步问到"你认为美国媒体报道中国时持何种态度"时，高达 48% 的人认为美国媒体对中国进行报道时的态度是"基本消极"的，其中 18% 的认为是"过于消极"；剩下的 52% 的人回答"不知道"，或认为无从判断。

那么高的比例的人回答"不知道",正说明了美国社会中的大多数人因为对中国的了解缺乏多元渠道,而主要通过美国媒体的渠道来了解,也因此对美国媒体关于中国报道的态度到底公正准确与否,无从作出判断,因为他们已经潜移默化地习惯了美国媒体对中国报道的态度。

美国媒体对中国的报道基本持消极态度的原因,对美国公众也已经不是一个秘密;在回答"你认为美国媒体为何对中国如此报道"这个问题时,36%的人认为是"受意识形态以及政治因素的影响",22%的人认为是出于"媒体自己的决定",而高达42%的人则根本不知道媒体的报道态度后面还会有任何政治或社会的原因。

2. 中国文化的国际传播需要摒弃宣传与说教的模式,而采用介绍、交流、沟通的模式

与中国文化走出去相关的一个极为重要但还没有得到我们足够重视的问题是,大力推进中国文化走出去的目的是什么?是要别人接受你的核心价值观,还是增进沟通与了解?

这一点在调查结果中也清楚反映出来。在问到"你对学习中国文化价值观感兴趣吗"时,平均每三个人中有两个人回答"没有兴趣",而这两人中又有一个人的回答是"毫不关心",在进一步问到"你认为中国文化价值观与你有关吗"时,平均每五个人中有四个人回答"没有关系"。

可见,中国文化的国际传播绝不能以强加式、疾风暴雨式、大跃进式的模式来进行,而只能以交流式的方式来进行,逐步引起和扩大其他国家人们的兴趣,增加他们对中国文化的了解,消除他们对中国文化的误解,从而达到促进他们对中国文化的理解和认同,而绝不是也不可能要他们放弃对他们自己文化价值观的信仰来接受和信仰中国的文化价值观。

因此,在向世界介绍和传播中国文化的核心价值观时,我们自己首先要概括出一个明确的中国文化核心价值观,在此之上提炼出一个明确的传递给世界的中国文化核心理念。但是要做到这一点是一个巨大的挑战,不是一件容易的事。

3. 如何应对与西方文化出口大国和亚洲新兴文化出口大国间越来越激烈的竞争

在冷战结束后的"后冷战时代",无论出于政治还是经济的原因,西方文化出口大国和亚洲新兴文化出口大国的文化出口业,都得到了进一步的大规模发展和加强。

从 1998 年至今，除了在 2007 年至 2009 年金融危机期间，美国文化产品的出口一直在发展和增长，目前，年文化产品的出口总值已达到了 4000 亿美元。

英国文化产品的出口值已高达年出口总值的 1/10，出口业的每 10 个英镑中，就有 1 英镑来自文化产品的出口。

最近几年，伴随着日本一系列重返世界政治舞台的动作，它在文化出口上也采取了一系列相配应的举措；去年以来安倍政府启动了一些新的政策，来进一步推动和促进一项名为"酷日本"的战略行为，目的是要向世界出口更多的日本文化产品，将日本建设成为一个文化超级大国，增强日本的软实力。日本的文化出口已经产生了一个良性的日本国家形象吸引力。

韩国文化产业的规模要比日本的小得多，但它文化出口的规模却要比日本的大得多。从 2007 年至 2012 年，韩国文化产品的出口平均每年增长约 25%，2012 年达到了 42 亿美元，比 2011 年增长了 28.9%，销售额增长了 14.6%。韩国文化产业能够得到大发展的主要原因包括：政府设立各种相关的促进性法规和政策，改变文化产业的生产和出口环境，在资金上对"韩流"提供支持；韩国总统朴槿惠在就职演说中承诺，要建立一个"通过文化变得更加快乐"的民族，并将通过"新的文化复兴"来进一步复兴韩国；政府将分配至少 2% 的国家预算来进一步发展韩国的文化产业，韩国进出口银行将在未来三年里提供 9 亿多美元的贷款和信贷担保，来推动"韩流"的进一步传播。"韩流"已经成为韩国政府用来作为提升软实力的一个重要工具。据 BBC 在 2012 年发布的一份有关国家评级民意调查的结果显示，自 2009 年首次对韩国开始评级后，韩国的形象在不断提高，韩国在全球软实力的排名从 2010 年排名第 19 到 2012 年排名第 11。报告指出，大力向世界介绍它的文化和传统是积极促进韩国声誉的最重要因素之一。根据国际事务杂志 *Monocle* 的一份报告，韩国在全球软实力的排名最近几年来逐年上升。一方面，"韩流"对此变化功不可没，另一方面，韩国政府在向全世界进一步推动"韩流"上，也一直是乐此不疲。

4. 最大、最艰难的挑战来自中国文化的本身，来自我们国人自己

从文化的有一种定义，即行为方式的定义来说起，在一种社群中大部分人表现出来的行为方式就是文化。中国文化中消极的东西，以远远超过中国文化中正面的东西的速度和广度，每天在迅速地通过国人的行为方式

传播到世界的各个角落，严重冲击和抵消着中国文化积极的东西所产生的正面影响。这方面的例子特别明显地反映在近些年中国在海外的留学生们的行为中，中国大妈在法国罗浮宫广场、莫斯科红场和越来越多世界各地公众场合上飙舞的行为中，以及最近一位阿联酋航空小姐对中国富豪旅客极不文明行为的评语中。

其实，通过文化产品传播所产生的文化影响通常只能达到30%的效果，而文化影响的主要效果是通过人的文化行为所体现出来的。新加坡东亚研究所所长在讨论中国问题时说"最应该设立孔子学院的地方"恰恰是中国。

曾有一个组织做过调查，近些年在世界上最不受欢迎的旅游者，美国人排在第一位，中国人紧随其后排在第二位。美国旅游者不受欢迎的主要原因，是在他们身上自觉不自觉地体现出来的来自超级大国、道德制高点的感觉；中国旅游者不受欢迎的主要原因，是他们所表现出来的文化行为。中文告示大多成为一种现代耻辱的标记。

四　关于中国文化走出去的几点在政策层面上的建议

第一，要下大力气将文化产业和文化贸易从以官方行为、政府行为为主，尽快转变为以非官方行为、非政府行为为主。中国目前的文化产业和文化产品出口几乎仍是清一色的官方行为和政府行为，在客观上会受到很多国家的明里或暗里的抵制。

而世界上大部分西方国家以及其他一些地区的文化出口大国，都主要采用通过非官方、非政府行为的方式来扩大文化产品的出口。中国文化的走出去应该并需要弱化政府行为的色彩。

第二，要尽快发展强大的、非官方的、非政府的文化产业单位，并鼓励这些文化单位以各种形式、为了各种目的走出中国、走向世界，包括非政治的目的，比如纯粹为了营利的目的。文化价值观、政治和思想意识形态是依附在文化产品之内的，所以第一步是要让更多的人能够接触到你的文化产品，然后才有在他们身上产生影响的可能。中国出口的文化产品应该也需要大大弱化它们的政治和思想意识形态元素。

第三，政府要切切实实地制定一些明确的、稳定的、让参与者看得见利益的具体政策，帮助、支持和促进非官方、非政府性质的文化产业单位的产品走向世界。美国政府在这方面的做法是无为而治，只有一些总的原则框架。欧洲各国，特别是亚洲的韩国以及近期的日本，它们的政府都有一系列明确的政策支持或资金支持来帮助、扶持和促进本国非官方、非政府性质的文化产业单位的产品走向世界。中国政府在这方面应该也需要调整现有的一些"以管为主"的政策，而制定一些"以促为主"的更加切实可行的政策。

（记录整理：张皇）

时间：**2014 年 9 月 24 日**（周三）
地点：**首都师范大学文科楼 603 报告厅**

主讲人简介

主持人（左东岭）：各位同学，今天晚上的讲座现在开始。今天我们非常荣幸地请到了台湾世新大学的教授——洪国梁先生来给咱们做学术报告，大家欢迎。洪老师是台湾世新大学原人文社会学院院长，在学术上和办学上都做出了非常大的贡献。

洪老师原来是台大的教授，后来去了世新大学，他把原来很多台大的教授都请到了世新去，现在也办得非常好。洪先生的研究领域主要是经学，他在《诗经》《尚书》上面的研究都是非常有造诣的。我上次在世新大学开会的时候，除了感受到洪先生的热情、厚道之外，还感受到了他的学术创造力和学术水平，这点让我非常震撼。在当今大陆的教育当中，有两点是有缺失的。一个是经学的教育，我们这些年刚刚起步，重新捡回来。再一个是传统文化的人格培养，把学问和人品、人格素养培养结合起来，也就是中国传统的，所谓的人格培养。在这个方面，我们现在正在尝试建立一门学科，实际上它和每个人的人生是紧密结合在一起的，洪先生就经常提到这点。在商谈这次讲座要讲什么的时候，我觉得要发挥洪老师的专长。一个是经学研究，另一个是经学研究中对于人格的培养和教育，在这两个方面，洪老师既有学术上面的高端造诣，同时又有长期在人文教育上的经验。我想今天晚上的讲座是非常值得期待的。洪老师很会上课，会讲得非常生动。另外，生动不等同于水平浅，他有他非常深厚的经学研究造诣，会把很深入的问题讲得非常生动。下面欢迎洪先生给咱们讲课。

经典教育与人格养成

——以《诗经》为例

洪国梁

尊敬的左老师、刘老师、各位同学：左老师对我的赞美，不敢当；左老师对我的厚爱，让我非常感动。上个礼拜三，我在中文系为研究生做了一次讲座。这个礼拜三，又能够有机会在这里跟大家见面。我除了觉得荣幸之外，还要谢谢左老师，让我能有这样一个机会。我想说，其实首都师大和世新大学是有合作契约关系的，所以我能够来到首都师大和大家见面是相当有缘分的。我今天要讲的是"经典教育与人格养成——以《诗经》为例"。就此提出一些个人很粗浅的看法，非常浮面的，有一些还是我个人的经验，如果不能够符合各位的期待，还请各位多多包涵。

本来这个题目《经典教育与人格养成》是很严肃的，可是我希望借着比较轻松的方式来讲。我想融合一些古今的例子，表面上有些例子与《诗经》无关，但同样是人格养成的一个例子。我个人认为，人格的养成，有两条途径：一个是外塑，通过外界的规范，来塑造你这样的一种人格；一个是内化，是你内心的一种体悟。经过外塑的阶段以后，也可以转为内化。

我先说外塑。举个例子说，台湾的地铁的每一个车厢，都有几个博爱座。所谓博爱座，那就是老弱病残孕专座，是给老人家、孕妇、残障人士或者小孩子坐的。如果那一节车厢里面没有孕妇、老人、小孩，即使是人再多，那些位子宁可是空着，多半是没有人坐的，这个是台湾地铁的一景。如果有个空位，年轻人通常也会看一看，左右有没有老先生，比他年长的，如果没有，他才敢坐下来。所以说像我这样白头发的人，多半是有位子坐的。有一些比我年纪还大，但是没有位子坐，因为他染发了。所以呢，他们受了不白之冤。有一次，车厢里面人很多，博爱座空着呢，我就指着博爱座告诉一个年轻人，你可以先坐，老先生上来你再起来也没关系。他微笑着说谢谢，但就是不肯坐。因为，一方面他认为，那个位子是给老弱妇孺坐的，他没资格坐；另外呢，他觉得坐着那位子比站着还痛苦，他心里痛苦，因为别人会给他一种异样的眼光。这种借着博爱座的名称，使年轻人让座给老弱妇孺，在社会上起了非常大的作用。也就是说，除了博爱座之外，只要有老弱妇孺，年轻人也会把本来不是博爱座的座位让给他们坐。这点，在台湾是一种地铁的风气。各位如果到台湾，经常会看到这样的现象。从这种地铁的博爱座的敬老风气，也会延伸到其他方面。于是，这种外塑的人格养成，就会内化变成他的一种道德认知或者是伦理认知。以上我所说的是一般情况，也不是绝对的。

又一次，有一位老太太上车，我左看右看就是没有人让座。于是我站起来让座，那位老太太说，哎呀，差不多，我们差不多啦。结果呢，她就是不肯坐，于是就有人让座了。她就谢谢那个年轻人说，老先生要让座给我，我怎么好意思坐呢。这又是另外一种外塑的途径：老人家要教育年轻人，要敬老尊贤。

还有另外的情况，有一次，我坐在博爱座上，看到一个妇人带着小孩没位子坐。我立刻站起来，指着这个小孩子说，坐这边。结果才一秒钟，另外一个屁股就坐上去了。而且，他就仿佛什么都没看到一样。被人看着他，他也是没看到。我心里想，这就是教育的失败。当然了，教育也不可能100%的成功。能够达到70%，已经很了不起了。孔子的学生三千，成才的不过七十二个。算算百分比，不过二点四而已。基本上说，台湾的敬老教育是蛮成功的。它是借着外塑，使人产生一种道德的认知，伦理的认知。

我以前在台大教书的时候，为了培养学生的荣誉感、自尊心。在学生考试的时候，我不希望老师把他们当成小偷看，盯着不放。所以我就推动荣誉考试，也就是不监考。最后一个交卷子的学生，就把试卷送到我的办公室。如果我不在，就送到系办公室。我是想，激发他们的良知。这也是一种人格教育。结果刚开始的时候，大部分学生都安分守己，少数学生依然作弊，甚至有学生直接拿起书抄。结果一不小心，书本就掉到地上去了。因为考试的时候教室特别安静，书本掉到地上的声音特别清脆，所有的学生都转过来看着他，哈哈大笑。害得他面红耳赤，从此就不敢作弊了。全台大几十年来，就只有我敢这么做。有些老师认为，人心不古，我太过理想化。但我自认为我的做法，至少得到了百分之九十几的回报率，这已经很值得了，这就是教育。可能有人会说，那这样岂不是违反考试的公平性吗？其实啊，对于作弊的高手来说，即使你全程盯住他一个人，他仍然有办法作弊。因为，有一次，就有同学跟老师检举，某一位同学，每次考试都作弊。老师说好，我下次就专盯住他一个人。考完试，老师向检举的同学说，至少他这次没作弊。同学说，他老早就做完了。所以说，纠正一个人的错误行为，从长期有效的角度来看，应该要用道德的力量去感化他，使他内化，成为一种道德认知，而不是用法律的力量去制裁他。如果用法律的力量去制裁他，那么道高一尺，魔高一丈。后来我从台大转到世新，担任六年的系主任。那个学校的学生程度是不如台大的，作弊的同学更多。不但如此，作弊的同学还吹嘘他作弊的技巧，还会把作弊的技巧传授给学弟学妹，就这样传授，代代相传。有一年，学生检举说，有一个班，其中两科的考试，几乎全班作弊。学生抗议，家长到系里抗议。我就告诉两科的任课老师说，那次考试作废，全部重考。两科的老师也配合。我当时对这种严重的作弊事件痛心到极点。我在想，应该要如何改变这样的风气。于是，我就反其道而行之，推动荣誉考试制度。当时系里就有老师说，洪主任你是太天真、太烂漫了，这是不可能的事情。可是我决心改变风气，于是孤军奋战，坚持推动荣誉考试制度。可是实施一种制度，必须具有某种先决条件作为前提。实施荣誉考试制度，要以良好的读书风气为前提。管子不是说吗，衣食足然后知荣辱。反过来，饥寒就容易起盗心。就考试来说，如果学生平时不念书，考试的时候如果不作弊那分数从哪来？他怎么过得了关呢？所以我就先制定各种办法，推动读书风气。然后在系里面的刊物做宣导，用感性兼理性的语言，说明个人良心的重要，说明系里推动荣誉考试的善意跟决心。我用我个人的名义，写了一封信给全系的学生，又写了一封信给全系的学生家长，说明我为了改变学习风气，提升学生的水平，激发学生自我良知的这种苦心，因此我不得不制定这种办法，希望同学跟家长都支持。我那些信真的是苦口婆心，后来看过的学生家长都说真的是非常感人。我制定荣誉考试的办法是，先宣传一段时间，然后观察每一位学生的反映，以及观察考试作弊的情况。一直到时机成熟了，我就发给学生一张申请书，自动申请。有的学生自动申请，申请书里有一个不作弊的契结书。如果你申请荣誉考试作弊而受到检举，那加倍惩罚。凡是申请荣誉考试的同学，我就发一张"荣誉考试证书"，后面有我的签名。那个证书对他们很有用，将来就业，可以向雇主说明我是光明正大的。雇主会觉得这个人可信任。同时，我写信给学生家长，我说贵子弟申请荣誉考试制度，请你多给他鼓励。结果95%的学生都申请了，只有少数没申请。为什么没申请？他们认为，良心在我，不需要形式上的规范。但是这样一来，全班谁申请了谁没申请，一眼就能看得出来。这个办法实施了好多年，效果非常好，读书的风气提升了。所以那些年，世新栽培了不少的人才。可是一种制度，往往是难以持久的，当你卸任之后，制度不一定就能继续推动了。

接下来我就要讲，人格养成的内化途径——以《诗经》为例。前面我讲的都是外塑，外塑然后让他转为内化。在进入主题之前，我仍然要讲述一个故事。我有一个老师，姓裴，她是一位女教授，在台大教《诗经》，教了几十年，一直到退休，然后移民到美国。到了美国之后，还在教当地的华人《诗经》《左传》。目前是94岁，身体好得很。前段时间我打电话给她，问她身体怎么样。她说去做身体检查啊，医生说你掉了一颗牙齿。我在想，是什么让她心情愉快，身体健康？是跟《诗经》有关吗？我思考的结果是，除了她个人的体质之外，也可能跟《诗经》有关。因为，《诗经》讲的是什么？是人类真实情感的抒发，不虚伪，不做作。人们从《诗经》里面体会这样的一种情感，再内化到个人的生命里面，它就能够真实、诚恳，并且长葆一颗赤子之心。有一次，她从美国寄了一封信给我，我以为是什么重要的事情，打开一看，原来是从报纸上剪下来的一篇笑话。她千里迢迢地从美国寄到台湾给我。笑话是说，有一对夫妻，他们谈恋爱的时候就非常的恩爱，经常开车出去玩。有一次这个男的就跟女的说："我们玩一个游戏好不好？只要遇到红灯，我就亲你一下。"女的说："好啊。"他们在婚前就经常玩这种游戏，非常的恩爱。后来他们结婚了，这女的觉得，先生好像好久没有亲我了。有一次他们又开车出去，妻子于是对先生说："我们再玩以前的那个游戏好不好？"先生说："什么游戏？"妻子说："就是遇到红灯你就亲我一下。"先生说："好啊。"结果从游戏开始一直回到家，连一次也没亲到。原来以前，还没结婚的时候，先生开车都是走平面车道，红绿灯多。结果这次，走高速公路，一次也没遇到红灯。就这样一个笑话，裴教授竟然千里迢迢从美国寄过来给我，我觉得太可爱了。年纪那么大，还对儿女私情保持那么大的关注和兴趣，还不忘分享给她教过的学生。这就叫作《诗经》情怀，就叫作赤子之心。

以下，我就借着《诗经》情怀、赤子之心这样的话题，来谈到《诗经》。因为《诗经》作品里面的赤子之心随处可见。这是人格涵养中很重要的特质之一——真情。我们评论一首诗的好坏，有几个很重要的标准。第一个是情感，就是看诗中的情感是否真切，因为诗是心灵之声，是把内在的思想、情感发为文字。所以一首好诗，一定是作者内心真情的流露。诗歌具有感人的力量的原因就在这里。第二个标准就是表达力，也就是表现力，文字技巧。看它的文字技巧是否细腻婉转，因为，有感情未必是诗人，而诗人也未必能写出好的作品，要看他是不是能把最真切的情感，最真实的事物，用最准确、生动的文字表达出来，让读者感动，使读者能够身临其境。第三个标准是想象力。因为只有丰富的想象力才能化平凡为神奇，达到出神入化的境界。比方说，人的心理状况是最难描写的，而《诗经》则是描写人的心理状况的高手。这里面不完全是文字技巧的问题，还包括想象力。台湾有一位过世的歌星，叫凤飞飞。她有一首歌叫作《相思爬上心底》，听过没有？它歌词是这么说的："相思好比小蚂蚁，爬呀爬呀爬上我心底。尤其在那静静的寂寞夜里，它就在我心里游移。叫我好想你！啊，相思啊相思，说是痛苦也甜蜜！"蚂蚁爬上心底是什么感觉呢？不痛，但痒痒的。你看，用蚂蚁爬上心底来比喻思念，是非常传神的。这就是想象力。

接着，我们来看所发资料里面的第一条。《诗经·周南·汝坟》里说："未见君子，惄如调饥。"意思是说：好久没看到丈夫的面庞，我对你的思念，就如同早上没吃早餐一般，饿得发慌。有人或许会说：没吃早餐有什么了不起，我就经常不吃早餐。其实不是的，古人一般一天几餐呐？两餐，所以，没吃早餐是非常饿的，非常痛苦的。用这样的说法来比喻思念，比喻相思，这就是想象力。

我们看第二条资料，英国的诗人华兹华斯说："一个诗人不但要创造作品，还要创造能欣赏那种作品的趣味。"有趣味才是一首活的诗，才有境界，才值得细细品尝。可是什么叫作趣味呢？他在这里说得很含混，很可能就是综合了情感、表现力和想象力。以上三个标准，以哪一个标准最重要呢？应该是情感。所以第三条资料就提到，宋代有一个人叫李廷彦，他写了一首百韵诗，一百韵的排律，来请他的上司指教。里面有一联是"舍弟江南殁，家兄塞北亡"。舍弟，我弟弟，江南殁，死在江南。我哥哥呢，在塞北亡了。他长官说，唉！没想到你们家一直发生灾祸，到这种悲惨的地步了。李廷彦说，没有那回事了，我是为了做对子，因为要对仗嘛。后人于是在后面接了两句说："只求诗对好，不惜两重丧。"意思说，只要诗能够作对就好，家里死两次人也没有关系了。这个就是为作诗而作对，矫情、做作，不是情感的自然抒发。

看第四条资料，清末民初有个词人叫况周颐，他有一本词话叫《蕙风词话》。他在这个本词话里就说："真，是词骨。情真、景真，所作必佳。"词骨，是指支撑词最重要的骨干。如果情也真，景也真，作品一定是好作品。他虽然是针对词说的，但所有的文学作品都是这样的。

看第五条资料，现代学者刘永济有一段很精彩的话，大意是说："情啊，到一定程度，就转变为痴。痴就不是能够用理性来理解的行为。天底下就是情痴为少，所以最好的文章、极端的好文章也少。什么是情痴呢？情痴就是不惜牺牲一切，用情感去实现它。比方《诗经·柏舟》和《离骚》的屈原，都是千古的情痴。能当个情痴已经很难，而能把内心的情感用嘴巴说出来，用文字表达出来，就更难。如果使这个情感一往而深，就痴到极点了。"这段话说得很好。可见情感的抒发是自然的，不允许矫饰做作，像李廷彦写的那首诗，就是做作。这条资料中，刘永济所说的"出诸口、形诸文"，指的就是表现力、想象力。可见文学创作的前提是，情感要真，情感真到一定程度，就是情痴。为了让各位能够感受这种情痴，我举各位读过的几首诗为例。可我还要先说明一点，我们读一首诗，想进入诗的情感世界，很重要的一点就是"同情的了解"，也就是跟诗人相同情怀的了解、设身处地的了解。读者必须假设跟诗人是处于一个相同的情景之中，才能得到真正的了解。举个例子说，春秋时期有个音乐家叫师旷。有一天晋国的国君晋平公跟他说：听说音乐可以感人，你就弹一首乐曲来感动感动我，让我体会一下音乐如何感人。于是，师旷就跟晋平公谈了一些人生的问题，让晋平公生出无限的感慨。他们越谈越多，最后就进入了生命短暂、人生无常的问题，让晋平公越听越伤感。师旷一看时机到了，拿起琴来就弹，晋平公的眼泪就纷纷落下来了，悲伤不可止。所以说，如果不能够进入作品的情境之中，是无法体会作品的情感和生命的。

接下来谈各位都读过的一首诗——《蓼莪》，请看第六条资料。资料中说：当王裒读到《蓼莪》里面"哀哀父母，生我劬劳"的句子时，一再痛哭流涕。学生们怕老师听到这首诗而伤感，于是读《诗经》读到这首诗就跳过去了，怕老师伤感。然后看第七条资料的顾欢，也是一样。类似的故事还不止王裒、顾欢，甚至我老师裴教授也是，我就亲眼看到她讲《蓼莪》，讲到一半就冲出教室到外面走廊痛哭。因为写这首诗的人，父母已经不在了，而读这首诗能有特殊感动的人，多半是父母已经过世，所以他的情感能够完全融入这首诗里面。一般年轻人读这首诗，受到的感动不多，因为它对一般学生来说，只是一段教孝的教材而已，对诗里面的情感是不痛不痒的，进不到诗里面的世界。任何具真情的文学作品，都会引起读者的情感共鸣。如果你是一位老师，你就要让学生具有这种同情的、设身处地的了解。如果你是读者，你就必须通过想象，揣摩诗中的情景。《诗经》里面描写各类情感的诗篇，都是真情的流露，没有半点的虚假。《蓼莪》这首诗，读起来太沉重了，我们换一首轻松的。

我想各位应该都读过《郑风·褰裳》这首诗，我们看第八条资料。"惠"这个字是语词，甲骨文里面就有。诗中，这个女的跟男的说：你要是想念我，就"褰裳"，也就是提起衣裳，渡过溱水来看我。"子不我思，岂无他人？"意思是：你要是不想念我，你以为老娘就没人要了吗？告诉你，你并不是我的唯一，你不爱我我就爱别人。"狂童"是男女之间打情骂俏的话，用现在的话讲就是小混球，这是打情骂俏、亲昵的称呼。"狂童之狂也且"，意思是说：你这个小混球自大透顶了！这也是一首真情流露的诗，诗中有几个特点。首先，这个女子的个性很强，她不为思念而痛苦，她的语气非常果断，个性非常鲜明。她能肯定自己，她自认为我又不是长得很抱歉，我又不是没人要。她没有把一切的不幸都往自己身上揽，变成一个哀怨的被弃者。她说，你不爱我，我难道就没人要吗？这样的话是真情的发泄。其次，我们从这个女子的情感来说，是奔放大胆、敢爱敢恨的，也敢破口大骂。可是从心里来说，这个女子也是十分矛盾的，她舍不得放下这份感情，她说你不爱我我就爱别人，这其实是欲擒故纵。这是用无情的语言来写她的多情。她仍然是爱着那个小混球的，如果真不爱他，老早就二话不说转身离去了，不会嘀咕老半天。你看这首诗的风格非常奔放明快，总结起来说，这就是真情。

我再举一首，自古以来很多学者认为是淫诗的一首诗，那就是第九条资料的《野有死（囷）麕》。这个"死"字，我加了一个括号，意思是说，它可能是这个字（囷）的错字。这个字念 you，阳平声。左边一竖右边一竖磨掉了，是不是就像"死"这个字。这首诗，朱熹的再传弟子王柏，他有本书叫《诗疑》。《诗疑》里面列了三十一首淫诗。他认为，要把这三十一首淫诗删除，来一洗千古污秽。三十一首里面，排名第一的就是这首诗。不只是王柏，很多现代的学者也有把这首诗看作淫诗，而且把诗的内容描写得很露骨。其实啊，这只是一首真情流露的情诗。说它是淫诗，是看的人眼睛不干净。

以下我对这首诗做个简单的解释。这个"死"字，我认为是"囮"的坏字，是引诱的意思。什么是囮麕？麕是一种像鹿一样，比鹿小一点的野兽。我们知道，古人捕鸟，捕兽，都要先捉住一只，比方说捉住一只鸟，把它的脚绑起来，放在一个地方。它的同类看到了，就过去了。一过去就落入了猎人的陷阱之中。捕鸟而用来引诱其他鸟的，叫作鸟媒，捕鹿的叫作鹿媒。我小时候捕麻雀也是用这种方法。现在台湾的原住民捕竹鸡，怎么捕法呢？他们把竹鸡的声音用录音机录下来，然后藏在草丛之中。别的竹鸡听到这个声音，以为有同类，于是就过去了。一过去就落入了猎人的陷阱之中了。旧的解释说，死"麕"就是死的"麕"，死鹿就是死的鹿。说的是什么呢，说有一个猎人，用死的鹿和死的"麕"为礼，献给女子。但是说不通啊，我们只听说过古人用鹿皮为礼的，没有听说用死鹿为礼的。如果用死鹿为礼，请问各位女同学，你们要吗？恶心死了。《诗经》的写作手法，是用赋比兴。兴，是引发的意思。其实，这首诗就讲用鹿媒来引诱其他的鹿，然后引起这首诗的主题。这首诗的主题是什么？引诱。第一段说："野有死（囮）麕，白茅包之。"用白茅草扎住它的脚，让它不要跑掉，以引诱同类。接着说："有女怀春，吉士诱之。"请问，是谁引诱谁呢？是吉士引诱少女吗？如果少女不怀春，吉士如何诱之？这两句就是说，一个姑娘春心动，好青年、小帅哥把她来引诱。我的学生在考试的时候，在考卷上他这么写：这首诗写的是女子心动，男子行动。这还真传神！请留意，这里用的是吉士，而不是前一首诗的小混球。第二段说："林有朴樕，野有死（囮）鹿。"我们知道，城外就是郊，郊外就是野，野外就是林。所以林、野都是远郊外，意思是通的。它说，远郊外有朴樕，也就是小树丛。郊野中有一只囮鹿。请注意，《诗经》往往为了语言的浓缩，而用最精简的方式来表达。这两句是说，远郊外的小树丛下，有一只囮鹿。所以第一章说，"野有死（囮）麕"。这个"麕"也在远郊外的小树丛下。第二章说，远郊外的小树丛下，有一只囮鹿。两句合起来理解，互相补充，这就是"互足"的手法。然后接着说："白茅纯束，有女如玉。"这个"纯"字，等于旁边没有绞丝旁的"屯"字。"屯"也是扎的意思，这两个字是同义叠用，"白茅纯束"是说用白茅草来扎住它的脚。因为白茅草是白的，从白茅草的白写到女子的白，写女子的白就是写女子的美，所以前面两段写的都是引诱。是引诱什么呢？是男女相诱。第三段中："舒而脱脱兮，无感我帨兮，无使尨也吠。"舒而"是副词，"脱脱"（音退）是形容词，那就是"舒而"修饰"脱脱"。"脱脱"是动作轻的意思，"舒而"是慢一点，轻一点。就是这个女子说，动作轻一点，斯文一点，不要扯动我的围裙。有人开玩笑说，这个围裙就是"中央挡布"，围在身体下部的中央嘛！围裙上面有一些配件，如果扯动围裙，那些配件就会发出声响，就惊动我们家的狗狗了，惊动狗狗就惊动家人了，一惊动家人，那恋情不就曝光了吗？请问他们在哪儿约会呢？在女子家里附近，对不对？这一章真的是传神之笔，把女子的心理惟妙惟肖地表达出来。请问，是谁引诱谁？这段话，说话的是女子，而动作是男子，可见仍然是男女相诱，也就是"女子心动，男子行动"。这首诗不过是写两情相悦，男女相诱的事。所以用"囷麕"、"囷鹿"来引起"引诱"这样一个主题。哪里像古人说的，用死鹿为题。如果真是用死"麕"为礼，既然是"为礼"，又何必怕狗狗叫起来呢？朱熹的说法很奇怪，他说，这当是女子拒绝男子的话。如果这是女子拒绝男子的话，那应该放狗来咬他呀！哪会要那个男子动作轻一点，斯文一点，不要扯动我的围裙。所以，读朱熹的《诗集传》，如果他说某首诗是淫诗，我告诉各位，那就是情诗。因为他既是一个道学家，还是一个老师，应该是目不斜视的，非礼勿言，非礼勿视。可是，虽然是淫诗，还是要读，因为它是经书。这不是很矛盾吗？到了现代，居然还有人说，《野有囷麕》这首诗是淫诗，太奇怪了。而且把它描写得很露骨。就像我的《诗经》课上，有位不太上课的学生，他这么翻译的：舒服地脱吧脱吧！你没感觉到我很快乐吗？这么翻的话那就真的是淫诗了。这首情诗，情感仍然是真实的，不造作的。我们要学的，不是他们谈情说爱的方式，我们要学的是那份真诚不虚伪的情感。以上，是从《诗经》的真实情感，去说明诗人的赤子之心。这是在人格涵养上最重要的一个部分。

接下来我就要讲《诗经》中的另外一种类型，跟人格涵养有关。那就是疾恶如仇、正直敢言。我仍然先举两个现代人的例子。以前的台大校长傅斯年先生，就是这种人格的典型。我每次读到《诗经》中那一类的诗篇，我就会想到他。他曾经是学生领袖，而且也代理过北大校长。蒋介石国民政府时代有位行政院长叫孔祥熙，孔祥熙之后就是宋子文。1947 年 2 月 15 日，傅斯年先生在一份刊物上发表一篇文章，篇名是《这样子的宋子文非走不可》。为什么非走不可？他可是行政院长。文章里面说："前有孔祥熙，后有宋子文，这是不可救药的事。今天，要做的事多极了，而第一件便是请走宋子文。并且要彻底肃清孔、宋两家侵蚀国家的势力。否则政府必然垮台。"当时孔宋两家是何等势力？当时的知识分子有谁敢说这种话？结果，宋子文就这样下台了。这就是知识分子的风骨。傅斯年先生当台大校长的时候，规定全校大一国文的教材，上学期教《孟子》，下学期教《史记》。他要学生读《孟子》，就是要学生学习浩然正义之气。从《孟子》中去内化人格特质。他要学生读《史记》，除了欣赏它的文章之美之外，更要学生从中学习历史的经验，这个就叫史识。他很重视大一国文的教学，规定资深教授教大一国文，资浅的教专书。因为他认为资深教授学问比较博通，专书呢只要精于某一本书就可以啦，这种观念有它的道理。类似傅斯年先生这样的人，就我亲眼所见，目前台湾也有一位，跟我同校的两岸戏曲大师，曾永义教授。他性格豪爽，喜欢喝酒，喜欢结交朋友，所以人们都称他为"酒党党魁"。他在台湾的学术声望、地位都很高。听说10月份他要到贵校来做一个讲座，你们就可以看看他是怎么样一个人。台湾某党执政的时候，要努力推动去中国化。有一次，台湾的某单位就召集一些学者讨论去中国化的问题，曾教授当堂就发言，他说，文化是延续的，不是你想要它就来，你不想要它就去的。如果要去中国化，除非叫某某人不姓某，民间不拜关公、妈祖。不学无术的人还不可怕，可怕的是不学而有术。你们就是一批不学而有术的人。除外，还有一些慷慨陈词的话，我已经记不得了。当时会场有一个官员就走到曾教授身旁说：曾教授，你能把你的意见写下来吗？曾教授说，有何不可？拿纸来！于是就奋笔疾书，写完后把文字丢给官员，说：我要喝酒去啦！这么一来，不是他让别人下台，而是曾教授自己下台。本来台湾的中央研究院要请他当文哲所的所长。过了几天，变卦了。本来他被提名的一个重要的奖，飞了。两次被提名中央研究院的院士，也在最后的投票阶段被做掉了。虽然如此，曾教授仍然不改他的正义感和对是非善恶的坚持。今年，他第三次被提名为院士，结果老天有眼，公道自在人心，他当选了。这些例子，是读书人把疾恶如仇、正直敢言的性格，内化到他生命里面，变成一种情操，是很了不起的人格典范。

《诗经》的诗篇，作者大部分是不可考的。只有几篇在诗篇里面出现作者的名字，应该是五篇。其中有两首，是对当权小人的痛恶，对时政的大肆批评。并且在诗的最后签上自己的名字，等于说，诗就是我作的，把身家性命都豁出去了。这是何等的正义凛然！何等的道德担当啊！前有古人，后有傅斯年先生跟曾永义教授这些人，是读书人的典范，是把正义感、道德情操内化成个人的生命价值跟生命情调。我后面要指出的《诗经》这两篇，它们的作者是不畏惧权贵的，在诗里面写出自己的名字。我以这两篇作为疾恶如仇、正直敢言的例子。当然，除了这两篇之外，还有其他的诗篇。不过，都没有出现作者的名字，所以这两篇是值得特别提出来的。

第一篇是《小雅·巷伯》这首诗。我们先看资料第十一条，第十一条说："好贤如《缁衣》，恶恶如《巷伯》。"对于恶人的痛恶，《巷伯》是一个典型的例子。这首诗，自古以来就是被认为是痛恶恶人、疾恶如仇的代表作。我们接着看第十条资料。它是说，有一位受到宫刑而为巷伯的人（巷伯就是宦官之长），他受到谗言小人的害，于是对这类人恨之入骨，因而写下这首诗。第一章是讲：说坏话的小人，他们编织坏话的手段是什么呢？"萋兮斐兮，成是贝锦。"萋、斐都是文采，是说他们在说人坏话的时候，所玩弄的技巧，能把坏话编织成贝锦，也就是贝壳纹的锦饰那样的美丽有文采，天衣无缝。"彼谮人者"，说人坏话的人，专门编造坏话的谗言小人，"亦已大甚"——太过分了，太狠毒了。第二章，写编造坏话时的丑陋过程——"哆兮侈兮，成是南箕。""哆"，张大了嘴巴，"侈"也是大，"南箕"是星名，基本组成有四颗星，外面还有一颗。这四颗连起来像簸箕的形状，外面的一颗就是糠，米糠。诗说：他们搬弄是非的时候，是咧开他丑陋的大嘴巴，像极了天上的簸箕星。"彼谮人者"，专门编造坏话的谗言小人，"谁适与谋"——谁愿意跟他打交道呢？没有人愿意跟他打交道。接下来第三章，是编织坏话的丑陋过程之二。"缉缉翩翩"，他们编织坏话的时候呢，除了咧开丑陋的大嘴巴之外，是"缉缉"，就是一而再再而三的意思。"翩翩"，就是巧言，花言巧语。

作者话锋一转，说"慎尔言"，你们这些说坏话的人要小心。"谓尔不信"，时间久了，别人会说你们的话不可信的。你们骗得了一时，骗不了一世。下面一章，是补充上面第三章。"捷捷幡幡"的"捷捷"，就是能言善辩，伶牙俐齿。"幡幡"，是反反复复，反复搅和。"谋欲谮人"，就是出点子要害人。"岂不尔受"，就是说，你说别人的坏话，别人哪有不受你的害呢？可是，警告你："既其女迁"，最后会回到你的身上，你会自作自受，到头来会有报应在你身上。"女迁"就是"迁女"。"骄人好好"的"骄人"，是指谗言小人，因为是趾高气扬的；"好好"，是得意扬扬的意思。"劳人草草"的"劳人"，是指受害的倒霉人，"草草"，是说忧苦难当。老天呐老天，你睁开眼睛看看那趾高气扬的骄人，你睁开眼睛可怜可怜那受害的倒霉人。

"彼谮人者，谁适与谋。取彼谮人，投畀豺虎。豺虎不食，投畀有北。有北不受，投畀有昊。"这种谗言小人，谁愿意和他们打交道呢。把这种小人投给豺狼虎豹去吃，豺狼虎豹嫌他的肉臭不肯吃。把他投到冰天雪地的北极去冻杀他，但这种人连北极大地都不接受，那就把他丢给老天去惩罚吧。"杨园之道，猗于亩丘。寺人孟子，作为此诗。凡百君子，敬而听之。"通往杨园的道路上，连接着一块亩丘高地，这就是我住的地方。这就是我做的诗。你看，把个人得失、身家性命都豁出去了。接着说，各位大人先生们，你们要警惕啊，听我的劝告，你们太老实了，容易受骗，你们要听我这个受害过来人的劝告。诗中写出自己的名字和作诗的目的，这是要警告世人，我每次读到这首诗的时候都咬牙切齿，血脉偾张，这是有作者之名的一首诗。

我们看第十二条资料，《小雅·节南山》。

有位叫家父的贤臣，因为执政者任用姻亲小人而败坏政治，而疾言厉色提出大胆激烈、严厉正面的批评，有傅斯年先生的味道。《诗经》的风格，基本上是温柔敦厚的，但处在那个时代，国家都要灭亡了，如果还温柔敦厚，那怎么能达到劝诫效果呢？就像前面《巷伯》那首诗，如果用温柔敦厚的语言，怎么能刻画谗言小人丑陋的面貌呢？又怎么能写出这种疾恶如仇的愤怒心理呢？

"节彼南山，维石岩岩。赫赫师尹，民具尔瞻。忧心如惔，不敢戏谈。国既卒斩，何用不监！"

"节"是假借字，巍峨高峻的终南山，山石堆积累累。威风凛凛的师尹（意思为太师又兼百官之长），万民百姓都瞧着你看，意思是说，你的所作所为百姓都看在眼里。用终南山的高来比喻师尹地位的高。国家到了这个地步了，我心里的忧愁像火烧一样，问题这么严重，我不敢当儿戏一样随便说说，我必须要严肃地直谏。"国既卒斩"是夸大其词的说法，二句是说：国家已经快要灭亡了，你为什么还装聋作哑不睁开眼睛看一看呢！

"节彼南山，有实其猗。赫赫师尹，不平谓何。天方荐瘥，丧乱弘多。民言无嘉，惨莫惩嗟。"

师尹的罪状是处事不公平，怎么办呢？写出他的罪状。因为他的不平，使得老天一再地发生灾难（瘥：灾难），死伤、祸乱的事既大又多，也就是国家一再地出现这种灾难。百姓对你的批评是没有好话的，你竟然都不懂得惩戒。

"尹氏大师，维周之氏；秉国之钧，四方是维。天子是毗，俾民不迷。不吊昊天，不宜空我师。"

这首诗出现了对老天的怨言。没心肝的老天啊，你不该让我们国家痛苦到这个地步。其实这是对国君的批评，不好直接说国君，说成老天。本来，从殷商到西周，都是信天的，到了西周末年，社会动荡了，因此对天就产生了一种怀疑。这首诗是对国君的不满，将这个不满说成老天。

"弗躬弗亲，庶民弗信。弗问弗仕，勿罔君子。式夷式已，无小人殆。琐琐姻亚，则无膴仕。"

不亲自处理政事，百姓不相信他，得不到百姓的信任。对政事不过问，（仕指做事情）也不去做事，使得君子（指执政者）受到蒙蔽。师尹的不平是任用小人，这首诗正面指出师尹的不平，把当时人民不敢说的话都说出来了。

"昊天不佣，降此鞠讻。昊天不惠，降此大戾。君子如届，俾民心阕。君子如夷，恶怒是违。"

老天不公平，老天不仁慈，所以降下这种灾难。执政者如果肯亲自做事（届指做事），百姓的心、民怨就会平阕了。君子的执政如果持平（夷：平），百姓的怨言怒气就会消除了。

下面我们看第七章，"不吊昊天，乱靡有定。式月斯生，俾民不宁。忧心如酲，谁秉国成？不自为政，卒劳百姓。"

"驾彼四牡，四牡项领。我瞻四方，蹙蹙靡所骋。"

我驾着四匹马的马车，可是四匹马的脖子那么肥粗（指马好久不拉车了）。我看四面八方，竟然小得没有一块太平的地方，根本跑不出去。

"方茂尔恶，相尔矛矣。既夷既怿，如相酬矣。"

"昊天不平，我王不宁。不惩其心，覆怨其正。"

"家父作诵，以究王讻。式讹尔心，以畜万邦。"

家父我写下这首诗，以推究国家灾难的根由。执政者你应该要改一改你的心（讹通化，改变），来爱护万邦百姓。

这首诗，一开始说我不敢随便说说，要正面直言说，到了最后，对执政者大加批评，然后还在最后署名，表示负责，可以看出他的个性。几千年后的今天读到这首诗，还让人感受到诗人的这种血脉偾张、疾言厉色、正义凛然，说别人不敢说的话。确实，我每当读到这首诗，都会想到傅斯年先生的那篇文章。类似的诗篇，在《诗经》里面还有，不过都没有出现作者的名字。我的个性是比较温和，比较接近温柔敦厚，但是人也可以外柔内刚，外圆内方，读这些诗可以得到内刚、内方的涵养。

前不久，我看到台湾的一份报纸，刊登一位陆生的两封信。那位陆生，目前还是西北大学的本科生，两年前到台湾去当交换生半年。回大陆后，写了一封信给他在台湾时的老师，后来又隔了将近一年，又写了一封信，两封信都写得很好，刊登在今年 3 月 29 日台湾的《国语日报》。文章太长了，我只念出其中几段，因为是和今天演讲的主题有关。而这个学生到台湾也修过《诗经》，因为上过《诗经》课后，心有所感而写出这两封信。

第一封信中的几段话，是这么说的：

> 学生年十九有余，至今所遇之师长，虽皆能教习知识，但多以此为职业，极少有师长，能以传道授业解惑育人为尚，将教育视之为事业，若能偶遇如此一师，同学论及，皆艳羡不已。我辈常憾于此，时感今之教育，渐有沦为市场化商品之势。与老师相交，乃见如今之时代，仍有师长以育人为毕生之业，以心灵引领学生，心中感慨万千，激动不已。老师之所为，既是对教育事业价值的肯定，也是对无数学生梦寐以求的师生情谊的践证。能有如此机缘，学生心中的感动温暖，实在难以言表。
>
> 学生来台之时，受各方问题所困，处于较为迷惘的阶段。一者，大学生活已过一半，所向未定；二者，受社会浮躁气氛所扰，心中厌倦功利之风却又深感无力；三者，道德理想与现实的冲突，着实令人痛苦……此类问题，总而言之，乃个人理想主义的价值，在社会的现实功利主义价值洪流下的挣扎。此番困扰，经过这半年的课程学习，在与您长谈之后，您用您自身的范例，令学生了解：真正的高尚者，他的道德理想必定是贯穿整个生命的。如果理想与现实的冲突使人痛苦难忍，那必然是心灵的火光不够炽烈。如果将一份理想放在生命层次去坚守，那么一切都已不再是问题。
>
> 您令我坚定，去做一个属于自己的人。
>
> 若个人的意志无法守住理想，若我等修习国文之人都沦于功利，轻视道德，那莫不是个人与时代之最大悲哀，亦是我中华文明之沦丧。

第二封信，我也摘录其中几段：

　　人的一生，有许多东西是无法用量化的东西来衡量，无法用物质的价值来评判，像是真心、挚情、良知、正义……而您所教给我们最重要的东西，是一种坚持的姿态，是在维护自身纯粹本质上的绝不妥协。这一份教诲，我必将终身受益，用之不尽！如今，在社会功利的侵蚀面前，我们每一个人的心里，有太多的标准一退再退，底线也一步步逐渐失守，像我们这些"象牙塔"里的大学生，知识分子所应坚守的"独立之精神，自由之思想"，在行政化的大学环境里，在严峻的就业压力面前，能够坚守到底，始终如一的，又能有几分呢？不禁唏嘘。

　　我并非是想批判什么问题，也并非要将什么崇高化，我只是相信，人的天性中某些至真至善至美的特质，是需要环境不断滋养，方才能够存活。而您对我们最大的帮助，就是当我们在痛苦中徘徊挣扎之时，为我们即将枯萎的理想主义之苗，浇了一捧清甜甘冽的泉水，就是这样。

　　所以老师，人的真情也可以是一种传承，也正是您让我明白的道理："老师和学生，彼此之间的联系，并不仅仅在于知识和学术的传递，更多地是在于精神、价值的延续，在于气质、文明的传承。"这些东西，我想是会薪火相传、永不断绝的。而这种代代相传的坚守和理想，也正是我民族文化的脊梁，所以，我也希望有一天，也能像您一样，用自身的言传身教，把一些美好而高尚的品质传递下去，去做这蜿蜒长河中的一股细流。我想这会是莫大的幸福。

　　这两封信很长，我读了他写的文字之后，心里面有很大的感动。这是一个学中文的人，在当前功利价值社会里的自我省思。这篇文章我多印了几份，放在左老师那边，如果同学想要，也可以影印。

　　时间接近尾声，我留了七分钟让同学来发问，好不好？

　　如果没有问题，因为还有几分钟时间，我就用另一个方式，对今天的演讲做个收尾。有一次，我在某个地方也做了个演讲，是谈《诗经》中的另外一个问题。有听众在我讲完后，当场问我一个问题：古代《诗经》都是配乐的，当时的音乐情况是怎样？我说：《诗经》的乐曲，到魏晋之间还剩四首，之后就全部亡佚了。我们现在所听到的《诗经》曲子，都是后人所谱的。以下，我唱个两首后人所谱而风格不同的诗篇，第一首是《关雎》，是取自清代《诗经》乐谱，表现的是一种中正、平和之音，节奏比较缓慢：

> 关关雎鸠，在河之洲。窈窕淑女，君子好逑。参差荇菜，左右流之。窈窕淑女，寤寐求之。求之不得，寤寐思服。悠哉游哉，辗转反侧。参差荇菜，左右采之。窈窕淑女，琴瑟友之。参差荇菜，左右芼之。窈窕淑女，钟鼓乐之。

这首《关雎》的曲调，起伏变化不大，比较接近中正平和之音。另外，我再唱一首也是各位比较熟的诗篇——《桃夭》，是近代人所谱曲的，节奏比较轻快：

> 桃之夭夭，灼灼其华。之子于归，宜其室家。
> 桃之夭夭，有蕡其实。之子于归，宜其家室。
> 桃之夭夭，其叶蓁蓁。之子于归，宜其家人。

时间刚好八点钟。不准时下课的老师，肯定不会是受学生欢迎的老师。谢谢各位耐心的听讲，谢谢。

主持人（左东岭）： 今天晚上洪先生给我们做的这一报告《经典教育与人格养成》，时间很短，只有一个半小时。但是，我想有心的同学从中受到很多的启发。洪先生的这个课我觉得有两点很重要。第一点，我们听起来很亲切，台湾的传统文化教育和大陆的传统文化教育同根，没有任何的隔膜感，是很亲切的。同时又让我们感觉很新鲜，洪老师上课很生动，唱得也很好，这让我们觉得很新鲜很新奇的，实际上就应该如此。洪老师上课有几个特点，第一个是他能够把这个传统文化的经典用很通俗很生动的方式介绍出来，尤其是还能和现实结合起来，他举了傅斯年和曾永义先生如何疾恶如仇和《诗经》的这种联系，这是我觉得很重要的一个方面。第二个，在这样一个带有知识趣味性的讲座当中，洪先生是讲得很严谨的。一开始我就给大家介绍了，洪先生有经学研究为基础，所以他能够把前人解释的不对、错误纠正过来。经过纠正之后，会觉得这首诗更有意思，再一点我觉得是能够在深入浅出当中贯穿他的深厚的经学功底，这是第二点。第三点最重要的是和我们的人格培养结合起来，我想这一点从洪老师的讲座里面实际上是很有感受的。很有感受是什么呢？就是我们面对整个中国丰富的文化，我们主要应该掌握哪些东西？实际上最重要的是经典的教育，因为从经典当中，特别是先秦的这种原典，这些经典，正是我们应该主要学习的重点领域。起码我觉得有三个方面，从洪老师的演讲中受到启发，第一个方面是刘勰说，中国所有的文体起源于五经，也就是说我们中国很多的学问的源头，是起源于先秦的经典的，不把先秦经典弄清楚，我们后面的很多问题是搞不清楚的，也就是学问没有根基。我们后来的学科分得太细了，有的做《红楼梦》研究一辈子就研究这部书，有的人研究一部三流小说就研究一辈子，实际上他们的学问缺乏一种经学的根基，所以不读经典，学问是没有根本的，这一点是我们都要注意的。另外，阅读经典养成我们一种高雅的趣味，养成雅趣的这样一种文风，要想养成自己很高的一种品位，非读经典莫属。最后一个层次就是，这个题目《经典教育与人格养成》，在这些经典当中，寄托蕴含了很多像孔子、孟子这种具有高尚人格、情操的人。我们读这样的经典，久而久之，像洪先生讲的，就会化为我们的人格，我们的情操，我们的境界。使我们在面对邪恶，面对利益，面对危机的时候能够挺拔于社会之上。读书人能够成为这个社会的中坚、脊梁，是跟他传统的经典教育的内化是分不开的。我觉得洪先生这个课，虽然时间很短，但是他的启发是多方面的，我们一时接受起来不一定都能消化，但是随着读书的增加，我们会受到很多很多的教育。我现在五十多岁了还在补课，在出差的时候，乘飞机、坐火车都带一个袖珍的《十三经》，在飞机上可以看一看。你可以看到《尚书》当中的很多东西在后边的这些文学作品当中不断地、反复地重复和引用。实际上每个人都应该注重经典的教育，好在我们国家现在在逐渐重视传统文化，我们学校正在办一个国学教育学院，开始重视传统文化的教育。希望大家能从洪先生的这个讲座当中受到启发。今天到了几十人，将来如果能够成就贤人十人，我想洪先生也会很满意吧，再次感谢洪先生。

（整理、校对：陈光）

时间：**2014 年 12 月 3 日**（周三）
地点：**首都师范大学文科楼 105 多功能厅**

主讲人简介

主持人（吴相洲）：同学们，今天我们非常荣幸地邀请到北京大学葛晓音教授来给我们做学术报告。葛老师是中国古代诗歌研究领域最负盛名的学者，近年来她在诗歌体式方面的研究尤为学界称道。今天她给我们带来了她最新研究成果，题目是"观察唐诗体调正变的视点"。大家欢迎！

观察唐诗体调正变的视点

葛晓音

各位同学好，非常高兴有这个机会和大家一起交流。我今天主要是谈谈近两年研究当中我的一些思考，关于"唐诗'体调'正变的视点"这个题目，我先谈一谈这个问题是怎么提出来的。

一　问题的提出

前十年，我在做先秦汉魏六朝诗歌体式研究的时候，对唐以前的主要的诗歌体式生成和发展的原理、各类体式之间的关系、体式的形成以及各类诗型的艺术表现与创作传统之间的关系有过一些系统的探讨，这个工作大概到 2012 年就告一段落，然后就转入了唐诗，因为我以前曾经系统地做过初盛唐诗的研究，主要的意见就体现在《诗歌高潮和盛唐文化》这个论文集里。后来我想把重点放到中晚唐诗的研究，做中唐必须从大历时期开始，于是我就开始阅读杜甫与大历诗，注意到前人关于诗体的正宗和变格的争论，这方面有不少的论述，这个就和我以前关于诗歌体式的研究有了关系，就引发了这方面的思考。各种诗体的正宗与变格的争论是和唐宋诗之争纠缠在一起的，我们知道，中国文学批评史上，唐宋诗之争还是比较重大的一个问题，现在研究的人也很多，这些争论实际上反映了中国诗歌批评当中的审美标准的争论，这些争论对深入理解中国诗歌的特点是有促进作用的，但也因为褒贬的倾向，乃至于门户的偏见而掩盖了某些更深层面的问题，这就给我们当代的研究者留下了探讨的空间。近两年，我有几篇论文都涉及这个问题，所以今天就以"观察唐诗体调正变的视点"的题目来说说我的理解。

我先谈一下正和变这个问题。正与变这个观念实际上是诗经学里面提出来的，大家知道"毛诗大序"最早地提出了诗的正与变的问题，所谓"至于王道衰，礼义废，政教失，国异政，家殊俗，而变风变雅作矣"，那么，尽管我们知道，后人对大序与小序也有过不少争论，有的宗序，就是尊崇诗序的说法，也有的疑序，就是对小序的说法发生怀疑，到清代有极端的还要废序，这些争论都是存在的。但是正变的说法不仅支撑了一个系统的诗教说，而且它也直接影响到了诗经的辨体。那么关于正变的区分，是怎么区分的？以什么为标准？比较多的是以时代为准则，大体上一般都是倾向于根据美刺中所反映的政教的得失来区分正和变，凡是歌颂王道、王化这些的就是正的，变就是讽刺时世，反映时代混乱黑暗的，到清代的诗经学就发展到了看诗体和声调的正和变，尽管有一些清代的诗经学者对正变的提法有很多的批评，可是在具体的论述当中还是使用了这些概念。文学批评史当中的正变论和诗经学是很有关系的，我们知道比较早论及正和变的是刘勰的《文心雕龙》，不但有"通变篇"的专论，而且通和变的论述在他的创作论、文体论、作家论等方面都有所论及，其中也包含着他的所谓正和变的思想，比如"辨骚篇"，在"辨骚篇"中他指出楚骚它是有四个方面是属于正的，有四个方面是属于变的，这里面就体现了他的通变的思想。刘勰这个通变观就涉及政治标准和文学与时代变迁的关系，还涉及诗风由朴质到华丽这样一个变化，同时，刘勰也阐释了各种文学体式自身通和变的关系。明清的诗论家就会利用诗经的这些正变说来评论汉魏到唐代的诗歌流变，讲到正变的时候，总会和格与调联系在一起，所以清代叶燮的《原诗》对这点有清楚的表述：

"虽夫风雅之有正有变，其正变系乎时。谓政治风俗之由得而失，由隆而污。此以时言诗，时有变而诗因之。时变而失正，诗变而仍不失其正。故有盛无衰，诗之源也。吾言后代之诗，有正有变，其正变系乎诗谓体格声调命意措辞新故升降之不同。"

这段他讲到正变的观念是由风雅的正变中来的，以前谈诗经的正变都是根据时代政治的得失来谈，时代有变化，诗也因此而有变化，时代变化会失去王道正声，但是诗变呢还是可以不失其正的，所以他说诗经的源头是有盛无衰的，但诗变是不是可以不失正的呢，这一点明清诗经学者还是有争论的。后代的诗它也有正变，但是这些正变主要是看体格、声调、命意、措辞这些新的旧的升降的不同，所以从叶燮这段话我们可以看到，他指的很清楚，他认为风雅正变与时代有关系，主要是指政治风俗的得失，由此来看，后代诗歌也是有正变的，只不过它体现在体格、声调、命意、措辞、新旧、升降的不同，这就明确地指出了后代诗歌的正变与《诗经》的正变的联系与区别。这就是关于正变的一个回顾了，下面我们来看看体式、体调的这个概念。

体式这个词最早见于《文心雕龙·体性篇》："体式雅正，鲜有反其习。"六朝到隋唐的文献中使用"体式"这个词有的时候指的并不完全是文体，有的时候指的是礼仪制度，有的时候也见于文体，指的是文体样式，后代学者经常用"体式"来指文体形式。不过我们知道，历代的诗学批评讲到"体式"的时候，含义就要复杂得多，从诗学批评史当中"体"和"式"的发展过程，我们可以看出，其中包含着对文体样式的艺术表现样式等多方面的艺术探讨。最早的曹丕的《典论·论文》里就已经提出了："盖奏议宜雅，书论宜理，铭诔尚实，诗赋欲丽。"很简单地概括了不同的文体有不同的风格要求，陆机在《文赋》里就举出了十种文体，也举出了每种文体其不同的风格要求，进一步阐发这十种文体的写作特点。刘勰在他的《文心雕龙》的二十五篇文体论中，他通过"原始以表末，释名以章义，选文以定篇，敷理以举统"这样的方式，对每一种文体的风格都做了系统的说明。这样一种重视分辨文体特征的传统一直延续到了宋元明清的诗论当中，明清诗家就特别强调学诗就应当辨体，所以，对于体式的辨析也日趋细致，包括诗歌的立意、布局、章法、句法、声调、气格、韵味、体式等各个方面，可以说所有诗学问题的讨论都是在"体式"的框架当中展开的。

下面我们再来看一下这个"格"和"调","格"和"调"这个概念比较早的见于殷璠的《河岳英灵集》,有"格高调逸""辞高调雅"这一类的诗评来评论当时的诗人。"格"有高、卑、正、变,"调"有古、近、雅、俗。那么今人所说的"格"与唐代流行的诗歌类的"格"也是有一定关系的,张伯伟《全唐五代诗格汇考》解释这个"格",他引用了郑玄的注《礼记·缁衣》有"言有物而是有格","格"就是旧法;王逸注《孔子家语·五仪》:"口不吐训格之言",这里面也讲"格"就是"法"。所以,张伯伟就指出作为书名的诗格、诗式、诗法,它的含义也不外是指诗的法式和标准。明代诗学批评所说的格也是指宗法某一个时代的诗风诗法作为标的的,比如说,五古宗汉魏,近体宗盛唐。到了明代高启、李东阳和前后七子等,他们论诗的时候就特别强调要识别格调就一定要先辨体。高启说:"格以辨其体。"也就是强调要了解这个诗歌一定要先辨明它的体式,而且认为不同的时代有不同的体和调,于是,体式和格调就进一步联系起来了,讲"格"的时候往往偏重"体",讲"调"的时候比较偏重于声调。所以,许学夷在《诗源辨体》里就讲到:"诗有源流,体有正变","夫体制声调,诗之矩也"。许学夷在论周汉到元明的诗歌变迁的时候也是以体和调作为一个主线贯穿其中的。一般说来,各家关于体和调在不同的语境中有时候意思是不一样的,又因为诗学观的差异又有不一样的解说,有的甚至过分地推崇古调、古法,导致了拟古的流弊。但是,"格"分高和卑,"调"有古和今,这个看法,大体上是一致的。体格声调四个字连在一起用,这样的表述一直延续到清代也没有衰落,虽然引起了一定的争论,但它毕竟是古人论诗的一个重要角度,对于我们今天的人来说,我们要利用这样一份文学遗产来研究诗歌史,所以,我们研究诗歌的人除了要在理论上搞清楚这些概念的含义之外,还必须理解它们所针对的具体的创作现象是什么。我关注这个论诗的角度是因为唐诗史里面很多的问题都和它有关系,但我的研究目的不是辨析历代各家关于格调说的意见及是非,我是从具体的创作实践出发看一看古人这些含混的概念到底想要说明的是什么样的诗歌现象,今天我所讲的题目的视点主要在这方面。对现代人来说,格调也好,神韵也好,其实都是感觉层面的印象,如果脱离了具体的创作实践,我们现代人是很不好去理解这些诗论中的概念到底是什么意思的。另外,怎么形成这种感觉,我觉得是取决于不同诗体的不同表现功能和创作传统,这些我们是可以通过现代的学术思辨去努力把握的。在有关的研究过程中,我有这样几点体会。

第一，如何把诗歌史的研究和历代诗学理论的研究结合起来？这一点，前辈学者已经有了很好的学术示范，罗宗强先生的文学思想史的研究就是这样的，可以说这是很好地打开了一条路子，不过，各人关注的视点可以有所不同，罗先生的关注点在于文学思想的理论，我的关注点是在诗歌史本身。所以，我所期望的有这么四个方面：首先是我企图通过诗歌文本的仔细阅读去理解明清各家那些印象式的、感悟式的评论，它们究竟是在说明什么样的创作现象；其次，我想搞清楚前人争论的纠结所在，因为我发现明清诗话有很多争论存在，我希望找出这些争论点成为自己提出问题的切入点；再次，我希望根据自己的阅读体会去评判前人评论的高低乃至于是非对错，因为，我们知道明清诗论并不是每一家都是一样的，有的只是人云亦云，有的就很有眼光，这个眼光的高低就需要我们自己去评判；最后，算是奢望了，希望能在以上三点的基础上，对诗歌发展变化的原理做出解释。这一两年我的论文差不多都是在这几点上下了一些功夫，做了些尝试的。

第二，我们今天讲体式的正变关系时要努力去把握"有常之体"和"无方之数"。这两个概念是我从刘勰的《文心雕龙·通变篇》截出来的，因为我对他的这段话比较有体会："夫设文之体有常，变文之数无方，何以明其然耶？凡诗赋书记，名理相因，此有常之体也；文辞气力，通变则久，此无方之数也。名理有常，体必资于故实；通变无方，数必酌于新声；故能骋无穷之路，饮不竭之源。"

这段文字给我们以很深的启发：文学创作的"变"和文体的自身发展的关系是很密切的，一种文体它所不变的，所谓有常的，恒常之理，就是构成这种文体的名称，就是名，理是它的表现原理；那么可以变的是什么呢？就是文辞气力，表现技巧等具体做法，这些文术的因素。这个也是我们今天研究诗体和创作正变关系的依据。那么明清诗论讲正变的因素是始终不离体式的框架，所以，要研究正变，就想要对这种诗体的有常之体，也就是说一种文体从成立的初期就已经具备，而且可以保持恒常的一个特性，这点要有个清醒的认识，才能谈得上去探寻"无方之数"。

我从2002年到2012年对唐前诗歌的体式形成和发展的路径做了一个比较系统的研究，所以对它的源流就比较熟悉了，这固然是有助于把握"有常之体"的基础，但是进入唐代以后，我发现面对唐代不同时段的诗歌发展动态的时候，怎么去理解"有常之体"的恒定性还不是一件很容易的事情。而"无方之数"的发现和归纳就更加困难了，前人给我们总结了很多艺术表现的手法和技巧，比如，我们比较熟悉的象征、比兴、意象、情景交融等，用起来很现成，这些固然是我们研究诗歌的一些重要的依据，但是并不足够。在文本分析中，我们如果用这些现成的概念一个一个去套的话就把"无方"变为"有方"了。从汉魏到唐代的诗歌创作表现是非常丰富的，而且变化多端，所以我们今天的人呢，既要看到这些变化，还要说清楚这些变化的原理，这个就是我们研究诗歌以及它的内在的发展规律的一个努力的方向。

第三点体会是，在文本的阅读当中要保持一种敏锐、新鲜的艺术感觉，要培养文本分析的耐心。特别是在电子资料库提供了查阅资料的极大方便之后，我们要警惕失去细致阅读文本的耐心，我从读研开始就一直保持着细读文本，随手做笔记的习惯，把一点一滴的感觉积累起来。新鲜的艺术感觉和耐心的分析是感性与理性的结合，这是我们做古典文学研究的独特要求。下面，我想通过陈子昂的五古和杜甫的七律以及刘长卿的五律和七律作为例子，来谈谈我对诗歌体式和格调的正和变的思考。

二 "有常之体"和正宗

我们先来谈谈"有常之体"和"正宗"。刘勰所说的"有常之体"是指一种文体从生成之初就已经形成的，并且能保持恒常的基本特征及其所具有的表现功能，比如说五言古诗，它从汉魏到南朝虽然风格历经变异，但它始终保持着一些基本特征，如结构的容量比较大，层次的变化比较多，便于直白的叙述、抒情和铺陈，格调凝重沉厚，所以它多用于感怀、应酬、赠答、山水、行旅等这些内容比较复杂的题材。这些特点是五古从一开始就具备并且一直延续下来的，五言古诗从汉到隋经历过好几次变化，这些基本的特点却一直保持下来了，这就是所谓的"有常之体"。而明清诗论所说的"正宗"是相对于"变格"来说的，它指的是一种诗体在成熟初期的某一种风貌，所以，"有常之体"和"正宗"不是同一个概念，但还是有密切关系。什么是"正宗"呢？就是以对"有常之体"的一个基本认识作为基础，反过来，对于"有常之体"的认识又因为有"正宗"作为参照，才会有更清晰的认识。从这一点出发，我们就可以解释明清诗论中的某些疑难问题了。

比如一个有争议的公案，李攀龙在《唐诗选》前面针对选什么不选什么有一个表述，其中争议最大的一句话就是"唐无五言古诗而有其古诗，陈子昂以其古诗为古诗，弗取也"。明清有头有脸的诗论家几乎都对这句话发表了评论，当然看法也是各不相同，争论的时间也比较长。反对的人都指责李攀龙复古至上的思想，而赞成的人虽然赞成却没有进一步说明李攀龙为什么要这么说，所以这样一场以拟古与反拟古为背景的争论延续了明清两代。我通过梳理这场争论，发现要评断其中的性质和是非，仅仅停留在复古与反复古这个层面是不够的。到现在为止，我们看到的文学史教材几乎都是从这个角度来认识这些问题的，其实我觉得我们应该深入争论本身所包含的对中国诗歌传统和创作所包含的原理当中去。李攀龙这样讲是有他的道理的，这里面包含了中国诗歌的创作传统和原理。因为这些争论中虽然有很多的不同意见，但有几个基本问题就没有说清楚：一个是争论的各方对古诗的标准是否一致；还有就是陈子昂的古诗到底是对汉魏的模仿还是对六朝的延续，对陈子昂古诗的看法并不一致；另外就是他当年主张复古，和初唐诗古近体的界分这种状况是否有关系呢？还有，唐有自己的古诗，那唐代自己的古诗的体式特征到底是什么呢？对这些问题，在明清诗话中我们都没有找到明确的答案，都有待于我们今天的辨析。

那么，我先说一下李攀龙的意思，明代学者论诗，大多数都认为诗歌各体各有其本色当行，所以当各种诗体刚刚兴盛的时候，所具有的一些特点就被视为它们的当行，用来衡量诗歌的高下。例如五言古诗以汉魏为尚，汉魏风格就是五言古诗的"正宗"，五言古诗的"格"是不是高古，就要看它是不是接近汉魏，但是什么是五古，这个本身就要先进行定义。我们看明清人所说的五古其实包含着两种内涵：一种指的是汉魏式的五古，还有一种是相对于近体来说的古诗。所以，李攀龙所说的"唐无五言古诗"指的是唐没有汉魏式的古诗。高棅在《唐诗品汇》中触及了这个问题，高棅认为古诗以朱熹的标准，以汉魏到郭璞与陶渊明之前的古诗为古诗的根本准则，而所谓"唐代有其古诗"这句指的是相对近体声律的古诗来说的，不是用近体写的就是古体了，所以这两种不同的内涵就包含了古诗从汉魏形成一直发展到隋唐的正和变的问题。其次，陈子昂的古诗到底是模仿汉魏还是延续六朝呢？前人的争议也很大。因为实际上，陈子昂的古体也是有不同格调的，要搞清这个问题还要搞清楚唐以前五言古诗发展的阶段性，我把汉魏到唐前的五言古诗分为这么四个阶段：汉魏体、太康体、元嘉体、齐梁体，五言古诗在这四个阶段是呈现出各自独特的面貌的。我们根据对这四个阶段五言古诗的认识，把高棅的《唐诗品汇》里面所列举的初唐五言古诗作为研究对象，这里要说明的是高棅列出的五古其实也是被很多人所批评的，比如说杨慎就说他是"盲妁"，说高棅自己都没搞清楚五言古诗是什么就选了这些诗。但是高棅其实自己有个标准，就是他指出是以朱熹所讲的陶渊明之前的汉魏古诗作为古诗的标准。但是也有不少人是认同高棅这个选诗的，从我们今天来看，他已经选出了一些五言古诗了，我们有了一个限定的范围可以去观察探讨五言古诗的风貌。

我先把高棅所选的这些古诗做了一个分析，初步了解到他们眼里属于五言古诗范围里的诗歌的大致样态是什么。然后我们再看陈子昂的《感遇》38 首这样一些比较接近汉魏风格的五言古诗，那么我认为，通过这样的比较来看，陈子昂的诗作基本上体现了他的复古的实绩，他所选择的诗体基本上是六句、八句、十二句体这样律化程度比较高的篇制。我们知道，从六朝到初唐，十二句以内的篇幅基本上是律化程度比较高的体，也是古近最难区分的体，在他的 38 篇中十四句以上的只有 4 首，从他选择的体式来看，显然他是有意地复古，因为这三种篇制恰恰是齐梁新体最常用的体式，所以，他在这些诗中是有意地模拟汉魏古诗的结构和做法，来打破初唐诗坛对古诗与近体难以区分的混沌状态，他提出了区分的关键要上溯到汉魏。陈子昂这组诗模仿阮籍还是很明显的，阮籍的诗多半也都是这个篇制。初唐五古十四句以上的中长篇，虽然含有不少律句，但格调基本上介于宋、齐之间，可称之为宋齐体。但是宋齐体也还是有很多古调古诗的，所以，长篇比较容易显示出古诗的基本特征，但是短篇就非常不容易和近体区分，故而《感遇》体式的选择就昭示了陈子昂在十二句以下的篇制中区分古近体的明确意图。具体的做法，我们也可以看一下，以八句体为例，八句体是《感遇》中最多的了。在《感遇》中，它的结构哪些是模拟汉魏的呢？从结构上看，大部分都破除了律诗两句一层的定格，四句一层，或者通首就不分层次，而且大多数都是散句，我们知道汉魏古诗主要是以单行散句为主的，四句、六句、八句一层是汉魏以来古诗最常见的结构，而不分层就更加接近汉魏。

感遇（其五）

市人矜巧智，于道若童蒙。
倾夺相夸侈，不知身所终。
曷见玄真子，观世玉壶中。
窅然遗天地，乘化入无穷。

这首诗基本上是不分层次的，基本上是一口气下来的。

感遇（廿八）

昔日章华宴，荆王乐荒淫。
霓旌翠羽盖，射兕云梦林。
朅来高唐观，怅望云阳岑。
雄图今何在，黄雀空哀吟。

这一首也同样如此。

另外一种是在句法方面采用汉魏古诗常用的呼应、递进、反问、赞叹以及虚词转折这样一些句式，所有这些句式都是为了使句意连绵不断，相续相生。而连绵不断、相续相生是汉魏古诗句法的一个特点。一、三句和二、四句分别呼应，在汉魏诗里也常见，比如说第二十首：

感遇（其二十）

玄天幽且默，群议曷嗤嗤。
圣人教犹在，世运久陵夷。
一绳将何系，忧醉不能持。
去去行采芝，勿为尘所欺。

前四句，一和三相呼应，二和四相呼应。还有反问句、感叹句，这些就很多了。

在表现上，他还学习了阮籍诗歌运用比兴、典故、穿插这些表现方式，以及汉魏诗常用的一些情景模式，特别是吸取了汉魏诗把比兴与典故化为故事的叙述模式，汉魏常用的情景模式比如说驾车出游、出门眺望，在陈子昂诗里也很常见。以上三个方面都是他对汉魏五言古诗的一个基本理解，与我们现代对汉魏五言古诗的表现方式的理解是基本一致的。

另外，陈子昂也有一些五言长诗，它的格调虽然和《感遇》不同，但也有一些是运用了汉魏古诗的创作原理，兼取了宋齐古诗的结构，在比较长的篇制中探索了古诗的表现方式。与陈子昂同时代的宋之问，他也是在当时提倡五言古诗比较得力的一个作家，他注意到了在八句体中古近很难区分的现象，他为了在八句体里区分出古近体也做了很多尝试，不仅仅是声律，还在做法上把它们区分开来。他的做法与陈子昂并不一样，他是变化比较多，而陈子昂则是复古比较多，但是对于五言古诗的基本特征，他们的认识还是比较一致的。在声调上，他们极力地减少律化的句式，或者用仄声韵，以此来拉大古诗和近体诗之间的距离；在体式上，他们摸索了从齐梁以来逐渐近体化的几种体式复古的途径，同时区分了中长篇的五言古诗和五言排律的不同的创作方式，从根本上把握了五言古诗无论是在句式上的散、偶都应该以散叙的意脉为主线贯穿的一个原理。还有像抒情直白、曲折尽意、不避繁复这样一些特征，从而与缺乏叙事功能的五言律诗形成了鲜明的差别，这就是他们所理解的五言古诗的"有常之体"；在表现上，他们又综合了汉魏到宋齐古诗的各种经验，甚至吸收了近体诗的某些特点，这就使古诗的表词达意获得了前所未有的包容度和自由度。所以，唐代五古正是因为他们的导向才形成了不合汉魏古诗的"正宗"而自有其古诗的独特风貌。陈子昂的《感遇》38 首是最像阮籍的诗，前人对此有褒有贬，叶燮认为陈子昂对阮籍模仿得极像，失去了自己的风格，这正是唐人没有古诗的原因。而沈德潜则很赞扬陈子昂，认为他与建安诗没有什么区别。不管是赞扬还是批判，至少我们可以确认陈子昂这组诗是对汉魏古诗的努力模仿，所以，我们能看出陈子昂对五言古诗的"有常之体"的把握，是以他对汉魏五言古诗的表现特征和创作原理的理解来作为主要参照的，由此我们也可以看出，"有常之体"和"正宗"的主要区别。从此着眼，我们就能理解陈子昂模仿汉魏在初唐五古中的意义了：他在当时起到了一个区分古近的作用。

那么，对于诗歌艺术的"正宗"论，我们应该有这样辩证的看法，不应一概归于复古论。"正宗"的提法未必是科学的概念，但它的确指出了一种创作的现象：就是每一种诗型在它成熟初期，它确实有一种后世诗歌无法企及的魅力，汉魏五言古诗如此，七律也是如此，七律在明代后五子当中也有一场小的争论，也是以李攀龙为代表的，他认为王维、李颀的七律最好，引起了盛唐派自己内部关于七律"正宗"的争论，范围不是很大，却牵涉了怎样去认识七律"正宗"的问题。为什么盛唐七律那样的平和优雅？这和它的声调的悠扬、流畅，以及它体式的表现功能是有关系的，这就要从七律的起源说起。因为七律和七言八句体的歌行都发源于乐府，从齐梁到初唐，这两种体式一直结伴而行，有一种天然的亲缘关系。七律诗是从武则天晚期到中宗时期在宫廷里发展起来的，这种诗的风格富丽典雅，适合渲染皇家气象，这两种特点形成了七律形成时候的本色当行，自然就会影响到刚刚进入成熟期的盛唐七律。从声调来说，盛唐七律大体上处在由歌行式的流畅转向声律工稳的过渡状态当中，这就给盛唐为数不多的七律带来了后世难以企及的声调美，像崔颢的《黄鹤楼》读起来就声调悠扬，这都是跟这样一个体式的特殊发展时期有关的。同时，我们也说盛唐七律进一步在提高它的表现功能，并且扩大到送别、应酬这些题材，这样就把初唐七律的富丽典雅进一步发展到高华壮丽，这的确是七律发展史上不可复制的阶段，但如果因此把后世的七律，不符合所谓的七律"正宗"的一些诗都归为"变格""变态"，这也是不公平的。明清有部分宗唐派诗论就认为杜甫的七律和王维的不一样，就在于他变的这一面，因为杜甫的体裁扩大到什么都可以写，这样就不免于驳杂、粗豪，这都是他们对杜甫的批评。他们认为杜甫伤害了七律平和优雅的正调。相对于正调和正格而言，很多诗家对于变是带有更多的贬义的，所以，下面我们来看看应当怎样看待变的问题。

三　"无方之数"和"变格"

"无方之数"指的是某一种文体在发展过程中文辞气力可以有无数变化，对于一种诗歌体式而言，不同时代、不同诗人、不同的表现方式、不同的技巧和表现风格积累起来可以充分发掘出自己的潜力。而"变格"是相对于"正宗"和"正格"来说的，是文辞气力的变化无方所造成的不同风貌、格调。这两者的关系也同样是非常密切的，我们要研究文辞技巧的无方之数呢，首先要通过阅读去体会变化的具体表现，并且要说出这种变化的原理，这里面感觉的敏锐和表述的准确非常地重要。

首先，我们说这个思考应该紧紧地扣住这种体式自身的特征，那么我就想举杜甫七律的"变",因为刚才我们讲了七律的创变,主要是指他对于盛唐王、李的那种创变了。我们前面讲到他题材的极大的开拓,自然造成了风格的多种变化,加上他喜欢用拗折的声调,这些当然都会导致他突破了盛唐那种平和优雅的格调。不过这些都是些表层的原因,其实我认为杜甫变格的根源还在于他探索七律的体式原理和发掘七律本身的这个表现潜力的自觉性。我们知道,初盛唐七律它的诗节、声韵、句式和作法等方面,和古体的七言不太容易区分。它表现变化比较少,体式的独特优势不明显,那么七律作为一个独立的体式存在,它存在的意义在哪里?它要表现的东西,七言八句古体都可以表现,那要七律做什么呢?这一现状说明盛唐七律刚刚成熟,还有相当大的表现潜力可以去挖掘,所以杜甫的努力就在于他去探索七律体式的原理和发掘它表现潜力的自觉性。那么我认为杜甫的变主要就是他把七律和歌行的这个亲缘关系切断了,恢复了早期七言那种单句成行,一句一意的特性,加大了单句句意的独立性,以及句与句之间的跳跃性,使全诗的意脉隐藏在句与联的多种复杂组合关系之中,以便于大幅度地自由转换。我们知道早期的七言本来就是单句成行,所以它是句句押韵的,从柏梁体一直到鲍照之前,七言基本就是这么一个情况,后来发展到了双句成行,两句一意。到了南朝的歌行,已经形成四句乃至六句、八句一个诗节。所以在双句或者四句以上的一个诗节里,这个七言的意脉它是保持着一种顺序的连贯性,它多数都是并列、递进的关系。那么全篇诗意的这个层次的转折和跳跃,它只能是在诗节和诗节之间。早期的七律呢,是和这种七言八句的歌行差不多的,两句一行甚至是四句一个诗节。我们看崔颢的《黄鹤楼》前四句就是这样:"昔人已乘黄鹤去,此地空余黄鹤楼。黄鹤一去不复返,白云千载空悠悠。"这个四句就是一个复沓递进的句法,这四句是一节,它是不能割断的。但是这样的一种句式呢,跟后来的七律就完全不一样,早期的七律像沈佺期的《龙池篇》都是乐府风格非常明显。而八句一首的篇幅就使得这样的七律没有办法像长篇歌行那样,通过多层的转折来承载丰富的内容。那么杜甫呢,他可以说最大限度地发挥了七言本来可以单句成行的特性,而且利用多种形式的对仗和句联之间转折的关系大大地扩充了句意的容量,就使得七律可以表现更加丰富复杂的内容和曲折深刻的立意,从而在应酬和抒情之外又赋予了七律纵横议论的能力,这个是他对七律体式建设的一个最大的贡献。

下面我想举一首例子来看他如何在这方面变化的,举一首《诸将》(其二），大家知道这是他在夔州时期写的，《诸将五首》中我认为这一首是特别典型的，能够体现出他那种变的特点：

> 韩公本意筑三城，拟绝天骄拔汉旌。岂谓尽烦回纥马，翻然远救朔方兵。
>
> 胡来不觉潼关隘，龙起犹闻晋水清。独使至尊忧社稷，诸君何以答升平。

这首诗是杜甫对当时军阀不忠于朝廷、纷纷作乱这样一个现实的反思，这首诗把朔方兵作为一个切入点，因为朔方兵是唐代抵御外敌的主力军队，重点放在朔方兵和外敌的关系尤其是回纥的关系上，反映朔方兵对外敌由主动发展到被动的状况。局势在 150 年间发生了很大的变化。开头他选了这样一个历史事件，韩公就是张仁愿，盛唐前期，他在河套以外筑了三座受降城，这个事件杜甫抓住了什么关键呢？就是唐朝的军队对付突厥，变被动为主动的转折点，说明盛唐前期朔方兵相比突厥本来是很强大的，他可以杜绝突厥来侵犯中原的道路。第二联突然一个转折，用一个"岂谓"，就转到现在朔方兵反而屡次的要回纥的兵马来救他们了。那么我们看这一联与第一联的意思几乎是不连接的，形成了一种强烈的今昔对比，过去是那样的强，现在是这样的弱。对比之后呢，第三联又一个跳跃，跳到了潼关之变，潼关之变是安史之乱的一个关键，哥舒翰他本来是朔方兵的一个主帅，安禄山打到长安之前，他已经中风了。潼关本来是一个天险，一下子被安禄山给打破了。为什么突然又跳到这里来了呢？看起来字面意思好像也不连贯，但是这个事实呢，就是哥舒翰带领的朔方兵走向衰落的一个转折点，这其中内在的意脉就是追溯前四句的今昔对比，它的历史原因在哪里？它衰败的转折点就在于潼关之战。"胡来不觉潼关隘"从句子的顺序来说应该插入前两联之间，但是它从这儿插入。而下面这一句的跳跃就更大了："龙起犹闻晋水清。"这又忽然回想到了初唐，就是大唐帝国刚刚建立的时候，晋水变清的时期，那么为什么这样来跳呢？有的注家觉得好像很难解释，其中我看到有一个注家，他说引用唐高祖驻军在龙门代水变清的故事。我自己查了有关史料，认为这里指的是这样一个历史事实，就是李渊父子他们从太原起兵的时候曾经派刘文静跟突厥联系，唐高祖的军队到龙门的时候，当时突厥的始毕可汗派人带兵与刘文静会合，这和代水变清的时间、地点相合。当时李渊父子起兵是靠了突厥的力量的，而且我们知道唐初一开始是向突厥称臣的，曾经有这么一段很屈辱的历史。但是到后来，他们帮助唐高祖登基三四年以后，突厥就开始进犯，成为唐初的重要边患。一直到唐太宗能够正确处理和突厥的关系之后，天下才太平。所以知道这样一个历史背景之后，这两联的对仗又形成了意义的对照：天宝年间因为不能够正确地处理和胡人的关系，所以导致了安史之乱，潼关被攻破。我们看整个这首诗，它所涉及的外敌有突厥、回纥和安禄山，以眼前的回纥作为落脚点。这首诗抓住了四个典型的历史事件，去概括唐初到唐太宗这150年间和胡族关系反复的这个历史教训。这么复杂的内容，如果你用顺序的方式来表现的话，就会用相当长的篇幅了，无论是歌行还是五古，都是要长篇才能写，而杜甫在一首七律当中，他写的每一句每一联的意思都独立，打破了这四个事件前后时间顺序。而是利用七律的特点，按照事件本身的可比性来组合中间两联的对仗，再用连接词强化其中的转折和对比的关系。这就对潜伏在跳跃的句联之间的这个内在的意脉赋予了更多的张力，所以它立意的深刻、曲折和容量的巨大，绝对不是之前的七律可以相比的。杜甫在七律上的变化还有很多，这里我就不再一一说了。这里我是从体式上来举的例子，由杜甫的变可以看出他是大大地拓展了七律抒情、议论的功能。

其次，我们看诗歌的变，既要善于利用前人总结的概念术语，同时还更要自己从文本当中去归纳它的表现原理。比如说刘长卿的五律，前人评价他说"往往语出独造，随意可人"。甚至认为杜甫五律的奇句也不如他多，那么他的独造到底表现在什么地方呢？用比兴、拟人这些常用的术语都很难去梳理。我注意到其中这两个特点，一个就是他善于把常见的意象陌生化，增加句意的新鲜感。如"帆带夕阳飞"，"帆"和"夕阳"在大历诗歌里是很常见的意象，但前者带了后者去飞，这样一个奇特的组合让人觉得新鲜。这里既有离去的快速，又有感叹时光飞逝的这样一层更深的含义。另外还有一点，他很善于利用五言句当中的二三节奏的这个停顿，我们知道五言句基本节奏是二三节奏。刘长卿很善于把这个中间的距离拉大，就是通过前后两个意义词组跨度的拉大，造成割裂。让其中这个断裂的地方来留出联想和暗示的空间。"后时长剑涩"，这是后人特别欣赏的一句诗了。"后时"就是错过了时机，以长剑生锈变色来比喻自己因为失掉了时机而不能施展才能的遭遇。这里他把因和果都浓缩在一句当中，"后时"的主语是诗人自己，"长剑涩"是比喻，所以这样就使得两者的连接出现一个顿断，诗人自己原有的雄心抱负，岁月蹉跎的失落感就表现在言外了。又比如说"春色独何心"，这句妙在什么地方呢？我们知道"春色独何心"根本不能构成语法关系，因为春色是无心的自然，当然不是后三个字的主语。他这句诗的本意是想象孤舟此去，沿途春色满目，旅人看到这样一种情景会是什么样的心情呢？所以"春色"和"独何心"本来分属两个句子的，春色是前一句中被省略掉的动词的宾语，"独何心"是另外一句被省略掉的同一个主语的谓语。但是它和上面一句"暮帆遥在眼"相对，这两个断裂的词组又好像构成主谓关系，好像这个春色变成了被埋怨的对象。所以这样的独造，原理都在于五律的造句它是可以不符合正常的散文式的语法构句顺序的。五律的句法和古诗的平直是有区别的，杜甫在这方面的句子确实不如刘长卿多。阅读这样的作品，我们就必须要通过自己的分析才能说出来它的变化是什么及其原理在哪里。

四　正与变的辩证关系

最后，我说一下正和变之间的辩证关系。第一，变是对正的发展，它是诗歌体式自身潜力被不断发掘的一个必然结果。任何一种诗歌体式形成之后，都要不断地扩大艺术表现的空间，发挥它最大的表现功能，所以变是自身潜力不断被发掘的必然结果。像我们前面所说杜甫对盛唐七律的变与刘长卿对大历五律的变都是如此，所以对于正和变的审美评价也应该是辩证的。我们前面说过，把处于成熟初期的诗歌体式的风貌视为一个最高典范，这个不是没有道理的，但是据此来否定后来的变化和发展就过于片面了。另外，我们固然应该肯定后人求新的勇气和效果，但是变不一定都是美的，刻意地求变，有时候确实会伤害诗歌的浑然天成之美。所以这里面怎样把握好研究正变审美关系的尺度，也很考验研究者的功力。

第二，正和变的这个辩证关系还体现为能够互相转化。变是可以被转化为正的，守正的结果也可以再走向变。我们要去努力地发现变的必然性。就比如说杜甫七律的变，使得他很多的变法、句法到后来就被后人奉为"格"。后人研究杜甫的诗格，几乎都是以他的七律作为标准，所以他的变自然就成了正了。同样正也是可以自然走向变的，比如我们刚才讲的，大历十才子以刘长卿为代表的诗人，他们的五律走的基本就是王维、孟浩然的路子，向来是被前人视为正派、正宗的。但是，因为意象过于雷同，所以自然就出现了刘长卿这样的造句的变化。他的独造的方式在大历其他诗人当中也是可以找到一些相似的例子。另外，还有比较典型的刘长卿的七律，向来是被视为王维、李颀这一派的正宗，但他又被列入了中唐，那么中唐本身就意味着一个变。就是因为刘长卿在守正之中，自然而然地就产生了一种变化。比如说这个盛唐诗是特别擅长营造一种空静的意境，主要体现在五律和五绝上，在盛唐的七律中，意境的营造方面还不是特别突出。刘长卿的诗往往就善于把盛唐的五律这种清空的意境移植到七律当中。所以他的七律也有不少能够营造出清秀的、清空的意境，所以大家称赞他的七律是守正的。但是实际上刘长卿营造的空静意境的内涵已经稍稍变化了，盛唐山水诗的审美观照方式和精神旨趣是延续着东晋而来的，是一种空明、虚静的意境，和佛家相应证，这个内涵是面对自然的一种玄趣和禅境。那么刘长卿因为处于乱世，加上不幸的遭际，所以他的意境里面往往是融入了很多怀古伤今的萧瑟空寞的意绪，所以他的内涵是面向人世和历史的空幻、虚无感。比如说《登余干古县城》：

> 孤城上与白云齐，万古荒凉楚水西。官舍已空秋草绿，女墙犹在夜乌啼。平江渺渺来人远，落日亭亭向客低。沙鸟不知陵谷变，朝飞暮去弋阳溪。

余干古县城在楚水的西岸，孤城中空芜的官舍、女墙上哀鸣的夜乌和溪水上飞回的沙鸟，使独对平江落日的远客在这样一个空茫廓落的意境当中更感受到万古的荒凉。这样的意境在构造上来说，原理是利用了盛唐山水诗尽量地淡化和远化意象的方法。但是这里又不露痕迹地融入了那种怀古伤今的人世感慨，所以它的内涵已经悄然变化了，刘长卿其实也和杜甫一样探索了很多关于七律的抒情结构的多种变化。

那么，最后一点我想说的就是研究诗歌正变关系，最困难的就是怎么样把握"草色遥看近却无"的渐变趋势。比如大历和盛唐，它是由安史之乱为界区分，是两个完全不同的时代，其诗人的精神面貌也有很大的差异。总的说来，从天宝后期开始，凡是主张复古、讽喻诗的这一路诗人，像元结、韦应物、顾况等着意于古体的诗人，除了韦应物的山水田园诗继承了王孟的风格以外呢，总体都体现了求新求变的特征。其他的如大历十才子，江南的诗人，多数都是选择近体诗，所以就五律这样一个体式来说，从盛唐到大历，它是一个渐变的过程，而且我们知道，神韵说其实更欣赏大历诗。所以你要从大量的貌似盛唐的作品中去观察这种渐变的趋势，并且通过具体的作品分析，把渐变的过程呈现出来，这个不但考验研究者的艺术感觉，而且在把握分寸方面也是有相当难度的。如何评价变呢？我认为首先我们应该肯定它进一步挖掘了诗歌体式自身的潜力，但是它的趋向又会导致后来的诗人继续钻到"吟安五个字"的牛角尖里头。如果大历以后的五律是这样发展，那么自然而然中唐的贾岛那些苦吟派的产生是不奇怪的了。为什么诗歌的变首先体现在古体的发展？因为古体的取材和表达不受律诗的程式和表现传统的局限，它很容易导致题材和意象的大变。所以我们从守正的这一路研究当中也可以看出到中唐必然会发生诗歌大变的这样一个内在的逻辑，这个就是诗歌史当中正与变之间复杂的辩证关系。

好，今天我就说到这里。谢谢大家！

（整理者：孙冰）

文字学、语言学

时间：**2014 年 3 月 19 日（周三）09：00**

地点：**首都师范大学北一区文科楼 603 学术报告厅**

主讲人简介

木田章义　1950 年生，现为日本京都大学大学院教授，训点语学会会长，京都大学国文学会会长，东方学会评议员兼编辑员。研究专长为日本语的历史（从古代日语到现代日语），日本语的起源，阿尔泰语。

主持人（冯蒸）：各位同学，各位老师，今天我们非常荣幸地请到了日本京都大学大学院的著名教授木田章义来给咱们做演讲。首先咱们以热烈的掌声欢迎木田先生。木田先生是京都大学大学院的教授，训点语学会会长，京都大学国文学会会长，东方学会评议员兼编辑员。研究专长是日本语的历史（从古代日语到现代日语），日本语的起源，阿尔泰语。1983 年我有一篇论文在日本发表，这是日本京都地区的汉语音韵学研究者组织的学术团体的一个刊物，刊物叫《韵社论丛》，基本上是发表京都大学和日本其他一些大学的比较年轻的学人的汉语音韵研究成果。我就投了一篇稿，蒙著名音韵学家小川环树推荐到这个刊物，编辑这个刊物的就是木田先生。所以我的文章在第 13 期发表，从那个时候我就了解了木田先生，跟他有很深的友谊，但是一直没有见过面。这次非常荣幸地请到了木田先生，木田先生是日本汉字音研究的权威。咱们对日本汉字音的研究很肤浅。高本汉的《中国音韵学研究》出版迄今为止 100 年了，在这 100 年间，日本学者对音韵学进行了深入的研究。今天我们请木田先生给我们介绍一下日本学者的研究概况。而且木田先生的报告将在我们的燕京论坛上发表。下面我们用热烈的掌声有请木田先生给我们做演讲。

日本汉字音研究概况

〔日〕木田章义

我叫木田章义。我的专业是日语史，大家知道，古代日本没有文字，是借用中国的汉字书写日语的。因此，我们搞古代日语的人，不能不了解汉语的中古音韵。我呢，主要是在读研究生的时候，学过汉语的中古音。我还曾经用日本国内的资料，搞过日本汉字音的研究。

下面，我就给大家介绍一下日本汉字音的历史。

一 日本汉字概况

首先，大家都知道，日本也使用汉字。当然了，汉字是从中国借来的。现在中国大陆用简体字，字形和日本使用的汉字有点不一样。日本的汉字也有跟汉字的旧体字，比如说，跟《康熙字典》不一样的字。不过，日本使用的简体字，几乎都出自中国的抄本。

1. 日本汉字字体

中国在宋代印刷技术就已经很发达了，后来又统一了文字，那是为了便于科举考试。不把汉字的字体和发音统一了，就没法实行全国规模的科举考试。宋代印刷技术的发达，导致抄本几乎都失传了。有了印本，抄本就没用了。就像现在我们把笔记上的东西打进电脑里后就把笔记本扔掉一样。所以，中国传世的抄本保存下来的不多。但是，也有例外，那就是以敦煌莫高窟为首的洞窟墙壁里发现的佛教方面的抄写本。这些抄写本大都是唐代的，也有 9 世纪、10 世纪的，还有部分元代的资料。这些资料几乎都是抄写本，大概是当地的印刷技术还不够发达。从中国传到日本的文献里也有唐代的抄写本，这些唐代抄写本里的汉字的字体，也成了日本人学习的对象。因此，日本也有使用中国抄写本里的字体的实例。比如说，"弓"和"畠"两个字，我们在中国的普通的书里见不到，曾经以为是日本造的汉字，后来发现，这两个字在敦煌写本里就已经使用了。

　　由于《干禄字书》（初唐·颜元孙）也传到了日本，日本人通过《干禄字书》还学到了区分正字、通假字、俗字的标准。但是，真正使用的还是便于使用、用习惯了的字体。

　　大家请看资料部分的第一个照片。

　　这是《名义抄》的照片（图1）。

　　材料1：图书寮本《名义抄》（11世纪辞书）

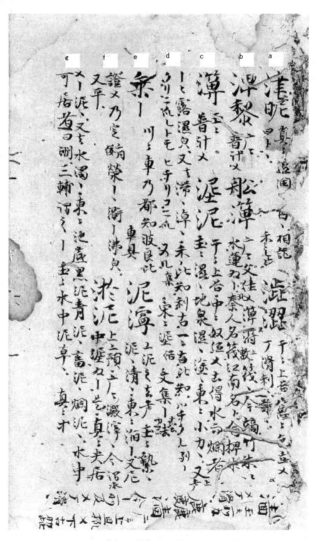

图1　《名义抄》写真　此为材料1

这是日本 11 世纪前后的辞典。我们一看就可以看出来它很像中国的字典。先列举汉字，然后标音，注释，注释后面标明日语是什么。d 行左侧用"片假名"标出日语的读音。这个 a 行里有一个"渋"字，两个字并列。下面有"上谷"两个字，这个"谷"字是"俗"的省笔字，意思就是"上俗"。就是说，上面的字是"俗字"。c 行里呢，有两个"泥"字，也标有"上谷"两个字。就是说，下面的字是"正字"。由此可见，字典的编撰者对汉字的字体有相当丰富的知识。《名义抄》这部字典，是非常珍贵的资料，通过它，不但可以了解汉字的发音、字义，还可以了解当时的日语的"音调"。比如，d 行里写的"片假名"，在它的左下、左上角都有个"点"，这个"点"就表示当时日语的语调。点在左下，表示此音读"低"，点在左上，表示此音读"高"。从这里，我们可以了解日本 11 世纪的"语调"。

2. 日本汉字语调

日语的"语调"，跟汉语的"声调"，有相同之处，但也有不同之处。汉语音节本身或高或低，或从高到低，从低到高，富于变化，是单音节的声调。就是"平上去入"四个声调，分别相当于现代汉语的 1、2、3、4 四个声调。日语是多音节语言，"音调"是高低搭配的类型。

3. 日本汉字书法

日本不但从中国学到了汉字的字体，还学习了书法风格。王羲之的书法字体也几乎是马上就传到了日本。武则天文字在日本 8 世纪就已经使用了。

日本开始使用汉字的时候，文章是用汉文写的。就是说，是用"古汉语"写文章的。由于专有名词和日本特有的词汇是没法用汉字书写的，于是就发明了借用汉字的"音"书写日语的方法。比如：日语的「やま yama」就写称「也麻」。这个标音，就是用现代汉语普通话的发音来读，跟日语的发音也很相似。

二 日本汉字记录的特殊对象

1. 专有名词

《稻荷山太刀铭·法隆寺药师像光背铭》（图 2）

千叶县市原市出土的 5 世纪前半期的"稻荷台一号坟铁剑铭"。

这是千叶县市原市出土的 5 世纪前半期的"稻荷台一号坟铁剑铭"。它

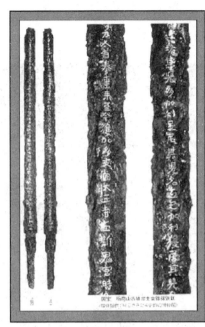

图2 《稻荷山太刀铭·法隆寺药师像光背铭》此为材料2

的正面和背面两面都刻有汉字。这段文章虽用汉字写的，但是比较难懂。
第一行的"乎獲居"是人名，就是这把刀的制造人。用普通话来念的话，
hūhuòjū，用日语来读就是"wowake"。这就是当时的固有名词借用汉字的音
来标记的例子。这个人的祖先是"意富比垝"，用日语来读的话"opopiko"
或者"ofofiko"，从他这一代开始，一共记载了7代人的姓名。画线的地方
就是人名和地名。这段话的内容是：我们家族世世代代都是军人，一直侍
奉天皇。到"獲加多支卤"天皇在都城"斯鬼宫"时，为了纪念我们家族，
所以制造了这把刀。铁剑铭的内容大体如此。

　　这样用汉字来写日语，人名和地名的部分没办法翻译成汉语，所以只
能借用汉字的音来表记。从这段铭文中，我们可以知道，日本在5世纪的时
候已经开始使用汉字了。但是铁剑铭到底是谁刻的，我们还无法判定。也
许是当时在日本的百济人或是中国人刻的。因为我们对那个时代的社会结
构还弄不清楚，所以，虽然知道当时日本已经使用汉字了，但是还不清楚
当时的日本人有没有使用汉字的能力。

　　从那以后，关于日本人学习汉语、使用汉字的记录就越来越多了。

2. 语法

《法隆寺乐师如来佛光背铭》（图 3）

图 3　《法隆寺乐师如来佛光背铭》此为材料 3

◎池辺大宮治天下天皇、大御身劳赐时、歳次丙午年、召於大王天皇与太子而誓願赐、我大御病太平欲坐故、将造寺薬師像作仕奉詔。然当時崩赐，造不堪者、小治田大宮治天下大王天皇及東宮聖王、大命受赐而歳次丁卯仕奉。

◎池辺大宮治〓天下〓天皇、大御身劳赐时、歳次〓丙午〓年、召〓於大王天皇与〓太子〓而誓願赐、我大御病太平欲坐故、将下造ㄴ寺薬師像作仕奉上詔。然当時崩赐造不ㄴ堪者、小治田大宮治〓天下〓大王天皇及東宮聖王、大命受赐而歳次〓丁卯〓仕奉。

这是比上一个资料晚 200 年左右的资料。是法隆寺金堂的"佛像光背铭"。大家试着念一下，好不好。

这段话，大家看懂了吗？

这段话可要比刚才的铁剑铭难懂多了，因为这段话大量使用了日语的敬语。画横线部分，就是日语中的敬语，汉语里是没有对应的表达方法的，所以没办法翻译。只能用日语式的汉文进行记述。"大御身"一看就是敬语。在中国古代与皇帝相关的东西也会加"御"。可是一般不加"身"，没有"御身"的名词。即使有的话也是防御（fángyù）的意思。后面的"御病"也是一样，都是再加了"大"字，表达更尊敬的意思。"赐"在中文当中也可以作为敬语使用。可是在这儿已经不作为实词使用，在这里它没有具体的意思，只是表达一种尊敬的意思。波浪线部分是按照日语的语序写的。可见，日本人为了利用汉字来书写日语，是下了相当大的功夫的。

三　汉字的音读与训读

在日本使用的汉字，一般有两个读法，一个叫"音读"，另一个叫"训读"。

什么叫"音读"呢，就是模仿汉语发音的读法。"训读"就是把汉字的字义用日语表达的读音（图4）。

《材料4》音读·训读

音读:	san	ka	seki	i	benkyoo	seiritu	gaki		
	山	河	石	衣	勉强	成立	饿鬼	仕事	川下
训读:	yama	kawa	isi	koromo				sigoto	kawasimo

图 4

在这里，"山、河、石、衣"四个汉字并列，上面的发音就是"音读"。大家肯定已经发现，这些"音读"的发音跟现代汉语很相似。这是模仿唐代汉语发音的读法几乎没有变化地延续到现代的结果。下面的读音就是"训读"。这个训读相当于汉字的"字义"。"山"，字义为地面隆起的地形特征，它在日语里的对应词为"yama"。就是说，"山"这个汉字的发音，"音读"为"san"，字义为"yama"。因此，从日本人的角度看来，"山"这个汉字，叫"san"，字义是"yama"。

在日语里，几乎所有的汉字都有"音""训"两读。有的汉字两读不全有的，这是个别的少数。发给大家的讲稿上面的"勉强""成立"，就只有"音读"；"仕事""川下"两词，本来就是"借用"汉字来表达日语词汇"sigoto""kawasimo"的，不音读。可见，日本汉字有多么复杂。

四　汉字音的种类

《材料5》汉字音的种类
　　吴音：总称汉音到来以前的汉字音。
　　汉音：基础<唐代·長安音>的体系。遣唐使带来的。
　　唐音：接收<宋·元>的中国音。跟禅宗一块儿来日本。

图 5

日本汉字音大致分为三类，就是《材料5》中所写的吴音、汉音、唐音。那么先从容易说明的汉音开始解释一下。

1. 汉音

汉音是接受唐代长安，就是今天的西安的发音而形成的汉字音。当时长安音就是标准音，也就相当于现在的北京话。所以汉音和中国中古音体系非常接近。大家知道，中古音就是 7 世纪到 9 世纪的汉语的音韵体系。一般是以 601 年《切韵》体系为基础。到了 9 世纪中国语的发音有很大的变化，唐代长安音是中古音的最后阶段。唐代长安音又叫"秦音"。关于这方面，冯蒸老师是专家，所以，想必首都师范大学的各位都知道吧。从日本派往中国的遣唐使为了能够和当时的中国人沟通，就需要学习当时的标准音长安方言。为了学习长安音，从朝鲜半岛请来了精通中国语的学者，接受他们的指导，这样开始了汉音的学习。当时朝廷还发布了不学汉音就不能当官的命令。所以律令、儒教经典等也都开始使用汉音了。由于日本当时是文书政治，所以汉音普及得很快。

2. 吴音与其他域外汉字音

但是汉音很难渗透到佛教界。佛教界依然还是使用吴音。吴音就是汉音传到日本前的汉字音的总称。这个吴音非常复杂，它是通过朝鲜半岛传来的，所以也可能是朝鲜半岛使用的汉字音。

朝鲜半岛在汉代（108）就已经接受中国的统治了，当时设有汉四郡。分别是乐浪郡、真番郡、临屯郡、玄菟郡。由于是汉朝直接管辖，所以直接接受汉语教育。当然，在中国的统治下应该是使用汉代的汉字音，但是关于汉代东北的中国语方言无从知晓。那之后因为汉四郡走向灭亡，朝鲜和中国的关系就不太清楚了。每当中国本土发生动乱的时候好像就有中国人流亡过来。这对已经形成的汉字的发音体系可能有影响，但是到底有多大的影响就不知道了。

日本和中国的直接的联系是，3 世纪中期叫卑弥呼的女王派使者到带方郡（魏国）。这是最早的记载。当时的朝鲜半岛和 6、7 世纪的朝鲜半岛使用的汉字音现在谁都不知道。

但是现在的朝鲜汉字音和日本的汉音一样，可以认为是接受唐代长安音而形成的。因为它的体系和中古音几乎一致。有一小部分不一样，有的人认为这是因为受中国上古音的影响，也有的人认为这是在朝鲜的变化。

唐代是中国发展鼎盛时期，所以对周边小国的文化方面的影响也很大。

日本汉字音，朝鲜汉字音，越南汉字音是接受了同时代的中国字音而形成的。所以这三个国家的汉字音和中国的中古音有对应关系。请看材料 6－1和材料 6－2，你会发现发音非常相似。

材料 6－1 日本汉字音·朝鲜汉字音·越南汉字音

	"注意"	"国语"
唐代长安音	tsiu-yi	kək-ŋio
普通话	zhu-yi	guo-yu
日本汉字音	tʃuu-yi	koku-go
朝鲜汉字音	ju-yi	kuk-ə
越南汉字音	chu-yi	quõc ngɯ'〔guok-ŋu〕

材料 6－2

	各	答	八
唐　代	kak	tˆp	pat
普通话	ge	da	ba
朝鲜语	kak	tap	pal
日本语	kaku		
		tapu⇒tafu⇒tau⇒too	pati⇒fati⇒fatʃi⇒hatʃi
越南语	cac（5）	đap（5）	bat（5）

3. 汉音和吴音的关系

材料 7 关于日本汉音和日本吴音的不同，请看材料 7。

《材料7》漢音吳音的差別

中国音	日本汉音	日本吴音
聞	bun	mon
内	dai	nai
二	ji	ni
宿	syuku	suku
修	syu	su
大	tai	dai
家	ka	ke
差	sa	sya
回	kai	kai
丹	tan	tan
河	ka	ka

图 6

中国中古音的鼻音都变成了浊音，所以"闻，内，二"等的鼻音都发音成浊音。因此吴音中的 m、n 鼻音，用反映长安音的汉音表记的时候都变成 b、d。而且中古音的全浊音都变成无声有气音了，所以吴音中用浊音表记的字，在汉音里就都变成了清音。

由此可知，吴音保留着更古老的中国音。而汉音反映的是唐代长安音。关于唐代的长安音应该放到中古音的范围里还是放到近代音里，请大家向冯老师咨询。

日本汉音和日本吴音的关系和佛教势力有关系。佛教成为日本文化的中心的时代，吴音势力虽然很强大，但是文学的中心是汉诗、汉文。所以汉音的势力也就慢慢变大。但是小孩、武士的教育一般都是在寺院接受的，在寺院里因为用吴音，所以吴音的势力依然很强大。但是到了现代汉音的势力越来越强，明治时期以后佛教和学校教育不再有联系，所以和尚的影响也就消失了，原来用吴音读的汉语也逐渐改变成汉音读了。年号等以前都是用吴音读的，现在用汉音读的时候越来越多了。

古老的时代只有吴音，所以有些词语只能用吴音读。例如材料 8 中的"久远"一般读作"きゅうえん kyuuen"，但是读作"きゅうえん kyuuen"大家都不知道是什么意思。这个词一定要用吴音读"くおん kuon"。就是

说，已经用吴音固定了读音的词语，即使汉音势力再强大也改变不了。

《材料8》吴音读的词汇

久遠(kuon)、未曾有(mizou)、平等(byoodou)、正月(syoogatu)、静脉(jyoomyaku)
(汉音　kyuuen　　misouyuu　　heitou　　seigetu　　seibyaku)

图7

4. 中古音和汉音的关系

日本汉字音可以说是研究中国中古音的资料。请看材料9。这是"中国中古音和日本汉音的对照表"。从这对照表中可以看出，中国中古音重构音和日本汉音的韵母有相应关系。

中古音的低元音在日本汉音中也是低元音。只是因为日语中的韵母种类少，所以中古音中的几种韵母只能对应汉音的一种韵母的情况比较多。韵尾 m、n、ng 还很好地保留在汉音中。

《材料9》【中国唐代音和日本汉音对照表】按照音节的韵尾来排列。
项目的顺序是「号码·唐代音·韵目·日本汉音」

【没有韵尾(没有-m, -n, -ng 的音节)】	【m韵尾】(这个韵尾现在没有了。都变成 -n)
01　ɑ　歌　a	36　ɑm　談　amu
02　a　麻　a	37　ʌm　覃　amu
03　ɒ　戈　a	38　ɐm　咸　amu
04　ia　麻　a	39　am　銜　amu
05　aɪ　佳　ai	40　em　添　emu
06　ai　夬　ai	41　ɒm　嚴　emu
07　ɐi　皆　ai	42　ʌm　凡　emu (唇amu)
08　ɑi　泰　ai	43　mɐi　塩　emu
09　ʌi　哈　ai	44　mɐi　塩　emu
10　ei　齐　ei	45　ɪəi　侵　imu
11　ɪɑi　廢　ai	46　ɪməi　侵　imu
12　əi　微　i	
13　ɪəi　之　i	【n韵尾】
14　iəi　之　i	47　ɑn　寒　an
15　ɪɛi　祭　ei	48　nə　痕　on
16　iɛi　祭　ei	49　ɐn　山　an
17　ɪi　脂　i	50　an　删　an
18　i　脂　i	51　en　先　en
19　əi　支　i	52　ʌn　元　en
20　iə　支　イ	53　ɪnəi　欣　in (un)
	54　ɪnɐi　仙　rn(an)
	55　iɛn　仙　en

21	ɑu	豪	au
22	əu	侯	ou
23	au	肴	au
24	eu	蕭	eu
25	yu	虞	u
26	yu	虞	yu·u
27	iəu	尤	u
28	iəu	尤	iu
29	ıɐu	宵	eu
30	iɐu	宵	eu
32	uɐu	幽	iu
33	o	模	o
34	iə	魚	yo
35	iə	魚	yo

56	iən	臻	in
57	iən	真	in (合 un)
58	iən	真	in

【ŋ韻尾】（日本人不能发ŋ，用u写音）

59	ɑŋ	唐	au
60	əŋ	登	ou
61	oŋ	通	ou
62	ouŋ	東	ou
63	ŋ	耕	ou
64	auŋ	江	au
65	eŋ	青	ei
66	iɑŋ	陽	iyau (唇齒 au)
67	iɑŋ	陽	iyau (王 au)
68	ioŋ	鐘	iyou (唇 ou)
69	ioŋ	鐘	iyou
70	iəŋ	蒸	iyou
71	iəŋ	蒸	iyou
73	iəuŋ	東	iu
74	iɑŋ	庚	ei
75	iɐŋ	清	ei
76	iɐŋ	清	ei
77	iəŋ	蒸	iyau

图 8

原则上，和汉音不一致的汉字音都分类到吴音里。就是说吴音实际上是不合乎汉音的所有的音的总称。因此吴音中混杂着各种音。但是汉音除了反映长安音的声母和韵母的音韵变化这一点外，其他基本上和吴音是同一体系，所以有相似的音形特征。

5. 区别于吴音与汉音的汉字音

另外，还有和汉音、吴音有很大区别的汉字。请看材料 10 中的例子。

《材料 10》古韩音

①至(ti)、止(to)、侈(ta)　（漢音·吳音：ts-）

②支(ki)　（漢音·吳音：ts-）

③明(ma)、良(ra)　（漢音·吳音：-au、-iyau、-ei）

④奇(ka)、宜(ga)、移(ya)、侈(ta)　（漢音·吳音：-i）

⑤巷(so)　（漢音·吳音：-a）

⑥意(o)、富(po)、己(ko)、止(to)、巳(ko)、里(ro)　（漢音·吳音：-i）

⑦義(ge)、俾(pe)、尼(ne)　（漢音·吳音：-i）

⑧居(ke)、举(ke)　（漢音：-iyo、吳音：-o）

⑨乃(no)　（漢音·吳音：-ai）

⑩啾(so)　（漢音：-iyu、吳音：-ou）

图 9

最明显的例子是④"奇、宜、移"中有 a 音，⑥"意、己、止、里"中有 o 音，⑦"義、俾、尼"中有 e 音。这些不同韵母的例子的共同点是它们在汉音、吴音中韵母都变成带 i 的汉字。这是和汉音、吴音不同的地方，所以用中古音是没办法解释明白的。因此有人认为这是上古音残留下来的字音。残留下来的上古音可能保留在传到日本来的古老的朝鲜汉字音里。

6. 唐音

更为麻烦的是除了汉音、吴音以外，还有被叫作"唐音"（宋音、唐宋音）的汉字音。这个"唐音"是从宋代到元代随着禅宗一起传到日本来的。例如材料 11 中的例子就是唐音的例子。

《材料 11》唐音（又叫「宋音」「唐宋音」）

	唐音	汉音	吴音
行火	**anka**	kouka	gyouka
行燈	**andon**	koutou	koutou
椅子	**isu**	isi	isi
看経	**kankin**	kankei	kankyou
銀杏	**ginnan**	ginann	ginan
炭団	**tadon**	tantan	tandan
饅頭	**manjyuu**	mantou	mantou

图 10

这是从 12 世纪到 15 世纪随着（贸易）物品传到日本来的词语。例如第一个词语"行火"，汉音读"こうか kooka"，吴音读"ぎょうか gyouka"，但是现实生活中我们都读"あんか anka"。这是因为"行火"这种道具传到日本时名称也一起传过来的缘故。当然也就接近于当时的中国语的发音。现代汉语中读"háng huǒ"吧。从这个例子可以看出"行"字比起"kou""gyou"音，更接近于北京官话"hang"音。

"椅子"等词语的发音很接近于北京官话。

但是唐音只保留在物品名称和禅宗用语里。禅宗是佛教的一个支流，仍然是以吴音为基础。禅宗里所使用的经典或佛典虽然用唐音诵读，可是有很多已经被吴音吸收了。所以除了物品名和特殊的经典以外，唐音到现代都消失了。

这样日本汉字音可以分为三层，都有一定的偏重，但又都并存于现代日语当中。

如果要了解汉音、吴音的汉字音体系，大家请看下图中（图 11、图 12）所列举的资料。

汉音资料：长承本《蒙求》（12 世纪）

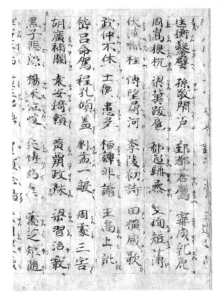

图 11

吴音资料：保延本《法华经单字》（12 世纪）

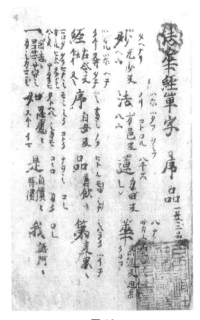

图 12

这些都是 12 世纪的资料，系统地记录了汉字音的两组资料。通过资料中的照片，大家可以感受一下古文献资料是什么样子的。

还有一个和汉字音不在一个层次上的资料。那就是"万叶假名"资料。万叶假名是舍弃汉字的字义，借助汉字的音或训来表记的形式。上面说的"音假名"就是万叶假名中的一种，是日语中的平假名还没有出现的时候很发达的一种表记方法。

五　万叶假名

1. 万叶假名

《材料12》万叶假名

＜分類＞

```
正訓字……石、川、山
万叶假名  音假名：一字一音……安(a)、宇(u)、可(ka)、古(ko)、許(ko)
                  一字二音……難(nani)、監(kemu)、散(sani)
         訓假名：一字一音……六(mu)、目(me)、巣(su)、手(te)
                  一字二音……鶴(turu)、鴨(kamo)、友(tomo)
戲　訓……山上復有山(出：ide)、青頭鶏(鴨：kamo)、馬声 (i) 、蜂音(bu)
```

图 13

《分类》中的项目是广义上《万叶集》中使用的汉字使用法的分类。"正训字"时利用汉字的意义的表记法，所谓一般的汉字用法。"石"字就是用汉语中的石头的意思。

材料 12 中的"万叶假名"是利用汉字的音或训的表记法。利用音的叫"音假名"，利用汉字的训的叫"训假名"。分别为以一字标注日语一音节和一字标注日语二音节的两种。"戏训"一种语言游戏。"山上复有山"的意思是"山字上面还有山"。两个山上下重叠起来就是"出"字。这就是戏训。

音假名中"安"字发音为"an"，把这个字的尾音去掉后充当日语中的"a"音。"宇"充当日语中的"u"。这里没有"宇"字本身的意义。只是借了"u"的音来标注日语中的"u"而已。训假名"六"字发音为"ろくroku"，训为"mu"。这里只是为了表记日语中的"mu"的音，和汉字的意义没有关系。

这其中考虑汉字音时重要的是"音假名"。汉字音是反映怎么用日语读中国的字音的问题，而音假名是反映日语音节由中国语的哪个音标注的。虽然角度不同，但是共同的是都是把汉字的发音和日语的发音连接起来了。从这一点上看可以说是研究日本汉字音的资料的。

2. 日本汉字音的研究资料

古代日本文献中有《古事记》《日本书纪》《万叶集》三种资料。《古事记》《日本书纪》是 8 世纪初完成的作品。《万叶集》大约是 9 世纪完成的，搜集了那之前的和歌编辑而成。其中所用汉字几乎都是以吴音为基础。只是《日本书纪》中一部分是用汉音标注日语的。

卷 1~13、卷 22~23 是以吴音为基础的音假名（β 群）。

卷 14~19、卷 24~27 是以汉音为基础的音假名（α 群）。

所以 α 群的汉音可以说是日本接受唐代长安音后直接成立的汉字音体系，还没有产生讹变时期的汉字音。从这个 α 群中的音假名标注法中可以看出，它很好地反映了唐代长安音的特征。请看材料 12 的具体例子。

《万叶假名的实例》：

（A）全用音假名书写的和歌：

05 – 0807	宇豆都仁波 u tu tu nipa	安布余志勿奈子 apuyosimonasi	奴婆多麻能 nubatamano
	用流能伊昧仁越 yorunoimeniwo	都伎提美延許曽 tukitemiyekoso	
05 – 0845	宇具比須能 ugupisuno	麻知迦弖尔勢斯 matikatenisesi	宇米我波奈 umengapana
	知良須阿利許曽 tirasuarikoso	意母布故我多米 omohukoogatame	
05 – 0852	烏梅能波奈 umenopana	伊米尔加多良久 imenikataraku	美也備多流 miyabitaru
	波奈等阿例母布 hanatoaremopu	左氣尔于可倍許曽 sakeniukabekoso	

（B）正训字、训假名、音假名三者并用的和歌：

10 – 2083　秋風乃　吹西日従　天漢　瀬尔出立　待登告許曽

16 – 3866　奥鳥　鴨云船之　還来者　也良乃埼守　早告許曽

图 14

3. 唐长安音的特点

唐代长安音有什么样的特点呢？请看资料最后面的"唐代的韵类"。这是以中古音为基础，对韵母进行的分类表。最上面一行是把韵母从大的角度上分类出来的"摄"。左面竖着一列是根据韵母的特点按照等韵图来分类的。表格从上往下看时，在上面的韵母是发音部位靠后的，越往下看韵母的发音部位越往前靠。

这差不多可以说是包括所有中古音的韵母表。其中有看不太清楚的箭头标志，那箭头表示韵母顺着箭头方向合流。例如，"废弃"中的"废"字箭头朝向"祭"韵，这说明"废"韵合流到"祭"韵中了。那下面有"一齐"的"齐"字箭头指向"祭"韵，这也说明"齐"韵合流到"祭"韵中了。这就是唐代长安音的合流现象。其他的变化也写在下面了。

①"全浊音的无声化"：指浊音（有声音）变为无声音的现象。就是 da 变成 t'a，ba 变成 p'a。

②"鼻音的非鼻音化"：ma 读成 mba，比起鼻音有声音的特点更加突出了。受这个现象的影响，na 也读成 nda 了。

③"轻唇音化"：指表格中用四方框围起来的韵母 p 变成 f、b 变成 v 的现象。轻唇音化现象发生之前中国语里没有 f、v 音。现代北京官话中"法律"的"法"就是轻唇音化的结果。古音是［pa］。

④"全浊上声的去声化"：上声字中，声母为全浊音的字合流到去声中的现象。这种现象在万叶假名中没有体现出来，但是在平安时期汉音资料中反映出来了。

⑤"一等、二等重韵的合流"：表中的"一等韵"，一般只有一个种类。但是个别摄中有两种类的。例如，蟹摄中的"泰"韵和"哈"韵。正如这样一等韵或者二等韵中有不止一种韵母的时候，称之为一等重韵，二等重韵。这种重韵合流成为一种类的韵的现象，就叫"一等、二等重韵的合流"现象。所以现代汉语中的"泰"韵字和"哈"韵字变成同一韵母的字了。

⑥"支摄各韵的合流（支·脂·之）"：大家可以看到表中的停止的"止"摄的三等韵被围起来了吧，这表示这三个韵母已经合流了。

这样从大方面看，唐代长安音和中古音做一个比较的话，是有一些变化。这个变化的结果反映在《日本书纪》的 α 群的音仮名中。例如，由 1 的"全浊音的无声化"引起的中国语的浊音，除了由 2 的"鼻音的非鼻音化"现象而产生的音以外，都消失了。所以 α 群中没有表记浊音的汉字，日语中的浊音字也只有使用非鼻音化所产生的鼻音字，或者使用吴音来表记。

由此看来，日本汉音，特别是《日本书纪》的 α 群的汉音，对研究中国中古音或者处在变化之中的秦音，也就是说对研究唐代长安音有很大的利用价值。

4. 中国古音节表

最后，请大家再看一个材料。这就是《中国中古音音节表》，原来一共有两张。把这两张粘贴在一起，就是这个样子的图表。这个图表是把《切韵》《广韵》的汉字音体系汇总成为一张的。这只是平声一页，还需要配上上声、去声、入声三个图表，考虑到它们之间的区别只在声调上面，学者之间一般习惯于用平声的音节表代替其他。只是这样一来，有一个问题。就是本来有的发音，不巧没有平声字，如果把这个发音空着，就会传递错误的信息，就把该发音的上声字补进来，表示这个发音是存在的。如果没有上声字，就用去声字补，补进去的字，在〇里标明上、去之分。大家可以看到，从去声补进来的字特别多。△表示是从含 w 的音节补进来的。这些都是上栏里写明的。这样补上上声字、去声字、入声字后，这张表就成了平声字的一览表，我们就可以通过平声字的一览表，总览中古音全部的音节。我们看附属材料《中国中古音节表》，横向的表示声母，纵向的最右侧表示韵母，横纵结合就构成了整个音节，如果这个字音不存在，就用×表示。表中〇表示平声字。

在中国搞方言调查以及调查外国的汉字音时，基本上使用这样的表来分析。《切韵》的分类甚详，几乎所有的方言都可以采用。

我们把最右侧的韵母集中在一起，再加以整理，就是我们刚才看过的"唐代韵类图"。

这是搞中国音韵学的人都知道的常识，考虑到有人可能不了解，我在此说明了一下。

据我所知，制作这种表格的人为数不多，印在这里，供大家参考。我调查万叶假名时，用的就是这个表。

我们看看这个表，就可以看出，日本汉音与中国中古音之间确实存在对应关系。

首先，中国中古音中，宽元音在日语中也是低元音（a 系）。高元音在日本汉音里也是高元音（e 等）。韵尾也对应精确，日语中词尾音 ŋ 当时没法发音，就以 u 的形式接受。因此，以 αŋ 做韵尾的汉字，在日语里就都读"アウ au"。还有，m 韵尾的汉字古时以"mu"的发音接受，后来-m、-n

区别消失，一并都变为"n"。这与北京官话一模一样。比如"谈话"的"谈"，本来读 tam，现代汉语变成 n 韵尾。现代汉语方言里面，仍然保留 m 和 n 的区别的方言几乎没有了。日本汉字音具体全面地反映了唐代长安音，这可以为唐代汉语研究提供很好的资料。

　　以上内容，说是浅谈，就是说，我把日本汉字音的历史概括地描述了一番，同时还涉及了日本汉字音与中国中古音之间的关联。

　　谢谢各位！

　　如果有什么疑问，请不要客气，提出来我们共同讨论。除了日本汉字音以外，日本文学、日本文化方面的问题也可以。

互 动 环 节

　　问：请问朝鲜汉字和越南汉字也是中国的音吗？

　　答：是的。

　　问：为什么"答"和"八"有几个音？是一种衍变关系吗？

　　答：这是日语中的变化。原来是 pa，后来 p 变成 k，pa、ka、ha 变成现在的，所以是时代的演变。接受了汉字读音以后在日本发生变化。

　　问：日语一直没有复元音没有复辅音吗？没有平上去入的四声吗？

　　答：这是现在的汉字，以前的汉字没有单音节的，所以"爱"，a 和 i 分开的。发音的时候一个音节，在叙述音节的时候是两个音节。这是日语的特点。

　　问：请问日语"母胎音"这个词汉语应该翻译成什么？

　　答：基本音。

　　问："仕事"这个词是音读吗？

　　答：这个"仕"是由"する"的连用形"して"变化来的。

　　问：汉语的多音字和日语的读音有对应关系吗？比如像"省"的"反省"读"せい"和"文部省"读"しょう"。

　　答：在中国有区别的话在日本也有区别。有的时候有特殊的，会用新的汉音。

　　问：您在日本使用的音韵学工具书有哪些？

　　答：很少，没有很好的书。现在平山久雄的中古音是最好的。《中国语学》音韵很少，语法很多。

时间：2014 年 4 月 8 日（周二）15：30 ~ 17：30

地点：首都师范大学北一区综合楼 314（甲骨文研究中心）

主讲人简介

　　王素，著名历史学者、出土文献整理研究专家，故宫博物院研究员。1977 年考取武汉大学历史系本科。1978 年考取同系研究生，1981 年毕业，获硕士学位。1992 年被评为国家级有突出贡献专家，1993 年享受政府特殊津贴，2005 年被评为中组部代中央联系专家。北京大学兼职研究员、首都师范大学兼职教授、新疆师范大学客座教授、中国魏晋南北朝史学会理事、中国敦煌吐鲁番学会常务理事、"点校本'二十四史'及《清史稿》修订工程"修纂委员会委员、"全国古籍保护工程"专家委员会委员。先后参加或主持《吐鲁番出土文书》《新中国出土墓志》《长沙走马楼三国吴简》《长沙东牌楼东汉简牍》等多卷本出土文献的整理。出版专著 14 部，发表论文、书评等各类文章近 400 篇。

　　主持人（黄天树）：我简单地介绍一下，今天很荣幸请到故宫的三位先生：一位是王素先生，故宫研究院古文献研究所的所长，主要致力于出土文献的整理研究；另外还有任昉先生，故宫研究院古文献研究所的研究员；还有一位是韦心滢女士，故宫研究院故宫学研究所的副研究员。国家图书馆收藏甲骨数量最多，总共有 3 万多片，台湾史语所有 2 万多片排名第二，故宫收藏的甲骨数量在全世界排名第三。故宫现在有个大的项目准备要启动，叫作"故宫博物院藏殷墟甲骨文整理与研究"。王素先生是出土文献整理研究方面的专家，今天刚好给我们讲出土文献的整理规范。实际上我们现在做的工作（中华字库项目）也属于出土文献的整理研究。下面我们就欢迎王素先生做报告。

从故宫藏甲骨文整理谈
出土文献整理规范

王　素

　　各位同学，下午好！黄天树先生在参加了故宫甲骨文项目论证会之后，就一直说要请我来举办一次讲座。而我一直很为难：甲骨文我不太内行，还处在学习过程中，用什么题目才能在著名的"甲骨文研究中心"举办讲座呢？后来我想了一个主意：以甲骨文为话题，来谈出土文献的整理规范。这就是今天这个讲座的缘起。我们所谓的出土文献，是相对于传世文献而言的，二者都属于古籍之一种。前一段时间，也就是3月18日至19日，我参加了"2014年度国家古籍整理出版资助项目评审会"。这次参评的古籍，出土文献就占了1/3，可见国家是把出土文献归属于古籍的。在这个会上，我们通过了几个重大的项目，黄先生的"甲骨文摹本大系"就是其中之一。这次参评的还有宋镇豪先生的"旅顺博物馆所藏甲骨"。仅甲骨就两个项目。还有"关中地区出土西周金文整理"，可见金文也算在里面了。此外有清华简、岳麓简、肩水金关简、长安高阳原新出土隋唐墓志、首都博物馆藏敦煌文献、法国国家图书馆藏敦煌藏文文献，等等。甲骨、金文、简牍、文书、石刻墓志，出土文献五大门类，都属于古籍。我们都清楚，古籍的整理有很详细的规范，比如版本校、他本校等。这个规范是由全国古籍整理出版规划领导小组制定的。但是这个规范仅仅针对传世文献的整理，出土文献的整理基本上都是各行其是，从来没有明确的规范。我今天就借介绍故宫藏甲骨文整理项目之便，简单谈谈出土文献的整理是否也应该有规范这个问题。

第一讲　从故宫藏甲骨文项目说起

故宫博物院藏殷墟甲骨来源有三：一是公家调拨，二是私人捐赠，三是院方收购（含没收）。公家调拨主要为明义士旧藏于北平华北联合语言学校（简称华语学校）的甲骨，私人捐赠包括马衡、李绍白、夏锡忠、薛贵笙等捐献的甲骨，院方收购（含没收）包括收购上海谢伯殳旧藏甲骨和没收倪玉书、陈鉴塘文物中的甲骨。其中，明义士华语学校旧藏甲骨有2万多片，构成本院的主要收藏。明义士是研究甲骨的专家，这一点应该尽人皆知，我就不详细介绍了。他在安阳逗留了13年（1914～1916年、1921～1927年、1930～1932年，1935年8月带着他的儿子明明德到安阳逗留了一个月），所以他是在安阳逗留时间最长的研究甲骨的专家。在安阳，他获得了大量的甲骨。1917年他已自称个人藏有5万片，加上1924年在小屯又获得的"一坑甲骨"，以及此后还有零星购藏，推测至少藏有将近8万片，但不少都已散佚。现仍留在国内的（除去1999年其哲嗣明明德从加拿大运回捐赠给山东大学的三箱考古资料）共有三批：第一批现存南京博物院，即明义士《殷虚卜辞》著录的甲骨（见图1-1）。该书1917年出版，是明义士编著的最早的一部关于殷墟甲骨的著作。明义士在书中说，本书所收甲骨都是从当时自己收藏的5万片甲骨中选出并亲手临摹的，共计2369片。第三批现存山东博物馆。即明义士抗战时期委托同事英国人林森埋藏在原齐鲁大学（即现在的山东大学）某教师住宅地下室的8080片甲骨。这是明义士在齐鲁大学任教期间为撰写《甲骨研究》《考古学通论》等讲义和论文时用过的甲骨。第二批现存故宫博物院，即明义士《殷虚卜辞后编》著录甲骨的原物（见图1-2）。《殷虚卜辞后编》1928年编著，1972年才经许进雄先生再整理由台北艺文印书馆出版①。本书著录的就是前面提到的明义士1924年在安阳小屯获得的"一坑甲骨"，胡厚宣先生统计总数有20364片，学术价值最大。

---

① 明义士著、许进雄编《殷虚卜辞后编》，台北，艺文印书馆，1972。

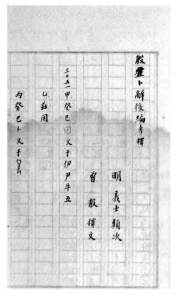

图 1-1 明义士《殷虚卜辞》书影　　图 1-2 明义士《殷虚卜辞后编》翻译稿本

　　故宫所藏的甲骨，也就是《殷虚卜辞后编》这本书用过的甲骨的原物，其学术价值有多方面的体现。李学勤先生在 1977 年发表的《论"妇好墓"的年代及有关问题》一文中，首次提出"历组卜辞"的概念及其分期问题，认为"历组卜辞其实是武丁晚年到祖庚时期的卜辞"，由此开启了甲骨学界著名的"历组卜辞"年代之争①。这个争论到现在也还没有停止。李学勤先生 1981 年将从明义士早年助手曾毅处获得的明义士《殷虚卜辞后编》的"序"的待定稿（英文中译），附在他 1981 年发表的《小屯南地甲骨与甲骨分期》一文后面。明义士的这个"序"没有收入台北艺文印书馆出版的《殷虚卜辞后编》中，仅见于李学勤先生的这篇文章。该"序"先将"一坑甲骨"中的卜辞按内容分为"祭祀"和"田猎、游行"两类，再将"祭祀"类按称谓和时代分为"甲屉"和"丙屉"。李学勤先生认为"甲屉"属于"历组卜辞"，可以作为"历组卜辞"概念及其分期问题的旁证②。此后，大家都非常关心这批甲骨的原物到哪里去了。于是，这批甲骨重新受到关注，其价值更开始显现。

　　然而，这批甲骨的下落，长期以来言人人殊。1953 年，董作宾先生在

---

① 李学勤：《论"妇好墓"的年代及有关问题》，《文物》1977 年第 11 期，第 32～37 页。
② 李学勤：《小屯南地甲骨与甲骨分期》，《文物》1981 年第 5 期，第 27～33 页。

《甲骨文材料的总估计》说明义士旧藏这批甲骨"原存在济南，已不知下落"①；1956 年，陈梦家先生《殷虚卜辞综述》说"明义士旧藏，今在山东文管会"②；1970 年，李棪先生《北美所见甲骨选粹》说这批甲骨"留在山东，瘗之土中"③；1977 年，许进雄先生《明义士收藏的商代甲骨》说这批甲骨"原骨被毁"④。还有一些揣测，无须赘述。总之，很长时间都说不清楚。最早发现这批甲骨的是胡厚宣先生。这批甲骨终于被发现和受到学术界的关注，也应该归功于胡厚宣先生。胡先生为编辑《甲骨文合集》，于1965 年和 1974 年两次进故宫博物院调研和选拓甲骨。当时，唐兰先生是故宫博物院的副院长，胡先生与唐兰先生有交情，得到唐兰先生的特批，所以能够进入故宫库房调研和选拓甲骨。胡先生发现了这批甲骨，对其进行了仔细的清点，并在 1985 年发表的《关于刘体智、罗振玉、明义士三家旧藏甲骨现状的说明》一文中进行了详细的描述，在学术界引起了轰动。

胡厚宣先生对两次调研的描述如下：

明氏旧藏甲骨，现留在国内的第二批，是北京故宫博物院所藏的甲骨。故宫博物院所藏又分为两部分，一部分为故宫博物院原藏，3 匣17 屉，除一屉为陶丸陶饼小螺贝壳等 164 件之外，甲骨共计 870 片。1965 年，为编辑《甲骨文合集》，我们去故宫博物院选拓甲骨，见明义士甲骨中，混有 1924 年 2 月 18 日发自天津寄往北京明义士的信封一个，封面写：

J. M. Menzies B. D

N. C. U. Language School

Peking

知那时明义士曾在北京华语学校教书，所以甲骨就存在华语学校内。

故宫博物院所藏明义士旧藏甲骨的第二部分是 1974 年在故宫仓库

---

① 董作宾：《甲骨文材料的总估计》，《大陆杂志》第 6 卷第 12 期，1953。

② 陈梦家：《殷虚卜辞综述》，考古学专刊甲种第 2 号，科学出版社，1956。

③ 李棪：《北美所见甲骨选粹》，《中国文化研究所学报》第 3 卷第 2 期，香港中文大学出版社，1970。

④ 许进雄：《明义士收藏的商代甲骨》（*The Menzies Collection of Shang Dynasty Oracle Bone*），加拿大皇家安大略博物馆，1977。

中清出，计 10 匣 25 屉又 167 包共 19494 片。箱子上边都有明义士亲笔写的封条。这部分甲骨，原来也是有在华语学校图书馆内，由中央文化部文物局清出，交由故宫博物院保存。

这两部分甲骨，原来都存在华语学校，应该是一批东西。870 加 19494，合共 20364 片……即《殷虚卜辞后编》一书所著录甲骨之原物①。

最后一段是胡厚宣先生当时的统计。胡先生在 1984 年发表的《八十五年来甲骨文材料之再统计》一文中说故宫藏的甲骨一共有 22463 片，比 20364 片多出了 2000 多片。这应该是包括前面所说的马衡等旧藏在内的数字。可见胡先生的统计和描述是非常细致的。

胡厚宣先生在 1996 年发表的《大陆现藏之甲骨文字》一文中还说："在北京故宫，承院方美意，曾破例允许我在仓库的办公房里，挑选最后在库房找出原存华语学校的明义士旧藏的十箱甲骨，以供拓印，这种热情，实在令人感激！"这些甲骨相信他是亲眼见到了的。然而这个调研情况，后来却因种种原因受到质疑。我想：第一应该是胡先生的文章发表之后，很多对这批甲骨有兴趣的专家学者都想去故宫看看。但由于当时故宫只是把这批甲骨作为资料，从未清理，也从未入账，所以给这些专家学者的回答是："账上只有 4700 片，其他的我们没有。"这应该是故宫对这些专家学者的正式回应。故宫的回应不能证实胡先生的说法，大家就自然怀疑胡先生的根据了。第二可能是胡厚宣先生两次进故宫：第一次带了一批人，包括历史所的萧良琼先生，他们一起进了故宫库房，有很多证明人，自然没有问题。但是这一次只看到了小宗的 870 片，没有发现大宗的 19494 片。第二次也带了一批人，但唐兰先生只同意让胡先生一个人进故宫库房。胡先生一个人在库房工作了若干天。这一次他发现了大宗的 19494 片。但由于他是一个人在库房工作，没有人能够为他证明，所以尽管他在文章中言之凿凿，却很难让人相信，甚至连胡先生的不少学生都对胡先生的说法表示怀疑。

孙亚冰女士 2006 年发表《百年来甲骨文材料统计》一文，对百年来甲骨文材料进行重新统计，在故宫博物院条目下，注明只有"4700 片"，解释

---

① 胡厚宣：《关于刘体智、罗振玉、明义士三家旧藏甲骨现状的说明》，《殷都学刊》1985 年第 1 期，第 5 页。

说："《八十五年》（即前揭《八十五年来甲骨文材料之再统计》）统计为
22463 片，但据故宫博物院的郝炎峰先生讲，能确认的只有 4700 多片①，因
此不能确认的还有一万七千多片。"② 这样，胡厚宣先生言之凿凿的这么一
大批甲骨究竟到哪儿去了？自然成为学术界尤其是甲骨学界普遍关心的一
个问题。这样，故宫方面也只有将收藏的这一批明义士《殷虚卜辞后编》
著录的甲骨整理出来，才能给学术界一个交代。这可以说就是故宫藏甲骨
文项目的缘起。其间，还有一个颇具戏剧性的小插曲。这就是 2012 年 9 月，
故宫博物院单霁翔院长参加武当大兴 600 年盛典暨玉虚宫大殿修复落成典
礼，胡厚宣先生的高足、甲骨名家宋镇豪先生也参加该盛典暨典礼。宋先
生一直觉得自己的老师好像背了一个不白之冤，他见到单院长就说："我老
师当年去故宫做甲骨调研，故宫有甲骨 22463 片，现在你们说只有 4700 片，
那一万七千多片甲骨到哪儿去了？你们故宫应该给学术界一个交代。"单院
长一听"一万七千多片甲骨到哪里去了"，就感觉是一个很严重的问题，急
忙打电话到故宫具体保管甲骨的器物部进行核实。器物部的工作人员给予
的回答是："东西都在，只不过还没有整理。"这有点像空口说白话，没有
什么人会相信。因此，宋镇豪先生接着说："那你们应该把它整理出来呀！"
单霁翔院长答应道："我们一定会把它整理出来的。"2013 年 10 月，故宫正
式成立了故宫研究院。单院长提议研究院内成立古文献研究所，让我当所
长。我想，单院长此时应该已有整理故宫甲骨的考虑了吧。我们知道：故
宫收藏的古文献，种类和数量都极为惊人！甲骨收藏占世界现存甲骨总数
的 18%，仅次于国家图书馆（34512 片）和台湾中央研究院历史语言研究
所（25836 片），属于世界第三大甲骨收藏机构。商周青铜器收藏了 1 万件
左右，其中有铭文的就有 1600 多件，属于世界第一大商周青铜器收藏机构。
此外，还有石刻碑帖 26000 件左右，明清尺牍 4 万多件，明清档案 1 万件左
右，古籍图书 37 万册，敦煌吐鲁番文献文物将近 300 件，等等。可见古文
献研究所的成立并不是摆样子，确实有很多工作可以做。但第一项要做的
工作，就是把故宫藏的甲骨整理出来，可见我们对甲骨的重视。今年
（2014）2 月 20 日，我们在故宫建福宫会议室，正式召开了"故宫博物院藏

---

① 　按：郝炎峰是故宫文物管理处的工作人员，他的回答没有问题。因为，文物管理处管理的
　　是有院藏编号的文物，也就是所谓在账文物，这 4700 片甲骨是有院藏编号的在账文物，而
　　另外 17000 多片甲骨是资料，还没有院藏编号，属于不在账文物，文物管理处并不清楚。
② 　孙亚冰：《百年来甲骨文材料统计》，《故宫博物院院刊》2006 年第 1 期，第 28、31 页。

殷墟甲骨文整理与研究"项目论证会。此次会议，我们广邀在京甲骨名家参加，很荣幸，也请到了黄天树先生。我们一直非常关注黄先生和首都师大甲骨文研究中心各位同人的甲骨缀合和甲骨摹文的工作。黄先生和各位同人也都在《故宫博物院院刊》发表过不少关于甲骨缀合和甲骨摹文的文章。我觉得黄先生和各位同人的工作对我们的工作将会是一个促进。希望我们双方能有机会进行合作。

第二讲 出土文献整理缺乏规范

故宫既然要整理甲骨文，自然就要考虑整理规范。但是我发现，不仅甲骨文，整个出土文献领域，整理都是缺乏规范的。虽然，出土文献品类繁多，甲骨、金文、简牍、文书、墓志，载体不同，形制互异，各具一定的特殊性，但一些基本规范总是应该有的。目前似乎仅缺字用"□"比较一致。其实缺字用□，从北宋欧阳修《集古录》开始就是这么做的。此外都是各行其是。这里主要以定名、补字以及缺文号等为例进行比较。

一　甲骨文

先说甲骨文。《甲骨文合集释文》自然是甲骨文整理的精品，但全书没有定名，补字是外加方括号（如［受]），缺文号是用省略号（……）代替①，与我们整理敦煌吐鲁番文书很不一样。整理敦煌吐鲁番文书，每件文书都必须定名，补字是字外加框（如 受），缺文号一般作长框（前缺作 ，中缺作 ，后缺作 ）。其中，定名属于定性，最为重要。也许有人会说，甲骨文无法定名。但我认为，甲骨文定名没有障碍。这里就以《甲骨文合集》所收故宫博物院藏甲骨文为例②，尝试进行解说。

（一）《合集》13716

这是故宫博物院藏的龟腹甲，正背各有 2 行文字，背面文字稍嫌漫漶，不录，仅录正面文字如下（见图 2 – 1 和图 2 – 2）：

---

① 胡厚宣主编《甲骨文合集释文》（全 4 册），中国社会科学出版社，1999。
② 郭沫若主编、胡厚宣总编辑《甲骨文合集》（全 13 册），中华书局，1978 ~ 1982。

1. 丁巳卜，宾，贞帚妹不汰疾。一 ［二］ 三 四 五 六 七
2. 贞帚妹其汰疾。一 二 三 四 小告 五 六

图 2 – 1　《合集》13716 正面原物图版　　图 2 – 2　《合集》13716 正面拓片图版

本件可以定名为《武丁宾贞问妇妹患疾龟甲》。"武丁"是殷王名，为时代；"宾"是贞人名，属"宾组"，为分组；"贞问妇妹患疾"为内容；"龟甲"为材质。这样的定名，时代、分组、内容、材质一目了然，理应受到研究者的欢迎。

（二）《合集》32114

这是故宫博物院藏的牛肩胛骨，仅一面有 5 行文字，录如下（见图 3 – 1、3 – 2、3 – 3）：

1. 甲寅，［贞］自［祖］乙［至毓］。
2. 丁巳，小雨，不征。
3. 戊午，贞多宁以鬯自上甲。
4. 甲子，贞又伐于上甲羌一，大乙羌一，大甲羌，自。
5. 丙寅，贞王又岁于祖乙牢牛。

本件可以定名为《武乙或文丁贞问祭祀先公先王牛骨》。"武乙""文丁"都是殷王名，为时代；"贞问祭祀先公先王"为内容；"牛骨"为材质。这样的定名，虽无贞人名，但时代、内容、材质一目了然，也理应受到研

究者的欢迎。

图 3－1 《合集》32114
原物图版一

图 3－2 《合集》32114
原物图版二

图 3－3 《合集》32114
拓片图版

二　金文

商周青铜器铭文也没有定名。这里以现存西周青铜器中的三大重器为例，摘要进行解说。

（一）大盂鼎

国宝级文物。现存西周三大重器之一。1849 年陕西眉县出土。原藏上海博物馆，现藏中国国家博物馆。西周早期铸，共 19 行、291 字，记康王册命贵族盂氏事，具有极高的史料价值，却没有名称。大家习惯称之为《大盂鼎铭》。这么长的铭文，如果不从头到尾通读，我们就不知道它说了些什么。可见没有定名，使用极不方便。

图 4　大盂鼎铭文拓片图版

（二）毛公鼎

国宝级文物。现存西周三大重器之一。1843 年陕西岐山出土。原藏南京中央博物馆（即现在的南京博物院），现藏台北故宫博物院。西周晚期铸，共 32 行、497 字，记毛公向宣王献策事，也具有极高的史料价值，但同样也没有名称。大家习惯称之为《毛公鼎铭》。《毛公鼎铭》字数在商周青铜器铭文中无疑最多，但如果不从头到尾通读，也不知道它说了些什么。可见没有定名，会影响对铭文的理解。

图 5　毛公鼎铭文拓片图版

（三）散氏盘

国宝级文物。现存西周三大重器之一。清乾隆初年陕西岐山出土。原藏清宫，现藏台北故宫博物院。西周晚期铸，共 19 行、357 字，记矢人付散氏田地事，是研究当时土地制度的重要史料，但同样也没有名称。大家习惯称之为《散氏盘铭》。《散氏盘铭》字数在商周青铜器铭文中仅次于《毛公鼎铭》，但也没有名称。显然，商周青铜器铭文没有名称，会影响对其价值的判断。

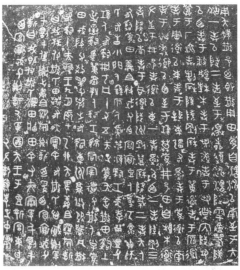

图 6　散氏盘铭文拓片图版

显然，关于现存西周三大重器铭文，并非无法定名或很难定名，而是传统就不做定名。这种情况，与甲骨文十分相似。这种传统如何形成，值得研究。

三 简牍

简牍的情况比较复杂。一般来说，典籍类简牍都有定名，如考古发掘的睡虎地、银雀山、八角廊、双古堆、张家山以及郭店等简，私人盗掘的上博、清华、北大、岳麓等简。而在此之外，无论是公文书，还是私文书，基本都是不定名的。试举二例如下。

（一）《敦煌汉简释文》①

本书收录敦煌出土汉简将近 2500 枚，都只有编号，没有定名。像 1302、1303 号这样前缺和前后均缺的残简没有定名，倒也无可厚非。但像 1301 号这样时间（神爵二年十一月癸卯朔乙丑）和地点（县泉）清楚、内容较完整且较重要的公文书（涉及记录囚犯供辞的"爰书"），也没有定名，就令人难以索解了（见图 7）。需要特别指出的是，无论是公文书，还是私文书，基本都不定名，也是简牍整理的传统。只不过，这种传统是否合理，值得讨论。

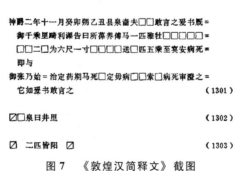

神爵二年十一月癸卯朔乙丑县泉啬夫□□敢言之爰书厩=
御千乘里畸利谰告曰所葆养傅马一匹驒牡□□□□□=
□□二□为六尺一寸□□□送□匹五乘至寰安病死=
即与
御张乃始=治定药期马死□定毋病□□□蒙□病死审澄之=
它如爰书敢言之 　　　　　　　　　　　　（1301）

☑□泉曰井里 　　　　　　　　　　　　　　（1302）

☑　二匹皆阳　☑ 　　　　　　　　　　　　（1303）

图 7　《敦煌汉简释文》截图

（二）《居延新简》②

本书从目录看，主要收录破城子探方出土简牍，从"破城子探方一"

---

① 吴礽骧、李永良、马建华释校，甘肃省文物考古研究所编《敦煌汉简释文》，甘肃人民出版社，1991。
② 甘肃省文物考古研究所等编《居延新简》，文物出版社，1990。

到“破城子探方六八”；此外，还收录少量破城子房屋、破城子坞内、破城子坞外灰堆出土简牍（见图 8－1、8－2）。“破城子探方一”后括号内的“1—3”，表示该探方出土了 3 枚简牍。“破城子探方四”和“破城子探方五”后括号内的“1—130”和“1—300”，分别表示该二探方出土简牍较多，前者有 130 枚，后者有 300 枚。但这些对于研究者来说并无太大用处。首先，所谓“居延新简目录”，看不到“新简”，看到的都是“破城子探方”，还不如叫作“破城子探方目录”。其次，“目录”是备查的，研究者如果想查诏令简、契约简、爰书简，该“目录”没有，还是得要一页一页地翻书。一言以蔽之，这都是因为没有定名的缘故。没有名称，只有编号，是无法编目录的。

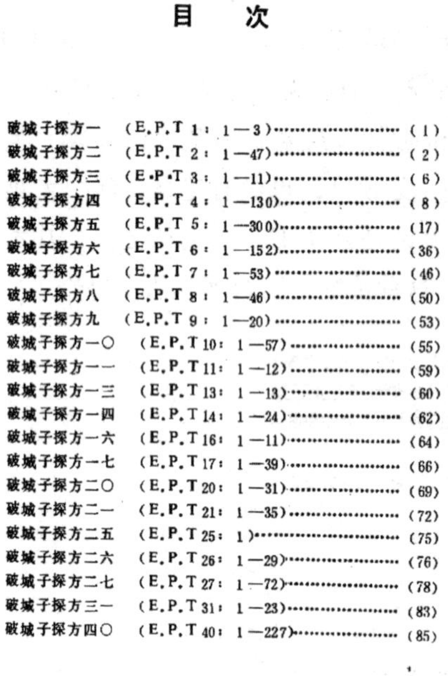

目　次

破城子探方一　（E.P.T 1：1—3）……（1）
破城子探方二　（E.P.T 2：1—47）……（2）
破城子探方三　（E·P·T 3：1—11）……（6）
破城子探方四　（E.P.T 4：1—130）……（8）
破城子探方五　（E.P.T 5：1—300）……（17）
破城子探方六　（E.P.T 6：1—152）……（36）
破城子探方七　（E.P.T 7：1—53）……（46）
破城子探方八　（E.P.T 8：1—46）……（50）
破城子探方九　（E.P.T 9：1—20）……（53）
破城子探方一〇　（E.P.T 10：1—57）……（55）
破城子探方一一　（E.P.T 11：1—12）……（59）
破城子探方一三　（E.P.T 13：1—13）……（60）
破城子探方一四　（E.P.T 14：1—24）……（62）
破城子探方一六　（E.P.T 16：1—11）……（64）
破城子探方一七　（E.P.T 17：1—39）……（66）
破城子探方二〇　（E.P.T 20：1—31）……（69）
破城子探方二一　（E.P.T 21：1—35）……（72）
破城子探方二五　（E.P.T 25：1）……（75）
破城子探方二六　（E.P.T 26：1—29）……（76）
破城子探方二七　（E.P.T 27：1—72）……（78）
破城子探方三一　（E.P.T 31：1—23）……（83）
破城子探方四〇　（E.P.T 40：1—227）……（85）

图 8－1　《居延新简》目录截图一

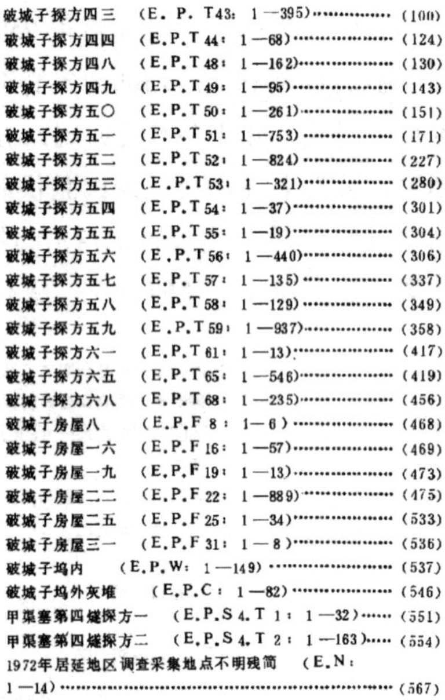

破城子探方四三　（E. P. T43：1—395）……（100）
破城子探方四四　（E.P.T 44：1—68）……（124）
破城子探方四八　（E.P.T 48：1—162）……（130）
破城子探方四九　（E.P.T 49：1—95）……（143）
破城子探方五〇　（E.P.T 50：1—261）……（151）
破城子探方五一　（E.P.T 51：1—753）……（171）
破城子探方五二　（E.P.T 52：1—824）……（227）
破城子探方五三　（E.P.T 53：1—321）……（280）
破城子探方五四　（E.P.T 54：1—37）……（301）
破城子探方五五　（E.P.T 55：1—19）……（304）
破城子探方五六　（E.P.T 56：1—440）……（306）
破城子探方五七　（E.P.T 57：1—135）……（337）
破城子探方五八　（E.P.T 58：1—129）……（349）
破城子探方五九　（E.P.T 59：1—937）……（358）
破城子探方六一　（E.P.T 61：1—13）……（417）
破城子探方六五　（E.P.T 65：1—546）……（419）
破城子探方六八　（E.P.T 68：1—235）……（456）
破城子房屋八　（E.P.F 8：1—6）……（468）
破城子房屋一六　（E.P.F 16：1—57）……（469）
破城子房屋一九　（E.P.F 19：1—13）……（473）
破城子房屋二二　（E.P.F 22：1—889）……（475）
破城子房屋二五　（E.P.F 25：1—34）……（533）
破城子房屋三一　（E.P.F 31：1—8）……（536）
破城子坞内　（E.P.W：1—149）……（537）
破城子坞外灰堆　（E.P.C：1—82）……（546）
甲渠塞第四燧探方一　（E.P.S 4.T 1：1—32）……（551）
甲渠塞第四燧探方二　（E.P.S 4.T 2：1—163）……（554）
1972年居延地区调查采集地点不明残简　（E.N：1—14）……（567）

图 8－2　《居延新简》目录截图二

四　文书

这里的“文书”，主要指敦煌吐鲁番文书。敦煌吐鲁番文书的整理传统，与前揭甲骨文、金文、简牍不同，一向重视定名，不仅典籍有定名，公文书、私文书也都有定名。其中，唐长孺先生主编的《吐鲁番出土文书》，整理最为规范，也最为经典。

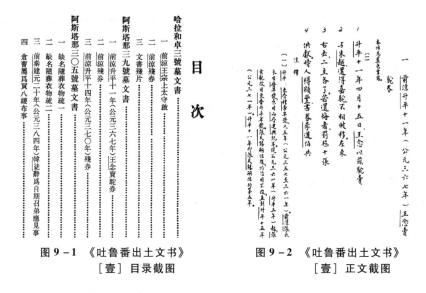

图 9-1　《吐鲁番出土文书》
［壹］目录截图　　　　图 9-2　《吐鲁番出土文书》
［壹］正文截图

我们可以看看《吐鲁番出土文书》［壹］①。先看目录。譬如"哈拉和卓三号墓文书"，相当前揭《居延新简》的"破城子探方一"，不同的是，"破城子探方一"中的 3 枚简牍没有定名，无法列目；而"哈拉和卓三号墓"中的 3 件文书都有定名：一是《前凉王宗上太守启》，一见就知道是一件官文书；二是《前凉残券》，知道是一件残损的契约；三是《文书残片》，尽管性质不明，但可知即使是小碎片也可以定名。接下来"阿斯塔那三九号墓"中的 3 件文书也都是契约。研究契约的专家，在前揭《居延新简》的目录中一件契约也查不到，而在《吐鲁番出土文书》的目录中所有契约都历历在目。再看正文。譬如"阿斯塔那三九号墓"中的《前凉升平十一年（367）王念卖驼券》，先有题解，然后是标注行号的释文，最后还有注释（见图 9-1、9-2）。出土文献整理有一个原则，就是释文尽可能地保存原貌，包括前面谈到的缺文号一般作长框，显示缺文的具体位置，目的是原物如果损坏了，可以根据释文进行复原。也只有按照这个原则整理的出土文献，才能真正反映出土文献的原貌。

五　墓志

近些年来，随着盗墓的无序，墓志大量出土，公私单位和个人既都在

---

① 　唐长孺主编《吐鲁番出土文书》［壹］，文物出版社，1992。

从事墓志的收购、收藏，又都在从事墓志的整理、出版，导致墓志整理图书最为不讲规范。由于这些从事墓志整理的单位和个人，大都与我关系良好，这里就不一一点名，仅作整体概说。

我曾与同事联名撰写《墓志整理三题》一文，提出墓志定名应用首题、平阙转行应有标识、铭文标点应该慎重三个关于墓志整理规范化问题，并进行了探讨①。这里只谈墓志定名应用首题问题，另外两个问题可以参阅我们的文章。我们知道：墓志发展到一定阶段，一般在第一行都有"首题"，也就是原作者为墓志拟的题目。譬如：著名的唐颜真卿书王琳墓志②，"首题"为"唐故赵郡君太原王氏（琳）墓志铭"；著名的唐麴建泰墓志③，"首题"为"唐故宁远将军益州玉津府折冲都尉上柱国麴君墓志铭"（见图10、11）。

图10 "唐故赵郡君太原王氏（琳）墓志铭"图版

---

① 王素、任昉：《墓志整理三题》简本（无注无图），载《古籍整理出版情况简报》2013年第7期（总第509期），第2~8页，详本（有注有图）载《故宫博物院院刊》2013年第6期，第34~40页。

② 赵振华：《唐徐峤墓志与徐峤妻王琳墓志初探》，《唐史论丛》第9辑，三秦出版社，2007，第239~252页。

③ 王素：《唐麴建泰墓志与高昌"义和政变"家族——近年新刊墓志所见隋唐西域史事考释之二》，《魏晋南北朝隋唐史资料》第30辑，上海古籍出版社，2014，第137~164页。

但在几乎所有的墓志整理图书目录中都简称为"唐王琳墓志"和"唐麴建泰墓志"。这不仅侵犯了原作者的著作权，违反了现行的古籍整理规范（按照现行古籍整理规范，古人诗文集所收作者撰写的诗文墓志题目，是不能随便减省改动的），还将原"首题"透露的志主身份、仕宦、履历等种种重要信息一并删除，显得很不妥当。这种简称，去掉前后雷同的朝代名和"墓志"二字，实际上只有人名。单看人名，是男是女，是官是民，都搞不清楚，遑论其他！这种墓志整理图书目录，不能提供关于志主的任何有用的信息，可以说没有任何价值和意义。

图 11 "唐故宁远将军益州玉津府折冲都尉上柱
国麴君（建泰）墓志铭"图版

实际上，墓志的"首题"，本身就是很有价值的。余扶危等曾经写过《洛阳出土唐代墓志首题研究》一文，对墓志"首题"的价值与意义颇有阐发①。墓志"首题"含有关于志主身份、仕宦、履历等种种重要信息，研究

---

① 余扶危、刘君田、余黎星：《洛阳出土唐代墓志首题研究》，《河洛文化论丛》第 3 辑，中州古籍出版社，2006，第 273～294 页。

者一看"首题"就知道该墓志中是否有自己需要的资料，对于研究者做资料检索，也是非常有用的。而这么重要的墓志"首题"，整理者都视而不见，我觉得是非常匪夷所思的事情。敦煌吐鲁番文书原来都没有题目，整理者花了很大气力拟定题目，而墓志原有"首题"，整理者却弃之不用，形成了极大的反差。

第三讲　出土文献整理规范探讨

出土文献的整理是否应有规范，答案无疑是肯定的。虽然如前所说，出土文献载体不同，形制互异，不可避免地各具一定的特殊性，但同时也应该有共性，应该有一些基本规范。出土文献整理的基本规范，主要应考虑三点：（一）是否对保存原貌有利；（二）是否对展示内容有利；（三）是否对读者理解有利。前一点主要与释文格式有关；后二点主要与文献定名有关。从事出土文献的整理，只要认真考虑此三者，纵使载体不同，形制互异，各具一定的特殊性，也能制定出统一的规范。甲骨文、文书、墓志等可以定名已见前述。金文也可以比照文书、墓志定名。这里根据我的经验，以简牍为例，对整理的基本规范进行解说（见图 12－1、12－2）。

一　右郎中窦通举谢达为私学文书

1　　私学长沙刘阳谢达，年卅一，居临湘
2　　都乡土沂（？）丘。
3　　　　　十一月十五日右郎中窦通举

二　劝农掾番琬白为吏陈晶举番倚为私学事

1　　南乡劝农掾番琬叩头死罪白：被曹敕，发遣吏陈晶所举私学番
2　　倚诣廷言。案文书：倚一名文。文父广奏辞："本乡正户民，不为遗脱。"辄
3　　操黄簿审实，不应为私学。乞曹列言府。琬诚惶诚恐，叩头死罪
4　　死罪。　　　　　　　　　　　　　　　　　　　　诣　功　曹
5　　　　　　　　　　　　　　　　　　　十二月十五日庚午白

图 12－1　《长沙走马楼三国孙吴简牍三文书新探》截图一

我最早尝试给简牍定名，是在撰写《长沙走马楼三国孙吴简牍三文书新探》一文的时候。本文新探的这三件孙吴简牍，由于时间没有年只有月日，故定名可以不考虑纪年问题。我分别将其定名为《右郎中窦通举谢达

三　录事掾潘琬白为考实吏许迪割用余米事

1　录事掾潘琬叩头死罪白：过四年十一月七日，被督邮敕，考实吏许迪。
　　辄与核事吏赵谭、

2　　都典掾烝若、主者史李珠，前后穷核考问。迪辞：卖官余盐四百廿六斛
　　一斗九升八合四勺，得米

3　二千五百六十一斛六斗九升己。二千四百卅九斛一升，付仓吏邓隆、毅
　　荣等。余米一百一十二斛六斗八升，迪割

4　用饮食不见。为廖直事所觉后，迪以四年六月一日，偷入所割用米毕，
　　付仓吏黄璞受。

5　前录见都尉，知罪深重，诣言：不割用米。重复实核，迪故下辞，服割
　　用米。审前后搒押迪凡百

6　卅下，不加五毒，据以迪今年服辞结罪，不枉考迪。乞曹重列言府。傅
　　前解，谨下启。琬诚

7　惶诚恐，叩头死罪死罪。

8　若（浓墨草书）　　　　　　　　　　　　　　　二月十九日戊戌白

图 12 – 2　《长沙走马楼三国孙吴简牍三文书新探》截图二

为私学文书》《劝农掾番琬白为吏陈晶举番倚为私学事》《录事掾潘琬白
为考实吏许迪割用余米事》。释文严格按照原格式，除了标明行号外，原
顶格处均顶格，原空格处均空格，充分展示其原貌[①]。后来我撰写《悬泉
汉简所见康居史料考释》一文，对本文考释的几件西汉简牍进行整理，也
是这样处理的；不同的是，这几件西汉简牍多有年款，我分别定名为《甘
露二年敦煌告酒泉送康居使者文书》《黄龙元年送康居诸国客文书》《永
光五年康居等使诉讼文案》《阳朔四年送康居王质子文书》，增加了
纪年[②]。

---

① 王素：《长沙走马楼三国孙吴简牍三文书新探》，原载《文物》1999 年第 9 期，第 43～50
　　页，收入《汉唐历史与出土文献》，故宫出版社，2011，第 156～166 页。
② 王素：《悬泉汉简所见康居史料考释》，原载《中外关系史：新史料与新问题》，科学出版社，
　　2004，第 149～161 页，再刊《新疆历史研究论文选编·两汉卷》，新疆人民出版社，2008，
　　第 123～138 页，收入《汉唐历史与出土文献》，故宫出版社，2011，第 116～130 页。

壹　公文

一　封緘

（一）桂陽大守行丞事南平丞印緘

二　封匣

（一）光和六年（一八三年）東部勸農郵亭掾周安言事
（二）中平三年（一八六年）左部勸農郵亭掾夏詳言事

三　封檢

（一）建寧四年（一七一年）殘題署
（二）光和六年（一八三年）監臨湘李永、例督盜賊殷何上言李建與精張靜田自相和從書
（三）絭上言盜取文書案卷一
（四）絭上言盜取文書案卷二
（五）絭主錄掾黃章上太守書

四　文書

（一）熹平五年（一七六年）騎吏中風文書
（二）光和二年（一七九年）殘文書
（三）光和七年（一八四年）上言殘文書
（四）中平五年（一八八年）後臨湘令令臣霸上言荆南頻遇軍寇文書

图 13 - 1　《长沙东牌楼东汉简牍》
目录截图一

貳　私信

一　封緘

（一）府卿侍閣周奴衣笥印緘

二　封檢

（一）府朱掾家書
（二）張義從家書
（三）張某殘家書

三　書信

（一）建寧年間（一六八～一七二年）佚名書信
（二）光和三年（一八〇年）後猶書信一
（三）光和三年（一八〇年）後猶書信二
（四）中平元年（一八四年）佚名書信一
（五）中平元年（一八四年）佚名書信二
（六）熙致蔡主簿書信
（七）宣致陳主簿書信
（八）侈致督郵某書信
（九）舉致掾某書信
（一〇）佚名致蔡主簿書信

图 13 - 2　《长沙东牌楼东汉简牍》
目录截图二

叁　雜文書

一　事目

（一）期會雜事目一
（二）期會雜事目二

二　戶籍

（一）建寧四年（一七一年）益成里戶人公乘某戶籍
（二）區益子朱戶籍

三　名簿

（一）張口等名簿
（二）朱坏等名簿

四　名刺

（一）蒹門下功曹史何戒名刺
（二）□□□名刺

五　券書

（一）中平三年（一八六年）何君口從伍仲取物券
（二）書佐新忠儌田券

六　簽牌

（一）右賊曹簽牌
（二）左倉曹簽牌

图 13 - 3　《长沙东牌楼东汉简牍》
目录截图三

肆　習字

（一）熹平四年（一七五年）陽舍人等習字
（二）光和七年（一八四年）紀年習字
（三）朝東谷等習字
（四）湘裝等習字
（五）也匹等習字
（六）謝蔡等習字
（七）羊角哀等習字
（八）眉眉等習字

伍　殘簡

（一）入胡殘簡
（二）加恩殘簡
（三）念善殘簡
（四）卒以殘簡
（五）醴陵殘簡
（六）當迷殘簡
（七）三月殘簡
（八）郡爲殘簡
（九）二日殘簡
（一〇）封屬殘簡
（一一）蓋盡殘簡
（一二）勝封殘簡

图 13 - 4　《长沙东牌楼东汉简牍》
目录截图四

　　我大批量给简牍进行定名，是在整理《长沙东牌楼东汉简牍》的时候。这批简牍为 2004 年 4 月下旬至 6 月上旬出土，原有 426 枚，其中有字及有墨迹者仅 206 枚，数量不大，可以精心整理，所以就先总体进行了分类，然后分别进行了定名（见图 13－1～13－6）。这样的好处，首先是可以给研究者提供一份可供检索的目录。接下来的释文，与前揭《长沙走马楼三国孙吴简牍三文书新探》一文基本一样，不同的是，增加了题解和注释，给研究者的理解提供了更大的方便。至此，简牍整理的四项基本内容——定名、题解、释文、注释，才算最终齐备①。

（一）熹平五年（一七六年）騎吏中風文書

木牘。一一七四號。正面存文二行，背面存文一行，均漫漶不清。

　　　　　　　　（正面）

一　熹平五年二月癸巳朔六日戊戌，□騎吏[一]……

二　□□□所。今月五日初，卒爲耶風[二]所中，頭身□□……

　　　　　　　　（背面）

□以顧□於□□督名□□輒自……

【注釋】

[一]「騎吏」，公卿至太守出行掌儀衛之小吏。《續漢書·輿服上》車馬飾條云：「公以下至二千石，騎吏四人。」《後漢書》卷二八上《方術上·高獲傳》云：「太守鮑昱請獲，既至門，令主簿就迎。主簿但使騎吏迎之，獲聞之，即去。」「騎吏」又見同出《紀書信》。

[二]「耶風」之「耶」，應爲「邪」之通假。

图 13－5　《长沙东牌楼东汉简牍》正文截图一

（一〇）李使君殘文書

木牘。一一九八號。上部殘斷。正面存文二行，第二行均爲半字。背面亦存文二行，第一行均爲半字。筆迹與《殘文書三》（一一七一號）相近。

　　　　　　　　（正面）

一　☑李使君[一]所怨□狀書比被莫府[二]

二　☑……

　　　　　　　　（背面）

一　☑……

二　☑　接前被書考故

【注釋】

[一]「使」爲刺史舊職，故刺史亦稱「使君」，尊稱爲「明使君」。《三國志·蜀書·先主傳》記劉備領徐州刺史，曹操曾從容謂備云：「今天下英雄，唯使君與操耳。本初之徒，不足數也。」同志《吳書·孫策傳》注引《江表傳》記袁術爲揚州刺史，孫策到壽春見袁術，涕泣而言曰：「亡父昔從長沙入討董卓，與明使君會於南陽，同盟結好。不幸遇難，勳業不終。策感惟先人舊恩，欲自憑結，願明使君垂察其誠。」

[二]「莫」即「幕」，「莫府」即「幕府」。《史記》卷一〇九《李將軍列傳》「莫府」條《索隱》索引大顏云：「凡將軍謂之『莫府』者，蓋兵行舍於帷帳，故稱『幕府』。古字通用，遂作『莫』耳。」

图 13－6　《长沙东牌楼东汉简牍》正文截图二

---

①　长沙市文物考古研究所、中国文物研究所编《长沙东牌楼东汉简牍》，文物出版社，2006。

我们知道，历史事件的构成，主要有三要素：时间、地点、人物。出土文献的定名，也要考虑时间、地点、人物。这样的定名，才对展示内容有利，对读者理解有利。加上题解、释文、注释，对保存原貌有利。这样的出土文献整理图书，不可能不受到欢迎。《长沙东牌楼东汉简牍》只是一部 200 多页的小书，却先后荣获 2006 年度全国优秀古籍图书奖二等奖，2007 年度全国优秀古籍图书奖荣誉奖，第一届（2007）中国出版政府奖提名奖。据参评专家后来告知，此书能够获奖，主要就是因为整理方法与此前所有简牍类图书不同，特别是在规范上有较大创新。现在，我主持整理《长沙走马楼三国吴简》中的《竹木牍》卷，合作单位长沙简牍博物馆特别提出希望采用《长沙东牌楼东汉简牍》的整理规范，也显示是对这种整理规范的认可。简牍可以这样整理，甲骨文、金文是否也可以这样整理呢？

我的讲座到此结束，谢谢大家！

互 动 环 节

问：王老师您好，我有四个问题：

① 这次故宫博物院藏殷墟甲骨文整理与研究的项目，您打算如何处理？

② 比如龟甲上的刻辞，有腹甲、背甲之分，腹甲又有首甲、中甲、尾甲之分，这种甲骨形态学上的部位需要在定名中有所体现吗？

③ 我们最近在做中华字库的项目时发现甲骨拓片的来源十分重要，您也说了故宫所藏甲骨主要有三个来源，那么在故宫的这次项目中是否会将来源说清楚？

④ 甲骨文、金文、简帛各有特性很难做到统一，在出土文献的整理中应该如何照顾彼此的个性与共性呢？

答：你是指"历组卜辞"的问题吗？关于甲骨断代问题，我们在项目启动之前，会再次请相关专家开会论证，所以现在没办法给你具体的答复。定名体现材质，这应该是一个原则，但恐怕不宜过细。就像前揭龟腹甲，我主张就定名为《武丁宾贞问妇㜣患疾龟甲》。甲骨来源的问题非常重要，我们肯定会一一注明。关于出土文献各个门类，我觉得既有个性，当然也有共性，在尊重彼此个性的同时，也会找到彼此的共性。这就是我说的基本规范。

（整理者：吴盛亚　杜庆华）

时间：2014 年 6 月 3 日（周二）上午 9：00～11：00
地点：首都师范大学北一区文科楼 603

主讲人简介

史如深 美国布朗大学（Brown University）语言学硕士及博士，毕业后荣获著名的 Isaak Walton Killam 博士后奖，在英属哥伦比亚大学（University of British Columbia）心理系做博士后，后任英属哥伦比亚大学（University of British Columbia）医学部听觉及言语科学学院教授。从 2004 年起任加拿大魁北克大学认知科学学院及心理学系终身教授，2011 荣获该校最高级（4 级）教授职称。其致力于人类自然语言结构和运用尤其是语言习得的研究，她创建和领导的儿童心理语言学及认知科学实验室成就卓越，荣获加拿大自然科学及工程研究理事会（NSERC）基金奖、加拿大社会科学及人文研究理事会（SSHRC）基金奖、魁北克社会及文化研究基金会（FQRSC）基金奖，以及加拿大创新基金会（CFI）重大建设基金奖。

主持人（邹立志） 今天我们很荣幸请到了加拿大魁北克大学认知科学学院的史如深教授来讲学，史老师已经不是第一次来首都师大讲学，2008 年在我们的"燕京论坛"讲过一次，大家看了外面的海报，对史老师科研团队的卓越成就也有所了解。今天的讲座题目是："儿童语言习得的初始状态"，大家一看这题目基本上明白了史老师的研究领域，要说研究儿童语言的初始状态，没有比史老师的研究更初始的了，因为她的博士后论文做的是出生三天之内婴儿的语言能力研究。史老师被学界誉为儿童早期语法研究的 world leader，她同时也是国际上语言习得研究各大项目、各大刊物、各大会议论文的评审专家。

史老师还被聘为中国社会科学院语言所合作专家，我在社会科学院读博士时的一个学生张钊有幸受到史老师指导，进步神速，已经在语言习得的最高会议——波士顿会议和语言习得的最高刊物——*Language Acquisition* 上发表了两篇文章。所以我们想请史教授也领导领导咱们的研究。好，下面我们欢迎史教授给我们做报告。

儿童语言习得的初始状态

The Beginning of Language Acquisition in Infant

〔加拿大〕 史如深

1　婴儿如何启动语言?

谢谢邹老师，过奖了。我前几年来开过讲座，也许有同学听过，但是我想大部分同学可能是近几年才入学的，应该是没有听到过，所以如果有不太清楚的地方可以随时提问。大部分讨论留在最后，但是有的内容，比如说实验部分有的内容没有阐述清楚，可以再讲一下，这样便于我们往下讲。我的汉语有时表达不好，你们都是中文系的专家，所以请你们多多包涵。

我今天的报告题目是 The Beginning of Language Acquisition in Infant，就是儿童语言习得的初始状态。实际上我所关注的就是儿童最初是怎么样进入语言学习这个过程的，尤其在语法层面。我的博士导师、博士后导师、我的学生都参加过撰写文章，为文章做出了很大的贡献。那么我现在就要从理论开始，报告一些研究成果。

我多年以前开始这领域的学习时就想：我们成人学习二语怎么那么困难？有老师教词汇，背词汇，告诉我们什么意思，然后又有例句，让我们连背带念带写，但我们交流仍然还是有困难。可是为什么小孩在家人从来没有给他正式上课的情况下却不用费什么劲就能够学会语言并很流畅地交流？这是一个奇迹。儿童是用什么能力、用什么样的机制学得那么好？有些语言学家，比如乔姆斯基认为，与生俱来的语言知识和能力是习得的主导因素；但是纯 constructivists 认为是环境。所以最终的问题是：哪些是先天的，哪些是后天受环境影响习得的？这就是生物学上很关键的问题了。当然没有人认为所有都是先天的，比如长相，我们的长相是先天的，有些身体功能可能是先天的，但是语言一定要有后天影响，否则没办法解释为什么语言之间会有那么大的差异。那必须是后来学的，而且有个过程。那么，到底哪些是先天的，哪些是后天的，在比重上大家会有争论。语言学家乔姆斯基认为，主要还是先天的，后天的影响其实就像钥匙一样，用来打开先天的知识就可以了。建构主义专家认为：先天基本上是没有的，主要是后天环境因素决定的。关于这个问题呢，最后我会谈到。

　　我开始做这方面研究的时候，实际上还是很天真的，就是想知道小孩为什么可以那么聪明，他到底有什么样的机制？我们不光是要描述他会的知识，而且要知道他怎么习得来的，运用到了哪些机制，哪些机制是先天就有的，哪些机制是后天习得的，需要知道语言输入对他的作用。其实我们想一想，小孩到底有哪些语言任务呢，需要学哪些层面的知识呢？实际上这很复杂。当然我们是学这专业的，会知道一些，一般情况下，普通人都不会去想这个问题，他们会认为语言有什么难的呢？汉语，从小就会说呀！上学学点文化那才是比较复杂的东西，说话有什么难的？实际上它很难的。我们学习第二语言的时候才知道，在很多层面，语言是非常复杂的，在认知层面中，它是高层的知识。它比一些概念，还有一些基层的感知要复杂得多。我们现在看一下，小孩面临很多基本的知识，这些知识人们常认为它好像不是事儿的事儿，不是什么难题，但我们仔细想想，其实对他们来说还是很不容易的。首先，他们必须在母语对其输入的话语中，自己找到语言单位。哪些单位呢？比如语音单位、词的单位。为什么需要词的单位呢？因为他们要构建一个词库，脑子里要有一个大脑词典，这个就不那么容易。因为我们学习第二语言的时候，老师会给我们单词，我们有大词典帮助学习。单词都有什么内容？每个词，有语义，有语音内容，有语法内容，还有语用内容，这些都是我们在第二语言学习的时候现成给的。而小孩习得语言时就没有这些现成的帮助。而且更有意思的是，大人跟小孩讲话的时候，不会一个词一个词地说出。90%以上的成人对小孩的输入语言都是连续语句，都是多个词的短语或句子。当然单个的词也有，比如说："来""走""瓶子"，但是单独出现的词它不超过10%，我们实验室就有这样的发现，别的实验室，包括你们系这几年做的研究也有同样的发现，大部分的成人语言都是连续语句。那连续语句为什么难呢？因为连续语句你要找词就很难，除非你已经会这门语言了。听外语的时候，一开始最难的就是要找词。找词要面临的问题很多，要面临范畴化的问题，因为需要找到语音单位，还要找到词的单位，而这些语言单位的声学表现都是多变的，不是一成不变的，变化非常多，所以这个 variability problem 要解决，从多变中找到同一个语言单位，并以抽象的表意形式把它储存在大脑里，这就很难。

另外，还有切割的问题。语言中，语音单位和词不是像项链一样一个一个那样串起来，要那样就简单了。比如我们看字，一个字一个字之间有一个空，多简单啊！但实际上我们讲话的过程中，一个单位和相邻的单位之间通常没有空，而是有很多 overlap，就是重叠的部分。也就是说第一个单位还没有完，第二个单位已经开始了，两者的声学信息过渡时段都包含了。它成为一种码，我们的语言是一种 code，为什么语言产出会是这样（而不是一个单位一个单位单独发音）？因为这样它快呀！实际上大家打字再快，那也不如说话快。因为你在每一秒之内可以说出那么多单位的音素，那么多词，母语中每一秒说二十几个音素没有问题，说很多个词没有问题。但是我们打字打得再快也打不了那么快。因为我们讲话传播信息需要快，所以人类才进化成这种用很多单位重叠式的说话方法，使之变成一种码。小孩刚讲话的时候为什么慢，因为他要学习用这种码讲出话来就特别难。一开始单个词还可以，而他掌握词与词之间的 coarticulation（协同发音）就特别难。那么听语言又面临着什么难题呢？首先要去解这个码，要去把词分开，segmentation（分割）很复杂，分割一个一个的单位，学习语言时需要在大脑里储存单位建立词库，存好了以后，听语言的时候就要去认，从词库里调词，我们需要把连续语句分成不同的单位，这些小的音素单位，音节单位，词的单位，到最后处理到语法方面，都要非常非常快。所以听说两方面都不容易。但是再不容易，对小孩来说，几年之内都能解决。学习第二语言（简称二语）呢，我们学词汇、语法啊，但最终能够掌握，能够流利地交流，首先还是要解决 segmentation 的问题。切割的时候就涉及 variability，怎样去范畴化的问题。因为我们大脑储存的是抽象单位，大脑不可能把每一个范例都记录下来，大脑没有那么多能力，因为范例是无限的，每一个人的发声器官都有差异，出来的语音变化就是无限的。所以大脑中必须有重要的机制存在，我们要经过一些处理分析，把实际的范例、实际的语言切割出来，在大脑中储存抽象的单位（比如词），这是最基本的。有了词汇，下一步我们才能谈到词与词之间怎样形成短语。总之，这是很复杂的一个过程。但是儿童就学会了，没有人去教他，我们只是在跟孩子讲话，而且成人在讲话时也没有给儿童切割音素，所以这是很难的。那儿童什么时候有这个能力，我一会儿给大家看。一岁以前实际上他就有这个能力了。他开始讲话的时候实际上已经切割出词来了。那成人习得二语时有这个能力吗？有，但欠缺一些。实际上学二语的时候老师不会特别教切割的。我们没有多少特别训练，就是听、交流，最后还是自己学会的。这个机制很有意思，国内没有做过这样的研究。但如果大家有兴趣的话，这方面可以做实验。

构建词汇时，语音是必要的，除了要构建词汇，儿童必须还要学习语法知识。语法知识包括语法范畴，如名词、动词、形容词、助词，以及更小的单位，像词缀啦，现在式，过去式。不同的语言有不同的语法范畴。汉语有 aspect marker（体标记），比如"了、着、过"，但没有时态。语法还包括 agreement（对应关系）。范畴之间要有 agreement，有的时候是相邻的，有的时候是不相邻的。就比如说，主谓之间的对应，单数和单数，复数和复数，阴阳性对应，中文这方面没有那么多的对应，但中文中也有。比如说："把"后面就要有补语。"我把这杯水喝"，一般不这么说话的，除非是唱戏的时候。我们一般说"我把这杯水喝完了"。所以它这里多少也算是 agreement。但是从 agreement 严格的层面讲，应该往往是指的 number agreement、性的 agreement。此外，儿童需要习得 constituents，词与词可以组成短语，比如说名词短语、动词短语，就是 constitute，也就是组合。什么样的组合根据语法规则是可以组合的，什么样的是不可以组合的，这就是语法中的 constituents，syntactic constituents，当然还有更多语法知识了，其实小孩这些都要学。

但是没有任何家长会给小孩讲这些知识。有时候家长会对小孩说"瓶子，瓶子"，这是不是在教词啊？是，是教词的语义。实际上家长教小孩的时候已经挺晚了，我认为这是对小孩已有能力的一种反应。比如说小孩已经开始学词了，不到 1 岁他们已经开始了，从连续语句中，他可以习得词义的。比如对孩子说："这是一个瓶子，你把瓶子里的水喝了"，这时家长不是在教孩子，而是在交流。孩子已经切割出来了"瓶子"，而且已经开始为它匹配词义了。这时候家长会认为这孩子正在学词，我得教他，其实你只是互动，是对他已经表现出的能力的一种反应。小孩要等着你来特意教他，那就太晚了，实际上他已经开始有一些概念。所以我们做实验的时候才发现，很多新词不需要单独去教孩子，只要在句中使用就可以，孩子有能力去切割并学习词义。实际上，真正大人教小孩的情况极少，就算有的话也是个别情况。我们偶尔能教他语义，但他仍然要靠自己学会切割，因为90%的语句都是连续语句。除此以外，句法，还有语音，家长都是不会教的，所以小孩大部分情况都是自己学会的。

那么小孩到底用什么机制去 break into the language？怎么启动的？是天生的，还是某些后天机制？就算有天生的，你也要从语言输入中找到东西。所以，我认为有些习得机制是跨语言的人类共有的，可以说是天生的。这个机制通用于所有语言。是不是像语言学家乔姆斯基讲的那种，这我还不敢肯定。但我觉得 learning mechanism（学习机制）应该是语言通用的。

2 音韵－功能启动模式

那么现在我就给大家从理论上说一下这个 model。我做了很多年，做了很多研究。一开始只是一个假设，做了很多年实验，有了很多的数据以后，我认为这个 model 现在已经比较完善了。对于儿童最初怎么启动语言习得 system，怎么进入的，我觉得完全有足够的证据。我们实验室做过，别的实验室也做过，都做了不少重要的贡献。我把这个理论叫作 Prosody—Functor Bootstrapping Model（音韵－功能词启动模式）。最早的时候叫作 Prosody Bootstrapping（Morgan，Shi，& Allopenna，1996；Christophe，et al.，1997；Shi，Morgan，& Allopenna，1998；Shi，2005），functors 代表功能词，也叫虚词，在语法上非常重要。最早是在20世纪90年代提出来的，最近几年我把它逐渐地完善化。对于 function words，语法家会关注，但是他们不是从语言习得方面来关注的，而是从理论语法层面。比如：虚词与结构的关系，他们不是从习得上来看的。所以我现在认为这个理论（音韵－功能词启动模式）能够揭示任何语言的语法习得。我们团队发表的文章里面大多都是实验数据，里边有理论阐述，我近年也发表了侧重理论的文章。

接下来我讲一下为什么 function words 这么重要。这方面是我们实验室最主要的科研。prosody 我们也做，因为今天没那么多时间，今天就主要讲功能词对语法启动的作用、对语言习得启动的作用。我现在先讲一下基本的概念。function words，就是功能词，也称为虚词。虚词为什么虚呢？是因为它语义上不具体，比较抽象。比如说：冠词（汉语里没有）、助词、指示词。比如说"了、着、过"这些词，还有 tense marker（时态标志），等等。

实际上这些虚词加起来没有半页，汉语就更少了。这些词的特点就是虚，表现在它语义上不确定。比如说"了"，语法家们还在争论它的多种语义及语法功能，它关系到跟其他实词之间的关系，在语法上起着重要的作用。所以乔姆斯基在语法中讲 functional projection，小孩在没有功能词的情况下，很难说它有语法，很多人都这么认为。他们认为结构上要有语法，往往体现在功能词上，比如说冠词怎么样带动名词。当然实词也有语法，但是虚词作为一个框架在短语或句子中把实词勾连起来，所以它在语法上特别重要。那么实词为什么实呢？因为它有意义。实词一般包括名、动、形、副词。有的语言，比如说汉语，动词和形容词有人认为不一定就是需要分开的。因为形容词有时候可以做动词。我们说"叶子红了"，这个"红"是形容词还是动词啊？所以有的人争论动词和形容词的界限有没有那么清楚。不管怎么样，实词和虚词这两大类的区分是最根本的。这一大的区分有别于其他更具体的词类区分，比如说汉语中没有冠词，但汉语中有 classifier（量词），很多其他语言还没有呢！有些语言里有 grammatical gender（性），但汉语中就没有。语法家们认为越是语言之间有差异的，就越需要后天学习；语言之间的共性，有可能是与生俱来的知识，最先拥有的，语言中共有的东西，是 universal 的东西，比如功能词和实词的区分，这个区分是最根本的，所有的语言都有。它是一个大的区分，下面才有一些更小的具体的区分。所以，依照我们的理论，我们认为实词虚词区分是 universal 的，儿童先习得这一大区分，然后再习得小区分。

我们可以提出这样的问题：小孩是不是一个范畴一个范畴地来学？比如说我开始先学名词，慢慢儿又学动词，再学形容词，下一步再学别的。这是一种假设，一个一个地来学。还有一种假设就是先学习区分两大类，实词与虚词，我觉得这个方法对于习得来说是更优化的一种机制，它带来的优点特别多。为什么呢？一旦能够区分这两大类，小孩就可以对这两类词分别处理。它们起着不同的作用，功能词是管语法的，实词是管语义的。实词也有语法，但语义功能更重要，功能词要把表达语义的实词串起来，在句中使用，这个区分对于所有的语言都是这样。所以，现在很多研究习得的学者提出这样一个重要的问题：小孩很小的时候有没有虚词表义？虚词可以是词，可以是词缀。虚词在中文里是词，因为中文没有词缀。词缀比如说 tense ending，咱们中文的 particle（小品词）可以说是词。那么什么是 functional morphemes 呢？morphemes 就是语素，可以是词，也可以是词缀，functional morphemes 包括虚词及虚词缀，那这种语素小孩很小的时候有没有表义？语法家们对此有争论，有些学者认为没有，这就看你的出发点在哪儿了。乔姆斯基就认为有（在语法范畴层面），只是最早的时候还没被钥匙打开，它需要慢慢儿去打开，而且它应该打开得比较早。儿童很小的时候他说话虽然常常不用虚词，可是他应该有一些这方面的表义，只不过不容易测到。那么纯 constructivsts，就是认为语言是后天建构的这些专家，他们认为幼儿没有虚词的知识。他们认为小孩一开始只有一些实词，他只是能够用实词表达一些概念、一些认知层面的概念，但他语法层面还没有构建，他还没有到达抽象的语法层面。围绕 functional morphemes，语言学家一直在争论这些根本的问题。

所以说儿童很早的时候有没有虚词，关系到有没有语法的问题。如果能早早地测验出虚词的表义，比如说在儿童还不会说话时他就有的话，这本身可以是对第一种观点（即小孩出生就有语法）的支持。从理论上讲，就是小孩的语法知识可能比他能在产出中所表现出的语法要复杂得多，他们可能懂得很多，有可能很早就是有语法的。我们看看小孩的产出，不管哪种语言，小孩早期语言的产出，尤其是从单个词到刚开始组合短语和句子的阶段，没有虚词，基本上是没有的。比如英语中，在说 working、eating 时，小孩会把 ing 去掉。他会说"He come"，而不说"He comes"。而且，比如说"the""a"这些孩子一开始说话时都没有。汉语小孩一开始也是"爸爸来""妈妈抱"，单个词一般都是名词，动词也有一些，但比较少（汉语儿童早期的产出包括一些动词）。从产出来看，很多学者们认为儿童刚开始肯定没有虚词这个知识，即 no functional morphemes in early representation。

而我多年前开始这样考虑：儿童的产出会不会有一定的局限性？虚词是不是有表义，但是我们大家测不到？而且从逻辑上讲，我觉得很有可能是有的。所以从一开始做科研的时候，我有一种 intuition（直觉），从普通的 observation 来看，我觉得儿童所具有的虚词知识应该比我们想象的要多。因为虚词在任何一个语言中都是非常少的，半页都不到，但是它们的频率非常高，任何实词都是不能比的。汉语也应该是这样。比如说，英语中，差不多一百万词的成人话语语料库，实词和虚词平均每个词的频率，简直是不能比。在法语文献中，有一个口语频率词典，是一百万词的大词库，平均每个实词的出现频率是 5～6 次，当然有的词多一些，多的有 50 多次，60 多次，但虚词的出现频率极高，比如，冠词"le"，到了 60000 多次。我们看看最常出现的四五十个词，全都是虚词。汉语也是这样，如果我们录一个小时音，虚词出现的一个就可能上百次了，实词出现的一个可能就那么几次。越录得时间长，虚词频率就越大，实词频率则不太会变，因为实词不断用新的嘛！而且词典里，99.99%，几乎所有的词都是实词。这个频率区别太大了，而且各语言都是如此。如果这样的话，就是很少数量的词用得特别多，我们说的每个句子中都会有，如"的""了"，多得不得了，那小孩为什么就不能关注并使用这些虚词？所以我就在想，儿童能不能听到？还是说，虚词太弱了，听不到？到底是不是太弱，我们需要通过实验来回答这个问题。所以这些考虑就使我产生一个愿望，促使我做这方面的研究，探讨到底儿童很小的时候是否能感知到虚词、有没有虚词的 representation。

产出虽有一定的局限，不过还是很重要的，因为小孩产出话语的时候我们就知道他在用语言，有语义了，这时候语言知识可能很充分了。但是早些时候他有没有感知，我在这里给大家汇报一下这方面的研究。要做很小的小孩的研究，就需要用很巧妙的方法，因为他不会讲话，点头他都不会，他都不理解你要让他干吗，所以就需要用比较巧妙的办法去做。我追溯一下我们的 hypothesis：不管什么语言，孩子最早要先分两大类，实词和虚词，这两类词一定有不同的音韵表现，所以 prosody 就从这方面表现出来。那么我就注意了，就发现：不管什么语言，虚词小化，又弱又小。那我就具体研究一下到底是不是这个特性，是不是这么回事。讲话的时候不是念一个一个的单词，一个一个的单词我可以说"the""a""and"，但没有这么讲话的。我们中文也是，"的""了"，我们平常没这么说话的。所以在连续语句中虚词应该是被弱化的。

我现在先给大家一个综述，就是我们主要的科研成果，然后给大家一些例子，讲一下我们怎么做实验。我先大致讲一下我的博士论文研究（部分结果发表在 Shi, Morgan & Allopenna, 1998；Shi, 2005），我做了汉语、英语、土耳其语妈妈跟孩子的自然讲话，录音、转写，然后分析——很多音韵上、声学上的分析，还有 distribution，即分布上的分析。为什么选择这三种语言呢？这三种语言属于 different family，类型不一样。土耳其语是属于阿尔泰语系突厥语族，蒙古那一类的语系，一个词恨不得就是一个句子，可以全部用词素来表示的，它词缀很多，所以它有相对丰富的功能词表现、词缀表现。而且有 vowel harmony（元音和谐），所以蒙古语唱歌好听，它每个词最后要押韵的，要押多个元音。汉语没有词缀，英语有一些。语法上这三个语言也很不一样。所以如果能够发现共性的话，那我们就可以说是来印证 universal 了。我们没有必要看一百种语言，抓几种就可以。我们录了一些家长跟一岁小孩的交流，然后全部转写。全部转写完之后，把实词和虚词随意抽出来一些进行分析，最后就发现，实词和虚词的区别有多种表现，体现在语音上的音节结构，音节数，还有声学上的特征：音高、时长，这些是三个语言都有的。还有 language specific，比如说土耳其语的 vowel harmony（元音和谐）。元音和谐一般是在词缀上可以有的。不是100%，但从概率上可以看一下是不是 vowel harmony，一旦遇到虚词的时候就特别多。总之，我们分析的大部分特征都是三个语言共有的，比如音节结构、音节数、音高这些，还有虚词所处的短语的位置是前还是后。综合这些全面的分析，我们发现了语言区分实词和虚词的共有特征，总的来说，虚词小化，能弱就弱，能小就小，音节结构越简单越好，音节数越少越好。实词大化，语音表现相对更复杂。汉语音节可以是 consonant – vowel（辅音－元音），没有辅音连缀；英语可以有辅音连缀；土耳其语很少有。但是即使汉语只是辅音－元音结构，虚词仍然是能够省就省、能弱就弱。英语也是，比如虚词的音节数偏少。咱们中文的虚词也是音节数少，很少有两个三个音节的，基本都是单音节的。所以通过这些我们就发现有共性。发现共性之后，然后又做了习得模拟。怎么模拟呢？就是把这些测量的特征都量化。一开始那个神经网络没有内部任何结构，一段训练以后，网络就开始呈现出实词在一块儿，虚词在一块儿。训练好之后，我们再把新的词放进网络，看它往哪儿落脚，一进去它是不是会找它的队友？我们用这个网络模拟习得的机制。而且最有意思的是，因为是模拟，所以我们可以随便试验。比如我们可以把这个网络用土耳其语训练出来，然后再把中文量化的语料放进去，我们发现它一样能区分实词和虚词，把英文的放进去也一样能分，也就是说跨语言的都可以。这就说明，虽然语言不同，但这些共同的 universal features 还是可以互用的。小孩有可能生下来就对这个比较敏感，这就是下一步的需要探讨的问题了。模拟时我们还摘除了一些 language specific 的东西，比如说我们训练网络的时候，不会把 vowel harmony 搁进去写，不会把中文的声调搁进去，因为声调不是所有的语言都有的。但是音长、音高等是所有语言都有的，我们光把这些 universal feature 放进去就够了。所以我认为这些发现跟我的 intuition 还是符合的。基于一个假设，我们用实验的方式，用科学的方法证明了这个假设。

下一步我就想：既然网络能学习区分实词和虚词，那么小孩能吗？既然是 language universal 特征，那么就是说 language universal 的特征不需要很多时间来学，儿童是不是有些与生俱来的能力？因此我们就做了新生儿的实验。一会儿我再给大家讲怎么做实验。新生儿刚生下来我们就测到他们有对实词和虚词进行范畴化的能力，而且是跨语言的能力，不在乎什么语言，他都有这个能力。从新生儿到 6 个月大孩子，我们发现，他们都有这个能力（Shi, Werker, & Morgan, 1999；Shi & Werker, 2001, Shi & Werker, 2003）。6 个月的这个实验中我们是拿英语语料测加拿大小孩，拿英语语料测中国小孩。我们在温哥华，因为那里移民多，可以找到足够的实验儿童。我们测了中国小孩，发现他们对英语的实词和虚词一样有反应，6 个月的小孩反应跟新生儿反应差不多，就是用的方法不一样。测新生儿是让他嚼奶嘴儿，6 个月就不嚼了。

实词和虚词是孩子最初区分的两大范畴，但是实际上下一步他们学的知识非常多，为什么呢？你光会划分，光能听出这属于一类，那属于一类，这是不够的，这只是最基本的。下一步他要一个词一个词地学习并储存在脑子里，为什么呢？虽然是功能词，但是英语中的"the""a"，在法语中就是"le""un"，是不一样的。中文还没有冠词，但中文有"的""了"。具体的词需要学，一个词一个词地学习，每个词的功能也得要学。所以光是能划分出来这些词属于哪一类，这还不够，这只是最基本的。有了这个第一步，然后下一步他就开始学具体单词及其他语言结构了。那我们再看语言产出，小孩能说出"了""的"，至少得等到两岁，聪明点儿的两岁前，这时候他才能语言产出，我们才能知道他用得对不对，我们才能得到更多的信息。但是我认为儿童的感知应该是比较早的，否则他脑子中还没有，他怎么去说出呢？产出话语的时候一般来说是需要到脑子中调取信息的。所以我们需要看看小孩会说话前在感知上知道不知道虚词，这就是下一步的研究课题了。

具体的虚词语素儿童什么时候学会，是不是好几岁才学会？实词差不多什么时候开始切分的？需要先从语言中切，切了之后搁脑子里。切分差不多从 6 个月开始。语义快 1 岁的时候开始，10 个月差不多才开始有语义，也就是说这时候他可以开始匹配词音和词义了。那在匹配之前，他能不能切割出来词？比如说我们给他几个句子："这儿有个瓶子。/这瓶子里水不多了，快喝完了。/这瓶子好不好看？"每个句子里都有"瓶子"这个词，每次说的时候发音不一样。句首、句中、句尾，语音声学表现不一样，虽然是同一个发音人仍不一样，换个人发音更不一样。他有没有能力切分词？有！而且是在他还没有语义的时候就有这个能力。从什么时候开始的呢？差不多 5 个月到 5 个半月，他最早能够听出来的词是自己的名字。但是他不知道语义，他不知道这个名字代表他自己。他只是听到自己的名字觉得熟悉并且会反应。还有一些词他也能听出，如：爸爸、妈妈，在连续语句中他能够听出，当然这些词在平时他确实有时听到单个发音，所以这些词有一定的优势，但其他词则很少单个听到，而小孩从 6 个月开始就能够把词从连续语句中切分出来。一开始他还没有把语义与切分的词匹配起来，真正把语义匹配起来至少要到八九个月以后甚至更晚时候。

所以实词很早就开始学了，而且实词学起来没完，一辈子都在学，有些词还在变化，随着时代的变迁一些词会被淘汰，新词会不断地加进来。但任何语言中的虚词都相对比较稳定，虚词的变化很少。最近二三十年来，实词就有了不少的变化，但虚词就没有，所以虚词是比较稳定的。但是虚词发音那么弱，从音韵上、声学上来说相对比实词弱，能不能听到呢？它产出很晚啊，是不是孩子听不到？不是的。我们实验中发现小孩一开始能够区分，他还是很注意虚词的。现在科学也证明小孩生下来听力是很好的，头几个月听力发展得很好，所以他应该是可以听到的，他能不能把听到的虚词储存在脑子里呢？我觉得能。我们假设他能，因为虚词经常出现，而且出现在短语首、短语尾。比如说"the book""the dog"，在边缘这个位置对处理更有优势：切割也容易，显著度也高。

这只是一个假设，接下来就是做实验了。假设孩子很小就能听出自己母语中的虚词，比如汉语中"的""了"（这个问题汉语还没有人测过）。我们做实验测试了英语和法语小孩的对虚词的辨认，测他们是否能认出这类词并且把它们储存在脑子里。我们发现小孩在听认实词的同时也在听虚词。讲话就不一样了，儿童产出实词先于虚词，但是感知虚词一点也不落后，甚至还非常领先，如冠词的感知。我认为在汉语中一定是"个""的""了"这些虚词感知比较早。近年来德语、英语、法语在这方面都有数据（Shi, Werker & Cutler, 2006；Shi, Marquis & Gauthier, 2006；Hallé et al., 2008；Höhle & Weissenborn, 2003；Shafer et al., 1998；Marquis & Shi, 2012），比如我们给儿童包含"the""a""her""his"的短语，发现在 6 个月到 1 岁的时候他们已经开始感知这些虚词了。这些词他们肯定不会有表义的，因为虚词的语义很复杂。但是他们应该可以把这些词的语音切下来，切下来放入脑中。放脑中一定是有作用的，这是下一步的习得。果然，我们发现 11 个月的时候，孩子不光是能够切割出来、储存下来"the"、法语中的"le""les"这样的虚词，他还能够把词缀切分出来，像英语中的"ing"。1 岁以前，相当于"ing"或者是"ed"那样的词缀，是语法方面的，儿童已经开始有了。一会儿我会具体讲这个实验，挺有意思的。那么孩子很小就已经切割并储存一些虚词了。

到了再大一点，儿童还要学习虚词之间的关系。因为虚词不是单个的，像散沙一样，虚词是分类的。比如冠词一类，虽然不多，但还是可以分的。我们就发现 14 个月，儿童就可以分类了。冠词，他认为这是一组，如果我们把代词放进去他会觉得不对，他会觉得代词不属于这一组。刚刚 1 岁多他就有这个能力了。小孩再大一点，20 个月的时候是什么样的呢？我们做的法语的实验，因为英语中冠词很少，但法语中相对很多，"le""la""les""des"等，因为它有阴阳、复数单数的区分。葡萄牙语、德语也都是这样的，冠词不少。这些冠词当然有些词义了，如单数复数。阴性和阳性则是语法属性，法语中"这个瓶子"中必须用阴性定冠词"la"，跟阴性名词 bouteille "瓶子"对应的，这完全是语法作用，没有任何语义作用。"墙"就必须搭配阳性定冠词"le"。不定冠词、定冠词很多，儿童能不能把它们分类呢？我们发现是可以的，14 个月的儿童会把冠词归为整个一大类，但他还不能细分，到 20 个月儿童就可以细分了：阴性一小类，阳性一小类。

除了要把虚词归类，分成不同组，还要习得它们之间的语法关系。这个时候孩子年龄都很小，都不太会讲话。然而，有英语的数据表示 17～19 个月这个年龄儿童就具有这个知识了（Santelmann & Jusczyk, 1998），也有德语数据（Höhle, et al., 2006），我们有法语数据（Van Heugten & Shi, 2010），差不多同一个年龄段，都证明孩子懂得虚词与虚词之间的语法关系。比如说："He is working"，这个"is"要与"ing"对应。"They are working"也可以，但是我们不能说"He can working"。"can"后不能与 ing 对应，只能是"He can work"。实验中我们给小孩合乎语法规则的和不合乎语法规则的句子，小孩他就会有所偏向。他们有这方面的知识，你说"He can working"，他不喜欢。你说"He is working"，他就喜欢。在我们的实验中，句子中第一个"les"是复数，而"va"是单数，中间放了个假词，这是为了避免他们死背硬记而导致的测试不准确。我们放个假词他就必须跨过这个假词，判断"le"和"va"是对应的，可以搭配，但是"les"是复数，它和"va"就不可以。所以我们就做这样的实验。下面带"＊"的这些句子是违反语法规则的：

le fipare va…；le fipare est…

＊ les fipares va…，les fipares est…

我们证明儿童 17 个月就知道虚词之间的语法关系了，虽然在这个年龄段他们一个虚词都不会说出。

我们还发现 24 个月时，给小孩"le"和"les"的区别，他就分得很清楚（Robertson，Shi，& Melançon，2012）。他知道"le"是 singular（单数），"les"是 plural（复数）。比如说：这边一只猫，这边两只狗，我们就说"看'le chat'，猫"，数是对的，所以他就会去看，而且他看得很快，刚听完那个"le"，几乎那"猫"听到一半时，大脑还在做处理的时候，他就会去看猫。而我们说"看'les chats'"，"les"是复数，但这里只有一只猫，不对，他反应就慢，慢几百毫秒。虽然几百毫秒，但是他的反应就跟大人一样，孩子懂单复数对应。大人反应就是：不对呀！你让我看一只猫，你怎么说"les"。所以说小孩在两岁的时候，那个时候他还不说"le"和"les"，产出大部分还是属于电报式语言，这时候他已经很清楚虚词的一些语法属性了。

刚才讲的是小孩从出生就开始对实词和虚词大致分类了，半岁就开始储存具体的单词了，包括实词和虚词。之后是习得具体的语法了，比如语法对应。那么虚词对实词的学习习得有没有作用？有！Prosody-Functor Bootstrapping Model（音韵–功能词启动模式）就是这么讲的。小孩一开始要有虚词，然后他再用这些词来启动其他方面的习得。

下面看一下我们前些年发表的两篇文章：第一篇是有关英语儿童的（Shi，Cutler，et al.，2006），第二篇是法语儿童的（Shi & Lepage，2008）。我们发现，儿童 8~11 个月的时候用虚词来切割旁边的实词。我们给他听短语，包含一个虚词，后面紧跟一个实词，他就会把实词切割出来。一会儿我给大家具体看怎么做这个实验。孩子还不到 1 岁，就已经开始借用虚词判断出后边第二个词与第一个分别为两个词。到了 1 岁多，小孩就会开始用虚词对其他词进行语法范畴划分了。这方面有法语、德语、英语儿童的数据，我的博士生张钊在做汉语的实验：看看虚词能不能帮助儿童划分名词、动词。实验证明，小孩刚刚 1 岁就有范畴化的能力了，比如法语和德语儿童会用功能词——冠词来习得名词范畴。然后，到了 1 岁半快 2 岁的时候，法语儿童用冠词区分名词的阴阳性（Cyr & Shi，2013）。

又比如说：我们教给法语孩子两个物体的名称，一个阴性一个阳性。然后测试语料说"看'le'……"还没说完，他们就开始看阳性的物体了，他们会通过前面那个冠词的阴阳性来定位后面那个物体的阴阳性（Melançon & Shi，in press），我们发现儿童两岁到两岁半的时候差不多就有这个能力了，而且他们的 gender feature 的表义已经抽象化了，完全是在语法层面了。当然这时候儿童只有简单的产出，大家还在争论这个产出是不是抽象的语法知识。我认为是抽象的，因为实验证明是这样。

3　词的范畴划分与功能词
—— 关于新生儿的研究

刚才给大家的是整个的一个综述，下面给大家举几个具体的例子。我的科研从开始做到现在，越来越觉得有趣。因为一开始就只是好奇心，然后就一点点很有耐心地去做，等有了一定的积累，只要有耐心就一定会有新的发现。到了一定程度你就会发现很有意思，有的时候你的假设成立，有的时候结果会跟你的假设相反。当初我根本没想到新生儿会区分实词和虚词，但是他们的能力往往会超出我们的预想。比如写博士后 proposal 的时候，我把儿童的年龄设想得太大。有时候结果难以解释，但后来多做几个实验就明白了，小孩实际上在告诉我们什么。所以这些年做下来就觉得非常高兴，因为觉得原来不知道的现在知道了。

现在我从实验方面给大家举几个例子。首先讲新生儿这个实验（Shi，Werker，& Morgan，1999），做这个实验完全属于偶然。我博士期间是做妈妈的输入语言，做神经网络。当时想测小孩，但觉得很小的孩子不会有范畴化实词和虚词的能力，刚生下来的小孩像是什么都不会的样子，至少也得六七八个月大吧。但是我到了 Janet Werker 实验室后，她很支持我，她说："你既然来了，我这儿有测新生儿的设备。"我跟她说我想学习这套设备的实验操作，我想学学怎么做新生儿（的实验）。她说："既然你想做，你得有语料，有项目才能学会，否则光听别人给你讲怎么都学不会，必须要做自己的实验。"当时有个法国来的教授教我们，我就跟她学，把我 7、8、9 个月小孩的实验语料用来试一试。我当时就觉得新生儿肯定什么都不会。没想到结果出来证明小孩会划分实词和虚词。

接下来就给大家讲一下实验的方法。这是在温哥华做的，小孩刚出生，因为三天后就出院，所以在出院前得赶紧做。给他一个奶嘴，他就嚼。他嚼就能听到语料，不嚼就没有语料播放。有时候他嚼得迷迷糊糊的，我们必须要他清醒地嚼才行。怎么判断他清醒呢？头一分钟我们让他自然嚼，没有语料，然后用电脑记录下他嚼的当中最大劲的那个力度，然后过一分钟后，他每次使劲嚼就给他听一个词，他不使劲嚼就不给词，就是这个方法。但是损失率很大，差不多有一半做不下来，为什么？因为有的小孩脾气大，他学会嚼了，但他发现你只给他词儿，没有吃的，就大哭大闹。

我们要把他 habituate，就是不断播放同一类的词直到他厌烦不爱听了。给他一个范畴，比如虚词，他每次嚼，电脑都会随机给他听一个虚词，在奶嘴上接个橡皮管（tube）跟电脑相连，中间有一个 transducer（转换器），橡皮管里边的空气是封闭的，他一嚼，里面气压会变化。那个转换器上有个传感器就会测到，把它转变成电子信号，这样电脑就可以读。他使劲嚼，气压就大，轻轻嚼，气压就小，电子信号的强度也随之变化。每个小孩不一样，有的小孩非常强壮，有的小孩嚼得弱。但是电脑会根据每个小孩的力度情况来进行分别计算。电脑会计算这个小孩每一分钟使劲嚼多少次，每两分钟有一个平均值，每两分钟都要计算，都要跟前一分钟马上进行对比。小孩使劲嚼的次数越少，比如说下降到 50% 了，这就说明他已经厌烦了。我们老给小孩听一样的东西，如果他知道这是同一类了，这时他就学会这一范畴了，因此才会厌烦。我们的小孩大多 7~9 分钟后会变得厌烦。然后电脑会自动给他播放另一个范畴的词。控制组只是换具体的词，而类别没换，比如他听虚词已经厌烦了，然后换另一个词，但是还是虚词。而实验组厌烦后电脑就会由虚词变成实词了，或由实词变成虚词。小孩测试阶段（厌烦后）听到的都是新词，但是，是同一个范畴还是不同范畴，孩子反应就不一样了。

因为小孩没出生前，最后一个月到一个半月发育得差不多了，应该能听到声音，虽然他听到的不是很清楚。小孩出生前主要听的是妈妈的声音。后来我们还发现，温哥华亚洲移民很多，有一少半都是非英语的妈妈，而且都是讲其他语言的，讲广东话的、印度话的、他加禄语等。所以我们最后将孩子分成两组，看母语是英语的小孩和母语是非英语的小孩，他们听英语有什么不一样。根据我以前网络模拟范畴化的结果，我们认为无论母语怎样不同，小孩的反应应该是一样的，因为他们所捕捉的应该是 universal 的特性，新生儿实验结果确实如此。下面这图是一个小孩的实验结果，大家看前边是 habituation 阶段，后边是测试阶段，实线是实验组的数据，即换了词类后的反应，虚线是控制组的数据，是对同一类词的反应。

PROCEDURE:

High-Amplitude Sucking

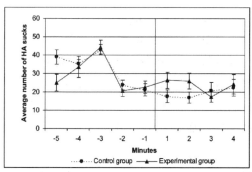

接下来是整体的结果：

Newborn study

—categorical discrimination

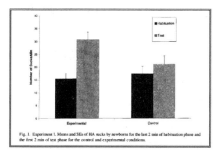

Fig. 1. Experiment 1. Means and SEs of HA sucks by newborns for the last 2 min of habituation phase and the first 2 min of test phase for the control and experimental conditions.

· *Same results when frequency cue was removed, i.e., with only acoustical/phonological cues available.*

· *Language general ability: same results for newborns of different prenatal languages,*
    · *English vs.*
    · *Asian languages*

· *At birth, infants possess the perceptual sensitivity to cues distinguishing words of lexical and functional categories.*

(Shi, Werker & Morgan, *Cognition*, 1999)

左边这个 experimental group 就是类变了，如果是实词把小孩弄烦躁了，那就变成虚词。我们测量的是他的 sucking rate，他在 habituation 阶段最后两分钟（黑色柱）和 test（测试）阶段头两分钟（灰色柱）的嚼的次数。最后两分钟代表他最烦躁的时候，这时候他已经很不爱听了，听得很少了。然后我们换了语料，或者换类（experimental 组）或者没换类（control 组）。experimental 组是换了类，control 组只是换词了。Control 语料实际上他们也能够区分，只是说，他区分得没那么明显。我们比了一下，换了类别的词，孩子会把它当成另一类。这个结果完全出乎我们的意料：孩子一出生就能够区分实词和虚词范畴。这个成果发表了将近 15 年，经过了时间考验，它越来越受关注。

另外，孩子对非母语的和母语的反应一样。我们播放的是英语的词，母语是英语的和母语是亚洲语言的小孩范畴区分反应都是一样的。所以我们认为这个能力应该是与生俱来的，但是否代表乔姆斯基的 universal grammar，这个不敢说。我们还得实事求是用数据说话，不能瞎吹。但是可以说儿童与生俱来有这个感知能力（perceptual capacity）。

所以我们的实验说明：小孩初生的时候就有实词和虚词的感知能力，至少是能够区分。他不一定知道这一类是虚词，那一类是实词，可是他能感知到这些和那些不是一类。category（范畴）不是某个单词，而是一类词，儿童知道我们换没换类。control 组是没换类的，他知道这是新词，但是他觉得我们没换类，我们的结论是，儿童有与生俱来的实词 - 虚词范畴区分的能力。

4　对语言输入中功能词的识别与表征

下面我再给大家举个例子，是我们 2006 年发表的关于 8～13 个月大的英语孩子学习母语中的具体虚词的例子（Shi，Werker，& Cutler，2006）。这个实验就是给小孩两种 stimuli，这很简单的。这时候就不能用 suction（嚼奶嘴）的实验方法了，用看小孩眼睛注视的情况，而且语料播放由小孩控制。我们制作了两种短语料。第一种语料都是冠词，比如："the""his""her""their""its"，每一个后面跟个人造名词，比如说"breek"或者"tink"，以保证孩子生活中没有听到过。比如："the book"，有些孩子听到过，这样就会导致测试不准。第二种语料我们是把

"the"改成"ke"，他从来没有听到过，"the breek"，他也没有听到过，只有"the""his""her""their""its"这些虚词他在生活中应该听到过。那么他能不能认出这些词呢？"the"和"ke"的变化非常细微，还有"his"变成"ris"也是变化很细微，"her"变成"ler"，"there"变成"lier"，"its"变成"ots"等，我们只是变化一个音素，看看小孩他是不是能认出哪个是他母语中有的词。比如说我们给一组孩子"the breek"，也给他们"ke tink"。我们的假设是：如果他们能认出这个"the"的话，他会更喜欢听包含"the"的短语。如果没认出，反应就应该是随机的，那就是小孩听第一类（即包含英语虚词）和第二类（包含变化后的假虚词）应该是没有区别的；但是如果小孩整体来说喜欢某一类，从统计学上说，那就不是随机的，一定是有原因的。

Infants' recognition & representation of function words in continuous speech -- English

Stimuli

1: *(the, his, her, their, its)* + content word

versus

2: *(ke, ris, ler, lier, ots)* + content word

- **Content words: breek, tink**

Measure: Looking time while listening to phrases Type 1 versus Type 2

做这个实验时，我们就让小孩看屏幕。他看屏幕就能听到一类语料，如果不看就没有语料了，由他控制。研究人员在外边，听不到小孩听到的语料，也看不到小孩看到的东西，这样做是要完全杜绝影响数据的其他因素。因为如果研究人员能听到语料的话，有时候就会下意识地对实验造成一些影响。我们同时也对孩子进行录像。实验中，语料播放的同时屏幕上会呈现一个棋盘，不管什么样的语料，都跟棋盘一同出现，语料与图料从同一位置播出，并由孩子眼动来控制。我们给家长戴着飞行员戴的隔音耳机，里面放音乐，这样他听不到外边的声音。因为如果家长能听到实验语料，有时就会给小孩指屏幕，影响孩子，结果测到的是家长的反应。我们要求家长不能跟孩子有任何互动，我们在外边观测录像，如果家长偷偷影响孩子，那这个小孩的实验数据就不能要了。虽然实验只有几分钟，但有的小孩不愿意做，损失率为20%～30%。

以下是我们的研究结果：

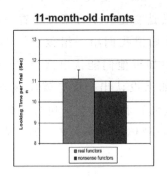
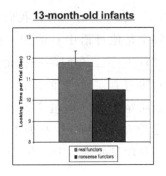

Infants' recognition & representation of function words in continuous speech -- English

11 个月和 13 个月的英语孩子能认出英语虚词，8 个月的能力稍差一些。如果短语中包含虚词，比如"the"，小孩就喜欢多看屏幕（即多听），他知道"the"是他母语中有的，他喜欢听。13 个月大的孩子能力更强。11 个月和 13 个月的小孩从整体来看都喜欢听包含虚词的短语，这种偏好不是偶然的，说明他们已经有一定的虚词的知识。

5　利用功能词切分名词

接下来我们看一看孩子能否用虚词来切割实词，这是关于英语的实验（Shi，Cutler，et al.，2006）。我讲一下怎么样用功能词去切割旁边的词。比如说我们给小孩听"the tink"，他会觉得这是一个词？还是两个词？他会不会切分成两个？实际上，我们大人刚学英语时，听人说"the god""a god"，因为有"the""a"，所以我们会认为 god 肯定是一个单独的词。功能词缀也能帮助分割词，外国人学中文觉得特别难，因为中文动词没有词缀。俄语或是法语词形非常复杂，一个"走"，词尾变来变去，但是这些变化却对语言学习是有帮助的。我当时学法语的时候觉得很难，但现在用法语教学，觉得最有帮助的还是功能词和功能词缀。因为如果有个词不知道，一听它的词缀就知道了，它就能够给自己很多信息。中文没有词缀，用虚词比如"了""着""过"也能帮助学习。用功能词能不能帮助孩子切割旁边的词，而且切割出来能不能帮助他们进一步划分词类，我们就做了这样的实验，这是法语的实验（Shi & Lepage，2008）：

Infants' use functional words for noun segmentation -- French

> **Familiarisation Phase**
> A: *des/mes + preuves*
> and
> B: *kes + sangles*
>
> **Test Phase**
> *preuves vs. sangles*

• **Measure: Looking time while listening to the nouns in isolation during Test**

短语的前面是冠词"des"（不定冠词）和"mes"（"我的"），后边给他一个真的名词，是低频词。生活中常见的就不好测了，我们就无法控制小孩原来生活中是否知道这个词，这样可能就会对实验结果有影响。"preuves"（法语，"证据"的意思）就是"proof"的意思，小孩肯定不知道这个词，给他们听"des preuves"或是"mes preuves"。有不同的实验组，因为有好几组小孩。跟什么对立呢？跟"kes"，这是个人造音节。孩子是不是按照我们的假设，把"preuves"当成独立的词？"sangles"也是一个很少见的词，是马鞍子上的什么小东西，一般成人都不知道这个词。按照假设，听到"kes sangles"，孩子应该认为它是个双音节词，他不应该把"sangles"划分为一个单独的词，因为"kes"不是虚词。

这样我们就给孩子一个熟悉阶段，让他 A 和 B 短语都听，"mes preuves"和"kes sangles"。在测试阶段，把"preuves"和"sangles"单独拿出来，如果孩子喜欢某一个，比如喜欢"preuves"，这就说明他认为"preuves"是单独的词，因为听到冠词"des"，后面应该是另一个独立的词，他应该认为"preuves"单独拿出来可以，"sangles"单独拿出来不对，他应该认为"kes sangles"是一个词，一个双音节词。我们做出来的结果就是这样的，8 个月的法语小孩就有这个能力。法语的冠词比较稳定，所有的名词之前都有（冠词）。英语不一定，你可以说"a bottle""the bottle"，还可以说"bottles"，"上学"可以说"school""school is fun"，所以法语儿童用虚词切割词比英语儿童早些，说明输入语言的分布特征对孩子还是有一定影响。影响差异在哪里？就是两三个月的区别。11 个月的英语儿童能力很强，8 个月不是太好，法语儿童从 6 个月就开始储存虚词，6 个月他就能听出"des、la",英语小孩要到 8 个月。他们不光能认出虚词,还能用这些词切割后面的词。

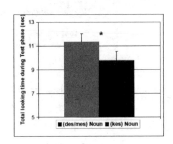

Infants' use functional morphemes for
noun segmentation – French 8-month-olds

6 学习功能词缀和词形变化表

下面我们看看 bound morpheme,就是词缀,这个相对难一点儿,汉语里没有,英语里有。

Learning bound functional morphemes:
French-learning 11-month-olds

- The infinitive and past participle of French many verbs in French – the morphemes /e/,
  – e.g., pousse /pus/, pousser /puse/

- The coda consonant of the root is ressyllabified with the /e/ suffix:
  – e.g., /pus/ -> /pu se/

这是我们最近发表的文章(Marquis & Shi,2012),这是我的学生的博士论文的一部分。法语里不定式和过去分词是/e/,"pousse"和"pousser"在法语中发音相似,但读音第一个念/pus/第二个念/puse/。/e/有点像英语中的"-ing",很常见。小孩需要学会"pousse"和"pousser"是同一个词,但属于不同的变位。我们的实验就是测儿童能否切分后面的"er"(发音是/e/)。现在我们在美国做了英语的"-ing",11~12 个月的小孩就可以切分这个词缀。你测"gorp"和"gorping",他知道"gorp"和"gorping"是相关的，他不认为"gorping"是另一个词。

现在看法语儿童的这个实验：

<u>**Learning bound functional morphemes**</u>
French-learning 11-month-olds

- **<u>Familiarization</u>**:
  nonsense verbs: **[glYt]** or **[trId]**

- **<u>Test</u>**:
  - **Sentences containing [glyte]**
  - **Sentences containing [tride]**

Vowel allophonic changes: [Y]-[y]; [I]-[i]

在熟悉阶段，给他播放两个假词，一组小孩听一个，发音是［glYt］，另一组小孩给另一个，发音是［trId］，都是词根，这些词根是可以独立存在的。测试阶段给他听句子，让他切割，句子里［glYt］出现时已经变位了，句子里出现的是［glyte］。两组句子一组是［glyte］，另一组是［tride］。这个实验设计要完全控制的，熟悉阶段给一组儿童一个词根［glYt］，然后测试阶段每个儿童都听两组句子，一组句子是变位的［glyte］，另一组是［tride］。那么［glyte］的句子是与训练的［glYt］相关，而［tride］与［glYt］不相关，因为这一组小孩只听到［glYt］训练词。但是［tride］对另一组小孩来说是相关的，因为他们的训练词是［trId］。两组小孩熟悉的阶段是不一样的，一组听一个词根，但是测的都是一样的语料。我们假设孩子应该能切分词缀，而且能够知道词根跟变位词有关联。我们的预测结果是：这两组小孩，如果喜欢听跟熟悉阶段的词根相关的变位词，这两组小孩的喜好应该是完全对应的。也就是说，［glYt］小孩如果知道［glyte］是［glYt］的变位，他也许就会喜欢包含［glyte］的句子，而不喜欢［tride］，而熟悉阶段听到［trId］的小孩就应该喜欢包含［tride］的句子。这两组小孩根据所热身的词根不同，实验所得出的结果是完全相应的，这样控制很严格。

此外，我们的关键词中加了一些音韵上的变化，所以这个实验对孩子特别难。你们看，词根和变位词中间的 y 是变化的，这是两个不同的音，词根是［glYt］，变位后是［glyte］，是由于语音环境影响造成的音位变体，不改变意义。然而，即便［glYt］和［glyte］发音这么不同，小孩还是把它们归为一类的。

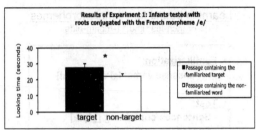

然后我们又做了一个很严谨的控制实验：

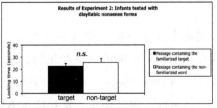

熟悉阶段还是用［glYt］和［trId］，但是现在句子中给的关键词是［glytu］和［tridu］，是双音节词，不能分为词根和词缀。所以如果儿童觉得［tridu］和［trId］没有词素关系，那么他对测试阶段的［glytu］和［tridu］就不该有不同的反应。实验结果确实如此：儿童没有把［trId］和［tridu］归为相关，认为它们没有任何语素关系（morphological relationship），而是两个不相关的词，就像"can"和"candle"没有任何关系一样，不像"work""working"那样有词素关系。

下面我们想知道词素习得的机制，到底是什么机制促使儿童知道"work"和"working"有关系，而"can"和"candle"没有关系的？我们的假设，就是虚词词缀出现频率很高，而且它跟很多词根出现，这一分布特点导致孩子切割出词缀，并进一步习得词根与变位词的语素关系。接下来我们做了一个人工实验来验证这个假设：

Determining morphological learning mechanism

An added pre-training phase: high type frequency roots sharing an artificial ending /u/:

Fitou [fitu], Linchou, Cradou, Plandou, Wélou, Rebou, Balou, Nangou, Frivou, Vaunou, Kaurou, Nadou, Stakou, Zabou

- **Familiarization:**
  nonsense verbs: **[glYt] or [trId]**
- **Test:**
  - **Sentences containing [glytu]**
  - **Sentences containing [tridu]**

在前面的实验中我们给孩子［trId］［tridu］，他们觉得两者没有任何关系，因为［u］不是一个词缀。在下一步的实验中，我们人工地把［u］变为一个词缀，给孩子听很多假词，每个词都以［u］结尾，根如"Fitou［fitu］，Linchou，Cradou，Plandou……""ou"拼写在法语里发音是［u］，给他这个训练，就让他听这些词，不到 2 分钟的训练，儿童在屋里玩，这些词同时在屋里播放。之后的熟悉阶段和测试阶段跟前面的实验一模一样，比如，熟悉阶段播放［trId］，测试阶段是包含［glytu］的句子和包含［tridu］的句子，这次我们只是在熟悉阶段前加了小小的训练阶段，他们就学会了，也就是说，训练语料促使孩子学会把［u］当作一个新词缀，把［trId］和［tritu］当作有词素关系，像对待［trId］和［tride］一样。

后来我们又测了 17 个月大的儿童，我们做了假造的物体，教给孩子［trId］是这个物体，测验阶段让他们认。我们发现，如果提前再加上那个训练阶段，孩子就会认为［trId］和［tridu］表达同一个词义。这些结果说明，儿童所学的结构知识能运用到语义学习中，这与其他启动理论很不一样，我们的理论讲的是儿童通过语音音韵特征启动 syntax 结构，也通过 syntax 结构帮助启动语义的习得，起码启动一部分语义的习得。但是 Pinker 认为结构信息不可靠，先要知道语义，慢慢知道"bottle"这个词是物体，然后才能知道是名词。我觉得不一定非得是由语义到结构，实际上儿童学习结构的能力超强，他可以用结构来学习语义。

我们总结一下：11 个月，孩子能切分常用词缀，词缀叫作 bound morpheme，它单独不能存在。他们学习 morphological 变位，不需要语义就可以学会。传统上学者们认为学习"work"和"working"的关联必须先有语义，没有语义不可能知道它俩的连接。我觉得不是，他通过形式和分布可以做到，11 个月儿童就开始习得 morphological paradigms。所以小孩带有一种 bias，这种偏向是从结构到语义，而不是从语义到结构。

7 学习功能词之间的非毗邻关系
——句法依存性的习得

现在再看一个实验（Van Heugten & Shi，2010）：

Acquiring non-adjacent dependencies

- **French dependencies**:
    - French uses number marking on both articles and nouns, leading to Article-Auxiliary dependencies:

        For example,
        - [*la* fille] [*est* ...] 'the(sg) girl is ...'
        - [*les* filles] [*sont* ...] 'the(pl) girls are ...'

Methods

- Participants: 14- & 17-month-old French-learning infants

- Stimuli: Article-x-Aux dependencies crossing a phonological phrase boundary; nonsense nouns within Article-x-Aux.

    For example,
    - Grammatical : [*le* proutique] [*a* rarement ...]
    - Ungrammatical : [*les* proutiques] [*a* rarement ...]

功能词之间的 dependencies 怎么测，像英文"these balls"，必须有一个

dependencies，"these ball"或者说"a balls"是不对的。法语中"la"是单数，"les"是复数，比如"la fille""les filles"。我们实验中使用的语法 dependencies 跨了 phonological boundary，这需要孩子有一定 attention 和 memory，我们做的是14个月和17个月的小孩，这个年龄他只会说单个的词，我们给他合语法的"le_a"，不合语法的"les_a"，所有的句子都跨了 phonological boundary（音韵界限），另外，我们给两个功能词中间放的是假词，如"le proustique a"，那孩子就不可能在生活中听到过这几个词的组合，加了假词，儿童就必须跨假词进行语法分析。实验结果：14个月的小孩还不能区分合语法与不合语法的句子，他还没有这个能力，17个月的孩子就可以。这跟英语的数据（Santelmann & Jusczyk，1998）是一样的，听到英语"he can working"和"he is working"，儿童喜欢听"he is working"。德语儿童也是这样（Höhle, et al., 2006），喜欢听合语法的句子。请注意，17个月儿童只会说单个的词还不会说短语，但感知实验结果说明他们脑子里已经有一些短语知识了，而且能够分析跨 phonological boundary 的语法结构。

8　功能词的归类及利用功能词进行语法范畴化

时间不多了，我把下面比较重要的部分讲讲。这个实验是讲14个月的法语儿童能否用功能词对其他词进行范畴划分（Shi & Melançon，2010），即 grammatical categorization。

<u>**Stimuli**</u>

- **Function words**
  - Noun co-occurring: Determiners
    - *ton* (your), *des* (indefinite Det.), *le* (the)
  - Verb co-occurring: Pronouns
    - *il* (he), *je* (I), *tu* (you)

- **Pseudo content words** (controlled for prosodic properties)
  - *mige, crale*

我们用跟名词同现的功能词"ton、des、le"（冠词），跟动词同现的"il、je、tu"（主语代词），然后我们用假的实词"mige"，分别用作名词和动词。两组儿童，一组教他们将假实词作名词使用，另一组教他们将这些

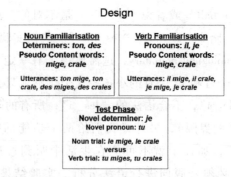

Design

Noun Familiarisation	Verb Familiarisation
Determiners: *ton, des* Pseudo Content words: *mige, crale*	Pronouns: *il, je* Pseudo Content words: *mige, crale*
Utterances: *ton mige, ton crale, des miges, des crales*	Utterances: *il mige, il crale, je mige, je crale*

Test Phase
Novel determiner: *je*
Novel pronoun: *tu*

Noun trial: *le mige, le crale*
versus
Verb trial: *tu miges, tu crales*

Measure: Looking time to same category vs. different category during Test.

词做动词使用。名词使用如"ton mige，des miges"，动词使用如"il mige，je mige"。测试阶段将假实词作为名词和动词使用，但是功能词变了，就是说功能词一定要换，才能知道他是否有抽象的范畴化能力。训练的时候是"你的 mige，一些 miges"，测试阶段变成"这个 mige"，我们会认为应该也可以，但是如果变成"你 mige"，就不对了。这个知识孩子有吗？我们实验结果表明，14 个月大的法语儿童已有名词范畴的知识了，但还没有学会动词范畴，动词范畴法语儿童到十八九个月就形成了。

再看中文的名词和动词：

汉语幼儿名词和动词范畴感知实验

熟悉阶段			
第一组		**第二组**	
名词	我的研究	名词	我的调查
	这个研究		这个调查
	我的检验		我的统计
	这个检验		这个统计
	我的发明		我的辩论
	(这个发明)		*(这个辩论)*
动词	我也调查	动词	我也研究
	你别调查		你别研究
	我也统计		我也检验
	你别统计		你别检验
	我也辩论		我也发明
	(你别辩论)		*(你别发明)*
测试阶段			
A 合语法		**A 合语法**	
名词	这个发明	名词	这个辩论
动词	你别辩论	动词	你别发明
B 不合语法		**B 不合语法**	
名词	这个辩论	名词	这个发明
动词	你别发明	动词	你别辩论

这是张钊的博士论文的一部分，已被 *Language Acquisition* 期刊接受（Zhang，Shi，& Li，in press），我们没有造假词，因为汉语造假词特别怪。我们用汉语中既可以做动词也可做名词的词语对儿童进行训练，"我的""这个"是名词的环境词，"我也""你别"作为动词的环境词。把这些词

教给儿童，如"我的研究""这个研究""我的检验""这个检验"。我们给两组儿童都进行了训练，一组儿童听到三个词被训练成名词，三个词被训练成动词，比如"我的研究""我的检验""我的发明""你别调查""你别统计""我也辩论"。另一组儿童反过来训练。再看第一组的斜体的"这个发明"没给他，为什么？因为我们要把"这个发明"用作测试语料，"你别辩论"也没用做训练语料，因为它被用来做测试语料。如果在训练中儿童听到"研究"跟"我的"一起出现，又听到"研究"跟"这个"一起出现，同时又听到"我的发明"，那么他应该认为"发明"跟"这个"一起出现也是对的，我们的结果证明 12～14 个月大的汉语小孩有这个能力。他们觉得"这个发明""你别辩论"是合语法的，但你要是把它掉过来，"这个辩论""你别发明"，跟训练时就不对了（第一组），可是跟第二组的训练就对了。所以这两组孩子的反应正好相反，充分说明汉语小孩很小就有词类范畴化的知识。

9 早期习得中语法的主要影响

———一项关于词语学习和在线理解的研究

最后，给大家简单讲一下我们最近的一项研究（Melançon & Shi, in press），使用的也是由电脑控制的实验方法（Intermodal Preferential Looking Procedure），测试法语两岁半儿童的语法阴阳性知识，实验既包含了语法也包含了语义，很有意思。训练阶段时，屏幕上呈现给儿童一个新物体，同时给他们听一个人造名词，让他们学习词义匹配，名词前总有一个冠词，如阴性不定冠词"une"（一个），成人听到"une cagère"就知道 cagère 是阴性名词。那么孩子在学习匹配词义的同时是否也能学会人造名词的语法阴阳性，即他有没有抽象的语法知识？

Det gender feature during
word learning & online comprehension

- e.g., a familiarization trial:

« Oh! Une$_{fem}$ cagère$_{fem}$ »

比如我们给他看这样一个银色物体，孩子从来没见过不知道它的名称，我们教他"une cagère"，cagère 这个词本身是不带性的，是我们假造的词，我们要看能不能通过功能词"une"（阴性）来为 cagère 来 assign feature。训练还包括另一个物体，这个红的，像一个钳子，小孩也不认识，我们把它叫做"ravole"，也是假词，让孩子学物体和新词的匹配，训练语料同时包含阴阳性信息，"un ravole"，"un"是阳性，他是否能学会 ravole 是阳性名词？训练阶段每个新词和物体搭配只呈现 7 次，非常短。

<u>Det gender feature during</u>
<u>word learning & online comprehension</u>

- Test phase :
  - Carrier + Definite Det + Noun.

  e.g., « Oh regarde! Le$_{masc}$ Adj ravole$_{masc}$! »
  « Oh regarde! La$_{fem}$ Adj cagère$_{fem}$! »
  « Oh regarde! La$_{fem}$ Adj banane$_{fem}$! »
  « Oh regarde! Les Adj ravoles$_{masc}$! »

测试阶段我们给这些新名词配上阳性的定冠词"le"或阴性的定冠词"la"，中间还加上了一个没有阴阳性的形容词，如果训练阶段"ravole"被教成是阳性的，因为它跟"un"出现过，测试阶段给它配一个阳性定冠词"le"，这个句子就是对的，即合语法规则，我们也给它配一个阴性定冠词，"la"，这个句子则是错的，这样可以测试儿童是否有抽象的语法表意。测试阶段每个小测验头两秒先让他看那两个物体，熟悉一下，然后他会听到："Oh，regarde！（看！）le adj. ravole！"也就是说，"ravole"是关键词，和这个词匹配的那个物体就是关键物体（所指物体）。我们从"le"一开始就测量儿童看哪个物体，我们假设儿童应该有抽象语法知识，如果测试阶段冠词和名词的阴阳性符合训练阶段的阴阳搭配，他们看关键物体应该更快更准；如果阴阳性不符合训练阶段的阴阳搭配，就会造成影响，反应应该减慢，这样的结果就能说明他有 abstract grammar。如果他根本没有 abstract grammar，他就不会在乎阴阳性，不管阴阳搭配对错都无所谓，对不同句子的反应就不应该有差异。除了使用人造名词，我们也使用了 2 岁孩子熟悉的名词。

测试时每次同时呈现两个物体，一个是阴性一个是阳性。下面这个图展示的是两种小测验（test trials）中的眼睛注视情况（根据所有孩子的平均数据）。

Results – Familiar Nouns

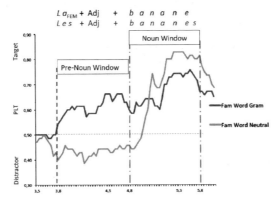

大家看这个蓝线（即图中合语法规则这条线），超过 50% 就不是随机的了，就说明他看了他该看的物体（即短语中名词所指的物体）。如"banane"（香蕉），如果阴性冠词"la"用对了，孩子就早早地开始看香蕉图了，还没到名词他就开始看了，因为"la"已经给他提供了线索，他不需要等到"banane"出现就可以判断。而"les"这个冠词没有阴阳性，后面跟阴性或阳性名词都可以，我们称它 neutral，因为不能用"les"的阴阳性来帮助判断后面的名词，所以必须等着听到名词才能辨认所指物体。所以在 Pre - Noun Window 这一时段，孩子两个物体都看，听到"banane"才开始看香蕉的图。这些结果与我们 5 年前发表的 2 岁法语儿童的结果一致（Van Heugten & Shi，2009），证明儿童不光知道这些名词的语义，而且知道它们的阴阳性，并利用不同范畴之间的阴阳对应信息快速地理解分辨词义。

下面我们再看新教的词：

Results – Novel Nouns

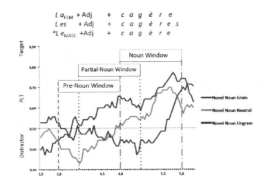

这里画"＊"的就是阴阳搭配错误的语料（＊Le + Adj + cagère），中间的是 neutral 语料（Les + Adj + cagères），第一行是阴阳搭配正确的语料（La + Adj + cagère）。大家看第一个蓝色的线条（即图中末端居上位的 novel noun gram 这条线），在 Pre - Noun Window 时段就整体高于 0.5 了（即儿童很早就开始看名词所指的物体，虽然名词还没听到呢）。第二个 neutral 线条，即听到"les"不带任何性的语料，他就要等听到后面名词才看所指物体（即在 Noun Window 才高于 0.5）。第三个线条是那个阴阳搭配错了的，明明你教给孩子"cagère"是阴性，但是你现在却用阳性冠词"le"，所以儿童在第三个时段（Noun Window）还是没有认出所指物体，最后直到这个时段的末尾及更晚才认出物体。这些数据说明小孩有阴阳搭配的语法知识，而且他对此信息的处理非常 automatic，你教给他新词，他既要学习新的物体，又要学习新的词义，如果在新名词前给他不定冠词的阴阳性，他可以不理它，可以只专注词义啊，但不是这样的，实际上语法习得是下意识的，小孩会不由自主地处理语法信息。

最后我们回到这个问题：虚词是否存在于儿童的早期知识系统中？这关系到语言习得最根本的问题，语言是怎么学来的？这涉及几大理论之间的争论，有些 constructivist 学者（Pine & Lieven, 1997; Tomasello, 2000）认为习得早期没有语法，要等儿童从输入语言中听了很多，存了很多例句，才慢慢会一点点分析，一点点构建，不过这些学者他们的理论现在也有点变化。生成语法学家认为儿童与生俱来就有抽象语法了（Chomsky, 1986），而且能够帮助孩子习得自己的母语，让你知道从哪儿入手，起到 constrain 语言习得的作用。从词汇的角度来讲，实词很多，虚词却很少但出现频率极高；从句法结构上来讲，虚词具有更重要的作用。我认为儿童通过音韵和功能词（包括功能词缀）的信息可以启动语言习得包括语法习得，这就是 Prosody - Functor Bootstrapping Model（音韵 - 功能词启动模式），这些年来的研究成果证明这个理论是很有道理的。我们发现功能词、功能词缀和句法在习得最初期就有。汉语中虽然没有功能词缀，但是功能词习得机制也应该一样，所以如果用我们的思路来测试汉语儿童对功能词的处理，我预测会有同样的结果，这个习得机制是与生俱来的。儿童 1~2 岁时语言知识实际上非常丰富，不是由实词来带动虚词的习得，这是传统的看法，我认为是由虚词来带动实词的习得。

最后我要感谢加拿大自然科学基金、加拿大社会科学基金、魁北克社会文化基金多年来给予我们实验室的支持。

大家有问题可以提问，也欢迎查阅我们网站上的文章。

互 动 环 节

问：老师您好，不知道您做实验的时候有没考虑到胎教的因素，因为您做实验有 1～3 天的新生儿，他在妈妈肚子里的时候，妈妈就可能跟他说话包括讲故事，如果他爸妈跟他说的是英语的话，他到时候出生，对英语和法语的反应会不会不一样？

答：对，我想如果在中国应该要注意这个问题，家长早早就开始胎教。我们在温哥华做实验，那些非英语组的妈妈文化水平是不行的，需要找人翻译，别说讲英语了，很多人是印度移民，除了印度语，什么也不会说。还有菲律宾人、香港人等，我们做实验提前都弄清楚了，知道这孩子家里平时不会讲英语。我觉得胎教影响应该不大，因为这组新生儿跟妈妈讲英语的新生儿实验结果相同。

我们是不管到哪就做哪种语言，不过取材大多是英语或法语罢了。语言习得是人类普遍的机制，我们觉得中文会有同样的机制。

问：您分了年龄段，但是没有分男女，女孩对语言的敏感度好像是比男孩要强一些？

答：有人研究过这个问题，学术界目前没有明确的结论，但是这方面的数据不多，数据也不是特别干净。我做过一个词切割的实验，数据比较干净，不是随机的，发现男孩喜欢新鲜的词，女孩喜欢熟悉的词，8 个月的孩子，我也解释不了为什么。

我们大部分实验都是把男孩和女孩搭配开，尽量平分，如 16 个儿童是 8 男 8 女或 9 男 7 女，得到的结果通常没有男女差异。

问：您提到的新生婴儿用到的语料，从妈妈自然语料库中切分出来的词，我想知道怎么做的？

答：在自然语言中，一定有 co-articulation（协同发音），切出来的音就特别不自然。我们把随机挑出来的功能词和实词的句子拿来。拿来以后全部录制到一个地方。然后找到另一个妈妈，比如，我们要求她学这个妈妈说话，如 "look at the dog"，要求学的时候在 "the" 前头加一个空，后头加一个空，即稍停顿一下，后来我们处理音频的时候，就把 "the" 前后的东西除掉，保留"the"（即关键词）。之后，再把她的 production 和原来的妈妈的 production 进行声学特征比较，作分析，保证关键词发声特征基本一致，而且用这些词在神经网络里模拟习得实词和虚词范畴化，看网络能否分开，这个工程特别大，做出的语料非常自然，因为保持了原来的音韵和声学信息。

问：如何在实验中判断儿童更喜欢哪一种？

答：他看得多就是更喜欢。测试阶段通常有两种 trials，比如，一种包含关键词的动词变位，另一种包含另外的词（不含关键词）。他如果看某一种时间长就是喜欢这种，说明他把词根和变位的动词归为一类。所以就是看儿童 preferential looking 的时长。不是随机的，必须整组孩子有 preference，才能说明问题。如果这个小孩喜欢这个，那个小孩喜欢那个，就不会得到整组的 preference，也就不能说明问题。

问：我的问题也是对新生儿对实词、虚词范畴区分的问题，我可不可以这样理解，儿童对实词和虚词这两种词的不同超音段特征有一种感知，通过这个来划分，就是那种小一点的、短一点的分为一类，声音高一点、强一点的分为一类？

答：我觉得是，对。实词和虚词的区分是有很多信息组成的，不是说光一个音长一个音短，因为实词也有长的，也有短的。所以为什么说我们做神经网络特别有用，用单独一个信息去分的话，分不好，光从音高或音强等都分不好，但是很多因素搁在一起就成了，虚词的小化是多方位因素给定的。我倒不觉得这时儿童一定是上升到高级的语法阶段了，虽然有的人认为应该是。

问：关于神经网络的研究，您觉得更支持哪种理论？因为有的人认为更支持构建的习得理论。

答：神经网络是经过训练形成的，所以可以都支持。我的数据不论是神经网络还是新生儿，都不能说明它是 UG。你可以从完全习得构建来说，是儿童与生俱来对声学和音韵特性的反应，你可以说构建得很快。但是我觉得一定是与生俱来的习得能力，不一定是与生俱来的语法知识。他刚生下来就有这种习得能力，语法知识还要经过一段时间的学习。像我们做神经网络的时候，要给它好几千个 training items，而新生儿就不需要这么多的训练，他的习得能力很强，是不是因为经过出生前一段时间的学习？胎儿的确能听到母亲的声音，但具体的音节数和音节结构内部的东西，我觉得他出生前是听不清的，比如辅音在娘胎的环境里是听不好的。我觉得他一定有天生的 perceptual process bias。刚一出生就构建？我觉得不可能是（当然后来母语中那些一个个单词是要构建的）。那你说他不是构建的话，是不是 UG 呢？那也不见得，我觉得可能是他天生的 perception（感知）的能力。所以这方面，我没有一个那么强的理论上的站队，我选择一个尊重数据的态度。

问：您的实验都是用小孩的母语去做，有没有婴儿对不同语言的对比实验？还有一个问题，儿童语言发育是不是跟儿童的器官发育有联系？我没觉得婴儿就能区分实词、虚词呀，构建什么的，我觉得婴儿可能只是有对语音物理特性的感知。

答：第一个问题是我们有没有做跨语言的，实际上，新生儿的那项研究就是跨语言研究。我们测妈妈讲英语的和妈妈讲亚洲语言的新生儿，6 个月的我们也做过，用英语做加拿大小孩、做广东话和普通话的小孩。我们还有一些实验也是跨语言，张钘在我们那儿还做过用汉语测加拿大小孩。我们还用俄语测加拿大小孩。儿童的机制是非常强的，他可以学会。我们喜欢用外语做，用人工语言做，因为那种环境控制得干净啊，母语你不知道孩子是不是听过某些词某些句子，所以我们用母语也是造假词，你要用真正的词就会有一些环境污染。儿童的学习机制很强，训练两分钟，他就学会了。让儿童换一新环境，他学得真的特别快，我觉得这是大脑的一个机制。

第二个问题，你问新生儿对母语的感知是否只是物理上的感知？是，我同意这个观点。所谓物理上的感知就是感官上的反应，但是这不妨碍它被运用到语言上，不能说就是 universal grammar，不能肯定孩子有很复杂的语法知识。尤其是新生儿头几个月绝对不会 label 实词和虚词，但是他会用最初对虚词实词的区分来分析人说话并习得语言知识。所以我觉得语言知识是慢慢习得来的，有个过程，一开始是感官的物理处理，然后一步步习得，我觉得应该有构建的成分。问题是有多少知识是抽象的天生的，有多少是构建的。不过 1 岁的小孩确实已经到了抽象的句法层面，远远早于多年来学术界的看法，当然我们观察到的还是简单的句法，所以我觉得还有个习得过程。像邹老师她们研究的那种特别复杂的语法知识，我觉得小孩需要学一些年吧，像"给"字句的 argument structure、"都"的习得、"了"的习得，挺复杂的，学习具体功能词在母语句法中的全部表现确实需要挺长时间的。但是一开始找到这些词然后用它们来切割划分那些名词、动词啊，还有一些 gender feature、agreement 啊，小孩在 1 岁半之内能解决很多问题，他们的能力还是蛮强的。几年前有法语、意大利语、日语儿童的人工语言实验（Gervain，et al.，2008），发现意大利语 8 个月儿童喜欢功能词居首，而日语 8 个月儿童相反，喜欢功能词居后，因为意大利语是 head initial 语言，而日语是 head final 的语言，所以不能说都是物理反应，这时儿童已经跟母语的句法特征挂钩了。不是说这么小就什么知识都有了，因为很明显不是嘛，但肯定比原先想象的要早，他不会讲话之前，肯定是在处理储存，用功能词来习得实词，而不是用实词来习得功能词。

参考文献

Chomsky，N. (1986). *Knowledge of language：Its nature，origin，and use.* New York：Praeger Publishers.

Christophe，A.，Guasti，M. T.，& Nespor，M. (1997). "Reflections on prosodic bootstrapping：its role for lexical and syntactic acquisition. "*Language and Cognitive Processes*，Vol. 12. doi：10. 1080/016909697386637.

Cyr，M.，& Shi，R. (2013). "Development of abstract grammatical categorization in infants. "*Child Development*，Vol. 84. doi：10. 1111/j. 1467 – 8624. 2012. 01869. x.

Gervain，J.，Nespor，M.，Mazuka，R.，Horie，R.，& Mehler，J. (2008). "Bootstrapping word order in prelexical infants：a Japanese-Italian cross-linguistic study. "*Cognitive Psychology*，Vol. 57. doi：10. 1016/j. cogpsych. 2007. 12. 001.

Hallé，P. A.，Durand，C.，& de Boysson – Bardies，B. (2008). "Do 11-month-old French infants process articles?"*Language and Speech*，Vol. 51. doi：10. 1177/00238309080510010301.

Höhle，B.，& Weissenborn，J. (2003). "German-learning infants' ability to detect unstressed closed – class elements in continuous speech. "*Developmental Science*，Vol. 6. doi：10. 1111/1467 – 7687. 00261.

Höhle，B.，Schmitz，M.，Santelmann，L. M.，& Weissenborn，J. (2006). "The recognition of discontinuous verbal dependencies by German 19-month-olds：Evidence for lexical and structural influences on children's early processing capacities. "*Language Learning and Development*，Vol. 2. doi：10. 1207/s15473341lld0204_3.

Marquis，A.，& Shi，R. (2012). "Initial morphological learning in preverbal infants. "*Cognition*，Vol. 122. doi：10. 1016/j. cognition. 2011. 07. 004.

Melançon, A. , & Shi, R. (In press). "Representations of abstract gender feature agreement in French – learning young children. "*Journal of Child Language.*

Morgan, J. , Shi, R. , & Allopenna, P. (1996). "Perceptual bases of rudimentary grammatical categories: toward a broader conceptualization of bootstrapping. In J. L. "Morgan & K. Demuth (Eds.), *Signal to syntax*(pp. 263 – 283), Hillsdale, NJ: Lawrence Erlbaum.

Pine, J. , & Lieven, E. (1997). "Slot and frame patterns in the development of the determiner category. "*Applied Psycholinguistics*, Vol. 18. doi: 10. 1017/S0142716400009930.

Robertson, E. , Shi, R. , & Melançon, A. (2012). "Toddlers use the number feature in determiners during online noun comprehension. "*Child Development*, Vol. 83 (6) , 2007 – 2018. doi: 10. 1111/j. 1467 – 8624. 2012. 01828. x.

Santelmann, L. & Jusczyk, P. (1998). "Sensitivity to discontinuous dependencies in language learners: Evidence for processing limitations. "Cognition, Vol. 69. doi: 10. 1016/S0010 – 0277 (98) 00060 – 2.

Shafer, V. , Shucard, D. , Shucard, J. , & Gerken, L. (1998). "An electrophysiological study of infants' sensitivity to the sound patterns of English speech. "*Journal of Speech , Language , and Hearing Research*, Vol. 41.

Shi, R. (2014). "Functional morphemes and early language acquisition. "*Child Development Perspectives*, Vol. 8 (1). doi: 10. 1111/cdep. 12052.

Shi, R. (2005). "Early syntactic categories in infants' language. "In H. Cohen & C. Lefebvre (Eds.), *Handbook of categorization in cognitive science* (pp. 481 – 495). Amsterdam: Elsevier.

Shi, R. , Cutler, A. , Werker, J. F. , & Cruickshank, M. (2006). "Frequency and form as determinants of functor sensitivity in English – acquiring infants. "*Journal of the Acoustical Society of America*, Vol. 119, EL61 – EL67. doi: 10. 1121/1. 2198947.

Shi, R. , & Lepage, M. (2008). "The effect of functional morphemes on word segmentation in preverbal infants. "*Developmental Science.* Vol. 11. doi: 10. 1111/j. 1467 – 7687. 2008. 00685. x.

Shi, R. , Marquis, A. , & Gauthier, B. (2006b). "Segmentation and representation of function words in preverbal French – learning infants. " In D. Bamman, T. Magnitskaia, & C. Zaller (Eds.), *BUCLD 30: Proceedings of the 30th annual Boston University Conference on Language Development*(Vol. 2, pp. 549 – 560). Boston, MA: Cascadilla Press.

Shi, R. , & Melançon, A. (2010). "Syntactic categorization in French-learning infants. "*Infancy*, Vol. 15. doi: 10. 1111/j. 1532 – 7078. 2009. 00022. x.

Shi, R. , Morgan, J. L. , & Allopenna, P. (1998). "Phonological and acoustic bases for earliest grammatical category assignment: A crosslinguistic perspective. "*Journal of Child Language*, Vol. 25. doi: 10. 1017/S0305000997003395.

Shi, R. , Werker, J. L. , & Cutler, A. (2006). "Recognition and representation of function words in English-learning infants. "*Infancy*, Vol. 10. doi:10. 1207/s15327078in1002_5.

Shi, R. , Werker, J. L. , & Morgan, J. L. (1999). "Newborn infants' sensitivity to perceptual cues to lexical and grammatical words. "*Cognition*, Vol. 72. doi:10. 1016/S0010 – 0277(99) – 00047 – 5.

Shi, R. , & Werker, J. F. (2003). "Basis of preference for lexical words in six-month-old infants. "*Developmental Science*, Vol. 6. doi:10. 1017/S0305000997003395.

Shi, R. , & Werker, J. F. (2001). "Six-month-old infants' preference for lexical words. " *Psychological Science*, Vol. 12. doi: 10. 1111/1467 – 9280. 00312.

Tomasello, M. (2000). "Do young children have adult syntactic competence?" *Cognition*, Vol. 74. doi: 10. 1016/S0010 – 0277(99)00069 – 4.

Van Heugten, M. , & Shi, R. (2010). "Infants' sensitivity to non-adjacent dependencies across phonological phrase boundaries. "*Journal of the Acoustical Society of America*, Vol. 128. doi: 10. 1121/1. 3486197.

Van Heugten, M. , & Shi, R. (2009). "French-learning toddlers use gender information on determiners during word recognition. "*Developmental Science*, Vol. 12. doi: 10. 1111/j. 1467 – 7687. 2008. 00788. x.

Zhang, Z. , Shi, R. , & Li, A. (In press). "Grammatical categorization in Mandarin-Chinese-learning infants. "*Language Acquisition*.

时间：**2014 年 6 月 18 日（周三）9∶40 ~ 11∶30**
地点：**首都师范大学北一区文科楼 404**

主讲人简介

Hana Třísková，Ph. D.（中文名：廖敏） 捷克科学研究院东方学院研究员，主要研究领域是汉语语音和音系研究、句子韵律研究、汉语语音教学等。

普通话语音教学探究

A Journey through the Teaching of the Sounds of Standard Chinese

〔捷克〕廖敏（Hana Třísková）

今天我们要谈普通话教学的一些问题。我不讲语法、词汇、文字等，只讲发音问题。我想谈谈声母（initials）、韵母（finals）、声调（tones）、重音（stress）和轻音（non-stress）、音渡（junctures），也会涉及一点儿语调（sentence intonation）。最后我想给大家介绍关于音块（phonetic chunks）的概念。我要说的大部分知识你们可能都有所了解，但这当中的一些问题至今未进入汉语教科书。因此我要对这些问题做更具体而深入的探索。①

---

① 本文章的原文是用英语写的。笔者要感谢首都师范大学的教师江海燕博士所做的中文翻译并为编辑工作提供的帮助。我们双方就文章的很多问题做了大量深入而细致的讨论工作，如果没有她的帮助就没有本文的面世。

1 普通话语音结构的事实

在开始之前，我将回顾一下有关普通话语音结构和汉语拼音的主要事实，再看看普通话发音的难点。

（1）学习任何一种外国语言的发音基本问题就是它会有一系列难发的辅音和元音。汉语也不例外。普通话有很多难发的辅音、元音、二合元音和三合元音等。

（2）如果我们把汉语和其他语言（例如捷克语或英语）相比较，我们就会发现普通话的音节总量（syllable inventory）非常有限。这就导致同音语素（homophonous morphemes）特别多，比如读"*shi*"这个音就有许多字：是、事、室、士等。

（3）另一个问题是，汉语的词很短，它们大多数都只有一个或两个音节。

（4）此外，说到词法，汉语词几乎没有形态变化（morphology）。我的母语捷克语正好相反：有非常丰富的词形变化，而且单词相当长，所以很容易识别。比如 omyvatelnými（耐洗的）词形包含很多信息，一目了然：这个词是形容词，复数，第七格，听话者一听到就很容易识别。

（5）汉语是声调语言（tone language）。这对于外国学生来说是一个众所周知的问题。我们外国人每次学习一个新单词就要学习对我们来说既陌生又奇怪的东西，就是本词的声调。当我们开始说话或听汉语母语者讲话时，发现声调在语流中彻底改变了。这是为什么呢？因为声调和重音、语调、语体、语言风格（style of speech）、语速（speech tempo）等要素相互作用，关系非常复杂。这是我们外国的汉语学习者的另一个难题。

2 汉语拼音字母的一些问题

现在我们来谈谈汉语拼音。汉语拼音在第二语言教学中是一种非常重要和有用的工具。然而，虽然叫作"拼音字母"（phonetic alphabet），汉语拼音不一定给学习者提供可靠的发音线索。为什么汉语拼音如此"不可靠"呢？很简单，因为它不是一套音标系统（transcription system）。事实上，汉语拼音是一种自身拼写系统（orthographic system），在社会中有多种功能，得考虑到很多方面。它给读者只能提供一个大致的发音线索。我们外国人不应该抱怨。毕竟，汉语拼音原本是专为中国人自己设计的，而不是为外国人设计的。

那么，汉语拼音字母读音不能从表面上看，必须被"破译"。这令人惊讶吗？不，汉语拼音与任何一种使用拉丁字母（或任何其他类型的拼音字母如俄语使用的俄文字母）的文字情况完全一致。例如，拿英文字母"**a**"来说。它的读音在许多词中不一样，如：mad：[æ]，amount：[ə]，hard：[ɑː]，hate：[eɪ]。读者自己应该寻找字母的合适发音。汉语拼音中的情况类似。其实汉语拼音拼写规则比英语拼音拼写规则简单多了。下面我就示例，从辅音字母（consonant letters）开始，然后讲元音字母（vowel letters）。

辅音字母

学习普通话的学生经常会通过他们母语中对拉丁字母（Latin alphabet）的拼写规则来猜测汉语拼音辅音字母的发音。但这是错的，例如拿"**j**"这个字母来说，它的发音在各种语言中非常不同。

汉语拼音：	读作 [tɕ]	如	*jīng*（北京 *Běijīng*）
英语：	读作 [ʤ]	如	juice（果汁）
捷克语：	读作 [j]	如	*já*（我）

此外汉语拼音还用一些特别的字母比如"**x**""**q**""**zh**"等，这些字母的发音难以从字母本身猜测。

元音字母

元音字母的发音也会很难。最难的问题是同一个元音字母会读成一些相当不同的音。例如，字母"*i*"在汉语拼音中实际上有五种不同的读音：

拼音字母"*i*"

在米 *mǐ* 字中	→	"*i*"读作前高元音 [i]
在灭 *miè* 字中	→	"*i*"读作通音 [j]
在卖 *mài* 字中	→	"*i*"读作央化的松元音 [ɪ]
在字 *zì* 字中	→	"*i*"读作舌尖元音 [ɿ]
在纸 *zhǐ* 字中	→	"*i*"读作舌尖元音 [ʅ]

下面还有一些例子：

拼音字母"e"	拼音字母"a"	拼音字母"u"
美 *měi* → [e]	馒 *mán* → [a]	木 *mù* → [u]
等 *děng* → [ʌ]	忙 *máng* → [ɑ]	黄 *huáng* → [w]
乐 *lè* → [ɣʌ]	先 *xiān* → [ɛ]	道 *dào* (/dau/) → [ʊ]
了 *le* → [ə]	远 *yuǎn* → [æ]	

汉语拼音在拼字的过程中一些元音字母可能会被省去，例如"鬼 *guǐ*"：这个音节的韵母音位结构（phonemic structure）不是/**u**/ + /**i**/，而是/**u**/ + /**e**/ + /**i**/。主要元音/**e**/在拼写中被省略掉了。正确的读法应该是［kweɪ］，而不是 *［kuɪ］。此外，一些附加符号（diacritic marks）会被省去。举例来说，"*qù* 去"是 **q** + **ü**，但是"**ü**"上的两点被省略掉了。结果是同一个音位（phoneme）/**y**/被写成了两种形式：在"*lü*"中写成"**ü**"，而在"*ju*，*qu*，*xu*"等音节中被写成"**u**"。

总的来说，汉语拼音提供的发音信息不足以发出每个音节的正确读音。可是对汉语学习者来说，音节的正确发音非常重要。不精确的、含糊的发音十分不好。为什么呢？因为，正如我们已经说过的，普通话的音节总量很小，同音语素非常多。于是一个音节的每一个成分（辅音，元音，或者声调）的功能负荷（functional load）都是非常重的。如果任何一个成分发错了，对听者来说都会造成混乱甚至误解。

关于普通话发音和汉语拼音的上述事实都说明了发音对外国学习者来说是比较难学的。这些困难既涉及言语产出（speech production）又涉及言语感知（speech perception），特别是连贯言语（connected speech）相当难用耳朵"捕捉"和识别 。因此普通话发音对语言教师来说也是比较难教的。你们，未来的汉语教师们，将会面临一个困难的任务。你们应该怎么做呢？当然，最理想的情况是，学生都非常聪明，能够识别并模仿老师和母语者的发音。但在现实生活中情况不一定那么简单。许多学生"有木头耳朵"（这是捷克语中的一种俚俗说法，意思是有些人在外语发音和音乐方面是缺乏天赋的）。你们必须帮助这些学习者。对此，今天我提出一些建议。

教授初学者，第一步是教单音节读音。为什么呢？因为在汉语中，音节是非常重要的单元。当然，正如在世界上所有语言中一样，音节是话语的最小发音单元。并且汉语中的音节还有一个非常关键的功能，即一个音节代表一个语素（morpheme）。这在我的母语，或是在英语、法语、俄语等语言中并非如此。在汉语教学中通常的程序是这样的：老师告诉学生一个音节是由声母（initial）＋韵母（final）＋声调（tone）构成的。接下来，给学生教声母、韵母和声调的特定组合，这样会形成特定的音节。比如，"h声母"＋"ao韵母"＋"上声"是音节 hǎo。我会遵循这些传统的程序。首先，我要谈谈声母，然后是韵母，最后是声调。

3 声母

教授声母发音不太困难，因为每一个声母仅仅是一个简单的辅音（在普通话音节中没有复辅音，consonant clusters）。所以问题仅仅就是解释怎样发出一个特定的辅音。如果老师想解释辅音的发音并且纠正学生们的错误发音，需要一些技术手段。尽管有些老师不太喜欢用，这些工具却很有帮助。首先是**发音器官**（vocal organs）图（见图 1）。

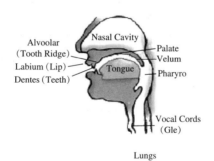

图 1　发音器官

如果学生们知道这幅图，对发音器官结构有概念，熟悉辅音发音部位（places of articulation）和舌头各个部分（parts of the tongue），这显然有益。教师可以向他们展示**舌位图**（sagittal section of vocal organs）和**颚位图**（palatogram），很清晰地解释具体辅音或元音的发音（见图 2）。

图 2　辅音 _d_ [_t_] 的舌位图和颚位图（周殿福、吴宗济 1963：47）

这些图可以有效地帮助矫正错误的发音和错误的观念。学习者们能够意识到发音部位的一个小的变动或是舌头形状的小的改变会导致音素相当大的变化。

此外，我强烈建议学生对**国际音标**（International Phonetic Alphabet）有一个大概的了解，至少知道普通话里需要的字母和符号，熟悉 IPA 里用的辅音发音部位（places of articulation）和发音方式（manners of articulation）以及有关元音发音的一些术语（见图 3）。

THE INTERNATIONAL PHONETIC ALPHABET (revised to 2005)

CONSONANTS (PULMONIC) © 2005 IPA

	Bilabial	Labiodental	Dental	Alveolar	Postalveolar	Retroflex	Palatal	Velar	Uvular	Pharyngeal	Glottal
Plosive	p b			t d		ʈ ɖ	c ɟ	k g	q ɢ		ʔ
Nasal	m	ɱ		n		ɳ	ɲ	ŋ	N		
Trill	ʙ			r					R		
Tap or Flap		ⱱ		ɾ		ɽ					
Fricative	ɸ β	f v	θ ð	s z	ʃ ʒ	ʂ ʐ	ç ʝ	x ɣ	χ ʁ	ħ ʕ	h ɦ
Lateral fricative				ɬ ɮ							
Approximant		ʋ		ɹ		ɻ	j	ɰ			
Lateral approximant				l		ɭ	ʎ	ʟ			

Where symbols appear in pairs,the one to the right represents a voiced consonant.Shaded areas denote articulations judged impossible.

VOWELS

Where symbolsappear in pairs,the one to the right represents a rounded vowel.

图 3 国际音标辅音表和元音舌位图

我会举一个例子来证实这些工具的有效性。学习者们在发辅音 *zh*，*ch*，*sh*，*r* 时经常出现错误。在英语中这些辅音通常被叫作 retroflex consonants，而在汉语中叫作"卷舌辅音"。这些术语似乎提醒学习者们把舌头往后卷起来。确实是这样吗？我们先来看看把舌尖往后卷起来的发音，如在印度的泰米尔语（Tamil）中的塞音 [ɖ]（见图 4）。

图 4 泰米尔语卷舌塞音〔ɖ〕（Ladefoged & Maddieson 1996：27）

你们可以看到舌尖是高高举起并往后卷起来的；这个辅音是用舌尖（tip of the tongue）的下边发音的（是下舌尖音，sub-apical consonant）。这是一个真正的卷舌辅音。但普通话辅音 *zh*，*ch*，*sh*，*r* 的发音与此不完全相像。它们的发音如图 5 所示。

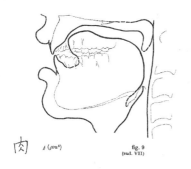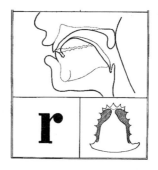

图 5 普通话辅音 *r* 的发音（Ohnesorg & Švarný，1955；
周殿福、吴宗济，1963：61）

可以看到舌尖仅仅是举起（或多或少），肯定没有往后卷起来。这些辅音是用舌尖的上表面来发音的（是舌尖音，apical consonant）。严格地说，*zh*，*ch*，*sh*，*r* 不是卷舌辅音。如果老师给学生们看图 5，可以克服由英语术语 retroflex consonants 或是汉语术语"卷舌音"造成的混淆。初学者就会明白这些术语仅仅是粗略的音系学标签，为了方便起见而用的，而不能按字面意思理解。为了避免混淆，在教学中最好是使用"翘舌音"（cacuminals）这个术语。

4 韵母

韵母比声母更难，因为大多数韵母不是单元音，而是由两个或三个音组成的复合结构。我现在谈谈汉语拼音韵母拼写的一些困境，尤其是元音字母。我想给你们提供一些克服这些困境的方法。各个韵母中的元音字母有两个问题：第一个是"思考"问题：如何找到一个特定的元音字母的正确读音。即，如何找到一个元音音位（vowel phoneme）的合适音位变体（allophone）。第二个是"技巧"问题：当找到了合适的读音，怎样能正确的发音？我不讲第二个问题，就讲第一个问题，就是如何找到一个元音字母的读音。回答跟音节结构有关系。

5 音节结构教学

我建议教师向学生们介绍普通话音节结构，向他们展示出普通话音节的分层结构模型（hierarchical model）（见图 6）。

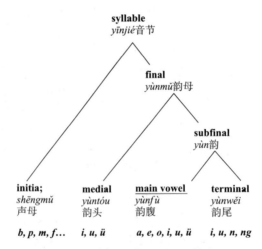

图 6 普通话音节结构分层模型

据我所知，汉语教科书中少有类似的图。然而，我却认为这个模型十分重要。从图 6 中可以了解普通话音节的**功能成分**（functional components）和它们之间的关系：

（1）普通话音节由两个主要成分组成，就是**声母**（initial）和**韵母**（final）（当然还要加上声调，但是此图中未显示）。

（2）韵母可以进一步分成两个成分：**韵头**（medial）和**韵**（subfinal）。

（3）**韵**（subfinal）是由**韵腹**（main vowel）和**韵尾**（terminal）组成的。韵腹和韵尾之间的关系最紧密，这也是为什么它们之间发生同化（assimilation）的原因。同化过程中究竟发生什么变化？韵尾影响非高韵腹元音（non-high main vowel）的发音，把韵腹元音的发音部位"拉"向自己的发音部位：或者向前（*n*，*i* 韵尾），或者向后（*ng*，*u* 韵尾）。例如音节 *bān* 和 *bāng* 中的韵腹 *a* 的发音如下：

　　班 *bān* 读作 [**pan**]　　　因为 *a* 元音被齿龈辅音 *n* "拉"向前

　　帮 *bāng* 读作 [**pɑŋ**]　　因为 *a* 元音被软腭辅音 *ng* "拉"向后

　　[**a**] 和 [**ɑ**] 是音位 /a/ 的两个音位变体。它们的发音有点不同。这种差别虽然不是很大，但是注意这种差异还是比较重要的。当鼻音韵尾在快速的言语中模糊或者消失，对听者来说，韵腹元音音质（main vowel quality）就会成了 *-an* 韵母和 *-ang* 韵母唯一的区别，唯一的感知上的线索。因此初学者应该注意到同化现象，注意主要元音音质。

　　（4）在音节的最低层，就是音素层（level of segments）有 4 个组成部分，4 个单一音段：**声母**（initial）、**韵头**（也叫介音，medial）、**韵腹**（main vowel）以及**韵尾**（ending，or terminal）。我们可以把它们看作 4 个位置（positions），4 个"小盒子"（slots）。这 4 个成分中只有韵腹是必须出现的（obligatory）。

　　（5）每一个位置（就是最小成分声母，韵头，韵腹，韵尾）都有自己的音位清单（inventory of phonemes）。也就是说，在每个位置中只允许出现某些音位，其他音位就禁止出现。比如音位 /ɥ/ 能在韵头和韵腹位置出现，绝对不能在声母和韵尾位置出现。

　　（6）一些音位，即 /i/、/u/、/n/、/ŋ/ 可以在更多的位置中出现。例如 /n/ 可以充当声母，也可以充当韵尾。

音节功能成分的发音

　　音节基本成分（声母、韵头、韵腹、韵尾）每个都有自己的发音特征。理解这些特征对音节的正确发音十分重要。下面进行详细的探讨。

　　◆**声母**（initials）*b*，*p*，*m*，*f*，*d*，*t*，*n*，*l* 等都是音节的首音（syllable onset）。这些辅音发音相当完整（full articulation），又相当紧凑（tense，or fortis）。

　　◆**韵头**（medials）*i*，*u*，*ü* 发成滑音（glide）。它们的发音非常短暂、闭（close）且紧（tense）。严格地说，它们的发音不像元音而像辅音，实际上发成通音（approximants）[**j**]，[**w**]，[**ɥ**]：

　　韵头元音 *i* 发成 [**j**]（如"面 *miàn*" [mjɛn]）

　　韵头元音 *u* 发成 [**w**]（如"环 *huán*" [hwan]）

韵头元音 *ü* 发成 [ɥ]（如"略 *lüè*"[lɥɛ]）

◆ **韵腹**（main vowels）*a*、*o*、*e*、*i*、*u*、*ü* 大部分读成完整的元音，像米 *mǐ* [mi]，慢 *màn* [man]，发音通常没有问题（只有同化的问题）。

◆ **韵尾**（endings，terminals）*i*、*u*、*n*、*ng* 的发音是一种"稀松、草率、邋遢"的方式。什么意思呢？即韵尾的发音是一种宽松的（lax，or lenis）方式，高元音 *i*、*u* 央化了（centralization）。韵尾在快速的言语中甚至会消失。

韵尾元音 *i* 发成松散的、央化的 [ʊ]，甚至会发成 [e]（如"卖 *mài*"[maɪ]，[mae]）

韵尾元音 *u* 发成松散的、央化的 [ʊ]，甚至会发成 [o]（如"道 *dào*"[taʊ]，[tao]）

韵尾鼻辅音 *n*、*ng* 发音比较松散，它的闭塞（closure）是很弱的。此外，发鼻音韵尾必须是没有除阻（release）的。舌尖甚至会不到位（target undershoot），有时鼻音韵尾在语流中会完全消失，唯一留下的痕迹就是韵腹的鼻音化（如满 *mǎn* 不读 [mãn] 而读 [mã]，或忙 *máng* 不读 [mãŋ] 而读 [mã]）。图7是一幅不到位的鼻音韵尾-*n* 的图。舌头根本没有抬起，还停留在口腔底部。

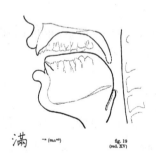

图7 音节 *mǎn* 中的韵尾-n：*mǎn* 会读作 [mã]
（Ohnesorg & Švarný，1955）

这样的发音在快速的口语中十分常见，在街上随处都可听到。如果学生们不知道这种现象，他们可能就很困惑："满 *mǎn*"中的-n 哪里去了？它为什么消失了？这个道理同样有效于别的包含任何其他韵尾的音节：韵尾会发音很弱或者甚至在比较随意的话语中消失（coda deletion）。

很明显，如果 *i*、*u*、*ü*、*n* 位置改变，它们的发音也得改变。例如，如果 *i* 出现在韵头位置，它的发音就不同于它出现在韵尾位置的发音，也不同于它出现在韵腹位置的发音。实际上，这是三个不同的"*i*"，是同一个音位（phoneme）/*i*/ 的三个不同变体（allophones）。外国学生们经常以为同一个拼音字母应该有同样的发音。但正如我们所见，这种想法是错的。学生们应该习惯：同样的拼音字母会有几种不同的发音。

好的，现在让我总结一下。一个音素在音节中承担什么功能对它的发音十分重要。所以呢，对于音节的音位结构（phonemic structure of the syllable）进行分析会大大地帮助教师去纠正错误发音，给他提供一个强有力的工具。比如说，如果学生们把含有一个韵头的音节（例如"面 *miàn*""略 *lüè*""换 *huàn*"）发错，把音节拆分成两个音节，那么老师会说：这个"*i*"（或 *u*，*ü*）是一个韵头，在发音时必须发得很短，很紧，基本上发成一个辅音，正确发音就是 [mjɛn]、[lɥɛ]、[hwan]。或者是，如果学生们过多地关注韵尾的发音（例如把"卖 *mài*"发成 *[mai] 或 *[maj]），老师就可以告诉他们：这个 *i*（或 *u*，*n*，*ng*）是一个韵尾，所以发这个音时可以发得马虎一些；让舌头向下一点，发松一点，不要过分在意这个音，读成 [maɪ] 或 [mae]。不幸的是，学生们（有时甚至是教师们）关于普通话音节结构的知识不够。我并不认为这种知识难教，只不过要花 15 分钟，再加上一点练习。比如问问学生：*man*，*mie*，*gei*，*xiu*，*hui* 等音节是由什么样的成分组成的？我想这个时间会花得值得。

6　韵母的分类

在中国出版的汉语课本中韵母通常分为三类：

单韵母	单元音韵母	（simple vowel finals）
复韵母	二合元音和三合元音韵母	（diphthong and triphthong finals）
鼻韵母	带鼻音韵尾韵母	（nasal finals）

这种传统分类不大关注音节结构成分。例如，含韵头的韵母属于两类，含韵尾的韵母属于两类等。我建议用一种不同的分类，与音节结构非常相关。这种新的分类从一个不同的角度反映了韵母的组成成分和内部结构。我把韵母分成两大类：基本韵母和合成韵母。

（1）**基本韵母**（basic finals）是不含韵头的韵母。它们可以分为三小类：

单元音（simple vowels）　　　　　　　　　　V　　*-a*，*-e*，*-o*，*-i*，*-ü*，*-u*，（*-er*）

前响二合元音（falling diphthongs）　　V^V　　-ai，-ei，-ao，-ou

简单鼻音韵母（simple nasal finals）　　V^C　　-an，-ang，-en，-eng，-in，
　　　　　　　　　　　　　　　　　　　　　　　　　-ing，-ong，-ün

（2）**合成韵母**（complex finals）是含韵头的韵母。它们可以进一步分为三小类：

后响二合元音（rising diphthongs）　　^{V}V　　-ia，-ie，-ua，-uo，-üe

三合元音（triphthongs）　　　　　　　^{V}V^V　　-iao，-i(o)u，-uai，-u(e)i

合成鼻音韵母（complex nasal finals）　^{V}V^C　　-ian，-iang，-uan，-uang，
　　　　　　　　　　　　　　　　　　　　　　　　　-u(e)n，-üan，-iong

这种分类的优势是在教学中能够从发音简单的韵母推演到复杂的韵母。现在我详述一下二合元音，因为它们的发音相当不容易。

二合元音（diphthongs）

普通话中有很多二合元音：确切说有 9 个。但有些语言没有二合元音。因此，母语没有二合元音的学生在学习汉语二合元音时会有困难。教师应该把二合元音分成两种不同类型才能把它们的发音教好：

（1）**前响二合元音**　　V^V　　如"卖 *mài*"中的-ai

（2）**后响二合元音**　　^{V}V　　如"下 *xià*"中的-ia

为什么分成两种二合元音这样重要？因为它们的结构不同，发音也不同。从拼音本身看差异并不明显。

（1）**前响二合元音**（falling diphthongs）是***-ai***，***-ei***，***-ao***，***-ou***。第一个成分是韵腹，通常发成完整的元音。第二个成分是韵尾，发音"稀松"。例如：

-ai　　卖 *mài*［maɪ］，［mae］（比较英语单词"my"）

-ao　　到 *dào*［taʊ］，［tao］（比较英语单词"how"）

（2）**后响二合元音**（rising diphthongs）是 ***-ia***，***-ie***，***-ua***，***-uo***，***-üe***。第一个成分是韵头，发成通音（approximant），也叫滑音（glide），有时叫"半元音"（semi-vowel）。第二个成分是韵腹，通常发音比较完整。例如：

-ie　　灭 *miè*［mjɛ］（比较英语单词"cure"）

-ua　　花 *huā*［hwa］（比较英语单词"swan"）

-üe　　略 *lüè*［lɥɛ］

双音节的两个成分属于同一音节（英语叫 tautosyllabic）。一些语言没有或者几乎没有双元音。例如捷克语只有一个双元音 /ou/；在外来词中会有

/au/和 /eu/。母语中没有双元音的学习者就经常犯错误。例如后响二合元音中的韵头会读成完整的元音，将整个音节撕裂成两部分，读成两个音节：面 *miàn* 读成 ∗[mi. jɛn]，环 *huán* 读成 ∗[hu. wan]，略 *lüè* 读成 ∗[ly. ɥɛ]等。前响二合元音发音也会犯错误：到 *dào* 读成 ∗[ta. ʊ]。矫正这类错误的方法我们已经讨论过。

我们说完了音段层级（segmental level），就是辅音和元音，声母和韵母。下面我们进入超音段层级（suprasegmental level）部分。先说声调。

7　声调

对母语为非声调语言（non-tonal languages）的外国学习者来说，汉语声调非常美妙、特殊、引人入胜，同时很难学。我首先提到一些关于四声的基本知识。然后我只想谈谈在普通话语音教学中相当难的一个问题，就是第三声。

普通话有四个调类（tone categories）。每一类都有不同的区别特征（distinctive features），不同的升降曲线（tone contours），有助于听话人区别不同的声调。传统上，四声音调（pitch，melody）被画在一个分为五个层级的示意图中，叫五度制（见图8），大致描绘出了四声单字调（citation forms of tones）。因为图形式像一个盒子，我叫它"声调盒子"（tone box）：

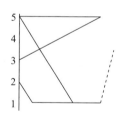

图 8　普通话四声示意图（曹文 2002：94）

每个声调又能表示为有两个或三个数值的特定组合（55，35，214，51），叫作调值（tone value）。这种声调表征系统是源于赵元任的著名的《声调符号》，"tone letters"（赵，1930）。

说到声调，汉语语素（morphemes）基本上有两种：

（1）有词汇声调的语素（morphemes carrying lexical tone）。这类语素在字典中带有调号（tone mark），如"卖 *mài*""是 *shì*"。绝大多数汉语语素都

有词汇声调，我叫它们**有调语素**①。

（2）没有词汇声调的语素（morphemes without lexical tone）。这类语素在字典中不带调号，不标调，如"的 *de*"，"吗 *ma*"，或者是一些双音节词（disyllabic words）的词末音节，如"孩子 *háizi*"中的"*zi*"。只有少数汉语语素没有词汇声调，这类语素通常叫作轻声（neutral tone）字，我叫它们无调语素。

上声。下面我讲上声（第三声，third tone，T3）。我主要对上声的音系学特征做出评述。图 9 是从三本不同的教科书中得来的三幅不同的四声音调示意图。阴平、阳平和去声是相同的，上声倒不同。

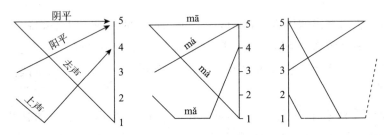

图 9　上声的三种不同表征（王理嘉，2002；林焘、王理嘉，2003；曹文，2002）

每幅图都显示出上声的不同的表征，调值也不同：214，2114，211(4)。第一幅示意图给出了一个上声传统的"尖尖的"（spiky）形状，先降后升，反映 214 调值（王理嘉，2002：85）。第二幅和第三幅示意图给出了一个"桶形的"形状（tub-shape），底部是平的（林焘、王理嘉，2003：125，以及曹文，2002：94）。第二幅和第三幅的区别在于上声的末尾上升的部分。在第二幅图中末尾上升部分是强制性的（obligatory），调值就是 2114。在第三幅图中末尾上升（虚线）是可选择的（optional），就是 211(4)：可以有但并非一定要有。那么哪一幅图是最合适的呢？我们来回顾一下上声的特征（可参阅吴宗济，1992：145）以便找出答案。

（1）上声的初始下降（initial fall）不太明显（表示为 21，只有一个数值的差别）。这个小的下降很可能是生理上的（physiological），或多或少是无意识的。为什么？因为对人类的声音来说直接从低音域（low voice register）开始发声（phonation）有点不方便。我们在发音开始处降下去一点会

---

① "有调语素"以及下面用的关于声调和重音的一些术语（见第十章），是笔者和北京语言大学的曹文教授 2011 年首次使用的。

更舒服。

（2）在上声的中间部分音调不一定从低音域立刻上升，经常在那里停留一刹那（表示为11），尤其是在较慢速的发音中或在重音音节中。

（3）上声的末尾上升（final rise）呢？如果一个上声音节后面跟着阴平、阳平或是轻声音节，第三声的上升部分就根本不出现。这种调经常叫做"半上"（half third tone），但是我不太喜欢这个名称。为什么？因为这个术语似乎表示上声缺少了某些关键的部分，成了一个残缺的声调。但这是不对的，我会在下面解释这一点。

（4）上声的末尾上升仅仅会出现在停顿前（prepausally）。此外末尾上升并不是强制性的，而是可选择的，可有可无的。这个选择取决于几个因素，比如重音、语速（speech tempo）等。

（5）即使末尾上升出现，它也不一定达到14的样子。有可能只是一个轻度上升，如13甚至是12。

实际上在话语中大多数情况下，上声是**没有末尾上升部分**的。据俞志强（2004：352）统计，在他所有的上声例子中75%以上的情况都是这样。很显然末尾上升并不是上声的关键部分。其实，上声的主要特点是低部分。当然末尾上升，除了出现在连续话语（continuous speech）中停顿之前，又出现在上声的单字调形式（citation form）中。然而，如果把上升的部分当作第三声的一个区别特征教给学生，他们就会混淆。他们以为每次发上声的时候，上升的部分都是必须出现的。因为学生把末尾上升看得特别重要，把注意力放到"升"而不是放到"低"上，为此他们经常混淆上声和阳平！这也是我个人的经验。当我还是一个学汉语的学生时，我花了一年的时间才发现上声与阳平之间的区别。根据我自己的经验（作为学生又作为教师），用"尖尖的"曲线示意图和214的表征会造成很多误解和混乱。我认为在教学中最好把上声调值当作211或者甚至是11（"低"，"low"，L或LL）来教，而不要用214表征。这就是说我推荐曹文的教科书（曹文，2002：94）中用来表示上声的211(4)调值和"桶形"示意图（见图10）。如果我们用这种教法，上声就并不难学。

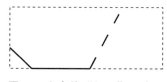

图10　上声的"桶形"示意图

至今关于上声的这种解释还没有流行。大多数汉语教科书仍然沿用传统的先降后升示意图。但是一些汉语教师和语音学者支持上声是低平调或降低平调的观点①。我希望你们也加入他们的行列。

我们下一个话题是重音（stress）和轻音（non-stress），重读音节和轻读音节。在连续话语中重音和轻音对声调的具体调形影响很大。这对于学生来说相当困难。教师们也经常忽略这一点，因为不知道怎么处理。我认为普通话重音和英语重音有某些相似特征，有必要进行两门语言的比较。因此我先说说英语的情况。

8　英语重音

如果谈到言语的节奏（speech rhythm），那么世界上的语言可以说属于两种大类型（Pike，1945）。类型一是所谓的**音节节拍语言**（syllable-timed languages）。这些语言也被称为"机关枪节奏"（"machine gun rhythm"）的语言。在这样的语言中，所有的音节音长听起来基本上相同，无论带重音还是轻音。例如我的母语捷克语（Czech）或法语属于这种语言。我现在给你们读一句捷克话，你们就会明白我的意思（见图 11）。

Proč jsi mi o tom včera nic neřekl? ··········
你为什么昨天没告诉我？

图 11　有"机关枪节奏"的捷克语

另一类型的语言是所谓的重音节拍语言（stress-timed languages），例如英语、俄语。② 这些语言也被称为"莫尔斯电码节奏"（Morse code rhythm）的语言。重读音节时长（duration）较长，而轻读音节较短。此外，轻读音节，因为较短，自然就会引起音素弱化（reduction）甚至删除（deletion），因为没有足够时间完整地发出音节中所有的音素。下面是一个英语句子，

---

① 如曹文，2002：94；俞志强，2004；陶炼，2004：55；Chin，2006：71。
② 重音节拍语言和音节节拍语言的区别，虽然至今没有用仪器测量的方法得到满意的证明，但是这个概念在外语教学中非常有用。

听起来像莫尔斯电码（见图 12）：

Some of them wanted to tell him. —— ·· —— ·· —— ·

有些人要告诉他。

图 12 有"莫尔斯电码节奏"的英语

我们来听一段英语句子：

*In **this** **A**me**ri**can **En**glish pronun**cia**tion **vi**deo we're going to go **o**ver why **some** words **sound** **dif**ferent when they're **said** on their **own**, **then** they **do** when they're **said** as **part** of the **sen**tence. Like：**for** – fr.*

Rachel's English，http：∥www. youtube. com/watch？ v = PrAe07KluZY

我想你们可以听出来重读音节发音相当长而完整，而轻读音节发音相当短，并且它们的有些音素被弱化了（也许你们还注意到重读音节的音高，比相邻音节突出了）。

我们来总结一下英语中用来表示重音和轻音的语音手段。第（1）（2）（3）点属于超音段层面（suprasegmental level）。第（4）点属于音段层面（segmental level）。

（1）音节时长（syllable duration）的操控 ↔

重读音节长一些，轻读音节音长缩短。

（2）音节音高（pitch）的操控 ↕

重读音节音高跟其他音节不同：一般发得更高一些（较少时候发更低的音），有时会有一定的曲调（melody）变化以吸引听者的注意。

（3）音强的操控（intensity）

重读音节一般比较响亮，音强比较高。相反，轻读音节音强一般比较低。然而这个特点并非重音的主要线索，它仅仅是次要线索。

（4）轻读音节的音素发音弱化（segmental reduction）

可以出现在英语轻读音节中的元音总量是相当有限的，因为原来的完整元音（full vowels）弱化了。只允许几个元音出现：央元音 ［ə］（neutral vowel）；它作为非高元音央化（centralization）产物出现。然后是 ［ɪ］ 和

［ʊ］；它们是央化的 ［i］ 和 ［u］。此外成音节辅音 （syllabic consonants）［ɹ］ 和 ［l̩］ 也可以出现在轻读音节中。元音弱化 （vowel reduction） 是英语轻读音节的一个非常重要的特点。轻读音节的辅音也会出现发音弱化 （weakened articulation）。此外，有些音素会完全丢失，吞下去了。比如说，英语连词 and 重读是 ［ænd］，轻读是 ［ən］。

在了解了一些英语的重、轻音的特点之后，我们来看看普通话的情况。

9　普通话重音

普通话口语中的重、轻音特点和言语节奏是怎样的呢？听下面这些句子 （重读音节用粗体）：

你去哪儿？	*Nǐ qù **nǎr**?*
你去吧！	*Nǐ **qù** ba!*
给我！	***Gěi** wǒ!*
你爱人在哪儿呢？	*Nǐ **àiren** zài **nǎr** ne?*
在湖里游泳呢。	*Zài **hú**lǐ **yóuyǒng** ne.*
羊在草地上吃草呢。	***Yáng** zài cǎodì **shàng** chī **cǎo** ne.*

你们可以听出来重读音节和轻读音节的区别吗？重读音节发音相当长而完整，轻读音节发音相当短并且发生了弱化 （有所减弱）。事实上，普通话日常口语中的重音和轻音的语音特点与英语中的特点类似。许多语音学者过去已经一致认为 （并且用仪器测量的方法证明了） 普通话是通过对音节音长的控制来表示重音和轻音的。此外，学者同意还有音域的扩展或压缩变化在起作用。他们又观察到在轻读音节中会发生音素弱化 （如林焘，1962：302；Chao，1968：35；厉为民，1981：40；Shih，1988：93；Shen，1989：59；Lin，2007：224；林焘、王理嘉，2013：165 等）。

综上所述，普通话用以下手段来表达轻重音：

（1） 音节时长 （syllable duration） 的操控↔

重读音节相当长，轻读音节相当短。

（2） 音节音高 （pitch） 的操控↕

重读音节音高的垂直区域是相当宽的，这叫音域的扩张 （expanded pitch range）。轻读音节音域较窄，这叫音域的压缩 （compressed pitch range）。此外，整个音节又可以放高一些：高音阶 （high register），或者可以放低一些：低音阶（low register）。此外，原有的声调曲线会丢失，音节就会读作轻声音节。

（3）音强的操控（intensity）

重读音节一般音强比较高。音强变化不是关键的，是次要特征。

（4）轻读音节的音素发音弱化（segmental reduction）

重读音节中音素有完整的发音：我 ［wɔ^］³，很 ［xən］³

轻读音节中一些音素发音会发生弱化，甚至丢失：我 ［wə］，很 ［x ə］

普通话的快速日常口语，尤其是北京话，倾向于重音节拍语言的特点。尽管这样，却不是说整个汉语都是这样的。好些方言没有显示出"莫尔斯电码节奏"的特点（如粤语）。此外，不同的普通话的语体（styles of speech）节奏特点听起来也不同。如果我们听中央电视台的播报，或是高官的正式演讲，听起来可能更像一个"机关枪"：大部分音节发音没有减弱，都会带比较完整的声调。由于对汉语言语节奏的研究仍比较有限，在语言学家之间还未达成共识。他们中的一些作者将汉语视作一种音节节拍语言（如林华、王倩，2007）。

10　普通话声调与重音的关系

一般来说，重音（stress）属于超音段特征（suprasegmental features），其承载单位（carrier）是音节。汉语中情况特殊，因为汉语属于声调语言。某一个音节除了重、轻音还有另一个关键的超音段特征，就是声调。声调和重、轻音都必须容纳在一个音节中。它们之间的关系相当棘手。由于声调，汉语的重音性质与非声调语言重音性质不同。语音学者必须找出这个关键问题的答案：声调与轻重音之间有什么关系？我们可以这样思考：汉语有两种语素，就是有词汇声调语素（有调语素）和没有词汇声调语素（无调语素）。词汇声调赋予某一个语素（某一个音节）在话语中能重读的本质。这种本质也许会实现，也许不会实现。下面分别地讲这两种语素重、轻音的情况。

◆ **无调语素**（通常叫轻声字，neutral tone）：因为没有词汇声调，无法带任何重音。它们始终带轻音，始终是轻读的。它们的发音很短[1]，其音高

---

[1] 只不过在句子末尾会拉长，比如语气助词吗 *ma*，吧 *ba* 等，有时会发很长的时长，可是这算是语调的影响，不是重音的影响。

取决于语境（主要是前一个带声调音节，还有语调）。我们来看两个助词"了 *le*""吗 *ma*"：

他走了。*Tā zǒu le.*	了 *le* 音调：	高/中/低（服从语调）
他去了。*Tā qù le.*	了 *le* 音调：	低
他去吗？*Tā qù ma?*	吗 *ma* 音调：	高

◆ **有调语素**：因为有词汇声调，会重读。什么时候重读呢？首先，所有的有词汇声调的语素可以被看作"生来"就带重音。它们渴望在话语中重读以便能保留自己的声调，让声调发挥它的别义功能（distinctive function），否则听话人就无法判断"卖 *mài*"和"买 *mǎi*"之间的区别。但是在连续话语中（尤其在快速日常口语里）有些有调语素因为轻读，它们的原始声调减弱了（tone reduction）。有时声调会完全丢失（tone deletion），可感知的声调特征毫无保留。也可以说原有的声调受到中和化（neutralization）。现在我给你们举几个例子，例示重、轻音情况。请看看下面短句中的人称代词"*tā* 他"：

这是他吧。*Zhè shì tā ba.*	他：	带重音，重读，保留声调
他来了。*Tā lái le.*	他：	带轻音，轻读，声调减弱了
你告诉他！*Nǐ gàosu tā!*	他：	带轻音，轻读，声调会丢失

在中性话语（neutral speech）中虽然有些音节重读，没有特别凸显的（prominent, salient）音节。不过说话人经常需要专门强调某一个重要的词，就会用强调重音（emphatic stress, emphasis）或者对比重音（contrastive stress）。强调重音所有的语言道理相似。

我爱他，不爱你！*Wǒ ài tā, bù ài nǐ!*	他：带强调重音，重读，声调加强

语言学家的任务就是要发现哪些因素导致一个有调语素在连贯话语中减弱或者丢失它的声调。我想这是汉语节奏研究中一个十分关键的问题。可以说在普通话里"轻音"（non-stress）这个概念比"重音"（stress）概念更重要："汉语里轻重音的概念和西方语言很不相同，西方语言里着重在重音的概念……汉语相反，着重在轻音的概念……"（王理嘉等，2002：126；另见曹剑芬，2007）

注意：轻音和轻声是两回事。**轻音**包括所有的听感上凸显度小的音节。轻音音节有时候带弱声调，有时候不带任何声调。**轻声**呢？传统意义上的轻声指的是没有词汇声调而必须轻读的音节。"轻声是普通话里一种特殊的轻音"（曹剑芬，2007：26）。关于重音和轻声的关系，大家还可以看看梁磊（2003）的文章。

声调和轻重音共存关系

现在我们来探讨声调和轻重音具体的"合作方式"。当音节重读或轻读的时候，它的声调曲线（tone contour）究竟发生了怎样的变化？我们可以把这个问题简单表述如下：

一个音节越重读，它的声调特征越强

一个音节越轻读，它的声调特征越弱

换句话说，重音的程度（degree of stress）确定声调曲线的清晰度。在某种意义上"声调是轻重音的用人"。声调曲线的清晰度是重音或轻音的物理表现（更准确地说是它们之中的一个）。声调曲线可以被充分实现，或者可以被削弱，甚至会消失。我可以以形象的方式说明。把一个音节想象成给小孩子玩的带图案的充气气球。我找到了这张带米老鼠脸的滑稽图片（我个人不怎么喜欢米老鼠，但毕竟米老鼠的脸众所周知）。米奇的脸代表一个声调曲线（见图 13）。

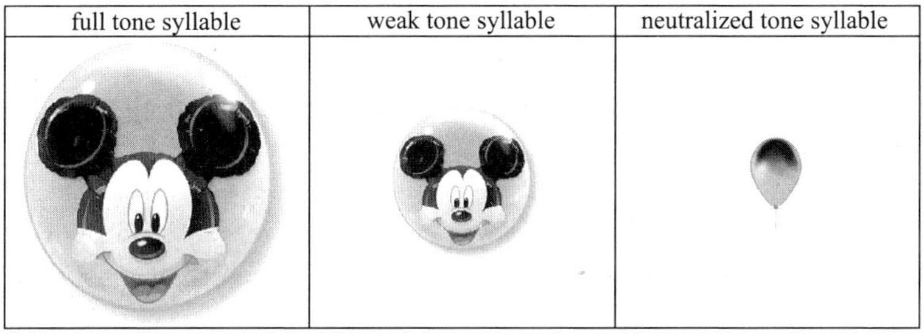

| full tone syllable | weak tone syllable | neutralized tone syllable |

图 13　声调曲线的体现：完整的、减弱的或是丢失的

第一张画面显示了一个大气球；米老鼠的图像大而清晰可见。这代表一个完整的声调音节。第二张画面，小一点的气球，米老鼠的图像还在，可是比较小，没有第一张那么清晰了。这代表一个声调减弱的音节。第三个画面，就是非常小的气球，没有任何图像，代表中和化的声调。

现在我们要说得更具体一些。我们不用米奇脸，而用上面说的"声调盒子"。这个盒子有一定的横长（决定音节的音长，duration），还有一定的竖直高度（决定音节的音域，pitch range）。这个声调盒子的尺寸可以被改变。看看这个盒子三种不同的模式（见图 14）。

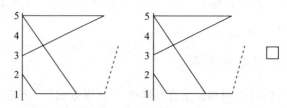

图 14 声调曲线的具体体现：完整的声调、削弱的声调、中和化的声调

（1）第一个声调盒子很大；它表示完整的声调音节，叫**全调音节**（full tone syllable）。声调曲线是完整的被体现的。为什么？因为有足够的空间：无论是横向的（＝音长）还是纵向的（＝音域）。全调音节有较长的发音时长和较宽的音域。

这是他吧。*Zhè shì tā ba.* 他：重读，声调完整，音调高，音节较长

（2）第二个声调盒子较小，扁平；它表示一个声调减弱的音节，叫**弱调音节**（weak tone syllable）。声调曲线没有那么清晰。为什么？因为它的空间有限，无论是横向还是纵向。这样的音节音长较短，音域较窄。声调特征变弱，不易辨认。例如：

他来了。*Tā lái le.* 他：轻读，声调减弱，音调不太高，音节较短

（3）第三个声调盒子非常小而且是空的；它表示一个声调丢失的音节，叫**失调音节**（neutralized tone syllable）。它的发音方式与无调语素（就是轻声）音节相同：音节发音极短，其音高完全由外部因素决定，即由前面的带声调音节和句子的语调决定。例如：

你告诉他！*Nǐ gàosu ta!* 他：轻读，声调丢失，音调低，音节较短

你告诉他吗？*Nǐ gàosu ta ma?* 他：轻读，声调丢失，音调高，音节较短

我给你们看了同一个词"他 *tā*"的几种不同的发音，不同的变体，不同的声调形式，不同的重音程度。看样子，普通话里声调的弹性很强。在连续的语流中，特别是口语中，声调变动很大，有时难以辨认。

注意：我们不能简单地说"重读音节必然带全调，轻读音节必然带弱调"。比如在漫不经心、疲惫无趣的讲话中大部分音节是弱调的。可是一些弱调音节感知上会带重音，因为他们周围音节更弱，不带任何声调。反之，在慢速、清晰的话语中大部分音节会保留完整声调。另一个要记住的事情是：我们应该牢记"全调"（full tone）、"弱调"（weak tone）和"失调"（neutralized tone），这些都是抽象的人造的类型，会帮助我们描述语音事实。

实际上这些类型之间并没有明确的界限分别，因为语音事实是一个连续体（continuum）。所以呢，有时不好说一个音节究竟带全调还是弱调，或带弱调还是不带任何声调。

教学方法

所有这些现象相当复杂。怎么学习呢，怎么教呢？整个过程大概是这样的：学生们第一次接触声调是在课堂里，他们听到的教师读的声调都是慢速的、完整的、清晰的，并且都是标准的。学生们学习生词的时候煞费苦心地学单字调。教师鼓励他们发音时发出完整的声调，完整的元音和辅音，并且鼓励他们每个音节发得相当长。这是第一阶段。下一阶段是学生尝试说完整的句子。句子中必须有重读音节和轻读音节。重读音节学生们已经学好了，再得掌握轻读音节发音特征和分布规律，以便让他们的话语带有自然的节奏。最后一个阶段是在课堂外。学生们在现实生活中遇见了母语者，听到了完全不同的东西：许多声调是被改装了或者是模糊了的，有些音节的发音根本没有声调。学生们经常感到困惑和沮丧。他们会抱怨听不见任何声调，或者只能听到一点点。日常快速口语可能是普通话讲话方式（styles of speech）中最困难的一个，因为声调变化最大。言语感知不容易，产出同样不容易。在日常语境中话语目的是沟通，是传达带有各种语用意义（pragmatic meanings）的特定信息。为了能够做到这一点，学生必须学习如何给听者突出重要的词，并且如何减弱"不重要的"词语发音，以便让他们的话语能够正确传达信息。

学生们应该如何去做呢？这个问题有两个方面。我们已经说过了技术方面，就是**重读音节和轻读音节的发音特征**：

（1）学生必须学会缩短轻读音节，以及延长重读音节。这对"机关枪语言"的母语者来说是相当困难的，他们不习惯使用控制音节长度这种手段来区分重音和轻音。

（2）此外，他们必须学会如何控制特定音节的音域：也就是使音节的音域拓宽或者是变窄，整个音节抬高或者是降低。这一点非常难，因为有声调、轻重音和语调的交互关系。

（3）最后，学生们还必须学会如何以一种"一带而过"的方式发出轻读音节中的元音和辅音。这种音段方面的发音弱化对"机关枪语言"的母语者来说也相当困难。

学生们不要以为如果学好了独立的单词字调就行了。在学习汉语伊始就应提醒他们：光学单词（isolated words）声调不够，因为与现实生活沟通中从汉语母语者那里听来的声调是两回事。

轻重音除了技术问题还有另一个方面的问题：在连续话语中**哪些音节重读，哪些音节轻读**？我不想讨论普通话词重音（word stress）这个有争议的问题，只想提到最重要的一点。学生应记住"豆腐 *dòufu*""孩子 *háizi*"等双音节词。这些词中第二个音节总是轻读，因为不带词汇声调（读成轻声）。其他的双音节词就一般不会出大错了。3～4 个音节的词汇重音经常在第一个和最后一个音节（如"火车站"*huǒchēzhàn* 或"机会主义"*jīhuìzhǔyì*）。强调重音（emphasis）这个问题已经提到了，其实相当简单，有自然的语言共性的道理：承载强调重音词的语音特征最突出（prominent）。此外，轻重音的位置（stress placement）有可学到的规律。我今天只会讲一组特殊的汉语词汇：语义弱的，话语中平常轻读的单音词汇，就是功能词（function words）。

11　汉语中的附着词

什么叫附着词？

附着词（clitic）是语言学普遍应用的术语，是一种小品词。附着词有着若干特征。第一，它们都很短，是单音节。第二，附着词属于功能词（function words）①，也叫助词（auxiliary words）。它们基本上没有词汇意义（lexical meaning），主要带有语法意义（grammatical meaning）。例如介词、连词、冠词、助动词、人称代词等。第三，附着词通常是轻读的。为什么呢？因为它们对句子的整体意思没有那么重要。第四，轻读的附着词无法单独出现，必须依附在相邻的重读词上。让我给你们一些英语中的例子：

to ˬschool	a ˬbook	she **cried**
try ˬit	**know** ˬher	**go** ˬto

第一行的附着词依附在后面的词上，它们叫作前附着词（proclitics）。

---

① 注意："功能词"（function words）这个术语不完全等于汉语的"虚词"（empty words）。此外，"实义词"（content words）这个术语也不完全等于汉语的"实词"（full words）。

第二行的附着词依附在前面的词上，它们叫做后附着词（enclitics）。这种"弱"单词可以在很多语言中找到。汉语也不例外。

普通话附着词和类附着词

我把普通话中的单音节附着词（monosyllabic[①] function words）分成两小类。它们的本质区别在于有没有词汇声调。第一类我叫做**附着词**（clitics）。它们都是没有词汇声调的功能词，例如"的 *de*"或是"吗 *ma*"。第二类我叫做**类附着词**（cliticoids）[②]。它们都是有词汇声调的功能词，例如，"我 *wǒ*"或是"把 *bǎ*"。

1. 附着词

第一类，附着词（clitics），词数很少，并且很易学。它们都是单音节无调的助词：

（1）三个结构助词（structural particles）：的 *de*，得 *de*，地 *de*

（2）三个动态助词（aspect particles）：了 *le*，着 *zhe*，过 *guo*

（3）所有的语气助词（modal particles）：了 *le*，吗 *ma*，呢 *ne*，吧 *ba*，啊 *a*

这些词因为没有词汇声调，总是轻读，总是后附着词。它们没有其他表现形式。附着词的发音很容易掌握，所以无须赘述。我仅仅是列举附着词的特征：

- ♦ 它们都是单音节词
- ♦ 它们都是功能词
- ♦ 它们都没有词汇声调
- ♦ 它们都总是轻读
- ♦ 它们总是后附着词

2. 类附着词

第二类是类附着词（cliticoids），它们也是单音节功能词，可是这一组比附着词更大更复杂一些。类附着词的数量虽然比附着词大，但是仍很有限，较常见的类附着词大概只有 50 个左右。它们形成一个封闭词类（closed

---

① 功能词不一定都是单音节的，比如"并且""曾经""但是"是双音节功能词。

② 在其他文献中你们不会碰到这个术语，因为这个术语以及概念是笔者首次提出的。

class)①。类附着词是高频词（high frequency words），属于最常见的汉语单词。因为它们在话语中经常出现，它们值得我们注意。类附着词的成员实例见表1（都是单音节词）：

表 1　类附着词

词　类	例　子
人称代词（personal pronouns）	我、你、他
个体量词（classifiers），不定量词"些 $xi\check{e}$"	个、本……些
连词（conjunctions）	和、同……
介词（prepositions）	在、把、比、给……
一些后置方位词（postpositional nouns of locality）①	上、下、里……
能愿动词（modal verbs）	要、会、想
三个静态动词（three stative verbs）	有、在、是
一些副词（adverbs）②	就、很、都

注：①"上、下、里"等属于方位词（nouns of locality），可以放在名词的后面，组成短语如"桌子上、桌子下、屋子里"等。我把这类词称为"后置方位词"。

②有些实义词，比如副词"很""就"，会丢词汇意义，语义虚化（semantic bleaching），也叫语法化（grammaticalization）。此外有些实义词意义非常笼统，需要别的词配合表达意义，比如动词"是"（系词，copula）。我把这些词看作一种功能词。

现在我们看看类附着词的发音方式。它们在话语中有两种不同形式：重读形式和轻读形式。重读形式是完整的形式，可以叫**强读式**（strong form）。强读式是比较罕见的，只在本词负担强调重音或是比较重音的时候使用，还用于当本词独立发音的时候。在其他情况中类附着词一般用轻读的，减弱的形式，可以叫**弱读式**（weak form）。这种读法要更普遍。我用人称代词"他 $t\bar{a}$"这个例子给你们听一下。更常见的是轻读的形式。它紧紧依附于临近的词。声调是减弱的甚至是丢失的（前附着词虽然轻读但一般保留点声调，后附着词经常很弱，声调完全丢失了）。整个音节音长短。

他出去了。　　　*Tā chūqu le.*

我认识他。　　　*Wǒ rènshi tā.*

代词"他 $t\bar{a}$"，只是有时候负担着强调重音或比较重音，用强读式。声调很明显，音长较长：

他是老师，问**他**吧！　　***Tā** shì lǎoshi, wèn **tā** ba!*

---

① 这就是说这类词的成员固定，不接受其他新词。

我给出更多的类附着词的例子。表 2 中你们会看到强读式和弱读式这两种发音相当不同。注意：表格里每个词只有一个弱读式，但实际上会有几个，因为减弱程度是连续的。不同说话人、不同语速、不同语言风格等都会有区别。减弱程度可能比较厉害，也可能不太显著。

表 2　类附着词的发音举例

	词类	强读式	弱读式
他 *tā*	人称代词	$[t^ha]^1$	$[t^hə]$
和 *hé*	连词	$[xɣ^ʌ]^2$	$[xə]$
是 *shì*	动词（系词）	$[ʂʅ]^4$	$[ʃʅ]$
很 *hěn*	副词	$[xən]^3$	$[x\overset{\vee}{ə}]$
在 *zài*	介词	$[tzaɪ]^4$	$[tzə]$
个 *gè*	量词	$[kɣ^ʌ]^4$	$[kə]$
比 *bǐ*	介词	$[pi]^3$	$[pɪ]$
想 *xiǎng*	能愿动词	$[ç^jɑŋ]^3$	$[ç^j\overset{\vee}{ə}]$

类附着词的特征：

◆ 它们是功能词（与附着词一样）

◆ 它们是单音节词（与附着词一样）

◆ 它们有词汇声调（与附着词不同）

◆ 它们在话语中有两种不同发音形式：重读形式或轻读形式（与附着词不同）

普通话中的类附着词非常像一组英语单词。这组词叫做"**弱读式词**"（words with weak forms）。弱读式词，如连词 and，在连续话语中有两种发音：（1）强读式（strong form）[ænd] 是完整的，重读的形式，主要出现在强调的时候，在句子末尾，或者在词单念的时候。（2）弱读式（weak form）[ən] 是减弱的，轻读的形式，紧紧依附在相邻单词上；这是正常的，更常见的发音。英语中的弱读式词有 40~50 个（它们形成了一个封闭类）。下面的英语功能词属于这一类词：冠词、人称代词、介词、连词以及助动词。

例如：the, a, an, I, you, she, he, we, your, her, him, us, and, but, that, at, for, from, of, to, have, shall, do, does, am, are, can, could…

显然英语中的弱读式词与普通话的类附着词非常相像。在英语语音学中对这一类特殊的单词已有很完备的认识。每一本好的英语教科书都对弱读式词作解释。如果你们上网查询，你们会找到许多网页阐述这个题目。相反，关于普通话功能词发音特征的研究不多。

综上所述，对学生来说了解普通话中的这一组"弱词"，就是类附着词，是非常重要的。为什么呢？如果学生们把这些词发错了，一直使用完整的发音，他们就会存在明显的外国口音，甚至有时会被误解！此外，他们也很难听懂使用弱读式的母语者。

12　音渡

我们下一个话题是音渡（junctures）。由于时间关系这部分会比较短。主要问题是你们应该告诉学生话语不要像水龙头滴水，也不要像连绵的水流。有些词应该被组合在一起成为或短或长的群组（见图 15）。

不正确：

正确：

图 15　描述汉语语流中音渡的存在的比喻示意图

小组叫韵律词（prosodic word），大组叫韵律短语（prosodic phrase）。在这些群组之间有音渡。各种音渡凸显程度不同。最凸显的一种音渡就是无声停顿（silent pause），一般伴有末尾音节的显著加长（停顿前的延长，final lengthening）和语调调制。这类音渡现象出现在韵律短语末。韵律词之间的音渡并没有那么显著，只有末尾音节的轻微延长。这类音渡出现在韵律词末。音渡对听话人来说非常重要：可以帮助他理解话语的意思。音渡位置有一定的规则。除了呼吸以外主要涉及句子的语法结构。例如，有一个著名的关于熊猫的幽默例子：Panda eats shoots and leaves。这个英语句子有歧义（ambiguity）（见图 16）。如果音渡位置不同，语法结构不同，意义也不同。

现在听听汉语的例子："印度咖啡很便宜。"这个句子也有歧义，有两

Panda eats shoots // and leaves.
正确的形式

Panda eats // shoots // and leaves.
音渡放错了位置

图 16　音渡错位举例

种发音，音渡位置不同：

Yìndù ∥ kāfēi hěn piányi.	在印度，咖啡非常便宜。（在中国倒贵）
Yìndù kāfēi ∥ hěn piányi.	印度的咖啡很便宜。（南美的咖啡倒贵）

很明显，如果句子中的词分组方式（grouping）不同，句子的意思也会不一样。有些人可能认为不用对话语进行任何分组，不用音渡就行了，仅当需要换气的时候再停顿。但是对听话人来说，听一段没有音渡的话是很累的。这种话语很难去感知和理解，有时会听不明白，出现误解。

重音和音渡是体现言语节奏（speech rhythm）的主要特征。语言教师应给予其适当的关注。如果重音，轻音和音渡出现问题，那么学生的话语不会自然，不会好听。他就会带有外国口音，甚至可能被误解。

13　语调

语调（sentence intonation）是韵律结构主要部分。一般来说，语调通过音高（pitch）的变化来实现。汉语的声调同样是通过音高的变化来实现的。有人认为汉语中音高变化完全赖于声调，已没有余地把音高变化用来表现语调了。但这一观点是错误的。汉语确实有语调，类似于非声调语言，只不过汉语的语调要与声调共存。语调和声调必须相互搭配，交织在一起。它们之间有复杂的相互作用。这是著名的赵元任隐喻（赵，1968：39）："small ripples riding on large waves."语调就是大波浪，而声调就像是大波浪上的小涟漪（见图 17）。意思是，整体的（global）音高变化由语调决定，而局部的（local）音高变化则由声调决定。

我们讲语调的时候应该识别两种句子：陈述句（statements）和疑问句

图 17　大波浪上的小涟漪

（questions）。**陈述句**的调形开始略高然后降低。这语音现象叫下倾（decli-nation）。**疑问句**调形主要取决于疑问是否用语法手段来表达的。用语法手段表达的疑问，如疑问代词疑问句，"还是"疑问句，或正反疑问句叫**有语法标记疑问句**（grammatically marked questions）。调形跟陈述句基本上一样。其他类型的疑问句，如无标记疑问句（unmarked questions），"吗"疑问句或副词疑问句倒不一样。调形开始高，句末没有下降或者只不过轻度下降。我们能设立三种基本调形来描述普通话语调，请见图 18。我在这里用的语调处理以江海燕海的博士学位论文①（2004）为基础。

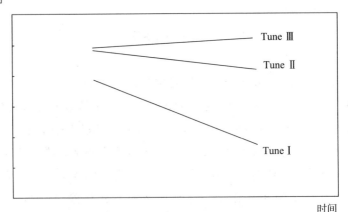

图 18　普通话的三类基本语调（江海燕）

----

① 江海燕在她的博士学位论文中曾经用 10 个发音人对 280 个句子做过研究，得到了 7 类句子的语调分类。为了教学上的方便，她把这 7 类语调合并成 3 大类。类似的语调处理见 Suzan Shen（1989：26）。她也介绍过三种语调基本模式，不过有所不同。

语调模式Ⅰ（Tune Ⅰ）：语调开始略高，然后降低

◆ 陈述句（statement）　　　　　　　例：妈妈要喝汤。

◆ 疑问代词疑问句（Wh-questions）　例：妈妈要喝什么汤？

◆ "还是"疑问句（alternative questions）　例：妈妈要喝水还是喝汤？

◆ 正反疑问句（A-not-A questions）　例：妈妈喝不喝汤？

语调模式Ⅱ（Tune Ⅱ）：语调开始高，然后略降低

◆ 语气助词疑问句（particle questions）　例：妈妈要喝汤吗？

语调模式 Ⅲ（Tune Ⅲ）：语调开始高，结束的时候也高

◆ 无标记疑问句（unmarked questions）　例：妈妈要喝汤？

◆ 副词疑问句（adverb question）　　例：妈妈莫非要喝汤？

未完成的短语末语调不降低。比如"如果你不去，我也不去"。第一短语末的"去"的音高不要下降。

语调还有一个在人与人之间的交流中十分重要的作用，就是表达说话人的情感（emotions）和态度（attitudes）。这种语调调整最难学。

14　音块

我想提的最后一个问题是"音块"（phonetic chunks，缩写为 P-Ch）。我关于音块的想法一定程度上是受现在语言学家使用的"语言语块"（formulaic language，见王立非，2012 等）的想法启发。音块和语块概念的区别是什么？第一，音块特别关注非常短的分块（2~3 个音节）。第二，音块专门包括高频词汇，特别是功能词。第三，音块重点应用在语音教学方面。音块的构造有三种：

① 由两个单音节词构成：

很好	看书	有病	到那儿	去吗（?）
hěn hǎo	kàn shū	yǒu bìng	dào nàr	qù ma?

② 由三个单音节词构成：

我要走	你去哪儿（?）	吃了吗（?）
wǒ yào zǒu	nǐ qù nǎr?	chī le ma?

③ 由一个双音节词和一个单音节词构成：

告诉他	坐火车
gàosu tā	zuò huǒchē

音块有什么用？记住这些常见的普通话小分块，掌握它们的正确发音，把它们存储在记忆里能帮助学生在说话时当成现成的模块（modules）来使用。为了构造各种各样的音块，我们可以使用汉语中的常用词，就是所有的附着词和类附着词，以及常见的一个或两个音节的实义词。即：

助词：了、着、过、的、得、地、吗、呢、吧……

人称代词：我、你、您、他、我们、他们……

能愿动词：要、会、能、应该……

三个静态动词：有、在、是……

副词：很、也、再、又、太、非常……

介词：把、在、到……

方位词：上、里、下面……

常见实义词：书、茶、吃、买、去、火车、学生、告诉……

学生可以用音块来训练许多东西：

◆ 基本词汇的正确发音（就是各个词的声母，韵母，声调）：学生们能够将常见的汉语词汇储存在大脑中。例如：我 *wǒ*、很 *hěn*、孩子 *háizi*、汽车 *qìchē*……

◆ 各种两音节词组的音调模式（包括轻声音节）。例如：T1 + T4 吃肉 *chī ròu*、T4 + T1 看书 *kàn shū*、T3 + T0 走了 *zǒu le*、T2 + T0 来吧 *lái ba*……

◆ 轻读音节（特别是类附着词）的发音。例如：不是 ***bú shì***、骂他 ***mà tā***

◆ 多样的重音模式（stress patterns）。例如：扬抑格（trochee）：● • ***mà tā*** 骂他（英 ***sea**son*），抑扬格（iamb）：• ● *nǐ **hǎo*** 你好（英 *de**lay***），扬抑抑格（dactyl）：● • • ***má**fan nǐ* 麻烦你（英 ***fla**ttery*），扬抑扬格（cretic）：● • ● ***wǔ** gè **rén*** 五个人（英 ***Petr Pan***），以及其他形式：• ● • *zài **wài**mian* 在外面（英 *re**mem**ber*），或者 • ● ● *zài **Běijīng*** 在北京（英 *when **day breaks***）

◆ 语调，尤其是陈述与"吗"字疑问句语调相对。例如：你去吧！*Nǐ qù ba!* 你去吗？*Nǐ qù ma?*

15　结论

下面我们总结一下谈过的问题。我将撇开音段层级的问题，只讲超音段层级部分，尤其是连贯言语现象。这在第二语言教学中仍然是被忽视的一个话题，我认为应该得到更多的关注。对于普通话的超音段特征而言，教师们在课堂上大部分都关注在单字调、轻声、双音节声调组合以及连读变调（tone sandhi）。但是这还不够。为什么呢？因为这样可能导致学生很清楚地发独立的词，但是他们不知道在连贯的话语中该怎样做。他们从一个音节跳到另外一个音节（我们捷克有一种幽默说法来描写：仿佛驼子在滚楼梯）。他们的话语不流利，音渡经常放错了，没有重音与轻音之别，没有节奏，没有强调，没有态度，他们听起来像一个机器。在整个句子中没有清晰的线索暗示主要信息是什么，有时候很难理解他们究竟试图要说些什么。那么，教师该怎么做呢？

（1）重音方面，教师不仅应该讲解重音，而且还要讲解轻音。轻读词汇，尤其是类附着词，是个麻烦，我认为这一点应该给予更多关注。

（2）学生也应该知道用什么手段使一个音节重读或是轻读（操控音域，操控音节音长，使轻读音节中的元音或辅音减弱）。这些"技术性的"能力必须被训练。

（3）应该鼓励学生注意音渡。他们应该知道音渡摆放位置的基本规则。

（4）应该教给学生怎样去处理语调，尤其是怎么处理有语气助词"吗"的疑问句。

综上所述，所有普通话教师的共同目标是根除学生的"洋腔洋调"。更好的是，教师从一开始就不允许学生发展出洋腔洋调，把普通话语音教学抓好，在开始学习时就对学生们的正确发音严格要求。教师不应该容忍学生在发音上的错误，因为这些错误会被化石化而很难根除。普通话语音教学跟语法、汉字、词汇教学一样重要，不容忽视。

谢谢你们的关注。

提 问 环 节

问：我的问题是关于汉语声调的教学方法：通常来说教学的顺序是第一声、第二声、第四声和第三声，因为第三声是最困难的。您怎么看这个顺序呢？您是否认为是非常有效和有益的呢？

答：这个顺序是基于上声最难学的假设。首先我要提到很重要的一点：教授声调的单字调仅仅是个开始。当然，在一开始学习的时候，学生们有必要掌握四声基本的概念，老师也必须教四个单字调：$m\bar{a}$, $m\acute{a}$, $m\check{a}$, $m\grave{a}$。就单字调的教学顺序而言，我建议先教授阴平（高调）和上声（低调）的对比（如 *mā*，*mǎ*；不要让学生特别关注第三声的末尾上升），然后是去声（降调）和阳平（升调）的对比（如 *mà*，*má*）。不过单字调仅是一个参考点。在实际对话中，却几乎是很少会用到 *mā*，*má*，*mǎ*，*mà* 的。我认为双音节组合（*hǎochī*，*qìchē*，*shūfu*，*háizi* 等）比单个的声调更重要。

问：对于初学者来说独立词的词调是很重要的。高级学习者呢？您觉得给他们一些汉语母语者的录音是有帮助的吗？

答：完全如此！我觉得给学生们一些母语者连续话语的录音是非常有必要的，即便是他们已经有了中国老师。为什么？因为中国老师自己可能也不能在教室里讲自然的口语，有时候讲得过慢，没有轻重区别，每个音节都发得过于清晰，语句没有明显的节奏，听起来不太自然。因此对于有一定基础的学生提供这些有自然语言特征的范例是有帮助的。并且，汉语老师常常过于关注单字调发音，他们仅当学生发错单独的词时才纠正，却不管整个句子的韵律错误。然而，单个的词只是基础，人不是一个词一个词地断开说话。当然，对于初学者来说，我们得从简单的单个音节的发音开始，然后双音节，用相当慢的语速。但是我们的目标是教授自然的流畅的口语。我今天报告里讲的"音块"可能是个有效的方法，因为音块是学生们说话时能直接拿来用的。"很好 *hén hǎo*"或者"你去哪儿？*Nǐ qù nǎr*？"等音块本身是有自然韵律的词语。此外，我认为学生们应该接触到简短的自然话语，或者一节电影对话录音或者电视讲话之类。即便是在他们学习的最初始阶段，甚至他们还完全不知道任何汉语的时候，他们可以只是听一听，对真实的自然汉语是什么样子有一个粗略的印象。很多年前当我开始学英语的时候，我对真正的英语说起来什么样一点概念都没有。我们的老师们发音不太好，他们有很重的捷克语口音。当我学了四五年后去英国的时候，我简直震惊了。这里的英语完全不同于我在课堂上学到的，我几乎什么都听不懂。这证明在外语教学中忽视发音教学是很不好的。

问：外国朋友总是用汉语拼音记录汉语信息，都带声调符号。反复纠正外国学生的声调错误却不成功的原因何在？

答：他们一开始就没有学到新单词的正确声调，这可能是最根本的原因。我要给大家讲讲我自己的实例。当我还是大学里的一名学汉语的学生的时候，我们的教师们整整五年不要求我们学任何声调。他们只教写字、阅读，几乎不教怎么说汉语。那时候我的国家和中国差不多没有什么来往，我们的教师们可能认为我们永远都不会遇上一个活生生的中国人。所以我们学新单词的时候根本就不学声调，我们甚至不知道声调是很重要的，以为声调是某种奇怪的装饰而不用过多关注。可是教学中忽视声调的看法很糟糕，这让我后来付出了大量时间精力去纠正。犯声调发音错误的另一个原因是，学生们不知道在音节组合中声调的变化规则。最后，主要的困难是单个词的声调与进入语流后的声调很不同，由于重音、轻音和语调的原因，声调会完全变形。但学生们却不太理解声调变形的规则。即便他们知道一些理论上的规则，他们也不知道怎么操控声音音高、音长等。这需要很多练习。

问：我觉得外国人是可以学好汉语的。出去玩儿时，我们听到一个外国人说汉语，他的声调、语调、语音面貌都非常好。可以给大家听一下录音（放录音）。

答：哦，他得发音实在好！我觉得只有在中国生活了相当长的时间才可以达到这种精通的水平，否则很难。如果一个外国人住在这儿，学习在真实的情况下，不断地听母语者说话，在各种语言环境中使用词语，才能学到怎样去表达语用意义、他的情感及态度。不论学习什么第二语言，要达到好的学习效果，你都需要语言环境。

问：我的英语发音不好，想改正自己的发音，请问有什么建议吗？

答：这跟学习汉语发音是类似的。你对你的发音不满意，可是我估计你有很好的语法基础和丰富的词汇储备。你需要多听录音和模仿母语者，大量机械的重复（试着闭上你的眼睛）。英语发音中非常重要的一点，就是"弱读式词"（words with weak forms）的发音。比如连词、介词、助动词等等常常是轻读的。它们很像我所说的普通话中的类附着词。几天前我在北京语言大学和中国社会科学院语言所有一个关于这个主题的演讲，你可以看看我演讲的 PPT，这可能有助于提高你的英语发音。

参考文献

曹剑芬：《加强汉语轻音的研究——缅怀林焘教授》，《语音研究报告》（总第十四期），中国社会科学院语言研究所语音研究室，2007。

曹文：《汉语语音教程》，语言文化大学出版社，2002。

江海燕：《汉语语调实验研究》，2004 年南开大学博士论文。

厉为民：《试论轻声和重音》，《中国语文》1981 年第 1 期，第 35 ~ 40 页。

梁磊：《声调与重音——汉语轻声的再认识》，《研究生学刊》2003 年第 5 期，第 59 ~ 64 页。

林焘：《现代汉语轻音和句法结构的关系》，《中国语文》1962 年第 7 期，第 301 ~ 311 页。转载于《林焘语言学论文集》，商务印书馆，2001，第 23 ~ 48 页。

林焘、王理嘉：《语音学教程》，北京大学出版社，2003。

林焘、王理嘉：《语音学教程》（增订本），北京大学出版社，2013。

陶炼：《汉语语音入门教学浅议》，《云南师范大学学报增刊（对外汉语教学与研究版）》2004 年第 2 期，第 1 ~ 7 页。

王立非编《语言语块研究的理论与实证进展》，上海外语教育出版社，2012。

王理嘉等：《现代汉语》，商务印书馆，2002。

王志武、黄佩文：《关于轻声的一些问题》，《语言教学与研究》1981 年第 2 期，第 57 ~ 74 页。

吴宗济等：《现代汉语语音概要》，华语教学出版社，1992。

俞志强：《论汉语四声二值的新模式》，发表于《第四届国际汉语教学研讨会论文集》，云南师范大学，2004，第 351 ~ 353 页。

周殿福、吴宗济：《普通话发音图谱》，商务印书馆，1963。

Chao Yuen – Ren（赵元任）. "A System of Tone Letters"（《一套标调的字母》）. Le *Maitre Phonétique*（《语言学教师》）1930，45，pp. 24 – 27。转载于《方言》1980 年第 2 期，第 81 ~ 83 页。

Chao Yuen – Ren（赵元任）. *A Grammar of Spoken Chinese*（《中国话的文法》）. Berkeley（伯克利）：University of California Press（加利福尼亚大学出版社），1968.

Chin Tsung（晋聪）. *Sound System of Mandarin Chinese and English：a Comparison*（《汉语普通话和英语的音系对比》）. München（慕尼黑）：Lincom Europa（兰光出版社），2006.

Ladefoged，Peter（赖福吉）– Maddieson，Ian（麦迪逊）. *The Sounds of the World's Languages.*（《世界语言语音》）. Oxford（牛津）：Blackwell Publishers，1996.

Ladefoged，Peter（赖福吉）– Wu Zongji（吴宗济）. Places of articulation：an investigation of pekingese fricatives and affricates（《发音部位：北京话塞音和塞擦音研究》）. *Journal of Phonetics*（《语音学杂志》）1984，12，pp. 267 – 278.

Lin Hua（林华）– Wang Qian（王倩）. Mandarin rhythm：an acoustic study（《普通话的韵律：一项声学研究》）. *Journal of Chinese Linguistics and Computing*（《中国语言学与计算机报》），2007（Vol. 17），No. 3，pp. 127 – 140.

Lin，Yen – Hwei（林燕慧）. *The Sounds of Chinese*（《汉语语音》）. Cambridge（剑桥）：Cambridge University Press（剑桥大学出版社），2007.

Ohnesorg, Karel – Švarný, Oldřich. *Etudes expérimentales des articulations chinoises* (《汉语语音发音的实验研究》). Praha（布拉格）：Rozpravy Československé akademie věd（捷克斯洛伐克科学院辩论），1955（Vol. 65），No. 5.

Pike, Kenneth. *The Intonation of American English* (《美国英语语调》). Ann Arbor：University of Michigan Press（密歇根大学出版社），1945.

Shen Xiaonan（沈晓楠），Susan. *The Prosody of Mandarin Chinese* (《普通话的韵律》). Berkeley（伯克利），University of California Press（加利福尼亚大学出版社），1989.

Shih Chilin（石基琳）. Tone and intonation in Mandarin (《普通话的声调和语调》). In：*Working Papers of the Cornell Phonetics Laboratory* (《康奈尔语音实验室工作论文集》)，1988，No. 3. pp. 83 – 109.

Třísková, Hana（廖敏）. The sounds of Chinese and how to teach them (《汉语语音及如何教学》). Review article（书评）on Lin, Yen-hwei. *The Sounds of Chinese*. Cambridge：Cambridge University Press, 2007. *Archiv Orientální* (《东方档案》)，2008，No. 4，pp. 509 – 544.

Třísková, Hana（廖敏）. The structure of the Mandarin syllable：why, when and how to teach it (《普通话的音节结构：为什么、何时及怎样教》). *Archiv Orientální* (东方档案)，2011，No. 1，pp. 99 – 134.

Třísková, Hana（廖敏）. *Segmentální struktura čínské slabiky* (《普通话音节音段结构》). Praha（布拉格）：The Publishing House of Charles University, Karolinum（查理大学出版社），2012.

时间：2014 年 10 月 19 日（周日）14∶00
地点：首都师范大学北一区综合楼 314（甲骨文研究中心）

主讲人简介

李宗焜　台北"中研院"历史语言研究所研究员、文物陈列馆主任、文字学门召集人。其用力最多的著作《甲骨文字编》（四册，中华书局，2012），前后费时 17 年，总结所有甲骨的字形及异体，以时代顺序及字体风格表列，是继孙海波《甲骨文编》之后，一部完整呈现甲骨文字形及最新研究成果的著作。该书荣获"2012 年度全国优秀古籍图书奖一等奖"。他还利用甲骨文展开有关商代历史、文化、社会等研究，创获甚多。如利用甲骨文研究商代的疾病与医疗，深入了解商人所患的疾病，及其对生病的态度和医治的方法；以甲骨文中所见的重要人物为纲本，探讨商代人物的事迹等。

本文为科技部研究计划"新见甲骨文字研究与增补"成果报告之一。

计划编号：MOST 102 - 2410 - H - 001 - 092 - MY3

何日章挖掘甲骨的"归零计划"

李宗焜

我今天跟大家报告的其实是一个老掉牙的题目。

先简单向大家介绍一下何日章挖掘甲骨的背景。大家知道从 1928 年开始，中研院历史语言研究所在安阳进行科学挖掘，总共进行了 15 次。这是甲骨科学挖掘历史上一件重要的大事，对大家都是耳熟能详的故事了，不需要我多说。当中研院史语所在安阳进行第三次发掘的时候，河南省政府派何日章在 1929 年和 1930 年挖掘了两次。省政府之所以会派人去挖，主要的原因应该是一种地方保护主义。他们认为，这些甲骨既然是藏在我们河南安阳，为什么让中研院来挖，我们不自己挖？在前辈们很多回忆录或者口述历史里面，都提到了他们去安阳发掘时，受到了地方的阻力。中研院去挖的时候，河南方面有很多反对意见，后来通过傅斯年跟政府中央出面，表面似获得解决，但河南省政府一直都不是乐观支持的态度。但既然中央出面，他们也不好继续阻挠下去，那就你们挖我们也挖，就派何日章去挖了两次，总共得到甲骨三千余片。这一个"余"是笼统的数字，每次统计都有不同的数字，我们最后统计大概是 3700 片左右。

1949 年 11 月，国民党政府就把这批甲骨运到台湾，暂时存在台中雾峰。雾峰是故宫刚到台湾的第一站，这批甲骨当时就暂时存在台中故宫；1956 年由教育部拨交历史博物馆。历史博物馆成立的主要背景，正是为了存放河南省政府运到台湾的古物。河南省政府运去台湾的古物中，甲骨只是一部分，很重要的一部分是铜器，现在博物馆很多铜器就是当时从河南运过去的。

这批甲骨到了台湾历史博物馆之后，就像进了深宫大院一样，一直放了 50 年，其间虽有过盘点，但都没人想到这批甲骨要怎么整理。经过很多的斡旋，最后才在 2013 年 12 月 17 日运到史语所，我们正在整理。

今天的报告就是向大家介绍我们大致整理的情形，目前还没有什么大发现，应该说我们还没有到真正整理的地步。甲骨一般没有经过任何整理，是从零开始。我们现在要面对的这批甲骨，其实连"零"都没到，是在一种很糟糕的情况，我们要把它回复到甲骨原来的样子，我把我们现在所做的工作叫"归零计划"。等一下你们看完我的报告，就知道为什么叫"归零计划"。

台湾历史博物馆现在收藏的甲骨有两批，一批是河南博物馆的旧藏，也就是何日章挖掘的这批，另外一部分是"中央图书馆"的旧藏。两者都由"教育部拨给"历史博物馆管理。河南博物馆那批甲骨虽然情况很糟糕，但是来历倒是很清楚。"中央图书馆"这一批甲骨到底怎么来的，现在无法查证，我查了很多资料，都提到"中央图书馆"有这么一批甲骨，但是没有资料说明这批甲骨是怎么来的；很可能是当年在大陆时期买的。我通过他们里面一些资深的馆员或者管理资料人去找，但没有任何发现。有一个前任的馆长很认真地说，这个没问题，保管员一定知道。过了没多久，他果然寄来一份资料，起初我喜出望外，结果寄来的资料只是说"中央图书馆"这批甲骨有多重要，完全没有提到来源的问题。

这两批甲骨加起来大概有四千多片，现在都在史语所进行整理。以前这些甲骨在台湾历史博物馆放了50年都没有人整理，新任的张誉腾馆长上任之后，就想要整理。经过了三年多的努力，我们总算可以直接去面对这批甲骨了。这中间关键的问题是，当时河南省政府派一批人把河南省这批文物（当然包括甲骨）送到台湾，当时押运这批古物的人，是相当有分量的乡绅，后来他们很多人在当时的台湾政府里面，都担任重要的职务。他们组织一个河南省运台古物监护委员会，现在这个会里面的成员，大都是当时运古物者的第二代或第三代子孙。

历史博物馆想和史语所合作，委托史语所整理这批甲骨。因为当时历史博物馆归"教育部"管辖，我们和"教育部"开了一个会，"教育部"的次长参加了会议，达成了一个共识：这批甲骨既然是由河南运来的，那么最好取得河南省运台古物监护委员会的谅解，这样会比较圆满。我们做事总是想照顾到人情世故，但为了这个人情世故，我们整整花了三年的时间打交道。过程颇为曲折，进行得很不顺利，直到2013年才出现转机，最后有了圆满的结果。委员会改选之后主任委员换人，换了一个新的主任委员，比较年轻，所谓比较年轻也是七十几岁了，那个委员会的委员平均年龄可能将近九十，他们都很高寿。新的主任委员很明理，觉得这是一件对文化有重要意义的事情，事情才有了转机。

在正式议约之前，我到历史博物馆库房，看过河南运来这批甲骨的一小部分。3700多片甲骨，放在七个纸箱里。我由大到小来说，最大的是纸箱，纸箱里面是十个公文袋（或信封），每个封袋里面是十个塑料袋，每个塑料袋装一片甲骨。另有部分大版甲骨以蓝色锦盒盛装。大致是这样一个情形。这些甲骨就这样在库房里静静地待了50年。

过去出版情形

这批甲骨在大陆时期，曾有部分发表。先是1931年关葆谦的《殷虚文字存真》（见图1），共八本，每一本一百页，每一页只放一片甲骨，即使甲骨很小，也占一页，这真是最奢侈、最豪华的本子了，八本共著录了800号。因为每一页都是甲骨的原拓，不是印刷的，所以数量很少。史语所收藏甲骨旧著录是很丰富的，也只有其中的六本。

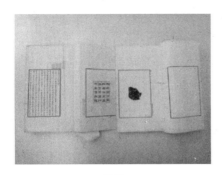

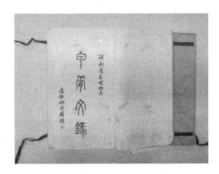

图1　　　　　　　　　　　　　　　　图2

　　其后则有1938年孙海波编的《甲骨文录》（见图2）著录930号。《甲骨文录》是珂罗版印刷，流通的量自较《殷虚文字存真》稍多。但这两本书里面，《甲骨文录》和《殷虚文字存真》发表的甲骨有相当一部分是重复的，所以并不是已经发表1700多，两者不能直接加总。

　　另一本是董玉京编的《甲骨文专集》（见图3），2001年由河南省运台古物监护委员会出版，内有摹本2764，拓片754。是《殷虚文字存真》和《甲骨文录》之外，第三本和这批甲骨有关的著录书。书的作者董玉京是董作宾的儿子，是一个心脏科医生，对甲骨很有兴趣。可惜《甲骨文专集》的摹本，更精确地说应是临本，就是看着甲骨照着写，很多写法并不精确；书的编制也很粗糙，拓片的号码和摹本的号码往往对不上号。他们当时反对整理的理由就是《甲骨文专集》已经出了，表示这批甲骨已经全部公布了，没有必要再做了。事实则完全不是这样。

图3　　　　　　　　　　　　　　　　图4

原藏"中央图书馆"的甲骨，这部分只见摹本 648 号。这是以前台大的金祥恒教授，在早期的《中国文字》发表的。大家知道在民国五十几年的时候，台大出了一个专业杂志叫《中国文字》。那个刊物是用打字油印的，打完之后一张一张印，现在很难想象那种印刷方式了。后来《中国文字》停刊之后，艺文印书馆另外出了一套，也叫《中国文字》，连封面的字都一模一样，只是加了一个"新"，现在已经到了新四十几辑。

金祥恒先生在《中国文字》上发表的摹本（见图 4），也只有六百多片，其实中央图书馆的甲骨不止这一些，但我们所能看的就只有这一部分摹本。我们现在要整理的这些甲骨，从来没有发表过的还有不少。

董作宾在 1953 年 6 月 15 日发表的文章《甲骨文材料的总估计》中提到，在台湾地区由机关采集的甲骨，未编印者有这么三批，即（1）"国立中央研究院"购藏；（2）河南省立博物馆发掘所得；（3）"国立中央图书馆"购藏。其中第一项在 2009 年前已经出版了，就是《史语所购藏甲骨集》（见图 5）。后面这两个也就是今天和大家介绍的，第二项何日章挖掘的这批，第三项就是"中央图书馆"购藏的，这两批我们正在整理。等这两批甲骨整理出版之后，我想在台湾主要的甲骨应该就都出版了。

我们期望第二、第三两项，比照第一项的做法，即和《史语所购藏甲骨集》一样，一边是彩色照片，另外一边是拓片（见图 6），另外还有是摹本，释文。只是我现在不敢说像购藏甲骨那样，把透明纸摹本叠在甲骨拓片上面，这种做法的利弊姑且不谈，其工序已让印刷厂苦不堪言。

图 5

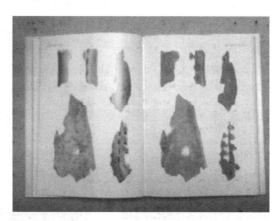

图 6

初步整理

现在我跟大家汇报这批甲骨刚到史语所时，没有整理之前的样子（见图 7 - 1、图 7 - 2）。

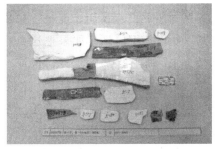

图 7 - 1　　　　　　　　　　　　　　　图 7 - 2

我说这个还不是在"零"的状态。大家现在可以看看，图中白色的部分是他们打上去的石膏。甲骨一般的厚度，不过零点一到零点二公分，他们可以打上两公分的石膏，我形容这是穿高跟鞋的甲骨。他们打上去的石膏，远远多于甲骨的原有厚度。当时用石膏去加固，固然很牢固，但是现在拿不下来。

有的情况比较好的，用手一扳石膏就掉了，情况不好的费尽心思也无法去除。我们请了法国来的文物修复师，去除一片甲骨上的石膏花了四天，当时贴上去可能只需一分钟，但是拿下来要四天。

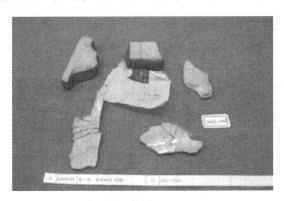

图 8

还有一种黑黑的像年糕的东西，那是一种蜡，他们也在后面加上很厚的蜡，这是另一种情形。

　　另外一种情形是贴胶布。大家看到甲骨上面亮亮的一层，是贴上去的透明胶带，就这样缠上去，也许觉得这样就固定了。

　　这些附加物要不要去掉呢？如果不拿掉，里面有没有重要的信息，就无从确认。这种贴胶布的情形，姑且不谈胶布的化学元素，对甲骨可能有的不良影响；胶布贴在字上面，拓片就无法做。做过拓片的都知道，靠着字的笔画凹下去，我们才能把字拓出来。胶布贴上去后，有字的地方也是平的，所以拓不出来。如果把这个胶布拿起来，可能把甲骨表面的皮也一起带上来，那些字都没有刻得很深，我们也非常担心有字的部分可能正好被带起来了，这些都非常费事，这就是我们所谓的"归零计划"。这些加上去的东西当然对我们了解甲骨是一个阻碍，我们要去掉附加物，让甲骨回复原状，才可能从零开始。

　　另外有一个问题，你们有没有发现这个石膏边缘很平、很整齐？石膏弄上去之后一定不太整齐，他们就把它磨平、磨得很整齐，但是弄这么整齐，会有一个很坏的负面影响，就是同时把石膏黏着的那一块甲骨边缘也搓平了。我知道甲骨文研究中心有很多老师或者同学在做缀合，你们哪天拿一片甲骨能和这一批甲骨缀合，假使什么都对，但边缘不是非常密合的时候，不要太执着。有些甲骨边缘被他们和石膏一起磨平之后，已经不是原来的样子，这是非常糟糕的。

　　讲到这里，我想起1928年科学发掘之前，傅斯年派董作宾去安阳调查，董先生调查之后给傅斯年写了一个报告，其中讲到一点就是私掘对文物造成很大伤害，"无知之土人"去挖掘甲骨和科学发掘是不一样的。从他们对这些甲骨做了很多自以为是的加工看来，我们可以想象"无知土人"对甲骨的残酷对待（见图9-1、图9-2）。

图9-1

图9-2

接下来我用几个例子来介绍这批甲骨整修的过程。这不是什么伟大的工作，其实就是复原的工作，只是让它们回到原来没有加工的样子而已。看起来似乎不难，做起来却极其不易。

第一个例子。这是一片甲骨背面的照片，上面贴了很大一片石膏。看起来好像很粗鲁，像用铲子去铲，其实更像在动手术一样。那是一个很专业的修复师，用他们的方法把石膏切成一小块一小块，再用工具慢慢敲，才把这一块石膏弄掉，整整花了四天的工夫。

这是整理后的样子，把石膏去除之后，总算恢复到原来的样子（见图10）。

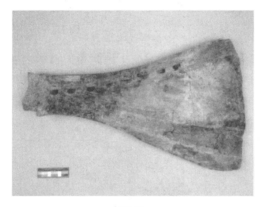

图 10

第二个例子。图11是一整包甲骨的碎片，刚打开是这个样子，像我们去中药店抓的中药一样。王懿荣时代，甲骨不是被当作中药吗？这就是一个见证，甲骨像一包中药。

图 11

图 12 - 1、图 12 - 2 是整理之后的结果。他们没有加工，我们整理起来还比较容易，他们当时要是加工，粘上石膏之类的东西，要整理成这样子就不知道要费多少力气了。

图 12 - 1　　　　　　　　图 12 - 2

第三个例子图 13 - 1。请大家看一下缠胶布的情形。

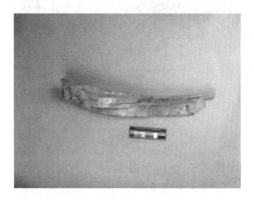

图 13 - 1

一块甲骨他们用胶布把它缠起来，看着很简单，复原起来其实很困难。

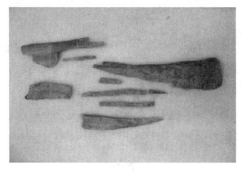

图 13 - 2

我们把胶布拆掉之后就是这样，全散掉（图13-2）。我们再把它复原，变成了这样（图13-3）。

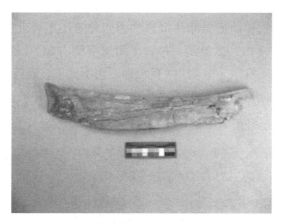

图 13-3

第四个例子。甲骨上面有很多很硬的泥土，泥土粘在甲骨上不容易拿下来，这些就不能怪那些所谓无知的土人了。本来就在上面，现在看起来、摸起来就像水泥一样，非常地硬，要去掉也很不简单。我们也不可能用铲子把它挖掉，万一里面有字的话，会连字一起挖掉。库房里面有几个专门做技术修复的人，我们就请他们帮忙，这是"整容"过的甲骨。

这一版是对照，左边是原来刚到时候的样子，右边是我们整理过的样子（图14-1、图14-2）。

图 14-1   图 14-2

第五个例子。

图15-1一条亮亮的，就是当时贴的胶布，应该是甲骨裂开，所以贴了

胶布。还有几处深绿色的，不知道长的什么东西。大家还可以注意一下，后面还有一块东西。现在看起来好像没有文字。

图 15 - 2 是清理之后的成果。胶布已经除去，但还有点痕迹，胶布贴久了，痕迹就很难去掉。据实际从事修整的张仲君小姐告诉我，深绿色是墨渍，不知何时留下的；把墨渍去掉，里面文字就出现了，如果不去掉，我们根本看不出来还有字。图 15 - 1 后面那一块不见了，到底怎么回事呢？后面那一块其实是他们当时加上去的厚厚一层黄蜡，整理的时候我们把那个黄蜡也去掉，最后变成右边的样子。

图 15 - 1   图 15 - 2

以上是我举的五个例子，去除石膏、胶布、黄蜡等的情形。

目前我们的整理工作还在进行。严格说来，还谈不上整理，甚至应该说距离开始整理的路还很远。现在我们在做"归零"的工作，可是离"零"这个目标还很长一段路。我们已经做了将近一年了，都在为那些"无知的土人"收拾善后，花很大力气到现在快一年了，还有很多事情没做，只有把这些事情都做完了，才能算真正开始整理。

有问题的是这么多，还有一些没有问题的，我们就先进行拍照和拓片。最近还从安阳请了一位女士做拓片，边做边修复。期望这一部分做完之前，需要修复的也能够修复完。

下面是看起来比较赏心悦目的几个例子。甲骨没有什么大问题的，我们经过初步清理之后所拍的照片（见图 16 - 1、图 16 - 2、图 16 - 3）。

后一版是涂朱的，颜色仍很鲜艳。大家可以看出后面还是有石膏，但

图 16－1　　　　　　　图 16－2　　　　　　图 16－3

是不影响正面，我们把正面先拍照（见图17）。甚至于拓片也要现在做，利用贴上去的石膏固定着先把拓片做下来，背面等清理之后再处理。

图 17

这一批甲骨中第二期的特别多，也算是这批甲骨的特色吧。大家都知道所有的甲骨，一般宾组占的量最大，第二期并不是特别多，至少绝对不会是最多，但是何日章挖掘的这批甲骨不知道什么原因，出组的特别多。

所有工作，都必须等归零之后才能全面进行，归零之路，艰苦遥远，不知道什么时候才能全部完成，只能继续努力！

前不久，河南省运台古物监护委员会开年会，要求我去做工作报告。我把"归零"工作的背景跟艰辛，用图片向他们说明。从中间可以看到明显的进步，他们的态度明显转为支持。本来只是让我做15分钟的报告，结果一个小时都在讨论这件事。年会最后做了一条决议：向台湾中央研究院致敬。

我就把这批甲骨从何日章当时挖掘，到现在正在史语所整理的过程，以及我们所做工作、目前的进度，给大家做一个报告，把一些最新的状况跟大家做个说明。我们也深切期待"归零工作"可以进行得很顺利，进而整理完成，尽快地让这批沉寂几十年的甲骨，跟学术界见面。

（整理者：吴盛亚、张芃）

时间：**2014 年 10 月 25 日（周六）9：30**

地点：裕龙大酒店

主讲人简介

李学勤　1933 年生于北京，现为清华大学历史系教授、博士生导师、国际汉学研究所所长、出土文献研究与保护中心主任，国务院学位委员会历史学科评议组组长、"夏商周断代工程"专家组组长、首席科学家，中国先秦史学会理事长，国际欧亚科学院院士。在甲骨学、青铜器及其铭文、战国文字、简帛学，以及与其相关的历史文化研究等领域，均有重要建树。出版专著《殷墟甲骨分期研究》《新出青铜器研究》《走出疑古时代》《重写学术史》等 30 多部，发表学术论文 500 多篇。

清华简整理工作的新进展

李学勤

各位老师，各位同学，在我讲之前，我有两点要说明一下，向大家道歉。第一点是我得到通知比较晚了，确实也没有时间做系统的准备，所以刚才说让我介绍一下清华简整理工作的最新进展，我想实际上只能说是我对于清华简最近整理工作里面所得的自己的一些看法。这些看法不一定能够和我们中心的其他老师一样，对这一方面希望大家能了解和原谅。第二点事情也向大家说抱歉，大家听见我喉咙特别不好，声音特别不好，这是因为这两天污染太厉害了（大家笑），真是由于污染太厉害了，而且我户外的活动多了一些，前些时候到长沙去，由于受寒了，有点儿不大舒服，所以喉咙肯定不太好。如果后面的同学有听不清楚的地方，可以举手告诉我，我可以重复说一下。

我今天讲的题目，说是叫《清华简整理工作的新进展》，不过由于今天我看见有很多同学都在这里，可能对于清华简的一些系统的情况，不见得完全了解，所以我想我还是用十几分钟的时间介绍一下清华简的一些基本情况，这个不是一个新进展，可以说是旧进展，也等于回答大家常常考虑到的几个问题。

清华简，我想大家都知道，这是一批战国时代的竹简，这批竹简是在2008年7月的时候收藏到清华大学的。大家关心的一个很流行的问题就是：这些简是怎么来的？究竟是什么时候出土的？这是大家最希望知道的一个问题，这个问题不可能全面答复，这点我要特别说明。简是什么地方出土的？这个问题无法答复。我们只能说根据我们的推测，应该是在战国时代楚国的领域之内，也只能这样。我想大家可以理解，因为是一批盗掘盗运的简，这样的简他们不会告诉我们具体在什么地点出土的。这点我们是做不到的，所以只能存疑了，只能以此做一个推论。至于说它在什么时间出现的，这个问题倒是可以提供一些线索。2006年的冬天，12月份的时候，在香港曾经有过一个学术会议，我个人没有参加这个学术会议，邀请我了，那回我没去。在会议现场就已经流传着这样一个说法：就是当时在香港有一批战国时代的简。张光裕先生在《清华大学学报》上写的一篇文章里面也提到了这件事情。所以我们现在可以比较肯定地说：2006年年底的时候，这批简应该已经在香港了，我们当时知道的情况就是如此。由于竹简的保存是很困难的，从2008年我们看见这批简的原始状况来推断，它虽然已经出土一段时间了，可是出土时间不会太长。所以2006年大概就是出土的时间，不会再早太多。所以我们说它是2006年出土的，应该说差不太多。这是这批简的情况。

我个人真正看到这个简的材料，已经到了2008年年初，我们看见了几支简的摹本，那时恐怕已经到了2008年的春天。这个摹本里头有一支简，提到晋文侯仇的，这支简是我们《系年》里面的一支简，大家在《系年》里可以看见，这支简现在已经有些变形了，这是因为当时卖简的人把这支简抽了出来，当标本拿给大家看。在这种情况下，它保存的情况就不如其他的简。所以你们看我们的整理报告里面，这一支简是特别做了一个红外线的照片，那个原简的照片早就扭曲得不像样子了。那是因为它单独流传了一段时间，不是在原来的保存情况之下。到了 2008 年的时候，得到了学校的同意，我们想考察这个简的情况，因为从那一支简上来看，我们觉得这简里边至少肯定是有真的，这个没问题，应该是有真的，因为那一些字是不可能造假的，做不到。在这种情况之下，我们有校友出资把这批竹简从香港购买回来，然后把它们捐献给了清华大学。到达清华大学的时间是 2008 年 7 月 15 日，所以从 7 月 15 日之后，对于这个简的整理和保藏，就由我们来负责了，在那以前的事情我们没有办法说清楚。

当时的情况，我在多次介绍清华简的时候，曾经给大家介绍过。当时我们碰见了非常困难的情况，这是由于 2008 年的 7 月 15 日，已经放假了一段时间，而且天气特别热，学校里面的老师也都休假了，同学也都回家了，所以没什么人。当我们知道这个简将要到达清华的时候，学校的领导就找我和别的老师，我们一起商量一下，应该怎么处理，怎么接收这批简，有同学还记得这个事情。当时我们提了一个方案，这个方案的基本精神就是维持原状，来了之后我们加以适当的处理，维持这个原状，等到开学我们再正式整理。我给大家介绍过多次，就是 7 月 15 日到达之后，开始那一两天我们就把原来装的大塑料箱子打开，检查里面情况，一看这个情况之后确实是大吃一惊。这个情绪我想大家可以理解，因为我们打开之后首先是异味扑鼻，有非常刺鼻的化学品的味道，而且同时发现各种保存情况（很不好），特别是很多简上有霉点儿。这个我已经跟大家介绍过，古代的竹简上面发霉，在过去曾经有过这样的例子，那个霉点很厉害的，如果任其发展下去，那个霉点在某种情况之下就会一下子钻下去，在简上面造成一个洞，它可以腐蚀成一个洞。这样的话非常危险，当时我们马上请了化学系分析中心的老师们来帮我们检查一下有没有困难，结果很糟糕。这个化学药品本身是有害的，非常不好，他们加入这个作为防腐的东西来用；同时这个菌是活的，这也同样非常有害。在这种情况之下，我们觉得非常危险了，马上动手来清理保护，所以那个暑假就不能休息了。不管是在地下还是在流传过程中，竹简已经不是原来的保存状态了，它已经移动了，所以我们就一支一支简来进行保护，用最软的毛笔，那种小的画笔，一支一支地去清洗，使它不能损害字迹。在这种情况下进行保护，同时由专家来进行化学处理。整个这些处理情况一共进行了三个月，这是我们做的第一段的工作，就是保护工作。到了 2008 年 10 月，保护工作基本做完了，在这种情况下，我们就开了一个鉴定会，同时我们也请北京大学的碳 14 测定方面的专家给我们做了测定，当然这点也可以告诉大家，我们用的测定的标本是没有字的简，是碎的，因为有字的简我们不敢动。我个人今天也特别声明，我反对用带字的简进行碳 14 测定，因为一测定简就坏了，测定标本是不能收回的，一测定就得把简捣碎，这个简就不能收回了，所以有字的简不能做，这点要跟大家说清楚。可是我们用的标本肯定是属于这批简的一个组成部分，这点是可以保证的。做碳 14 的测定，专家鉴定的结果认为我们这个简是战国中晚期之间的，它的时代基本上和郭店简、上博简差不多。碳 14 测定得出的结果是公元前 305±30 年，大概我们就记公元前 300 年就是了。为了同学们记忆（方便），我讲课时常常说：公元前 300 年是怎么个概念呢？那就是孟子已经老了，庄子正当年，屈原还比较年轻，基本上就是这么一个时代，基本情况就是这样。这是我们的整理工作，初步的一个保护工作。到了 2008 年 10 月以后，我们进入第二阶段。

在专家鉴定会上，专家们给我们提出了一个很好的建议：晚脱水，早照相。为什么要晚脱水呢？因为脱水之后，字迹一般是会变淡，所以它实际上是不可能完全维持原状的，这点是一定的。所以说应该是晚脱水，尽可能晚的脱水。那么快照相，那就是为了尽量得到它的原状，所以我们就进行了照相的工作。照相这工作碰到很大困难，在座的像刘国忠老师他们都亲自参加了这个工作，都了解这方面的困难。因为我们的简是湿的，是泡在液体里面的，实际上大家也知道，它在地下已经泡了两千三百多年了，这样的一批简，什么时候都不能让它干了，一干了它马上就缩了、坏了。而带水的简照相是很难的，因为水珠是会反光的，这样的话做起来非常困难，这一点我们通过和清华大学美术学院的摄影专家们合作，摸索了一套方法，克服了这个困难。大家可以看到，现在我们出版的那些照片上是看不见水滴的情况的，这点确实算是一个技术上的进步，过去做不到的。照相又照了三个月的时间，这样就到 2009 年的春季学期了。到春季学期我们照相的工作基本上做完了，包括数码照相，包括大片子的照相，这些工作都已经做完了，当然后来我们又补充了一些。随着照相，我们把每一支简都做了编号，不管大小，每一个简都用玻璃条子夹起来，然后把它缠好、固定住。固定住之后，上头有一个金属的牌子有一个编号，这样的话每支简经过照相都有编号，就知道我们简究竟有多少支，或者严格意义来说有多少枚。因为有的是断的，可以几片接成一支，所以它没有那么多支。当时得了一个最后数字是 2388 支，这是照相的时候得的数字。当然在这以后，通过我们做进一步的技术处理，比方说进一步的检查，包括进一步的红外线照相，或者说其他的一些方法照相，我们又发现一些小的碎片，上边有字迹，这样子的话又补充了一些。大家经常问，说你们简到底有多少？那么我们现在可以说，在 2500 枚左右，不是 2500 支左右。主要复原起来，我个人一直有这么一个估计，就是这个简在地下的时候原来为 1700 支到 1800 支，当然还有一些我们没有拿到手，可能是原来出土时候没有捞净，或者是损坏了，或者在流传的过程里面损失了，或者分开了，我们不知道，可是现在我们知道的数字大概就是这样。这是同学们可能会关心的，我们了解的情况。从 2009 年开始的时候，我们就做了一件事，叫"通读"。这个"通读"就是用我们拍的照片，它是数码照片，把这数码照片用投影机投影到墙上，然后就可以放大来看，一支支看。由于没有经过排简，是乱的，所以不知道哪支跟哪支是连续的，因此所有的简，2388 个简，我们都把它读一遍，做这么一个工作。这个工作很长、很慢，当时不可能一天做太长时间，一个是眼睛受不了，再有一个就是，当时我们经常说笑话了，就是心里受不了，因为看起来觉得太惊奇了，所以受不了，一看："哎呀，怎么会有这么好的东西呢？"心里受不了。我们把它读了一遍，就初步了解里面到底有点儿什么样的东西。比方说，我们进一步证实了所有的东西都是书。里面没有在楚墓出土的常见的像遣策，像一些祭祀的记录，没有这个东西，都是真正意义的书籍，而且是以经史之类的为主。这样的话，我们把它读了一遍，读了差不多一个学期，可是在这个过程里面，我们有点儿保不了密了。大家知道，这批简刚来之后学校进行保密工作，不想太宣传这个事情，原因就是我们对这个简本身的性质、它的价值、它的真伪，还没有绝对的把握，还不太清楚，讲了之后就很被动，所以当时我们采取的封锁消息（这个措施）。北大的老师说："你们保密保得不错啊。"他们都不知道，一直到鉴定会的时候我们才把这个消息公布出来。可是 2008 年 10 月鉴定会一公布这个消息，就引起了媒体和社会各方面的注意，包括领导方面也经常来问这个事情。那我们就觉得不能够再这样了，所以在 2009 年的时候我们就选择了最容易报道的简发了一个消息，大家知道就是那个《保训》。为什么挑这个简呢？有两个原因。第一个原因是，马楠，你记得那天头一次我们找到第一支简的断的部分写着"唯王五十年"，周朝那时候的王谁有五十年？我想首先想的是周穆王，因为《史记》说他在位五十五年。后来一想，一看简后头讲的都是他害病要死的情况，就不是五十五年了，所以就想到是周文王五十年。周文王在位五十年是《尚书·无逸》里面有的。《保训》简的字体也特别，简的大小也特别，所以很容易挑，所以就把那些有关的简挑选出来，只有第二支简缺了半支。这样的话，我们把《保训》简报道了，引起了大家的注意，所以清华简就是由于《保训》的流传大家知道了，这个基本情况是这样。从 2009 年通读完之后，我们还做了一个很重要的工作，就是排简：把相关的简尽可能排比起来。这都是用照片做的，用照片把它们都排起来，能拼接的拼接，能排序的排序，尽可能地做出来，得了解它到底有多少篇。这个最后是没有准数的，因为工作还在不断地修改、不断地进行，所以没有很大准数，总数 60 多篇，不会到 70 篇，也不会少于 60 篇，估计差不多 60 篇，就是这个数字。

给大家介绍的基本情况就是这样。我们实际上从 2009 年开始进行整理工作，既然大家都知道了，社会上的要求也很迫切，所以我们想尽快地向大家提供材料。所以我们从 2009 年起就准备我们的整理报告，根据当时我们的共同约定，也向学校领导做了报告，就是我们整个课题的进行，我们想每一年出一本整理报告。第一本整理报告就是在 2010 年的年末由中西书局正式出版的，也得到出版社方面的大力支持，这就是第一本。从那以后，刚才提到，我们每一年都要出一本整理报告，到 2013 年（2010，2011，2012，2013）已经出了四本。整理报告的基本内容，我只是简单说一说就是了，给同学们一个基本印象，第一辑里面我们首先是挑了一些《尚书》一类的，或者类似《尚书》，跟《尚书》有关的，包括《逸周书》，或者是体例跟《尚书》接近的这一类的为主。有些是今本传本《尚书》里有的，像《金縢》；有的是在古书有引文的，像《尹告（诰）》，而《尹至》就从来没有见过。还有是在《逸周书》里面有的，叫《程寤》《皇门》《祭公》这一类；当然还有一些其他的也是很像，或者跟《尚书》有关的，像《保训》《耆夜》这一类，这是第一辑的主要内容。第一辑我们另外发表了一个我们觉得特别重要、应该赶快把它发表出来的《楚居》。《楚居》的名字是我们起的，原来是没有名字的，我们就想着它比较接近于《世本》的《居篇》，所以我们讲楚国的就叫《楚居》。这一篇是讲楚国整个的世系，以及一直到战国时期它的都邑的所在位置，还有名称。因为是研究楚国文化、楚国历史以及整个先秦史的人都特别关心的，所以我们把它提前整理出来，在第一辑里面发表了，还是得到了大家的充分注意。这是第一辑的内容。

第二辑就很简单了，就是一篇，我们给起名叫《系年》。因为这是一篇史书，《系年》这个史书体例和《竹书纪年》比较接近，和西晋初年晋武帝的时候汲冢出土的比较接近。为什么叫《系年》呢？因为它里面有一些年号，当然不是指所有年号。我个人认为《系年》应该从两方面看它的重要性。第一方面就是《系年》它本身就是从来没看见过的史书，它的时代范围是从周武王伐纣开始，一直下来，到战国前期，估计它的著作时间是在战国中期的前段，基本上就是这样。这样的一部史书我们过去是从来预料不到的，因为它比《纪年》还早，大家知道《纪年》一般认为是魏襄王二十年以后的，已经到战国晚期了，我们这个比它早了几十年，而且它的体例跟一些内容的某些地方与《纪年》比较相像。我个人认为，对于了解《纪年》到底是个什么样的书，因为古本《纪年》今天已经没有全本了，那么究竟《纪年》是个什么样的书，我觉得给我们一些新的启示，这问题在这里就不讨论了，我只是很简单地说一下。

第三辑里面我们还有些《尚书》的东西，比如像《说命》三篇，原来三篇上都写着《傅说之命》，因为这个和百篇《书序》里说的《说命》正好一样，都是三篇，而且古书里面《说命》的一些引文，我们这里边大部分都有，而且和传世的伪古文《尚书》又完全不一样。这个比较引起大家的注意，有很多人在讨论。这是关于《说命》的内容。另外还有关于《诗》的，像在座的李守奎教授、赵平安教授整理的《周公之琴舞》《芮良夫毖》，这都是很重要的。我特别要说，《芮良夫毖》特别有意思。《芮良夫毖》明显说是芮良夫作的，大家知道芮良夫是西周晚期的一个贤臣，《诗经·大雅》里面《桑柔》就是他作的，我们这个比《桑柔》长多了。而且《芮良夫毖》我数了数大概有185句，如果认为它是一整篇的话，就是所有的先秦的诗里最长的，没有比它更长的，它有185句之长。《周公之琴舞》讲周公跟成王的对称，它里面有一篇是《敬之》，所以它整个的体例是和《周颂》一致的，所以这些都是很宝贵的一些材料。其他的当然还有一些，比如像关于伊尹的，《赤鹄之集汤之屋》这样一篇，这个问题我在这儿不详细讲了，因为待会儿我们介绍第五辑的时候，还要谈到伊尹。

到第四辑我们还有一些跟《易经》有关的东西，我们发表了《筮法》，发表了《别卦》。《筮法》我认为最重要的有两点，一点说起来是它和《归藏》的关系，我个人是念《归藏（cáng）》的，有人强调说要念《归藏（zàng）》，我个人不太赞成这个说法，这个我说明一下。跟《归藏》有关系，因为它的卦名和《归藏》是最接近的。再有一点，它解决了，或者说为解决、为进一步地了解这个所谓数字卦的问题，提供了很重要的材料。当然我们还有一个《别卦》，里头有六十四卦的名称。关于《易》这方面，2014 年 12 月的时候我们还可能在山东专门开一个会，讨论以《筮法》为内容的《易》一类的这些简的内容。另外还有一个很重要的内容，我们第四辑发表了一个《算表》，我们叫《算表》。最初我们给起名字叫《数表》，后来那些数学史专家说："你这说法不对，因为《数表》光是看数的，这个东西是可以计算的，所以叫《算表》。"我们接受数学史方面专家，比如中国科学院的李文俊先生的这个意见。这个《算表》我倒是要特别说一下，最近出版以后，我越想越觉得它不像一般的简，因为这个简上头有一支简是带穿孔的，而且上头有丝绳，丝绳的痕迹现在还在那里。它用绳拉来拉去可以实际的计算，它是个计算器，一般的简不包括这个内容，没有这个功能。它为什么有这个功能？而且简的样子、宽度等也和一般的简不一样，所以这是很特殊的一个东西，希望大家能够继续研究。

基本上情况就是这样，我们从 2009 年的工作开始，从 2010 年年底开始出版整理报告，我要向大家说明，为什么我们一定管它叫作整理报告，我们不是发掘报告，因为我们没有发掘，我们做的是整理工作，是一个整理的报告。整理报告的目的是给进一步的研究提供一个尽可能好的基础，这就是我们工作的目的。我们目前所做的所有工作，应该说只是研究的一个初步，不是深入的研究，因为深入的研究哪儿有那么快的。我常常说：不管你《诗》《书》哪篇也罢，传世本的《尚书》《诗经》都已经传了两千多年了，到现在还是争论不休，我们哪儿有那个本事一看见就都懂，我们不可能懂，很多地方都不懂，很多地方我们一定有错。可是我们的目的最主要的是给大家提供一个研究的基础，研究的材料。我想对这一点，我们应该有充分的自知之明吧。

下面我们就谈今天的主要内容，我们现在的工作是第五辑，这个工作实际上从去年的下半年已经着手了。本来按照规定我们和出版社的流程的安排，是应该在今年，就是 2014 年年底正式出版。这本来是完全可以做到的，可是我想大家能够理解，特别是大学的先生们都知道，今年上半年我们做了一件事，包括咱们首师大也在内，就是 2011 年的协同创新中心的申请认定。这个事确实是需要做很多的工作，申报的材料，还有一系列的工作。不管是社科院的，还是首师大的，各位老师都参加了这个工作，给予了我们很多支持，我们一起合作，现在通过了审查，这个工作占去了时间。

同时我们也考虑到了一个情况，就是第五辑的内容也非常之困难，我们不能够降低质量，不能潦潦草草就把它拿出去，这个不行。同时上海的中西书局过去也多次地跟我们说过，我们每次都是在年底或年初开首发式的会，这个时间不是很方便。同时我们请在座的各位学者包括各位专家或一些同学来开会，那个时间也不好，因为我们常常搁在 1 月 4 号或 1 月 5 号这样一个时间，也有种种不便之处。根据实际情况、日程安排来说，我们第五辑的工作恐怕要到 2015 年的春节前后，我们才能够把它拿出来。我想以后的话我们就按照这个流程来做，这个流程对于出版，对于我们准备、筹备的这些工作上方便一点儿，基本情况就是这样，这个向大家说明一下。我们这个问题也向清华的领导做了汇报，得到了批准。那就是要比往年推迟两三个月。2015 年的春节在 2 月，大概在春节以后我们就可以请大家来指教我们的第五辑了。那下面我们就来简单地介绍一下第五辑的内容。

第五辑的内容有的还是《尚书》或者是类似于《尚书》的这样的材料，所以我们放在最前面。第一个我们要收入的材料是一篇看起来非常古奥的一篇《尚书》，这篇《尚书》叫《厚父》。《厚父》这个名字是原标题。当然大家看了之后感觉非常生，因为什么地方你也找不着这么一个题目，它原来的标题就是这样，就叫作《厚父》。《厚父》这个简完全是一个非常典型的《尚书》的体裁。这个简一共是 13 支，这 13 支简是有序号的，所以没有一个编连错误的可能。可是最遗憾的就是第一支的上部有缺损，下部也坏了一些，上下都有一些缺损。最糟糕的是第一支开头缺了四个字，所以那个地方不完全了，可是这个简的一开头有一句话，开始读这句话的时候，我就觉得它特别像《尚书·序》。这句话是怎么样呢？——"××××王监劼绩，问前文人之恭明德"。前头缺了四个字，我们写四个×字，然后他说"王监劼绩"，"劼"字写得就是一个"吉"字，一个"力"字，大家知道有这个字吧？我就是写释文了，不是每个字都是原来的字。"问前文人之恭明德"，我就按照释文的写法，原来这个字是写成从"龙"的（指"恭"字）。"××××王监劼绩"，然后"问前文人之恭明德"。这句话就像《书序》，内容就是王和厚父之间的问答，问答里头确实谈到了过去的人，所以是"前文人"。"前文人"大家都知道，在金文里是常见的一个词，问"前文人"之"德"是怎么样的。这个地方是怎么回事呢？一个"吉"、一个"力"字，我说实在的，赵平安老师很早就把这个字念成"嘉"，"嘉绩"这个词见于《尚书·盘庚》，是很好的，马楠也是这个意见。当时我不太相信，因为这个字是训为"慎"，古书本来有这个字，就是"谨慎"的"慎"的意思，"慎绩"也很通。可是后来我才发现我自己写的文章里过去讲过这个事，我自己把它忘了，我写的关于戎生编钟的小文里头，就是这样的。戎生编钟里头有一个"劫遭卤责（积）"，讲的是运盐。晋姜鼎和戎生编钟是同时的，晋姜鼎里边是"嘉遭"，所以这个字实际上是"嘉"字的一个简写方法，所以"嘉绩"应该是不会错的。这篇里面的主要内容就是王和厚父之间的谈话，而王说话的时候，开始也是用"王若曰"："王这样说"。"王若曰"，清人研究《尚书》已经指出来，它是史官记录的一种口气：王这样说，史官这样记录。这篇东西究竟是什么时代的东西？内容里并不能给我们明确的证明，因为这篇里面讲的所谓"前文人"，主要是夏朝的，讲的都是夏朝的事，里头没有提到商代的任何事，至少没有明文的标志来说明它是商代的。所以我们把这篇排出来开始进行整理的时候，对它究竟是《商书》还是《周书》产生了疑问。不过这篇有一个好处，因为里面有一段话跟《孟子》里面引的《书》是非常有关联的。大家知道《孟子·梁惠王下》篇里有一段话："《书》曰：天降下民，作之君，作之师，惟曰其助上帝宠之。四方有罪无罪惟我在，天下曷敢有越厥志……此武王之勇也。"这是周武王之勇，跟梁惠王讨论"勇"时孟子引的这段话。首先我们说明，在《孟子》里头讲的是"《书》曰"，他说："天降下民，作之君，作之师，惟曰其助上帝宠之。"（下面那些话简里没有的我就不说了，我们就说这句话。）咱们中国人从宋代以来人人读四书，当时的知识分子没有人不读《孟子》的，可是谁也不懂怎么会说"上帝宠之"。作《孟子》的注的人，这"宠"字他从来讲不明白，有好多种解释，但没有一个能说得很通。我们的这个简里头有这话，"古天降下民，執（设）万邦，作之君，作之师，其勤（助）上帝嗣下民"，是这样的，黄（天树）老师最了解这个字了，专门讲过这就是个"助"字。这个字在这儿确实是个"助"字。现在我们说，不管我们对这字从形音义上怎么解释，它就是个"助"字。现在从我们简里头看，它就是"帮助"的"助"，"其助上帝"。"嗣"读为"乱"，"乱"字训为"治"，"治下民"。你看这个"助"字在这里，而且"古天降下民"，这儿也是"天降下民"。当然，《孟子》所见的传本可能不一样，我个人认为，不是两篇不同的东西，而是这一篇，应该说它就是从这一篇来的。其他的我们的简里头见的一些古书每每也是如此，有一些异文，所以就是这样。这个论证怎么样，关于这个问题还可以进一步有很多想法和讨论，这是没有问题的。可是《孟子》说这是《书》，他说"《书》曰"，那么我们可以说这个《厚父》应该是《书》里的一篇，可是这一篇，如果你在百篇《书序》里面去查，或者是其他的引文里面，都找不到，那么可能《尚书》是有不同传本的，是有各种不同的内容的。因为不可能说这是《书序》里哪一篇，或者是什么地方引的哪一篇。可是从《孟子》这里面我们会得到一个推论，因为《孟子》说这是"武王之勇"，如果我们相信《孟子》的话，它应该是周武王时代的东西。这样的话我们看简里一些话的有些地方就比较容易懂了，因为这个简的最后一部分讲的是酒禁，禁止酗酒的，这个跟《酒诰》一样。大家知道酒禁不但见于《尚书·酒诰》，而且见于金文的大盂鼎。不过无论如何，奇怪的就是整篇里面没有讲到商代的一点儿事。它讲夏朝讲得很多，关于夏朝是怎么讲的呢？它讲了几个部分，所谓"前文人之恭明德"，讲的前文人怎么怎么样。第一部分是从夏禹讲起的，禹的这部分正好是刚才说的，第一支简下面缺了几个字，所以就是"……禹……川，乃降之民，建夏邦……"这段话"禹……"后有个"川"字，这就使我们想到大禹主名山大川的这个事，西周时候的遂公盨一开头就是"天命禹敷土，随山浚川"，原来这个简上的话一定也跟那个差不多，也是这样的话。而且遂公盨的铭文里头有"降民监德"，也有"降民"这个词，基本一样，都是西周时候关于夏禹的传说。讲完禹讲启，讲完启了讲皋陶，它说皋陶是禹的卿事，这个说法跟现在的《尚书》不太一样。天把皋陶降下来，作为启的卿事，启的宰相，它是这么样一种关系。这篇里面后面的部分，我个人理解（可能跟别的老师不太一样）里面后来讲有三后，三后我想就是禹、启和皋陶。讲禹、讲启，是夏朝的开始，然后它讲夏的历代的哲王，能够恭敬天命，能够爱护人民，所以夏朝延续下来。而且讲到了后世的那些卿，都是怎么怎么样的。最后讲到坏的王，应该指的就是夏桀，它说最后那个坏的王"遏失其命，弗用先哲王孔甲之典刑，颠覆厥德，沉湎于非彝，天乃弗若，乃坠厥命，亡厥邦"。这个讲的一定就是夏桀了，可是这里面讲了夏王孔甲，大家知道孔甲，在咱们现在看的古书里头孔甲是很坏的一个人，所以说"孔甲乱夏，四世而陨"，这是《国语》里面讲的。而在《厚父》里面说孔甲是好的，就跟现在一般我们见的史书不一样。孔甲就是养龙吃的那个，孔甲那个龙就是扬子鳄，我有一个中学同学是国际两栖动物学会的理事，中科院的，他专门研究扬子鳄。我觉得这篇里面最重要的一个观点、一个思想，是这里面提出来民心的关系，因为它里面有一句话说："民心惟本，厥作惟叶。"它和其他的《周书》一样，把天命跟民心联系起来，它说天命是不容易了解的，那怎么办呢？就得看民心了。这个是《周书》里面常见的一个基本思想。"民心惟本"，就好像一棵树的根茎一样，民心是基本的，我认为"作"可以训为"行"，古书里"作"字常常是训为"行"，因为他做什么事都是根据他的心来的。而这民心应该由"司民"来启之，由"司民"来启发他，他用了一个词叫"司民"，这个不是《周礼》的"司民"，《周礼》的"司民"是很小的一个官。"司民"在这里说的就是一般的官员。然后他是讲了民心里面实际上有一种德性，而关于这个德性方面，它特别做了一些很详细的解释，他说"宣淑厥心"，"宣"是"启发"，"淑"是"改善"，宣淑老百姓的心，使内心怎么样呢？"若山厥高，若水厥渊"，"厥"就是"之"，就好像山一样那么高，水一样那么深，"如玉之在石，如丹之在朱"，就好像石头里有玉，朱是朱砂，朱砂矿里面有红的颜色一样。这些本来是在心里的，可是加以启发之后，这个德就会出来，我认为这种思想跟《孟子》"性善论"非常之相似，因为《孟子》性善论就认为，人都有天生的善性，问题是在于怎么通过学习来启发他。在这一点上非常类似，非常有哲学意义。这篇无疑是一篇非常好的《书》，将来发表之后，希望大家能给我们批评指教。

第二篇，还是一个非常像《尚书》的，叫《封许之命》。大家知道《尚书》里面按百篇《书序》，"命"是很多的，可是从今本流传的28篇或者说29篇的《尚书》来说，就剩一个《文侯之命》了，那些主要的"命"都没有，所以《尚书》的"命"这一体究竟是什么样子，我们知道得很少。当然现在我们有《说命》即《傅说之命》，那么这个是《封许之命》，封许国的命，这一篇的来源也一定是非常古的。我们论证这篇是非常古的一个很明显的特点，就是这一篇里面是在我们的竹简上或者说是比较晚的一些古文字材料里面，唯一的把"文王""武王"写成合文的。它就跟大盂鼎、利簋等的一样，文王写成"玟"，武王写成"珷"。这种写法在现在我们看到的材料里头，除了刚才说的利簋、大盂鼎等那几篇金文以外，没有看见过。现在我们知道，类似的写法穆王以后大概就没有了。因为穆王时候还有一个昭王的昭字写成"王"字和"昭"字写在一块的（鲜簋）。《封许之命》的内容就是封许国的诰命。《封许之命》比较短，原来一共有九支，很不幸的是这个简缺了第一支和第四支，现在只有七支。可是这不太妨碍大体，因为这个简一开头就和一般金文一样，还是讲文王时候怎么样，你怎么样；

武王时候怎么样，你怎么样，大家知道金文的册命基本都是这个样子。被封的这个人名字叫吕丁。吕是吕氏，名字叫丁。我们看这个很容易对比的就是吕尚，吕尚可以叫作师尚父，或者是吕尚父，我们清华简的《耆夜》里面把"尚"字写成"上"，吕丁和吕尚一定是同样族氏的一个人，这个完全合古书，因为古书里讲的许国和齐国一样，都是姜姓的国家。封许这件事情古书里是有的，见于许慎的《说文·序》。《说文·序》里说："吕叔作藩，俾侯于许。"在《左传·隐公十一年》正义引了杜预的《春秋氏族谱》，他说："与齐同姓"，"武王封其苗裔文叔于许"，按照杜预的说法，这个许叔是周武王时候封的。不过我们这个《封许之命》出现之后，大家就会看到他不是武王时候封的，他在文王武王时候都是做朝臣的，他封的时候恐怕是在成王的时候，因为他也不可能活太长，活到康王时候再封。这个吕丁就是吕叔。特别有意思的是，简中说吕丁这个人在文王时候是"司明刑"的，这就使我们很容易想到《尚书》里面穆王的时候有《吕刑》，也是由吕氏来管，"惟吕命，王享国百年"。他也是司明刑的，所以吕丁跟明刑的关系这点很重要。那么封许是怎么封的呢？就说让他封于许，看起来许那个地方是现成的，就让他去就完了，没有很详细的说法，不像《左传》里讲的封卫国、鲁国等讲得那么详细，没有这个内容。可是赐的东西是很明确的，比如说赐的有路车，大家知道"路车乘马"，在《诗经》里封申国的时候也是这样。他这里面也是有路车，有四匹马，所以是路车乘马，跟那个是完全一样，所以封一个诸侯，那个礼节从周初一直到西周晚期应该是差不多。最有意思的就是它不但有一些像玉器、鬯酒等这些东西，他还送给他一套东西，这是赠的，赠是送行的礼物，赠送的东西是一套"薦彝"，薦是祭祀，"薦彝"就是祭祀的彝器。包括一大批东西，名称很多，比如鼎、簋、盘、鑑，这些我们能懂，还有一些，当然我们可以提出一种猜测来，可是实际上不懂，我想这个也很明白，周初的时候很多的器物我们并不见得了解，有一些器物也没有自名，究竟是什么我们不太清楚。有一大堆东西，我想基本上就可以和最近的一些考古发现相对照，不管是陕西的宝鸡（前一阵出土周初的青铜器），还是湖北随州出土的西周墓葬，里头都有大量的各方面来的一些青铜器，族名都不一样。那些东西可能就是像这样的赠送的一些东西。这些"薦彝"的意思，将来大家还可以进一步研究。

第五辑里面还有一篇，我就简单地说一说，因为这个大家都很熟悉，就是《逸周书》的《命训》。《逸周书》开始有三篇叫作"训"，这是第二篇,叫作《命训》。《命训》就是《逸周书》的那一篇,我们可以一字一句地去对照,这是没有错的,《命训》就是这样。但通过这个我们会认识好多字,也可以校正传世本子里面的一些错误,这个至少给我们证明了在这时候《命训》这一篇已经很流行,而且是经典性的东西了。我们过去说,《命训》这一篇以及其他的一些篇是《逸周书》里的一组文章,那组文章中有些在《左传》里面,在《战国策》里面,春秋时代的人已经引用了。如果我们相信这些古书的话,春秋时代已经有了,这个《命训》也可能是其中的一篇。

还有两篇,都是属于《伊尹》这一类的。古书里面有一套书是关于伊尹的,商汤时候的伊尹。在《汉书·艺文志》里面,《伊尹》有两个部分,一部分是在道家,道家的一开始就是《伊尹》,还有一部分是在小说家,那是《伊尹说》,都有几十篇之多。马王堆帛书里面有个《九主》,那个也是《伊尹》,我们这里也有这方面的内容。这两篇叫作《汤处于汤丘》和《汤在啻门》,"汤"字都是写成"唐"。两篇都是带有思想性的内容,前面那一篇和《墨子·贵义》有关,看起来跟《贵义》里面讲的一个传说是有联系的,我们看它的时代也不会太晚,这里面就涉及所谓伊尹以五味说汤。特别是后面《汤在啻门》这一篇,它从五味开始,一直讲到人的十月怀胎的发展,五味之气怎么形成人的,然后又讲了很多政治方面的概念,这一方面都有待以后仔细的研究,今天没法介绍,因为那个太复杂了,大家有兴趣可以请教李守奎教授,他整理的,他有很多很好的看法。

最后我再介绍一下最后一篇,叫作《高宗问于三寿》,高宗就是殷高宗武丁。什么叫《高宗问于三寿》?殷高宗是武丁是没有问题的,三寿就是三个老人,有小寿、中寿,还有一个老的就是彭祖,那么这篇实际上属于彭祖这一类。它里面不涉及方技,也不涉及医药,跟我们想象的汉代人讲的彭祖没有什么关系,而是讲一些政治概念。政治概念非常奇怪,包含了很多的范畴,这一篇特别难读,它是韵文,而且字都非常之奇怪,特别难读。大家知道我们在第三辑的时候就想收这一篇,当时已经初步整理出来了,可是觉得整理得不够成熟,所以就把它抽换下来了。现在我们最后还是不懂就不懂吧,拿出来请大家再仔细研究。因为它里面讲的思想,恐怕跟现在我们理解的当时学术史上各家都不一样,比如说里面谈到好多概念,祥、义、德、音、仁、圣、智、利、信,里面像仁、德,看起来我们觉得很容易理解,可是它讲的仁和德跟我们一般理解的仁和德并不一样,所以很难拿现有的我们对于儒道等九家、十家的这些观念去套。不过要从我们作古史的人来看，它倒给我们一个很有意思（的东西），它一开头就说："高宗观于洹水之上。"大家知道这个字中间这部分就是《说文》那个"邅"字的省写，所以它可以跟"洹"字通假。这个"洄水"就是洹水，殷高宗在殷墟这个地方，它是最早的一个记载，这倒是过去我们想象不到的一个内容。

我想我已经把第五辑的一些基本内容给大家报告了，因为时间原因以及我个人能力的限制，也不能再详细了。不过反正第五辑在几个月之内就可以出版，我们还是希望能够提供给大家一些研究的基础材料。我说的这些一定有很多不太适合的地方，不过好在我们清华的多数参与者今天都在这儿，大家有什么问题可以问他们，他们会比我讲得更好。谢谢大家。

（整理者：吴盛亚、张芃）

时间：**2014 年 11 月 2 日** （周日）**9：40~11：40**
地点：首都师范大学北一区文科楼 **603**（文学院学术报告厅）

主讲人简介

沈钟伟　男，上海人。复旦大学中文系语言专业学士，美国加利福尼亚州州立大学伯克利分校语言学硕士，语言学博士。师从王士元教授。博士论文 *The Dynamic Process of Sound Change*（《音变的动态过程》）被评为出色论文（passed with distinction）。现任美国马萨诸塞州州立大学阿默斯特校区语言文学和文化系教授。美国纪念李方桂先生中国语言学研究学会执行委员会委员、执行秘书长。美国 *Journal of Chinese Linguistics*（《中国语言学报》）副主编，*Bulletin of Chinese Linguistics*（《中国语言学集刊》）主编。

学术专长：音变理论、语音学、动态语言学、官话起源。

主要科研成果：语音变化的机制和数学模型，汉语官话的早期历史（根据古代民族文字，契丹文字、女真文字、八思巴字、波斯文字中的汉语转写），汉语标准语历史，吴语浊音的发音机制。

横向传递和方言形成

沈钟伟

我们今天来探讨汉语发展中的一个基本问题：汉语方言形成的机制。

我们从现代方言分布、汉族发展历史、人的语言能力等方面的分析，对汉语方言形成提出新的解释。"不识庐山真面目，只缘身在此山中"。语言是人的语言，语言变化与人在时间和空间中的活动有关。汉语方言的形成也就是汉民族在不同的历史阶段（时间）、在不同的地理范围（空间）活动造成的结果。汉族发展的历史是汉族和非汉民族不断融合的过程。要更加全面正确了解汉语方言历史，研究就必须和其他中国境内其他语言的知识以及有关学科的知识结合起来。

语言变化的原因可以分成来自语言内部的"纵向传递"和来自语言外部的"横向传递"。汉语方言的历史形成的事实和语言内部发展理论的"纵向传递"观点完全不合。学者们都已经明确指出方言形成和非汉语影响，即"横向传递"有关（潘悟云，2004；陈保亚，2005；沈钟伟，2007）。通过进一步综合分析，我们试图说明汉语方言形成不但不是"纵向传递"的结果，也不是"纵向－横向传递"的综合结果，而是"横向传递"的结果。

一　汉语方言的区域特征

汉语地域方言是汉语的地域变体。如果把视线移到非汉语言上，就会发现汉语方言都和地域相近的非汉语言有不可否认的相似之处。以下用个简单的方式大致说明一下区域特征。方言分类研究中有一个中古音类经常为学者使用，即辅音韵尾的反映形式。中古汉语的辅音韵尾有两类，一类是鼻音，另一类是塞音。中古鼻韵尾类型的区域性分布大致如表1。

表 1

中古	官	吴	徽	赣	湘	闽	客	粤	平
－ m	－ n	－ N	－ N	－ n	－ N	－ N	－ m	－ m	－ m
－ n	－ n	－ N	－ N	－ n	－ N	－ N	－ n	－ n	－ n
－ ŋ	－ N	－ N	－ ŋ	－ N	－ N	－ ŋ	－ ŋ	－ ŋ	
类型	A	B	B	B	B	B	C	C	C

表中的 － N 表示鼻音韵尾没有音位性对立。不少方言记录中都有鼻音韵尾 － n 和 － ŋ 的记录。这两个不同的鼻音韵尾通常是不同元音后的条件变体（沈钟伟，2007）。早期闽语没有鼻韵尾的对立。现代闽南语的文读系统中有鼻韵尾 － m，－ n，－ ŋ，这是在闽语形成之后受标准语影响产生的一个后起层次（沈钟伟，2007）。这些相似性出现在地域相近的不同语言和不同方言中。由于这样的区域性特征使各方言和语言独立发展可能不大，就需

要对此做出合理的解释，促使我们重新思考汉语方言形成的原因。有些特殊语音现象特别令人注目，如果不从语言接触角度理解，无法解释。

（一）粤语、平话和壮语

现代粤语、平话和现代壮语在广东和广西地域上相邻接。在音系特征上和壮语又很相似。这些共有特征可以分成两类：其一，汉语历史上不存在的；其二，汉语历史存在过的。这两类和壮语共有的特征中，第一类必然是从壮语传到汉语中来的。通过对第一类特征的确认，也可以对第二类的特征做出更合理的解释。第二类特征的存在，可能是由于壮语而得到保存甚至强化。以下举例说明。

在第一类特征中有中古入声有阴调和阳调之分，阴调和阳调又按照元音的长短分出不同的声调。在中古平上去入四声各分阴阳之外，入声还进一步分调。粤语标准方言广州话有九个声调。阴入二分，入声有三个声调。在不少粤语和平话方言入声调还有四分的（林海伦、林亦，2009）。

表 2

	阴入		阳入	
	短元音	长元音	短元音	长元音
广州白话	5	33	2/22	
广西玉林白话	4	3	2	1
南宁石埠平话	3	24	2	5
武鸣壮语	5	24	3	42

和以上入声声调有关的是音系中的长短元音区别。在壮语中长短元音有系统性区别。

武鸣　长元音　i:　u:　ɯ:　－　o:　a:

　　　短元音　i　u　ɯ　e　o　a　　　（韦、覃，1980）

在粤语和平话的元音也存在长短区别，但是由于在元音音色上的区别，长短在音系描写中有时并不作为区别特征在音系中作区分。壮语短元音在音质上都有央化，这和粤语元音所描写的音质一致。以下以广州话为例。

广州　长元音　i:　y:　u:　ɛ:　œ:　ɔ:　ɑ:

　　　短元音　ɪ　　ʊ　e　θ　o　ɐ　　　（张洪年，1972）

两个语言共有的特征越特殊，越能证明不是单独发展所产生的平行现象。如果这些特殊特征不是从汉语传入壮语，那就必然是从壮语传入汉语。需要强调的是，不能把粤语和平话中的壮语特征当作一种共时现象来认识。即在现代汉语方言和现代壮语间接触中出现的。这些在大方言区中普遍存在的特征应该在粤语和平话形成的初期就出现了。

在粤语和南部平话中，中古音系的韵尾系统 - p，- t，- k，- m，- n，- ŋ，有完整的保存。这是汉语大方言中相当突出的一个特点。根据上述几个特征的分析观察，也有理由说中古韵尾系统有如此完整的保留，是和壮语有关的，不但没有弱化消失，反而得到增强了。这种"存古"现象经常造成这些方言更为"古老"的错觉。

（二） 吴语、湘语和苗语

汉语中部方言主要是吴语、湘语和赣语。吴语和湘语有相当多的共有特征（陈立中，2004）。吴语和湘语虽然现代在地域上不相连接，但是中间的赣语是唐朝以后大规模移民形成的（这方面有很多讨论，不作赘述）。因此，这些吴湘共有特征不是各自的独立发展，而是在赣客方言出现之前就存在。在现在的吴、赣、湘方言区域，古代存在过一个地域上相连接的方言。

在讨论语言接触时，以前的讨论集中于北方的阿尔泰语影响和南方的壮侗语影响，并不注重汉语中部方言和苗语之间的相似性。然而，吴语、湘语、闽语和苗语之间存在明显的相似性。当然，现代苗语和影响过汉语中部方言的古代语言关系并不明确，讨论中部汉语方言和苗语的关系也就有了更多假设的成分。然而假设是促进研究过程中必不可少的，可以促使方言研究做出新的探索。

在吴语和湘语的共同特征中，有一条是中古音系的塞音韵尾的极度弱化，失去对立，这条特征在相邻的闽语，江淮官话中也存在（沈钟伟，2007）。

表 3

	立	栗	力	林	邻	零
中古音系	- p	- t	- k	- m	- n	-
苏州吴语	liɪʔ	liɪʔ	liɪʔ	lin	lin	lin
长沙湘语	li	li	li	lin	lin	lin
福州闽语	liʔ	liʔ	liʔ	liŋ	liŋ	liŋ
扬州官话	lieʔ	lieʔ	lieʔ	liŋ	liŋ	liŋ

韵尾的塞音的对立完全消失，鼻音韵尾的对立也完全消失。这和苗语中音节中塞音韵尾弱化的情况一致。苗语各个方言中，韵尾辅音基本都没有发音部位上的对立。以下是三个苗语语支的韵母系统（根据王辅世，1985，稍作调整，不列汉语借词专用的韵母）。

湘西腊乙坪苗语　　i e ɛ a ɑ ɔ u ɯ ə ei ẽ ã õ

黔东养蒿苗语　　　i ɛ a u ə o ei en ɑŋ oŋ

川黔滇大南山苗语　i e a ɑ o u ai au ou ua en ɑŋ oŋ

在这个地区内，不论是什么方言都存在一种自成音节的鼻辅音（Shen，2006）。一个鼻辅音可以单独构成一个音节。在方言报告中，这个自成音节的鼻音一般列在韵母表中，作为一种特殊的韵母。然而其来源却是声母，是鼻音声母单独成音节。

如"亩、你（尔）、五"等字在苏州吴语中都是自成音节鼻音的"m，n，ŋ"（为了简便，鼻辅音不标成音节辅音的音标符号）。这些字的中古声母是相应比辅音声母的明母 m-，日母 ɲ-，和疑母 ŋ-。

以下是有关方言中一些例子。

崇明吴语：姆 m，你 n，我 ŋ；　　　黄岩吴语：亩 m，你 n，五 ŋ；

双峰湘语：姆 m，你 n；　　　　　　长沙湘语：姆 m，你 n；

南昌赣语：姆 m，你 n，五 ŋ；　　　休宁徽语：母 m，尔 n；

海门官话：姆 m，吴 n，我 ŋ；　　　武汉官话：姆 m，你 n。

这个特征在苗语中也存在。

比如，腊乙评苗语：你 m；　　　　　小章苗语：坐 n，鸭子 ŋ。

在吴语和湘语中还有一些较为特殊的语音特征也和苗语有关。都有所谓"清音浊流"辅音声母。对于吴语的"清音浊流"性质，从赵元任开始就引起了学者们的特别关注，对其发音机制也有了相当深入的研究。这种特殊的"浊流"发声方法（phonation type）在苗语中也存在。由于苗语和汉语方言音系的不同描写方式，两者之间的相似性容易被忽视（沈钟伟，2007）。在低调中出现的塞音、塞擦音和擦音在汉语方言用浊辅音音标 b，d，g，ʥ，ʑ 记录，在苗语中则记为相应的清辅音 p，t，k，ʦ，ʨ，其实是一种相同的语音现象。

这个地区内还有不少的跨语言的区域特征，其中最为显著的是音系中的变调系统（tone sandhi）。Ballard（1985：75）指出了吴语和苗语在变调语言上的相似性，认为吴语的变调是苗语类的语言在深度汉化后保存下来的，而不是吴语自身产生的。

还值得一提的是吴语和湘语的元音系统。和其他大方言不同，这两个方言元音的舌位高低都可以有四度区别。而官话只有三度区别（袁家骅，2001）。这种四度区别在苗语中也普遍存在（王辅世，1985；李云兵，2000）。

以上展示的就是语言地理分布的"区域特征"。但是"区域特征"概念本身只是对语言现象的描写，并不是一种解释。中国境内的语言历史分布和现代分布有大致上的关系，但绝不会等同。现代多种苗瑶、壮侗语族语言的分布是历史上从中原和东南地区被迫向西南山地迁徙，并在地域面积上逐渐压缩的结果。我们可以推测"区域特征"可能是古代语言的特征。这些特征在汉语进入之前就已经存在。现代方言是继承了这些非汉语特征。

在历史上，各主要语系的语言的分布也会交叉错综，不会简单地以地域分界，历史发展中的语言接触也必然相当复杂。这样，在一个现代汉语方言中存在不同非汉语言的特征，或者一个非汉语言特征出现在不同地域的汉语方言中，从历史发展来说，都是相当自然的。以下是明显的跨方言，而且跨语言的特征。

在汉语中部和南部方言中有内爆音（implosive stop），ɓ ɗ（ʔbʔd），存在，和方言中的 p- 和 t- 声母相对应。属于吴语的上海郊区方言及市区老派方言、浙江南部的庆元、景宁、青田、仙居、缙云、永康方言，属于粤语的广东西部、广西东部大部分方言，属于闽语的海南岛方言，都有发现（陈忠敏，1995）。

（三）北方官话和阿尔泰语

与各南方方言相比，官话音系特征显得更接近与其相邻的阿尔泰语言。北方汉语有几个创新的语音特征。

其一，声调调类少，一般是四个，如北京、沈阳、济南、郑州、西安、兰州，有的只有三个声调。是汉语大方言区中最少的。声调减少和无声调与阿尔泰语的影响有关。

其二，塞音和塞擦音声母二分。在官话音系中，塞音和塞擦音声母都只有不带音不送气和不带音送气两类。阿尔泰语的塞音和塞擦音二分。例如，在蒙古语中，塞音和塞擦音有送气和不送气两类。北京话中的不带音不送气的声母在发音上都比较松（Norman，1988：139），与蒙古语的松音相似。

其三，儿化韵。儿化韵的主要机制是在韵母的主要元音后添加 - r 韵尾或，用 - r 替换主要元音后的韵尾。即：

$$V \rightarrow Vr, \qquad 如： \qquad 红花儿 hong huar [xuaɪ]；或$$

$$VE \rightarrow Vr, \qquad 如： \qquad 乖乖儿 guai guair [kuaɪ]，$$

$$县官儿 xian guanr [kuaɪ]$$

儿化韵在音节结构上的实际表现是辅音 - r 可以在韵尾位置上出现。这个音系特征显然不是汉语本有的，然而 Vr 语音结构在阿尔泰语中常见，如蒙古语：gər 蒙古包，gar 手，ur 种子，nar 太阳。这些语音特征都显示了趋向阿尔泰语的变化。阿尔泰语在语法和词汇上的影响也有明显的表现。

北方汉语的发展模式和南方汉语不尽相似。中华民族起源于黄河流域，在中国历史中的诸国也都基本都在长江淮河以北地区。中国的"标准语"都是在北方建立和发展的。在北方标准语影响其他地区时，其基础方言也不断更替。国都方言和标准语关系密切。在历史上国都的地理位置大致是从关中地区（咸阳、长安），往东到中原地区（洛阳、开封），再往北到幽燕地区（大都、北京）。601 年的《切韵》和 1324 年的《中原音韵》分别是以中原方言和幽燕方言为基础的记录。两者之间不但有时间差别，还有地域差别。幽燕方言历史悠久，可以毫无疑问地追溯到辽代（沈钟伟，2007）。早在 1000 年前，北方官话的基本特征已经建立。

从《切韵》到辽代 400 年左右，从辽代到现代 1000 年左右，在这两段时间中发生的语音变化完全不成比例。从《切韵》到辽代的 400 年间，在声母、韵母和声调上都发生了系统性的变化。然而，从辽代到现代的 1000 年间，只是声母或韵尾位置上的个别辅音发生了变化（ŋ - > 0，- m > 0）。音系不均匀的发展速度，无法用语言内部自然发展来解释。既然这样，官话音系的形成是必然受到了外部影响。

传统的从中古音到官话音系的汉语历史发展只是极为简化的表述。其问题是造成了对北方汉语实际发展的误解。因此，对以《切韵》为代表的中古音系和官话音系之间的继承关系应该重新检讨。由于中国北方战乱不停，迁徙频繁，缺乏长期的安定（下一节有更多叙述），因而语言无法进行由内部变化形成自然发展。在中国北方，频繁的外族入侵造成了不同语言的接触，战争造成的人口迁徙更促进了不同方言之间的接触。

尽管北方方言享有"标准语"的显尊地位，但是其形成也是外部影响的结果。

二 中国人文历史略说

语言是人的语言，因人的存在而存在。人的社会历史和语言的发展变化密切相关。在这一点上我们非常赞成 Thomason & Kaufman 在讨论语言干扰（linguistic interference）时提出的一个重要观点："是说话者的社会语言的历史，而不是他们语言的结构，才是语言接触产生语言变化的基本决定要素（it is the sociolinguistic history of the speakers，and not the structure of their language，that is the primary determinant. 1988：35）。"因此研究方言形成必须要考虑中国境内的人文历史。

讨论汉语方言历史多以汉人迁徙为根据。其主要原因是汉语有大量的历史文献记载，其他民族历史都缺乏文字记载。这就形成了一种误觉，认为汉语方言的历史只是汉语在不同的地区发展变化的结果。在这样的观念中，最大的问题是忽略了汉人进入地区中非汉民族和语言的存在。其实汉语方言的形成史是不同地区内汉语和非汉语言不断接触的历史。这种语言外部促成的变化（externally motivated change）在传统历史语言学中没有得到应有的关注（Mufwene，2001：15）。

现代中国的广大地域内，非汉语言在历史上的存在已是不争事实。在华夏文明之前，属于新石器时代晚期（公元前 5000～前 3000）的有辽西地区的红山文化、黄河中游地区的仰韶文化、黄河下游地区的大汶口文化、太湖流域的良渚文化和黄河中下游地区的龙山文化，等等，都有考古研究证明。这些文化的创造者的语言虽然无法断定，但是必然是中国境内包括汉语在内各种语言的来源。现在我们称之为汉语的祖语最多能追溯到殷商时代。最早的甲骨文不表音，其所代表语言的语音特征难以推测决定。

历史文献记录也说明古代南方的非汉人口在汉族进入时，已经相当可观。稍举几个例子。秦始皇二十九年（公元前 226）越人反叛，派遣屠睢、赵陀带兵 50 万（包括以下的数字有可能不是实数）进攻，最终以屠睢被杀，征伐军队几近覆灭告终。再使任嚣、赵陀征战，平定后，谪戍 50 万守卫。东汉光武帝建武二十三年（公元 47），武陵蛮起义，第二年，汉朝武威将军刘尚率兵万余进攻武陵蛮，全军覆灭。次年，马援率 4 万人马，再征武陵。这些军队数字在相当程度上反映了当地非汉民族人数众多。

中国历史上战乱不断，有一两百年的稳定算是相当长了。根据近代语言来观察，一两百年中语言系统能出现的变化有限。在战乱中汉族人口频繁出现大规模缩减和大规模迁移。这在中国移民史上和人口史上都有清楚的记录（葛剑雄，1991，1997）。西晋末北方汉族大量南迁，长江以南会稽等十三郡人口从元始二年（公元 2）的 3662079 人增至永和五年（140）的 7409139 人，130 多年间增长了 100% 以上。唐代安史之乱造成北方人口大规模南迁。荆南（今荆州、常德一带）户口暴增十倍。

中国北方人口也因为战乱多次出现大幅度骤减。东汉永寿三年（157）人口有 6000 万，到了三国鼎立时仅存 2300 万，损失了 60%。唐朝盛世在安史之乱前（755）人口达到 9000 万，唐代后期和五代战乱，到了宋初（960），人口锐减，仅有 3000 万。蒙古灭金国和西夏，北方人口损失 80%。明朝人口曾经突破 2 亿，明末清初天灾人祸，人口降至 1.2 亿，降幅 40%（葛剑雄，1991）。人是语言的载体，这些人口在数量上和地域上的大规模变动都加速了不同语言间和不同方言间的接触。

中国文明史以汉族文化为主。汉族文化就是融合了其他民族文化逐步形成的。这个过程，也必然是一个语言融合的过程。从中国历史来看，在汉语本身形成的初期，中国地域中就有不同语言存在。从夏代开始，汉语就是通过不断的语言接触形成的（陈其光，1996）。一个"纯"的汉语可能从一开始就从未存在过。如此产生的汉语和其他语言的同源关系就必然难以判断。

从大致上来说，在人类历史初期，地域广大，人口稀少。古代人群进入的都是无人居住的语言真空地带。但是到了中国汉族文明产生的初期，语言真空地域已经不复存在。语言发展变化的主要原因必然是语言相互接触的横向传递。

三 印欧历史语言学的研究重点

汉语方言形成问题属于历史语言学研究的范围。自然的想法是从历史语言学中去寻求答案。然而令人相当失望的是，传统历史语言学不重视这个问题，也没有相关的探讨和理论，无法借鉴。历史语言学实际是印欧历史语言学，和 19 世纪历史语言学兴起时的初衷兴趣密切相关。历史语言学的研究目的是探寻印欧语言之间的亲缘关系，其研究方法和理论也为之建立。这样研究有其极大的局限性。

　　整个印欧语言比较研究的兴趣主要是找出语言间的亲缘关系，做出语言谱系图，确定各个语言间的亲疏关系。如现代德语、英语同属西日耳曼语支，西日耳曼语支、北日耳曼语支构成日耳曼语族。日耳曼语族又和波罗的－斯拉夫语族、印度－伊朗、希腊语族、意大利语族、凯尔特语族等构成印欧语系。这种谱系图和生物学和遗传学中的谱系图相类似，一般称之为"树状图（一种树根朝上的树图）"。

```
    A
   / \
  C   B
```

　　在具体操作上，这样的谱系关系的确认是通过辨识同源词（cognate，在语音和语义都相同或相似，但是不是借用的，有共同来源的词），找出语音对应（sound correspondence）。可以简化表示为：

语言　　　　A　＞　B，　A　＞　C
语音对应　　x　＞　y，　x　＞　z

　　著名的有关原始日耳曼语辅音变化格里姆规律（Grimm's law）和维尔纳规律（Verner's law）就是在语言比较的理论框架中得出的经典性对应现象。都是从纵向传递的基本理论出发，寻找语言内部的规律。但是对于变化规律是否受到外部影响而产生，并不进行探讨。

　　对于汉语方言形成的认识，受到传统印欧历史语言学的深度影响。这个影响首先来自高本汉对中古音系的研究。根据不同的汉语方言构拟汉语中古音系的音值，就是运用印欧历史语言学理论和方法的具体实践。以鼻韵尾为例：

表 4

	中古	广州	北京	苏州
林	－m	lɐm	lin	lin
邻	－n	løn	lin	lin
灵	－ŋ	lɪŋ	liŋ	lin

　　因为"林、邻、灵"三个字代表的鼻韵尾在不同方言中有三种语音对应，中古音系中就应该建立 －m，－n，－N 三类鼻韵尾。这样的构拟建立了中古鼻韵尾类别和音值，同时也表示了现代方言鼻韵尾和中古音系的关系。

　　但是，这样的研究不解释为什么不同的方言中有不同变化，即为什么广州鼻韵尾是三分，而苏州没有区别；也不深究变化是内部原因，还是外部原因造成的。尽管在历史语言学中音变历来是个中心问题。对于音变原因的探讨总是限制在一个语言系统之内（intra-language），而不关注不同语言之间（inter-language）的影响。

四　语言历史和进化理论

语言学和生物学，从这两门学科的开始建立起，就有密切联系。作为进化论和历史语言学的奠基人达尔文（Charles Darwin，1809－1882）和施莱赫尔（August Schleicher，1821－1868）是同一个时代，并且在学术思想上有密切交往的学者。此后，生物进化和人类进化逐渐形成科学学科，产生了以进化理论为基础的生物学（evolutionary biology）和人类遗传学（human genetics）。

语言的历史研究也形成和出现了进化语言学（evolutionary linguistics）。对于生物和语言两门学科的关系，学者也产生了如下认识：人类生物特征通过上代向下代传递可以和语言特征通过父母传给孩子相平行，以生物特征为基础的人类社团谱系树图也和以语言证据构拟的谱系树图大致平行（Croft，1999：9）。

既然如此，那么语言历史是否可以像人类历史一样对其进行研究？进化生物学中的种种理论和方法是否可以使用到语言历史研究中来？要回答这些问题的一个前提是：必须清楚了解人类遗传学和语言学所研究的对象。人种和语言虽然都是在历史上变化形成的，但是必须清楚两者在继承性和变异性上，不可等同而言。

属于不同物种的个体不能繁殖后代，遗传学的术语是"生殖隔离（reproductive isolation）"，即"牛生牛，马生马"。然而，不同的人种属于同一种物种，不论人种，不同性别各个体间可以繁殖产生后代，不存在"生殖隔离"。

人的基因遗传似乎和人的语言相同，因为父母的语言可以传给孩子。但是，基因传递和语言传递绝对不能混为一谈。两者关键性的区别是：孩子的基因必定从父母基因中来，但是孩子的语言要素、语音、词汇、语法则不一定是从父母语言中来的。孩子可以学会父母亲的语言，也可以学会父母不说的语言。这样物种和人类的基因的传递和人类语言的传递是性质不同的。这可以用以下方式大致表示。

$$基因传递\quad A\ >\ A$$
$$语言传递\quad X\ >\ A$$

经常看到的情况是：孩子的语言和父母亲的一致，即 X = A，这是由人类的家庭结构和社会结构造成的。因为孩子基本是跟父母亲在家里学话，在语言社团中跟其他人学话。孩子学用哪一种语言没有内在原因，完全是一种环境造成的结果。尽管在单语语言社团中观察到基因传递和语言传递平行情形。英国人的子女说英语，法国人的子女说法语。孩子从父母遗传到的是语言能力，而不是某一种语言。两者传递机制完全不同，基因由父母决定，是纵向的；语言由环境决定，其实质是横向的，不能混淆。由于传递机制的差别，根据现代人群的基因可以相当可信地推测出人群之间的遗传距离。但是从现代人群的语言就无法准确地推测语言间的遗传距离。

正是由于这个原因，历史语言学家常采用不易变化的基本词汇，通常是根据斯瓦蒂希（Swadesh，1952，1955）提出的 100 个基本词和 200 个基本词的词表来推测语言间的距离，估算语言间纵向和横向的关系（Wang and Minett，2005）。当历史年代久远，基本词汇无法利用时，语言间的遗传关系也就无法推测了。

汉语（地域）方言形成如果是由内部原因的纵向传递造成的，其基本条件是：其一，地域隔离；其二，足够时间；其三，语言内部。三个条件，缺一不可。内部出现的变异，如果没有地域隔离，不能造成语言分裂；如果没有足够时间，也不能形成足够差别；如果特征和其他语言相同，也无法肯定是内部产生的。然而，这三个必须具备的基本条件在可溯的汉语方言发展历史中都难以满足。

语言传递和人群基因传递还有一个根本的差别。任何人在学了第一语言 A 之后，还可以学习第二语言 B。同样，这第二语言可以和父母语言有关，也可以无关。

$$B\ >\ A\ >\ B'$$

在这种情况下，学习语言 B 时，受到第一语言 A 影响，第二语言学成了 B'，即语言 B' 与语言 B 不完全相同。

汉语进入一个地域后，和当地语言形成双语状态，出现双语社团。在一个双语语言社团形成之后，语言 A 和语言 B 之间会出现各种复杂关系。

如果语言 B 在政治、经济、文化上都有权威性，就会形成双语社团中的说语言 B 的人数增加，说语言 A 的人数减少。语言 A 逐步向语言 B 的转换，形成语言 B'。需要强调的是，在语言转换后，形成的是语言 B'，而不是原来的语言 B。

时间	1	2	3
语言	A	A/B	B'

还需要强调指出的是，在这个过程中，说语言 A 的人及其子女说的是带有语言 A 特征的语言 B，即语言 B'。同样，说语言 B 的人及其子女说的也是语言 B'。上文提到汉语方言的形成大致有两大类型。在南方，主要是北方汉人往南进入其他民族地区统治，汉语和其他语言发生接触。在北方，非汉民族往南进入汉人地区统治，非汉语言和汉语发生接触；同时汉人往北进入非汉民族地区，和非汉语言发生接触。

在和非汉民族接触的过程中，汉语总是以优势语言出现和存在。在语言接触过程中就无法阻挡非汉语言向汉语的转换。然而语言转化必然将非汉语言特征带入汉语。这些从非汉语言带入的语言特征，逐步形成了现代汉语方言。形成了汉语和非汉语言之间，"近朱者赤，近墨者黑"的语言区域特征。

在古代，没有严格的正音标准，通语（全国的或是地方的）只能是一些粗略的语言特征而已。对于单个说话者来说，没有一个具体标准，无法知道哪个特征是语言 A 的，哪个是语言 B 的，进而做出选择。这样，在语言 A 逐步转为语言 B' 时，语言 B 也转为了语言 B'，即受到语言 A 影响的、不标准的语言 B。

五 语言变化速率

语言历史和生物历史虽然在分化过程和形成谱系亲缘关系上有相似性，但是在时间深度上完全不同。语言的可溯历史要远远短于生物物种历史，生物历史少则几万年多则一百万年；也远远短于人类历史，根据"走出非洲理论"人类（homo sapiens）可溯历史是 6 万年至 20 万年。

如果讨论语言之间的关系，可溯历史一般认为只有五六千年。我们讨论汉语方言形成的历史则更短，从商朝开始，也就 3700 年，如果从汉朝

（汉语以此得名）算起，只有 2300 年左右。因此，由于时间深度不同，"纵向传递"和"横向传递"在生物历史和语言历史中的重要性也完全不同。

方言形成在时间和空间中发生，语言各种范畴的变化速率是探索方言形成中的一个重要因素，也是认识方言形成是纵向传递还是横向传递的一个基本条件。变化速率就是在不受外界影响下，一个语言要素的变化所需要的时间长度。

汉语方言，除了零星且不成系统的材料外，缺乏有深度的历史记录，方言记录都大致不超过 200 年。因此，无法提供有时间深度的语言材料。唯一可以利用的是近代标准汉语，即官话方言的历史材料。官话的语音历史可以追溯至辽代（916～1125）。研究显示，早在 1000 年前的辽代，官话的大致格局已经形成（Shen，2007/2011）。

官话特征：

① 中古带 -k 韵尾音节主元音的复元音化；

② 中古全浊声母清化（平声送气，仄声不送气）；

③ 中古唇音声母的唇齿音化（f- 的出现）；

④ 中古知组和照组声母的合并（知组声母塞擦音化）；

⑤ 中古塞音韵尾（-p，-t，-k）的消失；

⑥ 中古麻韵三等字的元音高化（a＞e）；

⑦ 中古舌根鼻音声母（ŋ-）的消失；

⑧ 中古双唇鼻音韵尾（-m）的失落。

表 5

朝代	年份	地点	1	2	3	4	5	6	7	8
辽代	（916～1125）	北京	+	+	+	+	+	+	－	－
金代	（1115～1234）	北京	+	（－）	+	+	+	+	±	－
元代	（1271～1368）	北京	+	+	+	+	+	+	+	－
现代	2013＋	北京	+	+	+	+	+	+	+	+

如果用几个汉语方言的重要区别特征来判断，早在辽代官话可能已经是一种和现代北方官话相当接近。两者之间的差别甚至要小于现代一些官话次方言之间的差异，也就是说和现代北京话存在互相可懂度。这样，一千年来官话并没有出现太大变化。但是如果和四五百年前记录的《切韵》音系相比，差别则大得多。再用以上 8 个特征比较一下：

表 6

	地点	1	2	3	4	5	6	7	8
《切韵》601	洛阳/南京	-	-	-	-	-	-	-	-
辽代官话 916～1125	北京	+	+	+	+	+	+	-	-
现代北方官话 2013 +	北京	+	+	+	+	+	+	+	+

这样一个新方言的出现应该是一个相对短暂的现象。所形成的方言，和刚传入时的汉语（其本身已是一种方言融合的结果），随即有了明显区别。在这个方言形成初始阶段之后，新的特征的出现就相对减少。

学者的印象是"中国南方的吴、湘、粤、闽、平、赣、客方言地理分布的格局是在南宋初年奠定的。八九百年来，长期稳定，变化不大"（游汝杰，1992：98）。方言地理分布的稳定，也必然造成方言特征的稳定。如果这样的估计大致不错，方言形成的初期和方言形成之后的变化速度与范围区别明显。初始阶段是汉语传入后发生快速变化的阶段，是大量人群改用当时传入的汉语而造成的。

六 汉语方言的形成

在传统印欧历史语言学中，施莱赫尔的"谱系树说（Tree model）"和施密特（Johannes Schmit）的"波浪扩散说（Wave model）"是印欧语言学中的两大语言发展模式，分别着重语言发展的纵向和横向之间的关系。

桥本万太郎（1985）提出语言的牧畜民型发展和农耕民型发展的观点。牧畜民型是一种纵向传递的发展模式，而他强调的农耕民型是一种横向传递的发展模式。东亚语言的区域特征令学者们对谱系树的传统理论的普遍应用性产生了质疑（Aikhenvald and Dixon，2001）。

近年来对语言变化的探索丰富了我们对语言变化的认识，理论上的探讨也超越了传统历史语言学的范畴。现代语言接触理论（Thomason and Kaufman，1988；Thomason，2001）也已经提出多种语言接触模式。

然而，汉语方言形成有其特定的人文历史。需要从汉语历史发展来具体分析，找出符合汉语历史发展的解释。其中一个基本问题是，汉语在传播中和非汉语言或者汉语古方言接触的是什么机制。这样，方言形成就必须进行跨语言的研究。在中国两三千年历史中，汉文化在地域上不断扩展到非汉地区。与之同时，汉语使用范围也逐渐扩大。在中国历史上，汉文化的扩展都是在有人居住的地区发生的。在这个民族和语言接触过程中，非汉语言使用者逐渐放弃他们的母语，转用汉语，成为汉人。这样，在历史上语言转换是方言形成的基本机制。

当一个语言使用者换用另一个语言时，中间通常经过双语阶段。在学习第二语言时的一个最显而易见的现象是：第二语言习得的不完善性（imperfect learning）。不完善的原因是受到母语的干扰，将第一语言中的语音、词汇、语法规则不自觉地运用在第二语言中去，形成第二语言习得的偏误。然而，学成中介语（interlanguag，也即不地道的语言）是第二语言学习中的正常情况。这个现象是现代广泛开展的第二语言教学中的普遍共识和研究重点。

这个第二语言习得中的基本事实，不完善习得，在汉语历史上也必然存在。当汉语传播到非汉语言使用区时，由于政治、文化上的压力，当地使用非汉语言的人学习汉语，汉语成为他们的第二语言。受到母语影响，他们的第二语言必然和原来的汉语有差别，即一种中介语。

经过几代人，这些非汉人逐渐放弃了他们的母语，只使用他们所习得的汉语。由于他们习得的汉语是受了他们母语影响，变了样的汉语。这就形成了新的语言，一个新的汉语方言。当一种新的带有非汉语言特征的汉语方言出现时，如果人数上有优势，在语言社团交际中就会形成主流。这样，不但是原先不说汉语的非汉民族，就是原先使用"标准"汉语的汉人也会采用新形成的语言，即方言。

表 7

人群/语言	时间 1	时间 2	时间 3
人群/语言	汉族/汉语	汉族/汉语	汉族/汉语方言
人群/语言	非汉民族/非汉语言	非汉民族/非汉语言－汉语方言	汉族/汉语方言

人的语言能力从两三千年前到现在不会有明显变化。任何一个人都能将第一语言学得完善，也都会把第二语言学得不完善。这个现象现代如此，过去如此，将来也是如此。不同的是，近代在交通、通信方面的飞速发展，使得标准权威语的影响强化，加速了方言差别的缩减和方言的完全消失。拉波夫曾用现代语音变异研究历史音变，用共时的语言现象来解释历史变化（Labov，1966：319）。这个想法也适用于各类语言接触的研究。通过对

于现代语言接触的观察，解释历时变化的机制。

历史上地方语言受到标准语言影响是个基本事实。这也是明显的横向传递。然而需要说明的是：其一，标准语是个相对的概念，因社会文化传统而定。乡镇的语言比村寨的语言标准，县城的语言比乡镇的语言标准，在行政结构系统中，层次越高的语言越标准，当然最标准的是京都语言。在距离相等的情况下，语言越标准其影响力越强。在古代，国都的标准语受地理距离的限制，对边远地区的影响有限。而距离更近的地方标准语影响更强。其二，从中原政治文化中心不同时期传出的标准语不是一个相同的语言，因为标准语不是一个连续发展的过程。

七　中国语言和民族的关系

以上的讨论强调了汉语方言的形成是个语言转换的过程。这个机制也能够从中国民族之间遗传关系得到解释。中国遗传学者（杜若甫等，1997，1998）曾用所有可利用的中国人群的多种遗传材料研究了中国人群间的遗传距离。首先采用了多种遗传材料做出的综合研究。这个研究有特殊意义，因为多种遗传材料可以排除不同基因在自然选择和随机漂流上的不定变化，使得研究结果更加接近实际（金力等，2006：134）。他们计算了 37 个少数民族和 30 个省、市、自治区汉族相互间的 FST 遗传距离，并且将这些遗传距离分别构建出表示遗传距离的系统树。汉族和少数民族之间显示了以下关系：

其一，北方汉族和南方汉族内部的遗传距离（.0056 和 .0116）分别小于北方汉族和南方汉族间的遗传距离（.0517）。

其二，北方和南方少数民族内部的遗传距离（.0290 和 .0250）分别小于北方和南方少数民族间的遗传距离（.0599）。

其三，北方汉族和北方少数民族的遗传距离（.0245）和南方汉族和南方少数民族的遗传距离（.0304），小于北方少数民族和南方少数民族之间的遗传距离（.0599）。

其四，北方汉族和北方少数民族的遗传距离（.0245）和南方汉族和南方少数民族的遗传距离（.0304），也分别小于北方汉族和南方汉族间的遗传距离（.0517）。

这和民族分类显然不同。将以上的遗传距离的聚类分析做一个简单的概括，大致可以示意如下：左图是遗传关系，右图是与其相比较的民族分布。

遗传距离			民族分布
北方民族	⌐	─	北方民族
北方汉族	⌐	⌐	北方汉族
南方汉族	⌐	∟	南方汉族
南方民族	⌐	─	南方民族

基因、民族和语言三者既有联系，又不相等。遗传学的基因研究可以将人群间的关系表示为量化的距离。人类学的民族研究是将人群分成非此即彼的民族。然而语言间的关系，由于其系统性和人的语言能力造成的传递方式，既不同遗传分类，也不同民族分类。

汉语方言是汉语的地方变体，属于汉语。但是从语言特征上来认识，不少方言是带有非汉语言特征的汉语。非汉语言特征是历史上非汉民族转用汉语时带进汉语中来的。由于不同语言接触在地域相邻的民族之间发生，所以汉语方言中出现和邻近语言相同的语言特征。

汉语的形成只有两三千年的历史（若从殷商算起 3700 年，但是当时商朝的地域仅在黄河流域。若以秦汉算起 2000 多年，当时汉族的地域分布已经扩展至长江以南和岭南地区），在民族和遗传上出现的差异，也是在这个时间中产生的。这样，民族、语言和遗传之间的关系必须从这个两三千年的历史中得出解释。我们认为这两三千年的历史是汉族扩展的历史，也是非汉民族转用汉语，形成汉语方言的历史。人群的遗传距离告诉我们，在历史上非汉民族转用汉语的人数是大量的，是汉语地域方言人口的主要组成部分。

汉语历史的研究由于各种原因，严重存在从汉语本身研究汉语的偏向。而遗传学研究结果相当明确地显示，南北汉族人群分别和南北非汉族关系密切，这种关系要比南北汉族之间的关系密切得多。因此可以推测历史上通过语言转换成为汉族的非汉民族人数众多，大量超过原来说汉语的汉族。中国境内的人群的族称、语言和基因必须有个一致性的解释。语言转换是对这个一致性的最合理的解释。也可以说，中国人群的遗传分类为汉语方言形成的原因提供了有力证据。

结　语

方言形成就是语言变化造成的分化。通过对现代方言分布，跨语言的比较、汉族发展历史，以及人的语言能力等方面的综合分析，本文对汉语方言的形成做出了新的思考，认为方言形成的基本机制是一种以语言转换为主要形式的横向传递，来自汉语外部的影响是汉语分化、形成方言的主要原因。

以下是简单图解。"1、2、3、4"表示不同时间，"Ⅰ、Ⅱ"表示不同地域，"H"和"F"分别代表汉语和非汉语言。地域Ⅰ的汉语（H）传到（↓）地域Ⅱ，和当地语言（F）发生接触出现语言转换后，产生汉语方言（H'）。非汉语可能继续存在也可能因此消亡〔（F）〕。

<pre>
        1   2   3   4
  Ⅰ   H   H   …
                ↓
  Ⅱ   F   F   F/H   （F）/H'
</pre>

语言的分化的模式大致可以用图形表示如下（不包括地域信息）。"H""F"和"H'"分别代表汉语、非汉语言和分化后的汉语（方言）。"←"表示非汉语言的影响。"←"在纵横综合模式中的位置表示语言分化后有外部影响，而"←"在本文横向模式中的位置表示外部影响是语言分化的原因。

<pre>
   传统纵向模式   纵横综合模式   本文横向模式

       H   H   H
                                    ↖ ←
       ∧   ∧ ← F   ∧ ← F
       H'   H'   H'
</pre>

印欧语言学的树状模式是一个纵向模式，不讨论系统外部的影响。如果在树状模式上加上外部影响，也就是在认同语言分化是内部原因造成的前提下，再说明外部影响，是纵横综合模式。现代汉语方言的层次研究和纵横综合模式相近。本文则认为汉语方言的形成是受到非汉语影响的结果，是一个横向模式。

方言的基本特征在汉语传播到不同地区就大致建立。方言形成后的发展是继续不断地向地域标准语或民族标准语靠近。如果按照内部变化的假设，时间越长，语言差别越大。但是从横向传递来分析，方言之间的差异所表示的语言距离，就不能简单地转化为时间长短。因为变化后的具体特征和其他语言的特征有密切关系。

最后，我们可以这样说：由于印欧历史语言学的纵向传递模式只揭示了语言历史的一部分，对语言横向传递的探索不但可以为汉语方言的形成做出更为合理的解释，更可以为历史语言学补上不可或缺的内容。

参考文献

AIKHENVALD, A. Y. and R. M. W. Dixon. 2001. *Areal Diffusion and Genetic Inheritance.* Oxford: Oxford University Press.

BALLARD, William L. 1985. "The linguistic history of South China: Miao – Yao and southern dialects," *Linguistics of the Sino – Tibetan Aare: The State of the Art. (Pacific Linguistics Series C*, No. 87): 58 – 84.

CROFT, William. 2000. *Explaining Language Change.* Harlow England, London, New York: Longman.

LABOV, William. 1966. "The social stratification of English in New York City." Washington: Center for Applied Linguistics.

MUFWENE, Salikoko S. 2001. *The Ecology of Language Evolution.* Cambridge UK; New York: Cambridge University Press.

NORMAN, Jerry. 1988. *Chinese.* Cambridge UK; New York: Cambridge University Press.

ROBINS, R. H. 1967/1979. *A History of Linguistics.* London UK; New York: Longman.

Shen, Zhongwei. 2006. "The syllabic nasals in the Chinese dialects." *Bulletin of Chinese Linguistics*, Inaugural Issue(Vol 1. 1): 81 – 108.

Shen, Zhongwei. 2007. "Sino – Khidan phonology." *Bulletin of Chinese Linguistics*, Vol 1. 2: 147 – 211.

Shen, Zhongwei. 2011. "The origin of Mandarin." *Journal of Chinese Linguistics.* Vol 39. 1: 1 – 31.

SWADESH, Morris, 1952. "Lexicostatistic dating of prehistoric ethnic contacts." *Proceedings of the American Philosophical Society* 96, 453 – 463.

SWADESH, Morris, 1955. "Towards greater accuracy in lexicostatistic dating." *International Journal of American Linguistics* Vol 21, 121 – 137.

THOMASON, S. G.. 2001. *Language Contact*. Washington, D. C.：Georgetown University Press.

THOMASON, S. G and T. Kaufman. 1988. *Language Contact, Creolization, and Genetic Linguistics*. Berkeley：University of California Press.

WANG, William S－Y., James W. Minett. 2005. "Vertical and horizontal transmission in language evolution." *Transactions of the Philological Society*. Vol 103. 2：121－146.

班弨：《论汉语中的台语底层》，民族出版社，2006。

陈保亚：《语言接触导致汉语方言分化的两种模式》，《北京大学学报》（哲学社会科学版）2005 年第 2 期。

陈立中：《湘语和吴语音韵比较研究》，中国社会科学出版社，2004。

陈其光：《汉语源流设想》，《民族语文》1996 年第 5 期。

陈其光：《语言间的深层影响》，《民族语文》2002 年第 1 期。

陈云龙：《旧时正话研究》，中国社会科学出版社，2006。

陈忠敏：《作为古百越底层形式的先喉塞音在今汉语南方方言里的表现和分布》，《民族语文》1995 年第 3 期。

杜若甫、肖春杰、L. L. Cavalli-Sforza：《用 38 个基因座的基因频率计算中国人群间遗传距离》，《中国科学 C 辑》1998 年第 1 期。

高本汉：《中国音韵学研究》，赵元任等译，商务印书馆，1940。

葛剑雄：《中国人口发展史》，福建人民出版社，1991。

葛剑雄：《中国移民史》，福建人民出版社，1997。

金立、褚嘉佑：《中华民族遗传多样性研究》，上海科技出版社，2006。

李锦平、李天翼：《苗语方言比较研究》，西南交通大学出版社，2012。

李敬忠：《语言演变论》，广州出版社，1994。

李心释：《东南亚语言区域视野中的汉、壮语接触研究》，中国社会科学出版社，2012。

李云兵：《苗语方言划分遗留问题研究》，中央民族大学出版社，2000。

林海伦、林亦：《粤语平话土话方音字汇》，上海教育出版社，2009 。

马树钧：《汉语河州话与阿尔泰语》，《民族语文》1984 年第 2 期。

潘悟云：《语言接触与汉语南方方言的形成》，《语言接触论集》，中国社会科学出版社，2004。

潘悟云：《吴语形成的历史背景》，《方言》2009 年第 3 期。

麦耘：《从粤语的产生和发展看汉语方言形成的模式》，《方言》2009 年第 3 期。

〔日〕桥本万太郎：《语言地理类型学》，余志鸿译，北京大学出版社，1985。

沈钟伟：《语言转换和方言底层》，载丁邦新编《历史层次与方言研究》，上海教育出版社，2007。

沈钟伟:《契丹小字汉语音译中的一个声调现象》,《民族语文》2012 年第 1 期。

王辅世:《苗语简志》,民族出版社,1985。

王士元、彭刚:《语言、语音与技术》,香港城市大学出版社,2007。

伍新福:《楚人、楚国和苗族》,《民族研究》2001 年第 1 期。

意西微塞·阿错:《雅江"倒话"的混合特征》,《民族语文》2002 年第 5 期。

游汝杰:《汉语方言学导论》,上海教育出版社,1992。

袁家骅:《汉语方言概要》(第二版),语文出版社,2001。

韦庆稳、覃国生:《壮语简志》,民族出版社,1980。

张洪年:《香港粤语语法的研究》,香港中文大学出版社,1972。

张之恒:《中国新石器时代考古》,南京大学出版社,2004。

郑张尚芳:《吴语的源流及历史记录》,《专辑:吴语的历史研究》,《中国语言学集刊》2011 年第 5 期。

北京大学中文系:《汉语方音字汇》(第二版),文字改革出版社,1989。

时间：2014 年 11 月 6 日（周四）15：30～17：30
地点：首都师范大学文科楼 209

主讲人简介

付晓光　中国传媒大学电视学院副教授。英国布里斯托大学戏剧系硕士，中国传媒大学电视新闻学博士，美国加州大学圣地亚哥分校访问学者。主要研究方向为媒体融合、网络视频产业。

互联网思维下的视频编创

付晓光

一　工业化思维与互联网思维概述

　　工业化思维的特点是独享、大规模生产和投入产出成正比；互联网思维的特点是共享、小群体传播和成本归零的商业模式。

　　互联网思维的内涵主要有：简化思维、社会化思维、大数据思维、用户思维和平台思维。简化思维以产品为例，进行硬推销。大数据思维信息常常很大、很庞杂，因而无法用简单的方法来阐述，抽样方法会以点带面无法反映全貌。应用大数据思维，所有事物数据化，我们想知道什么地方有雾霾，只要看淘宝上哪里口罩搜索得多就知道了。用户思维，原来强调宣传者中心，比如宣传片等，在这种思维下大量电视台以观点本身作为宣传材料，而不以强调用户体验为主。平台思维，视频本身是没有区别的，平台本身各有自己的特性，平台思维更强调利用不同平台的不同本质特征。

二 电视新媒体化——内容创新与形态创新

从三网融合到全媒体，我们一直高度重视电视的新媒体化。可是，我们是以互联网的思维做电视，还是以电视的思维做互联网？习近平主席强调新媒体化。电视台平移到互联网，是用互联网思维做电视，还是用旧的思维冲击互联网？现在80%以上的电视台仍在用传统的电视思维冲击互联网。下面我们先来看一个视频。

播放视频：我航空母舰顺利进行舰载机起降训练

这个5分11秒的新闻中提到的那几个专业名词大家是否记住了？没有。这就是电视和互联网的对话，互联网不听你的，网民的焦点都放在航母style上了，飞机性能被忽略，这就类似于无效传播。

我们再看一个例子，大家看这个2012年湖南卫视春晚截图。关键点是何炅和奥尼尔的身高（该图中何炅到奥尼尔的胸部位置），但是另一张奥尼尔与何炅亲切交谈的截图中，身高差距十分明显（图片中只露出何炅头顶，只到达奥尼尔的腰部）。这就说明电视话语与互联网话语未交接。

还有东方时空报道郭美美事件"公益性项目盈利？商业？"以及 Google 收购 Motorola，都说的是一件事，但是用的是两套语言。新闻联播在网络上被解读，如果不改变语态，很难与互联网产生对话。

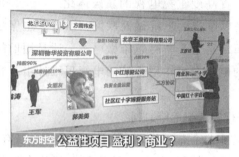

展示图片：央视新闻"菲律宾'小动作'不断"以及相应网络恶搞图片；网民用动漫人物安置在新闻联播主播身上的恶搞图。

我们真的能够与网民产生对话吗？对话有没有产生？所谓对话是什么概念？我们在对话中能够创建出什么？我们可以通过一些努力让我们与互联网的对话更有效。

从根本上看，我们之前遇到的麻烦核心在于这两个平台之间的传播模式不同。电视是单向的，不产生对话，应用中控式计算；互联网属于无尺度网络（节点无规律），是多向的，产生对话，应用分布式计算。问题是：这两种传播模式如何打通，创造能够被双方认可的模式？

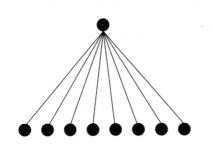
单向度网络：中控式计算

无尺度网络：分布式计算

应用互联网思维的视频编创是病毒式传播。

我们来举一个例子。假设有两份工作，职位一：月薪 50 万元；职位二：日薪 2 分钱，之后 30 天，每天的工资是之前一天的 2 倍。你选择哪份工作？

（有的同学选第一份，有的同学选第二份）

同学们各有各的想法。在你的设想当中，第二份工作在一个月结束之后能赚多少钱呢？是 2 的 30 次方，第 30 天日薪 1073 万，这个月总共 2146 万。这两个职位分别对应单项网络和无尺度网络。电视有多少观众就是有多少观众，但是社交网络能够传播概念，不断扩散。

传统视频制作核心理念是要做出高大上的东西。在优酷上《舌尖上的中国》13 万的播放量，其他的比如《公司的力量》《大国崛起》就更少了。

三 病毒视频创作理念

传统视频制作的核心理念是追求深刻、追求客观、品质优越、有仪式性、气质端庄。被网民喜爱的视频作品就像病毒，外围无限扩大。你喜欢就推荐给两个朋友，然后他们再推荐给别人，最终产生极其惊人的传播效果。可能会有疑问，再传递给这两个人时候，你和他们是强关系。朋友传递给朋友时与你的关系就会变弱了。这样下去，传播效果会不会衰减？不会，因为彼此相邻的两个人他们是强关系。病毒视频可以以强关系传递。下面我们看一些视频。

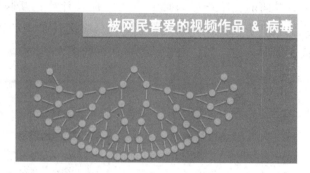

播放视频："火星宝宝对话"（2011 年 Youtube 点击量第 4 名，点击量 8000 多万）。

之后网络对此进行大量解读和改编：购物版、保姆版、尿布版、恋爱版，等等。

病毒视频的定义是：① 传播路径上看：像病毒一样扩散。由于深受网民喜爱，被网民不断转发，进而不断扩散，最终形成大范围传播的视频。由于这类视频的传播路径和扩散机制和生物病毒相像，被形象地称为"病毒式传播视频"，简称病毒视频。② 从实用效应上看：像病毒一样隐藏嵌入。病毒视频，可以嵌入某种信息。它以观看兴趣为载体，能够携带某种信息（商品、价值取向、政治诉求……），在潜移默化中让接触的人接受其观点。举例来说：2004 年一篇《吃垮必胜客》的帖子被 Chinaren 疯传。之后网民纷纷发出实践经验。网络上甚至有理工男从理论高度计算，写出《必胜客沙拉塔的堆叠方案》，给出了力学、数学等特别专业的计算和分析，也有众多网民纷纷去必胜客堆盘子在网上发照片。在实践和理论的双重指引下，中国网民开始发疯。此后网民纷纷涌入必胜客，争相尝试吃垮必胜客。

这个是一个嵌入的关系：在传统思维下，平时我们收到传单会觉得是必胜客有求于你，所以会主观回避。在病毒思维下，到底吃垮谁家的沙拉？你最终还是记住了必胜客，这是一个潜移默化的巧妙置入。

四　互联网思维下的理念转变

1. 弱化内在观点，强调外在形态

传统电视思维：强调立场。将观点本身作为叙事主体，意图明显、片子厚重、信息浓度大。互联网思维：强调兴趣，弱化观点，强调作品外在形态，好玩、吸引人。

播放视频：三星手机视频（画面中展示一双手和一个三星手机，该人在讲述手机的电池、显示等性能）。

这是一个典型的就事论事的视频，将手机所有性能说得很透彻。但是当你看到的时候，你会转发吗？不会吧，因为不好玩。什么人会？技术宅、卖这个手机的人。

播放视频：① 三星手机视频（一个人用手指摆出各种造型配合后期制作 unleash your fingers）。② "一字马"（2013 年，Volvo 车）。

在我的 PPT 上有一张火箭图，火箭能飞多高，取决于它的载重和装备燃料的多少。观点就等于载重，作品外在形态就是观点。

2. 由面到点

传统电视思维：将事件说全面、完整、有体系。面面俱到、平均用力。

互联网思维：做减法，少说但是精彩。集中在一点，要击穿，精彩。

铲子式思维变成锥子式思维。

播放视频：《东芝 LED 灯：十年》。

这个广告表现了 3653 日，灯的寿命 10 年，但是 LED 只在片尾出现一次，它只选择了一条特性，但是展现非常精彩，兼顾了作品的立意和叙事完整。

3. 主动变换叙事节奏

传统电视思维：四平八稳，缺乏变化的散漫节奏，容易产生视觉审美疲劳。互联网思维：主动变换节奏，引领观众，由弱到强，由慢到快。如果在视频前 30 秒不能抓住观众，观众就会关掉视频。

播放视频：2012 年电影《我愿意》预告片。

预告片的前 30 秒中，第 1 阶段是一种节奏，设置悬念，吸引人，该有的故事主线给了；第 2 阶段，矛盾出现，对抗出现，节奏比第一段快；第 3 阶段，没有加音乐，让你忘掉前面的节奏，以开始下面的节奏；最后留一个开放式的结尾。

播放视频：《黄金大劫案》预告片、《切尔诺贝利》预告片。

4. 强调戏剧张力

传统电视思维：设置悬念，尽可能留住观众。有时间限制，无法讲一个完整的故事。互联网思维：片段就可以，强调戏剧张力和爆发力。亮点总在最后，有一个意想不到的精彩结局。

播放视频：雪碧广告、健康乳酪广告（主角是一只老鼠）、索尼摄像机广告。

可能大家会有这样的疑惑：不要完整的叙事、不要完整的故事，那我说不清楚事儿啊。但是，互联网只要让他记住很少的就够了，几个字、一个理念就够了。

我现在插入一个话题，关于碎片化、浅阅读。比如朋友圈的使用行为，我们的时间被打散了。你对内容和知识的摄取碎片化了、浅显了。

播放视频："彩虹猫"（2011 年 Youtube 上世界排名第五）。

视频中只有一只猫一直喵喵下去，这是一只像素化的小猫，是一个慈善组织设计的。它非常好记，声音欢快，简单重复，具有视觉冲击力。

播放视频：《洛天依投食歌》。

5. 简化的结构、形象

传统电视思维：深挖主题、片子越做越复杂。互联网思维：一个简单得不能再简单的形象。"把简单的事儿，想深了，就复杂了。把复杂的事儿，说清楚，就简单了。"

播放视频：《Dumb ways to die》。

这个视频在发布 24 小时内成为全世界下载第一名，少即是多。

在视频领域，无论你做什么，要以用户思维为主。可以简化，可以以兴趣为载体，推动最终社会化的传播模式。

五　有效获取网络关注度的途径

1. 达人

播放视频："蛋糕姐无影手""国外玩游戏达人 We will hit your building next"。

实战训练 1：试着用"达人"思路，用贝克汉姆给百事可乐做一则病毒视频创意。

播放视频：贝克汉姆踢球（贝克汉姆在海边将球踢进远处三个垃圾桶，开始前和最后拿了百事可乐）。

实战训练 2：试着用"达人"的思路，用林丹给李宁运动用品做一则病毒视频创意。

播放视频：林丹打羽毛球。

2. 集体记忆

一个概念：集体记忆。我们先看一个图片，微博上有人晒出一张图片，说耳机的事情，可是网友们都把注意力放在图片中的床单上了，大家都有这个床单，可谓国民床单啊。如果记忆是一个圈，总有一部分记忆是重叠的，这一部分是属于消费的，Collective Memory 这是一个社会心理学的概念。

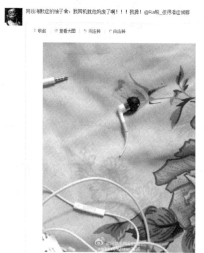

展示图片：冰糖葫芦、烤白薯、大大泡泡糖等；《射雕英雄传》等电视剧。

播放视频：《妈妈的谎言》（优酷在母亲节做的一个视频）。

第三个出场的片子中很巧妙地出

现了舒肤佳，位置很好，是利用集体记忆做得很好的片子。

（3）萌。（4）幽默。（5）调度参与。这些由于时间关系我们就不一一具体讲述了。

互 动 环 节

问：请问吃垮必胜客最开始的网络帖文是必胜客有意为之还是网友不小心做出来的？

答：我只能说后来的都是网友自发的，但是最初的那个现在还不能证实是必胜客做的还是网友做的。但是必胜客确实被吃垮了。

问：我想问一个微信平台消息推送的问题，我们有很多信息和视频，应该如何让别人都看、接收更大的信息量？

答：视频网站的开支消费在审核方面花费最大，因为视频无法检查排除，必须从头到尾完全看。我们也没有快捷的推送方法，最好的解决方法就是截图，大量推送很难。

问：今天下午有一个香水品牌，是金莎创的一个香水品牌，在宣传时候采取了一种寻求"最奇葩的喷香水方法"，但是效果不是特别好，您觉得有没有更好的方法？

答：我这里有一个视频，是关于沐浴露的，和那个香水有点像。这个沐浴露找了一个健美先生，在他身上每一块肌肉上都连一个电极，只要肌肉一动，就触发电极另外一端的乐器。这个广告嵌入在哪儿呢，就在后面的电视屏幕上（播放该视频）。你说这个可能就不够新奇，再有一个，我们看到网上有一些很火的帖子，其实只有极少数是自己火的，需要有推送。粉丝的增长有自然的增长，也有促进的增长，自然的增长很慢。微信公众号之间本身是禁止订阅号互推的，但是它们之间可以打擦边球，还是相互推送。虽然微博活跃度直线下降，但它仍有很强的媒体属性，但是微信具有社交属性。

今天是第一次来与大家交流，不知道对大家有没有帮助。但是希望大家以后一切顺利，越来越好。谢谢大家。

（整理　齐晓帆）

时间：**2014 年 12 月 4 日（周四）15：30—17：30**
地点：**首都师范大学北一区文科楼 209**

主讲人简介

吕岩梅　国家新闻出版广电总局发展研究中心新媒体研究所所长、产业研究所所长，博士，研究员，《中国视听新媒体发展报告（2013）》（视听新媒体蓝皮书）副主编、《中国广播影视发展报告》（广电蓝皮书）编审。系上海大学兼职教授、中国电视艺术家协会会员、国际中华传播学会会员。研究领域为视听新媒体、国际传播、广播影视产业等，主持完成国家新闻出版广电总局、中宣部相关部门等政策研究课题几十个，主持编撰的视听新媒体蓝皮书曾获中国广播电视学会专著类一等奖，数十篇论文获得省部级奖项，系全国十佳百优广播影视理论人才。毕业于山东大学、中国传媒大学，系美国宾夕法尼亚大学安南堡传播学院访问学者。

互联网思维与广电媒体的融合发展

吕岩梅

为了贯彻落实中央关于推动传统媒体和新兴媒体融合发展的指导意见，全国传统主流媒体将进入一场大创新大突破大转型，互联网思维将更加深入地渗透到传统媒体的各个方面，带动传统媒体实现与新兴媒体的深度融通。就广电领域来讲，近年来，全国各级广播电台电视台积极探索与新兴媒体的融合互济，涌现出一大批融合创新型业务、产品、平台和主体。但按照中央的要求，相对媒体发展和技术演进的迅猛趋势，面对人民群众迅速变化的新需求，这些还远远不够。广电媒体还要进一步强化互联网思维，大力推动传统广电媒体和新兴媒体实现一体化融合发展。

一　互联网思维的几个重要方面

关于互联网思维，业界学界有很多种说法，结合广电媒体与新兴媒体融合发展的实际和特点，这里重点讨论互联网思维的以下几个方面：平台思维、用户思维、跨界思维和社会化思维。

（一）平台思维——合作共赢

平台思维有两个关键点：一是业务流程和组织结构的扁平化；二是建构多主体共享共赢的超大聚合平台。

在平台思维下，一方面是媒体的组织结构出现重构再造。例如江苏省无锡广播电视台建立了融合新闻中心，实现了新闻类节目的广播上线、电视直播、平面跟进、网上互动、微博发布、手机实时浏览"六位一体"融合播出。另一方面是涌现出具有强大资源吸聚能力的超级音视频服务平台。这类平台的典型代表是美国苹果公司的应用程序商店（App Store）、谷歌市场（Google Play）、微软旗下的视窗商店（Windows Store）等。这些大型综合服务平台往往集成海量视听内容的相关应用，用户可以在不同时间、不同地点和不同终端上，随时选择最适合自己的应用进行在线消费。截至2014 年 6 月，苹果 App Store 已经拥有超过 120 万个应用程序，应用程序下载量超过 750 亿。平台思维的精髓在于打造多主体互利互动的生态圈。未来的媒体竞争，是生态圈的竞争，看谁能够营造出更能吸引和黏附各路玩家在平台上消费数据、生产数据、创造价值的媒体"小生境"。苹果 App Store 里的视听类应用以各大视听内容集成平台的自制 App 为主，App 本身通常由软件开发商免费提供，盈利方式或广告支持或内容收费，收入分成，这样就在全球带动起一个庞大的生产供求体系。国内的 BAT 也各自构筑和强化自己的产业生态。百度收购爱奇艺、PPS 和 91 无线，阿里收购高德，腾讯投资大众点评、战略入股京东等，每家平台都在向多功能、多应用、具有极大吸附能力的生态系统不断扩张和完善。平台的参与者越多就越有价值，而有价值的平台必然也成为人才聚集的高地。近年来各路英才向新兴媒体的汇流已经是不争的事实。

（二）用户思维：用户中心、参与为王、体验至上

用户思维有两个关键点：满足用户需求，创造用户需求；用户参与产品创新，用户体验至上。

在用户思维下，不要再向用户强调"我是谁""我要给你什么"，而变成"用户想让我成为谁""用户想要我做什么""得用户者得天下"。要充分重视各种层次、有着各种需求的用户，用户不再是一类人，而是每个人。因着"长尾效应"，用户通过互联网聚合起来的消费能力是惊人的。美国亚马逊公司总裁杰夫·贝索斯说过，如果我的网站上有一百万个顾客，我就应该有一百万个商店；每个人在网站上看到的内容是不一样的。谷歌还推出根据用户情绪提供音乐服务的新业务，对用户需求的体贴已经在努力做到细致入微。

在用户思维下，需要用心揣摩用户心态，体贴用户的归属感、存在感和参与感。而邀请用户共创新产品、创新体验是对用户的极致关怀。网上集聚来的群众智慧可以超越平凡、创造奇迹，可以帮助服务主体不断打造"让用户尖叫"的产品。小米联合创始人、副总裁王川说，小米产品没有什么宏观规划，往往是激情而动。"为发烧而生"是小米的产品理念。倡导和带领粉丝及发烧友一起玩，一起改程序，共同完善小米产品，是小米的制胜法宝。

（三）跨界思维：紧跟用户需求和产品链开疆拓土

跨界思维有两个关键点：产品链紧跟用户需求，用户需求在哪里，产品链就延伸到哪里；服务紧跟产品链，产品链延伸到哪里，服务就跟进到哪里。

在跨界思维下，搜索引擎出身的谷歌做起了电视机顶盒 Google TV，电脑硬件制造商苹果公司通过推出 iOS 操作系统成功主导新生代数字娱乐生态系统，租赁光盘起家的奈飞公司（Netflix）转身做起流媒体视频服务，腾讯成了移动的竞争对手，阿里巴巴、腾讯跻身金融业，BAT 进军影视圈。凡是手中掌握用户和数据资源的机构，都在纵横捭阖，跨界建构融合型创新组织体系。因为有用户就有需求——包括信息文化需求和关联需求，有需求就有市场，有市场服务就有的放矢、精准对位；有用户就有行为，有行为就产生数据，有数据就产生商机。而在互联网上，这些用户、需求、服务和商机都因为互联互通而实现互动共荣、无限延伸。行业、体制、区域

界限日渐消融，你不跨界，也会"被"跨界；你不融合，也会"被"融合。早出手，早主动。

（四）社会化思维：媒体产品生产、传播全过程社会化

社会化思维有两个关键点：媒体生产传播方式越来越呈现社会化，社会化传播对监管体系提出新要求。

在社会化思维下，媒体产品从创意、生产到营销、传播、消费的整个供给模式发生根本改变，从规范的线性链条状结构转变为不确定性的网状互动式大互联，媒体机构与用户间的关系被重新建构。各类社交媒体成为营销主战场，各类产品、业务与服务通过朋友圈、粉丝、好友等社交关系链进行口碑传播。在这里，人人都是媒体人、各个产业皆媒体。小米公司利用社会化思维成功展开产品营销，投入百人团队通过论坛、微博、微信、QQ 空间等新媒体平台与用户互动交流，培养"米粉"，壮大小米用户规模，同时也调动粉丝资源不断创新自身的产品。近期，众包、众筹等"群体创造"模式更是不断涌现，只要项目有用户、有需求，登"网"一呼，便可广聚天下贤才和"闲财"，共创事业辉煌。

二 广电媒体吸纳互联网思维探索融合创新

近年来，面对新技术新媒体的迅速崛起，国内外广电行业积极应对，潜心学习互联网思维，加快发展新媒体新业务，探索出一系列融合创新模式。

（一）在国外

英国 BBC、美国新闻集团、康卡斯特等国际知名媒体机构，都在加快主流媒体发展新兴媒体的步伐，出现了以下几种融合模式。

平台式融合 如英国视听节目服务平台 YouView。该平台由 BBC 联合英国独立电视台（ITV）、第四频道（Channel 4）、第五频道（Channel 5）等主流电视机构，英国电信（BT）等网络服务商以及部分机顶盒服务商，共同出资组建。在这个平台上，用户可以正常收看原来地面数字电视平台 FreeView 承载的 100 多个数字电视频道（包括 5 个高清频道）、收听 30 多套广播；也可以通过一个入口进入上述几家主要电视台的节目点播和回看平台 iPlayer、Player、4oD 和 Demand 5 等，点播上万个视频内容；电影爱好者

还可以通过英国天空卫视（BSkyB）互联网电视业务 Now TV 在这里设立的
入口进入一个丰富的付费电影资源库点看电影。在该平台上，传统广播电
视、新兴媒体、新兴技术，以后还会有源源而来的其他服务，都简化为电
视屏幕的用户界面上一款标示清晰、形象可辨的内容应用，用户可以随意
使用。YouView 的口号是"永久改变看电视的方式"，将逐步替代免费地面
数字平台 FreeView。

主体式融合 如美国的葫芦公司（Hulu）。该公司是美国全国广播环球
公司（NBC Universal）、新闻集团（News Corporation）和美国广播公司
（ABC）等传统广播公司强强联盟建立的新型市场主体，作为传统主流媒体
的桥头堡抢占新媒体市场。截至 2014 年第二季度，Hulu 视频付费用户已经
超过 600 万，其中 50% 来自移动端消费。2013 年公司收入突破 10 亿美元。

业务式融合 如美国最大的有线电视网络机构康卡斯特（Comcast）。为
了应对 YouTube、奈飞等新兴媒体的冲击，该公司推出"电视无处不在"计
划，实现视频内容的精细包装和多终端分发，宽带、移动、各类视频订阅
等新业务用户持续增长，不仅成功应对了传统有线电视用户的流失，还实
现了公司产业规模的稳定扩张。截至 2014 年第三季度，康卡斯特拥有有线
电视用户 2238 万，高速宽带网络用户 2159 万，IP 电话用户 1107 万。2013
年这家公司收入达到 647 亿美元（约合 4000 亿元人民币），超过了中国广
电行业一年的总收入。

又如美国天狼星卫星广播公司（Sirius XM），为了适应新媒体的快速发展
和人们媒体使用习惯的变化，不断拓展业务链条，完善业务生态，从单纯的
卫星广播公司转型为融合音频业务运营商。目前其业务平台集成了 700 多个专
业频道和在线广播内容，通过卫星、有线、无线、互联网、移动互联网
（App）等融合渠道传播，实现数百种固定和移动终端的随时随地收听。截至
2014 年第二季度，其付费订户发展到 2600 多万，ARPU 值 12.9 美元。有车族
是其主要目标订户，全美国 70% 的新车都预装了天狼星产品，5700 万辆汽车
的仪表盘上都有天狼星的接收器，预计到 2017 年这个数字将达到 1 亿。

内容式融合 如美国当前最具竞争力的流媒体视频服务提供商之一奈
飞。凭借其在经营影视光碟时期积累的内容版权资源和用户资源，奈飞在
新媒体时代实现华丽转身，大打内容优势牌，推出影视内容的在线流媒体
订阅服务。其业务很快成为众多新兴视听媒体服务商和正处于融合转型期
的付费电视运营商的抢手货，迅速接入谷歌 Google TV、苹果 Apple TV、微

软 Xbox 游戏机以及美国康卡斯特、英国维珍传媒（Virgin Media）等的融合型机顶盒。截至 2014 年第三季度，奈飞国内外用户已经超过 5000 万，流媒体收入占其总收入的 82.5%。

内部组织机构和流程再造式融合　英国广播公司（BBC）建立了"中央厨房"式新闻中心，实现新闻、体育、少儿、天气等 10 个品牌节目内容面向手机、互联网、广播和电视 4 个平台的分发。

（二）在国内

近年来，全国广电行业加快发展新媒体新业务，取得显著成绩。截至目前，全国共有 29 家省级以上（含省级）广播电视播出机构获准开办网络广播电视台，有 24 家城市电视台获准联合开办城市网络电视台；6 家广电机构开办手机电视集成播控服务，24 家广电机构开办手机电视内容服务；7 家广电机构建设、管理和运营互联网电视集成播控平台，14 家广电机构获批提供互联网电视内容服务。全国省级以上广电机构和部分市县广电机构都开办了微信、微博、客户端等业务。一云多屏、多屏互动、从线上到线下（O2O）、城市信息云平台等不断涌现，如中国网络电视台（CNTV）的"一云多屏，全球传播"，苏州广播电视台的城市信息综合服务云平台"无线苏州"。有些地方探索建立了融合式新闻中心、节目中心，通过"电视端＋电脑端＋移动端＋可穿戴设备"，积极开展视听内容的一次采集、多次分发、全媒体传播，如无锡台的"六位一体"融合传播。有的地方还在母体之外兴建了可以与商业新媒体机构同台竞争合作的新型运营主体，比如苏州台注册了一个 IT 公司，专门运营"无线苏州"。

这些成绩是可喜的，也为进一步推动媒体融合发展打下了良好基础，积累了宝贵经验。但总体看来，广电机构在开办新兴媒体和推进媒体融合过程中，在理念观念、体制机制、技术力量、资金投入、人才保证等方面，还存在不少问题或困难，与中央的要求还有不小的差距，同新媒体发展趋势还不相适应。

三　强化互联网思维，推动广电媒体和新兴媒体融合发展

广电媒体融合发展正在全球范围内广泛深入展开，而中央关于加快推

进媒体融合发展的部署也为国内广电行业未来发展指明了方向。在具体落实和实践工作中，广电媒体还要"躬下身子学习新兴媒体，展开双臂拥抱新兴媒体"。

（一）树立平台思维，再造业务流程和竞争新优势

这一思维要求广电媒体突破几十年一贯制的采编播业务流程链，以视听节目内容业务为核心，主动搭建（主导）平台，邀请和吸引怀揣各样梦想的个人、机构登台"唱戏"，整合资源、聚集人才，实现社会效益和经济效益的最大化。在这里，广电媒体要扑下身子，压平运行和服务线，压低观看视线，以双赢和多赢的心态积极寻求合作，以兼容并包、求同存异的胸怀，融通不同体制机制、不同媒介、不同业务形态、不同区域、不同文化的业务共济共荣，进而形成新型融合运营主体。

在这方面，一些城市广电机构已经捷足先登。苏州台和无锡台先后于2011年底和2012年底打造了"无线苏州"和"智慧无锡"城市信息云平台。目前这两个平台已经成为以新闻资讯为核心支撑，聚合新老媒体资源、行业内外资源、城市政务及生活服务资源的开放共赢平台。在平台上，各类应用产品实现了交融互动，并不断吸纳新的加盟者，形成真正的互联网生态。如"无线苏州"目前共有新闻资讯传播、公共文化信息发布、市民生活信息服务、移动电子商务等四大类别16个功能模块，月均总流量达到45T，相当于在线观看2.3万部蓝光电影。城市云平台成为广电切入其他产业的入口，长尾效应初步显现。其O2O电商运营已经通过聚合汽车、房产、票务、保险、在线生鲜市场等应用，切入一系列产品的产业链。

（二）转向用户思维，服务用户并黏住用户

这一思维要求广电媒体要放下身价，切实走群众路线，观察分析当今的人民群众"都去哪儿了"，殷勤细致跟进服务，"hold"住主流人群，黏住新兴媒体消费人群，逐步打造新型主流媒体。

广电媒体肩负着引导社会舆论、巩固宣传思想文化阵地、保障文化安全与意识形态安全的重要职责和使命，自从诞生以来，一直是党和人民所倚重的主流媒体，是传播主旋律、弘扬社会主义核心价值观、满足人民群众信息文化娱乐需求的主渠道主阵地主战场，具有较高的传播力公信力影响力和舆论引导能力。但随着新媒体的迅猛发展，广电媒体这一地位正在

面临前所未有的严峻挑战，受众大量转向新媒体，广电广告收入增势明显放缓。据统计，到2014年6月，中国网民规模达6.32亿，其中，手机网民规模5.27亿，10~39岁的网民群体占比高达79%。近半数的手机网民每天花费在移动终端上的时间超过3小时。视频成为最受移动用户欢迎的在线娱乐内容和方式。人民群众的需求在哪里，媒体的服务就要跟到哪里。当目标受众的主流群体已经聚集到互联网上处理自己的社交、生活和各项事务的时候，及时跟进服务、满足用户需求，已经成为广电主流媒体的必须和必然选择。"无线苏州"和"智慧无锡"都实现了互联网、物联网、通讯网、广电网"四网融合"，电视屏、电脑屏和手机屏"三屏互动"。在这种融合互动中，传统媒体"受众"与新媒体"用户"实现了融通。在目前"无线苏州"171万用户（截至2014年11月中旬）中，20~40岁的群体占据91%（1万份调查问卷）的份额。而在传统广电媒体受众中，这一群体比重只有30%。这说明"无线苏州"正在有效地"抓回"从传统媒体流失的主流人群。

（三）建构跨界思维，着力布局融合业务和拓展服务领域

跨界思维要求广电媒体跳出传统广电的"行业""系统"思维，瞄准人民群众的市场新需求，积极开展各类融合业务，开发各类融合产品，紧随融合业务和产品的触角，不断拓展服务领域，业务、产品和服务延伸到哪里，市场和运营疆域就开辟到哪里。这样才有可能撬动更广阔的市场资源和社会资源，逐步建成新型主流媒体和新型媒体集团。事实上，在广电和视听新媒体领域，早已出现众多"非广电"的"系统外"竞争者，同时也是联盟者。以"数字客厅"为例，这里已经成为电视机、游戏机、各类移动智能终端、机顶盒、路由器等运营商争夺的战场。再看美国著名的网络音乐电台"潘多拉"（Pandora），这里总计拥有超过14亿个"私人电台"，平均每名注册用户拥有17个"私人电台"，它们都是专业广播电台有力的"跨界"竞争者。跨进跨出、融合分化已经成为这个时代媒体竞争的常态。

全国广电媒体已经在这方面积极实践，很多融合创新业务也开始"跨界"运营。截至2014年11月中旬，"无线苏州"已经与22家省市广播电视台达成战略合作协议。通过合作，"无线苏州"向这些台输出技术、运营机制及商业模式，未来收益分成。可以预期，将来有可能以资本为纽带，以"无线苏州"为主导，形成一个跨区域、跨媒体、跨所有制的全媒体产

业联盟。山东广播电视台推出移动互联网融媒体云平台"轻快 App"，通过该平台提供的互联网一口切入政务、百姓生活等多个领域。目前"轻快 App"已经有 2000 多家机构用户，页面浏览量超过 6000 万。另外，湖南广电芒果 TV 联合 UT 斯达康推出游戏功能机顶盒，百视通联合联众游戏推出家庭娱乐平台，青海卫视与中搜网络达成合作联盟，央视《发现之旅》推出食品电商平台，浙江华数推出天猫旗舰店，广电机构"跨界"探索已经迈出实质性步伐。

（四）建立社会化思维，思考创新监管体系和促进发展

这一思维要求广电媒体充分调动社会力量参与产品创作生产和行业监管，逐步建立广电媒体的治理体系。

新兴媒体的鲜明社会化特征已经将社会化思维推给这个时代，推给全球所有的媒体机构及其监管机构。当媒体的内容生产和传播不再单单依靠专业的媒体机构和媒体人，媒体监管的对象越来越变成了全人类、全社会、全机构，监管该怎么办？从国外探索来看，在视听新媒体政策制定与实施过程中，引入公众（包括行业组织或社会组织）参与是较为普遍的做法。例如美国在电视内容监管方面就引入了美国全国广播电视协会（NAB）、全国有线电视协会（NCTA）、美国电影协会（MPAA）和家长电视监督委员会（Parents Television Council）等行业组织和社会组织，前三个机构协助监管部门制定了"电视家长指导原则"，后一个机构负责监看视听节目内容，随时向政府反馈，同时帮助政府制定解决方案。充分依靠公众的力量参与行业管理，一方面有利于提升事中、事后监管的力度与效果，另一方面也可以集思广益，有利于科学决策、稳妥决策。鼓励公众参与政策制定，也有利于培养公众的媒体素养尤其是新媒体素养。另外，在媒体社会化趋势下，面向大众的传播遵循统一的导向要求和内容标准也是全球性的监管取向。各国都在积极探索对网上网下、不同业态实施科学有效的管理，确保对于电台电视台和网络播出的视听内容，包括境外引进内容，实行同一尺度、同一标准，实现一体化、一致性管理。

（张瑶　校对）

时间：2014 年 12 月 8 日 （周一）9：30～11：30
地点：首都师范大学北一区文科楼 316

主讲人简介

严志斌　中国社会科学院考古研究所副研究员，主要研究方向为商周考古与古文字学。1997 年本科毕业于吉林大学考古学系考古专业，同年进入吉林大学研究生院考古学系，师从林沄先生学习考古学（古文字学方向），2000 年 7 月以论文《四版〈金文编〉校补》获硕士学位。2003 年 9 月进入中国社会科学院研究生院考古系，师从刘一曼先生学习商周考古，2006 年 7 月以论文《商代青铜器铭文研究》获博士学位。2009 年，其博士论文被评为全国优秀博士学位论文。出版《商代青铜器铭文分期断代研究》(2014)、《商代青铜器铭文研究》(2013)、《四版〈金文编〉校补》(2001)、《近出殷周金文集录二编》(2010，合著)等著作 6 部，发表论文 50 多篇。

主持人（陈英杰）：我们今天很荣幸地邀请到中国社会科学院考古研究所的严志斌先生给我们做报告。严先生本科、硕士毕业于吉林大学考古系，师从著名古文字学家、考古学家林沄先生，博士毕业于中国社会科学院研究生院考古系，师从著名甲骨学家、考古学家刘一曼先生。正是由于这样的师承，所以严先生的研究专长兼跨商周考古和古文字学两个领域，是双料专家。既懂考古，又懂古文字，这在考古学界和古文字学界都是非常少见的。其硕士论文《四版〈金文编〉校补》是学者案头常备之书，其博士论文《商代青铜器铭文研究》被评为百篇优秀博士论文。

今天严先生跟我们分享的是他对于巴蜀文字的研究创获。李学勤先生在 2005 年发表的《青铜器分期研究的十个课题》一文中把"巴蜀文字的解读"列为其一。李先生说："世界上完全没有得到解读的古文字不多，巴蜀文字的解读将会成为一件大事。"严先生力图解决的是高精尖的学术难题。现在让我们一同分享严先生的精彩演讲。

唤醒沉睡的符号

——巴蜀符号探索

严志斌

正像陈老师讲的一样，李学勤先生确实提到过巴蜀符号的研究比较重要，是个比较难也比较有意思的题目。我自己觉得是比较有意思而已，要说取得很大突破，能破解它还是为时尚早，甚至可能性不大。那为什么要做这个呢，我是自己比较感兴趣。但要是做巴蜀符号研究想拿个职称、拿个什么奖，如果这样想的话最好不要做这个题目。巴蜀符号能阐释的东西很少，它的研究的预期结果是很渺茫的，拿这个东西去申请课题估计也够呛。要是问你的预期成果是什么，我是答不出来的。我觉得到我们甲骨文中心来讲，按道理应该讲一些甲骨，或者是我以前搞的金文，这样可能比较好一点。我本人起码甲骨也学一点，做论文的时候偶尔也用一点，但说白了我也不是专门做这个；那么金文这块儿，我觉得我的一些研究结果和见解都体现在我的书里了，所以再讲好像也挺没趣的。

巴蜀符号，我是从去年开始做一些资料性的工作。今年建立了一个数据库，把这些符号数字化之后，进行了一些初步的归组，我自己做这个有这样一个初衷，像李学勤先生讲的那样，至于有什么意义——申请课题自然要讲意义——就像以前有个登山家讲的话，说你为什么爬这座山峰，他的意思是说因为山峰就在那儿，所以我要去爬。我的感觉是因为有巴蜀符号存在，所以我得研究一下，就这么个意思。目前这个研究纯粹是探索性的，不是结论性的，拿出来和大家分享一下。而且我觉得，在这都是搞古文字的学生或者老师，或者说从业者，开阔下眼界，也许会有好处。说不准我们里头某一位先生，听我这个讲座之后也有兴趣，过若干年以后，成为中国的商博良之类的人物，那就是很好了。

一   何为巴蜀符号

什么叫巴蜀符号呢？可能有老师或者同学有过一些接触，至少多少都会知道一些。主要是指在四川盆地，在战国秦汉时期巴蜀文化的器物上，经常出现一些很好玩的符号。比如说人形、动物形或者手形的一些东西，但是说它是文字，也不是，说它是图形也不好说。那我们姑且把它称为巴蜀符号——当然还有别的人有别的称法，我待会儿要讲到。我自己更倾向于把它称之为巴蜀符号。因为符号这个概念可大可小。如果说成文字，文字是记录语言的符号，但不能确定它到底记不记录语言，所以我们不能说是巴蜀文字，这样的定义太窄；但定义为巴蜀图像，我觉得又太宽泛了，因为有的器物上有纯粹的老虎、鸟等图形，那就是纯粹的图形。所以我觉得用符号来定义比较妥当一点。

二   巴蜀符号研究的意义

什么研究都要搞一个意义，我也如法炮制了一下。古文字的解读，特别是对死文字的解读，是学术界的重大课题。四川重庆地区发现的巴蜀符号是这一课题中的难题之一，也是目前尚未明确其实际性质与含义的符号系统，对这一课题的研究将有助于对巴蜀古文化的重建与理解。

三   巴蜀符号研究肇始

先对巴蜀符号的研究做一个简短的回顾，最早在 1936 年有人收了一件錞于，上面有一些符号，在华西大学博物馆收藏并公布出来，当时的学者（卫聚贤）很厉害，一上来不认为是别的，就认为这是巴文。1942 年卫聚贤先生把一些从古董商手里收过来的铜器鉴定为巴蜀铜器并整理了一下，公布了 48 种纹饰符号，他就认为是巴文，因为《华西学报》公布出来的那篇文章也是卫聚贤写的。公布出来之后一些著名学者都反对，比如商承祚先生就反对，认为那怎么能说是巴蜀符号呢，怎么能说是巴文呢？年代就断错了，那些器物都是夏代器。但是现在看来这些反对是毫无理由的。

四 巴蜀符号研究的契机

学术界对巴蜀符号真正感兴趣，以比较严肃的态度进行探索和研究的是在宝轮院、冬笋坝二地巴蜀墓葬的材料公布以后引发的。因为这两个地方发掘出了很多我们所说的船棺葬。我现在回想起来，一直不明白为什么叫船棺葬。这个词可能有些不对，以前我们一直讲的船棺就是拿一些大的木头，一般是大的楠木，有的十几米长，把中间刨开了，或者用火烧了，烧出一个空间出来，把人和随葬品放在里面，再加个盖子。有时候就习称它们为船棺葬。我以前也去考古工地看过，为什么把它称为船棺呢？没有任何理由把它叫作船，可以叫木棺，未必就是船棺。当然我现在不是说马上否定这个称谓，只是这么说一下。这两个地方的墓葬材料里有很丰富的巴蜀符号出现，引起学术界广泛的关注。

以下是比较早的几位先生的意见。那时候巴蜀符号一出来，他们给出一些认识，但这些认识很多时候我都觉得是比较直觉性的，很多时候看他们的文章里头没有一些很详细的论证。当时佟柱臣先生就把巴和蜀区分得很明白了，认为"蜀这个方国"因为地近中原"很可能自己未造文字"，直接采用商人的文字，但巴族却有自己的文字，这个文字就是宝轮院、冬笋坝二地巴蜀发掘的东西。关于这点徐中舒先生有很详细的论证：他找到《蜀王本纪》里记有蜀人不晓文字一段话——因为典籍有记载，不是巧合——他一方面认为那不可能是巴人的文字，同时又将这些符号和纳西族文字进行对比。现在来看的话，拿来和纳西族东巴文字比较研究，也是比较好的或者可行的途径。只是古代的巴蜀人和现在的纳西人有什么直接的关系，还不好说。因为现在学术界很多人都认为现在土家族可能是巴人的后裔，和纳西族没什么关系。但是我总觉得，纳西族的象形文字也流行于这个区域，年代上可能稍微晚一点，也可以尝试着进行一些对比分析。还有其他几位先生如邓少琴、蒙文通、童恩正都认为那些是古巴蜀的文字。

五 巴蜀符号的性质讨论

这些材料出来之后，学术界对巴蜀符号的讨论，讨论的主流内容都是巴蜀符号的性质。大家最关心的是这种问题：巴蜀符号到底是什么东西，是文字是符号还是别的什么？前几年对于巴蜀符号的讨论无外乎这个问题：巴蜀符号到底是什么性质的？

我归纳了一下有这么几种说法：有人说这种巴蜀符号就是花纹；有人说它是一种图像语言；有人说这是符号或者是文字性质的；还有人把它认为是图腾或者族徽。

1. 花纹说

明确说它是花纹的观点比较少，我也没见到某个人专门写篇文章认为这东西就是花纹；但是在一般报告里头或者在行文当中，他们经常使用这个戈上、这个矛上有比如心形的或者花形的或者手形的"图样"或"花纹"这种表述——我想他的观念里头还是把它释作花纹的。

2. 图像语言说

提出所谓的图像语言说，主要有这么几个：邓少琴先生提出来的比较早，他认为是巴人使用的象形文字，是处于最初创字阶段，"有些犹如图画"，推想它与汉字的构造可能具有一些共同基础。还有李复华、王家祐两位先生，专门提出"巴蜀图语"，认为它们绝大多数是些具体的实物图像，没有动词、形容词、接续词、数目字，不能构成文句。我觉得很奇怪：为什么说没有动词、形容词、接续词、数目字呢？怎么说清楚它里面就没有这些呢？总之他们是说那是看图解意的"巴蜀图语"——现在我看有的博物馆就引用这个词——他们可能认为这个词比较妥当。这种东西的讨论我感觉跟以前我们金文里面族徽文字的讨论很类似。当时也有人认为它是图像而不是文字，那个时代有这种倾向。

3. 符号说

持这种符号说的人就很多了，尽管大家说的都是符号，但是符号指的内涵还是有区别的。

（1）比较有代表的是北大的孙华先生，他这篇文章刚开始是为了反驳"巴蜀图语"这个称谓的：首先他给文字做了一个定义——文字是由物件记事、符号记事、图画记事引导出来的，但这些物件、符号、图画本身并不是文字，它们只起备忘作用，而不能完整记录语言。所以他认为"巴蜀符号"不是文字，而是一种原始巫术吉祥符号。后来有的学者就把这个引申了，和道教的符号进行联系。孙华认为不是文字的理由主要是因为数量、种类太少——我现在把这些材料都理过一遍，自己也有体会，就是它的数量和种类确实很少；我现在收集了七百多件巴蜀符号的器物，要是把里面的符号分类的话，大概只有三百多种，而且这三百多种中可能还有同一个符号有不同表现形式的情况。他的另外一个理由就是图形很纷繁复杂和不规范——我现在看起来这个理由不是很充分，因为比如在玛雅文字的一些符号里，同样一个符号本身也可以代表一个词，和一个音节对应的一个神的形象放在一起，反正变化多得不得了；如果巴蜀符号也能叫作"极端纷繁"的话，那玛雅文字比巴蜀符号不知道纷繁多少倍。但玛雅的那个确实是文字系统，这没什么问题。孙华还有一个观点，认为巴蜀符号曾与汉字共存，但留存时间短，现在看起来也就是战国早期到汉早期——巴蜀符号只存在于这么短的时间，再长就没了；因为那个时候汉字在巴蜀地区就已经很流行了，从墓里面经常能发现汉字印与巴蜀符号共存，巴人可以借鉴汉字，所以没有必要也不可能发展出自己的文字系统来。

（2）还有另一位学者就是刘豫川先生，他也仔细琢磨了这个问题。他主要从巴蜀印章出发，把所有铜器上的符号和印章上的符号进行了对比：他认为有些符号存在于印章上，而不存在于铜器上。而存在于印章上的符号应该是文字，所以虽然他也认为这些巴蜀符号是符号，但他符号的概念就相当于我们文字的概念。

4. 文字说

（1）有直截了当地认为这些就是文字的，比如童恩正先生。他首先论证了一下，说"进入阶级社会以后文字的出现和使用应当是带有必然性的"——这种话当然有当时学术研究的特点——但他也说了：从文字的结构来看巴蜀符号是方块字而非拼音字，是直行而非横行。与汉字一样，应属于表意文字的范畴。这个看起来都是专门有所指的，因为现在很多材料看起来我们不能确定是直行还是横行，也不能确定是方块字还是拼音字，这些东西是总体待研究的、没有形成结论性的东西。

（2）还有就是以李学勤先生为代表的一派文字说，这个看法也是在学术界影响特别深远的，他是把巴蜀符号或者说文字分成两类：文字甲和文字乙。文字甲就是《四川船棺葬发掘报告》讲的那些"符号"，比如下面这些。像这些东西都是所谓的巴蜀符号，他把它们都称为"符号"。还有一类他把它称为文字乙，原先发掘报告也说到，说它是像汉字又不像汉字，他们认为这肯定是一种文字，他们的说法是研究者公认的，这个问题往下会有一些 ppt 展示出来，大家看一看，"似汉字又不是汉字"的到底是什么样的内涵。他把文字甲分成两种——他的研究目前来说是非常深入、走得最远的—— 一种是用来表音的，另一种是用来表义的。这就是他的说法，但至于他怎么论证：何以证明这是表音的，这是表意的，他没说。还有他认为这和族氏很接近——族徽这个概念大家也知道。而且他还专门提了一条：文字乙——就是像汉字又不是汉字那种——都不可能是巴蜀文字甲的草体，这种东西考核起来就很复杂了。如果这样的话，甲和乙又是什么关系？这一个文字系统又派生出好几个文字系统，又有些复杂。

（3）还有个我觉得是更上云端的说法，就是钱玉趾先生认为的——以百花潭战国墓出土的铜盉盖上的符号为例：

像✝这一块和ᛉᛮ这一块一般是公认的巴蜀符号，但他把这些扩展了——这种东西全都是巴蜀符号，而且这种弯弯曲曲的都是重复的，所谓的特点就是以螺旋线形为主，然后他还生造出一个词，叫蚕丝文字，很有创意，而且认为属于音素音节文字。看这篇文章，从头看到尾，我是如堕雾里，不知所云。当然很多学者提出反对，我自己也是反对：到目前为止，类似于这样的符号，这个墓里只发现这么一件，只通过这一件器来推理出当时有蚕丝文字这样的文字体系，我觉得就这么一个盉背不起这么大包袱。退一步说的话除非再发现了有其他类似的很多件器物——所谓的孤证不立——只能如此，只好先把它放在这里。

5. 图腾徽识说

还有就是所谓的图腾和族饰说。有的认为这是图腾，这个比较好理解，比如画的有头虎或者什么东西的形象；这里头像胡大权先生经常把铜器上图像或者纹样与这个符号混在一起，研究时面铺得很宽，有时候不知他具体所指，这是个很大的问题。还有王仁湘先生写一篇文章，把它释成半文字体系——我觉得和宽泛的符号说差不多——把巴蜀图形视作一种泛文字体系；他认为其各种组合形式，多数是巴蜀人的徽识，包括联盟的徽识，也有部族徽识，甚至还有家族及个人的标记。但徽识也有文字的意义，这就是比较宽泛的符号说的一种表述。

六 考释研究

除了刚才讲到的一些对巴蜀符号性质的认识之外，还有一些学者从事考释研究。我没有一一举出来是因为我觉得这些考释的研究有很大的问题，因为很多人拿来直接与甲骨文、金文、彝文、纳西文等对比释读。举例来说：巴蜀符号最常见的有一种心纹和一种手纹放在一起的符号——现在成都市的考古所把它当作自己的所标——有人说是海螺，有人说是花蒂，反正有各种猜谜似的说法，不提也罢。

七 资料著录

到目前为止，有关巴蜀符号的资料著录——当然有的比较零散，发表在各种刊物、考古报告或者介绍上的都是零零星星的——比较集中的就这么几种。

① 四川省博物院的刘瑛先生当时因为有地域之便——他们博物馆藏了很多巴蜀铜器——出了两篇资料性的论文《巴蜀铜器纹饰图案》《巴蜀兵器及其纹饰符号》。

② 高文、高成刚：《巴蜀铜印》，1998 年出版，就是把一些传世品和当年在这之前考古陆陆续续出的一些铜印编辑成册。

③ 比较集中的有两种，大家如果有兴趣可以看一看：一个是《什邡城关战国秦汉墓地》，这里面基本上大部分都是。还有《四川考古报告集》里面也发表了挺多的；像《什邡城关战国秦汉墓地》，我以前翻书的时候总觉得这是什邡城附近的一个墓地，但到现场去调研的时候才发现其实是若干年挖掘的若干座墓放在一起发表了，把它称为"城关墓地"，墓的方位也不太一样，并不是整一片墓地，这是需要说明一下的。

八 存在问题与难点

我在资料库搜集过程中碰到的一些问题，也是对我这个研究有很大阻碍的问题。

①部分符号漶漫不清，难以制作字符：有时候真是哪怕拿着实物在手里也看不出来到底应该写成什么样。

②部分符号发表摹本有误：可能对这些符号不认识，没有整理过全面的资料，只是隐隐约约把轮廓勾勒出来，失真、变形的很多，搜集过程中发现这个问题还是很严重的。

③符号间的区分：怎么认定是单个符号，因为有的符号可能是放在一块，是把它们拆开还是当成一个符号来看，这也是一个问题。

④符号与纹饰的区分：它们有时候总是组合在一起出土的，哪一部分是字，哪一部分是符号，这个度怎么把握也是很难的。

⑤有很多器是采集或传世品：因为我是考古背景出身，这一点我比较在意的。有很多器是采集或传世品，没有考古出土背景，这也是一个问题。

九　出土地点

我把出土地点分成三类。第一个就是重庆地区，因为从古文化来讲的话这些就是古巴人的地区。第二是成都地区，在龙泉山脉以西，这些属于原先蜀人地区。另外有一些湖北、湖南、陕西一些地方墓葬零星出土的，当然东西也少。见下图：重庆就是右边这一片，成都出的东西都是在靠近重庆边缘的这一片，中间是龙泉山脉。

十 巴蜀符号的时代

巴蜀符号的时代可以从战国早期，会不会有的早到春秋末期的很难说，一般来说就是战国早期到西汉早期。西汉早期就很少了，基本上到秦，秦统一文字，灭了巴蜀之后，巴蜀符号基本上就不存在了。但是如果往更早追，那咱们都知道三星堆文化是商代的巴蜀文化，这个是可以连续上的；

三星堆遗址里头，出了一些像这种的刻划符号：

这个是不是就是巴蜀符号，你说是也行，不是也行，反正它存在着。但是从形态上来讲的话，我们目前还没有发现后面的巴蜀符号里面有和它完全一样的，也就是说所谓的巴蜀符号能否追溯到商代去还有点儿疑问。就算能追溯到商代，那周代的这些东西哪去了？好像中间存在缺环。但这个东西也不好说，考古这东西，不知道哪个时候哪个坑挖出个东西出来，也许和三星堆一样，哪天挖两个坑出来，大家就惊讶得不得了。总之一般就是上至春秋晚期。举例来说：

上图就是战国早期所谓的巴蜀柳叶式剑，短剑。这是一只老虎，正反都一样，这就是所谓的心纹和手纹。这种东西最常见，我收集的七百多件铜器里头，出现这个符号的、这两个在一起组合的大概有将近三百件，出现的比例特别高。又如这件 ，这就是比较晚期的了，有人把它称作剑，也可以称作铍，这个时候还是这样的心纹和手纹。

十一　巴蜀符号器物种类举例

巴蜀符号这种东西在出土的器物上还是有一些限制的，最多的出在兵器上，比如铜矛、铜剑、铜戈这三种器类上是最多的，偶尔有别的铜器上也有出现。像这个就是矛（左侧彩色照片，右侧两张拓片）：，右拓片矛柄上有老虎、左拓片上是心纹和手纹。

刚才是那件矛，这是剑：，也是这样，右侧拓片上面是老虎，下面是两个符号，整体是六个这样的符号。这种折线纹比较有意思，有时候我自己想这个东西会不会是我们所谓的亚形，它截了一半——当然这个是随便说的；如果这样说的话，就变到之前说的考释的路子上去了：那是亚形嘛，我可以说很多话，但我觉得没多大意义。

右图就是戈，上面的 这个符号可以说一下。这个符号比较有意思。这个符号不是所有地方都出，基本上是在一个墓里头出，而且这个墓基本上是现在发现的巴蜀文化里头规格等级最大的一个墓，被认为是当时蜀王的墓。这里面出的东西特别有趣，什么东西基本上都是以五为数：这种形制的戈出五件，别的形制的戈出五件，斧头也出五件，小鼎也出五件；什么东西都是以五件配比。当然制作都很精美。这个符号很奇怪，就是说只在这个墓里头出这个符号。

这是什邡出的一件钺，他们出的钺也很好看，越往后前面这个叫刃缘就越大，到了西汉的时候膨胀得特别大。像这种钺在巴蜀文化里头它是一种年代尺度比较明显的东西。

这个就是所谓的斧头了，中间一个所谓的"王"，但它是不是"王"就是一个问题了。

 这一件就是刚才所说新都的所谓蜀王墓出的，这种削刀它也是出五件。

  这是件钲，上面是一组这样的符号：左右两个"王"——就先这么称呼。

  还有左图这件鼎钟上面也有一个刚才那个钲上也出现过的，也是个小饰物样的东西。

 这种就是所谓的錞于了，因为它一般在虎钮下面会出现——有的话会出现——这么一组这种图样，但是很多还是没有的。这件东西是四川大学博物馆收藏的。

 还有左图这件罍，这也是蜀王墓里出的。楚墓里头常出这个。而且这个墓里还有很明确的说明这是当时楚王送给他的铜器。

 这是箭头。

 这个是耳杯，上面俯视图中间左边的那两个就是所谓的心纹，对称的。

 还有这种勺子上面也有图案，上面是鸟，左边是乌龟，下面是鱼，但是旁边还有一些呢——它的符号就出来了。但现在看起来这种东西算是纹样还是符号？怎么取舍？

这个铜鉴，在钮旁边的口沿上有符号。

这是个盘子，它有像左图上面两个方框中这样的符号。

这是一个陶的纺轮；也有人说这不是纺轮，这是当时的印章。这说起来也是考古上一个很让人费解的问题，这到底是纺轮还是印章？先这么称呼吧。

这是一件罍，在底部有符号。

这是一件带钩，在它面上的中心部位也有这种符号，还是一左一右对称的；这些符号都是重复出现的，像这个折线纹，还有这种类似甲骨文"五"字写法的这种符号。

这是一个方形印章，它的左上右下是两只手，中间是心纹，然后旁边有一些条条的东西。

这是另外一件印章，印面上图案比较丰富。我一直弄不懂，像这种图案，你说是什么呢？比如中间这个是把它给一个个拆开还是放在一块儿来看呢？像这种月牙形的、王字形的经常单独出现，我们都能判断出来这是属于可以单独出现的符号；可像这个印章这样的基本很少见到，只是出现这一个例子，那是把它给连在一块讲还是拆开，这也是个问题。还有旁边的这些小点点、小圆圈是作为装饰用还是表达某个意思？这是很费劲的一件事情。

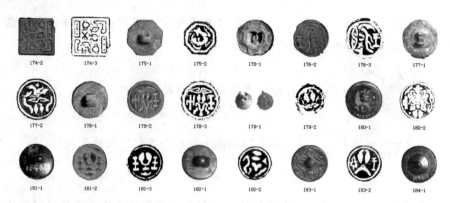

上图是我做的资料数据，就是说这里头有类似这样一些东西，大家看看增加一些印象。

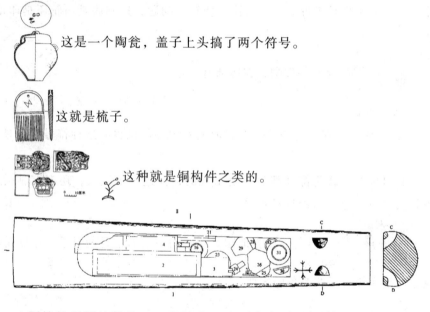

这是一个陶瓮，盖子上头搞了两个符号。

这就是梳子。

这种就是铜构件之类的。

上图就是所谓的船棺：一根楠木，砍下来之后，把中间给掏了，然后把这些埋到里面，然后在棺木上也画有一个这样的符号；当然这不止一件，大概有两三件画同样的这种符号。

十二　巴蜀符号举例

接下来看看到底有哪些符号，我觉得我现在干的唯一一个成绩——当然也不算成绩了，就是谁出点笨功夫都能出来的东西，但是在我这之前，我从来没见过这样一个表——就是说我这儿初步统计了230种符号。另外还有一些特殊符号没有计入，待会儿我会展示一下。

1. 文字甲

最常见的就是这两个符号的组合。

还有这种。第一排这些符号是每一个都代表一个独特的符号还是这一排都是同一符号的异体？这是个问题。如果同意说是同一个符号的异体，那种类就少了很多；要是每个符号都是独特的符号，意义是不一样的，那这种符号就会很多。

那第二排前三个，我是把它称为叠形符号的，而且我觉得这三个差不多是同一种符号。但如果认定这三个东西是不一样的，也有可能，毕竟形体上也是有区别。还有这种单个折线，与双折线的；这些直的折线和弯的折线应该还是同一个东西。

左图这种就很多了，这一批东西就是比较象形的，像鸟、虫子——说这些像什么东西，像蚕、蜜蜂，都可以进行设想。

这种是和人相关的东西。我暂时不把第一、第二、第四个当成一个符号来处理；先拆分，能区分尽量区分，到后面发现能和再和。

还有这种比较象形的：挺像戈、矛之类的，但是它象形是代表这种兵器本身，还是像楔形文字、玛雅文字里头的，代表音节？反正这个东西没有对照的材料，所以这些说法都有待验证。

2. 特殊符号甲类

然后我要讲到另外一些特殊符号，我刚才那个表里头没有收录进去的，这种符号有好多，我印象中包括像曹锦炎先生的《鸟虫书通考》里头就有收录。这类东西我不敢保证它就属于巴蜀文化，因为从出土地来讲并不是仅限于四川盆地，在四川盆地以外它们的出土量也很大，所以从地域上来讲我并不能说它是巴蜀的东西；从戈的形制上来讲，好像也不能确定它是巴蜀文化的东西，所以这些符号究竟属不属于巴蜀符号，也是个问题。

 这是湖南出的一件东西，有的人释成"朱"字，有的人释成"棘"字，但是我不知道这该怎么说，是不是字还是个问题。

 这是四川新都出的。

 这是一个台北的收藏家收藏的，它每个基本上都是一样的。

 这是西安市文物保护考古所收藏的一件。

 这个也是四川的，这件铜器也是经常被引用的。

 这是湖南出土的。这上面带一个羽冠或者说是有光芒的冠一样的东西，这种符号也出了好多个，还在四川出过。我去四川省考古研究院调研的时候，他们那个地方出土的一件铜器，因为还没有公布材料，所以我也没有放上去，就是说也是类似于这样的。

 这是纪南城出土的。像这上面的字——有的人，包括

像曹锦炎先生的话——当然就把它释出来了：上面两个就是"朱"字，下面的是"中"，旁边就是那个鸟书。

还有这件陕西省紫阳县的，我看它的发掘报告的时候，发现里面引用了林沄先生的意见，说这种铭文"根本不能算一种文字，无论什么文字，不会连续使用同一符号三至四次"，"这种铭文应该是本身没有文字的人们为了模仿有文字的戈而制造出来的，只有装饰意义，假充文字而已"。这个代表林先生对于这种字的意见。

3. 特殊符号乙类

这种文字符号乙很有意思，只在左图这种形制的戈上面，别的器物上面见不着。一般来说就是有这种虎头的，这个铭文铸在缘的上沿部。这是因为发表的材料就是这么糟糕，看不出来，但是可以根据戈的形制还有这个符号，可以判断是这一类的。

这件戈被很多人不停引用。就是戈上缘这一串符号，所谓的直行或者横行的这一排东西，反正我横看竖看确实什么也认不出来。我建议你们使劲往汉字上面想，说不准能想出来——为什么说"说不准能想出来"呢？因为下面有例子。这是四川省郫县红光公社独柏树墓葬出的，相当于做了一个摹本，这个我觉得很像是汉字了，但是他（李学勤）说是"似汉字又不是汉字"的。

还有四川省渠县土溪镇城坝遗址出土的。这个是有很典型的巴蜀符号的，只可惜这个符号也看不清楚。

这是上海博物馆藏的一件东西。

这个湖南省博物馆藏的东西看起来和之前几件太像了，但是李学勤先生把它释成：侣（偎）命曰：獻與（於）楚君監王孫袖□，我个人感觉大部分是对的。这是很典型的汉字。所以我觉得在座的先生如果有兴趣把这几件器好好琢磨琢磨，究竟像个什么你把它说出来。我觉得把这个东西归为巴蜀符号，还不如直接剔除了，因为这种符号显然跟那些不是一个系统，这个就是巴蜀文字乙，既然是巴蜀文字乙的话，你还把它释出来干嘛？我觉得巴蜀文字乙是不存在的，只存在巴蜀符号甲。至于这是什么字，我觉得比较难，但应该会有人能把它释出来。

十三　研究思路

然后我说一下我的研究思路，让大家提提意见。

（1）厘清每一种每一类巴蜀符号的特征、变化、组合、地域、年代，才能考虑进一步的研究与解读：但是辨认这种符号比较费力，年代的问题就很难办，因为我得回过头去把所有巴蜀文化墓葬的年代谱系排一遍——这个活儿很累，我干这么长时间还没干完。

（2）运用考古类型学研究，对巴蜀符号器物重新进行尽可能细致的分期断代研究，再综合考虑这些铸刻有符号的铜器、兵器、陶器、漆木器，并参考共出器物，进行各种统计分析：然后就是分析断代研究，把它的年代进一步细化。

（3）分析同一器物上的符号组合规律以尝试推求其语言学特征：然后我要分析一下它的组合规律，就是它是怎么组合的、有多少种组合出现，因为符号与符号之间组合形成结构，假设它是有意义的，而且意义可能渗透在它这个组合里，那我看看它单个符号和别的符号的组合是什么情况。

（4）符号在不同的时段、不同的地域的分布、变化以推求符号在不同的时空维度的特征。还有这种符号在时间地域上的变化是什么样子的、有哪些可能性。

（5）分析符号与其载体性质的对应关系，如不同的材质、不同的用途、不同的社会层级：还有这个符号和它所存在器物有什么对应关系。有一些只出现在印章或别的什么上，它确实有一些这种关系。或者当然还涉及社会阶层。

（6）最后一个就是尝试回答一下巴蜀符号的性质、内容、分类、特点、规律等问题。

十四　研究举例及推论

下面讲的是我今年尝试的一个例子，就是战国时期巴蜀文化罍形符号研究的例子。

1. 单个符号

我把上图这三类当成一个，但第一个绝对是主体，第三个出现一例，第二个存在两例。

有关罍形符号的出土材料我再向大家展示一下。

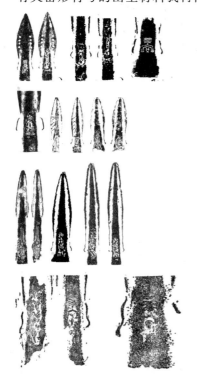

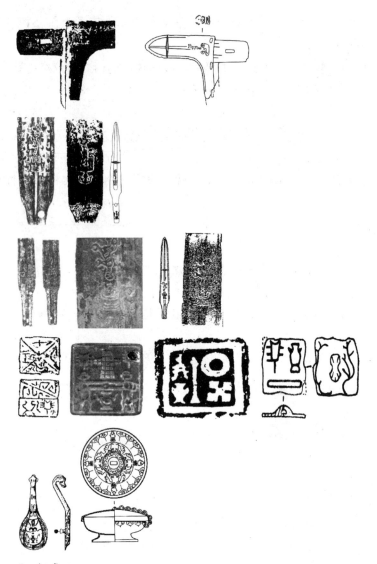

2. 组合

下面是我归纳出每件铜器上有关罍形的组合

，这是最基本的组合，就是这个罍总是和这个图形是一块出现的。

除此之外，它经常和水波纹一样的东西不停地重复出现（如上图），这种组合的比例是最高的，所以这也是这个罍形符号最基本的一个组合。我也是根据这个来推定这些水波纹可能是同一个符号的变体，因为同样是一个组合，有的水波纹画三道，画四道，画五道，有时多画一道少画一道也是有可能的。

这是另外一种组合，除了水波纹之外，还有就是

类似"五"的组合。

这是另外一种组合，带了一个人。这个符号有些变化，一步步演变，这种组合的数量会少一点。

还有这种组合，这三种组合都是刚才说的那几个印章上的。

3. 推论

推论一：时代范围

这种罍形符号的时代基本和巴蜀符号相始终，但是汉早期没有见到，基本上都是战国早期到秦这个阶段。

推论二：主要的组合

这是一类独占性的固定组合，像带这个水波和这个像宝盖头一样的东西的"罍"是一个最基本的组合，而且这一组合目前多见于青铜剑与矛上，限于兵器（还有一件铜豆）上，说明这一组合

的含义与器类是具有相关性的。

推论三：符号归类

（1）水波纹：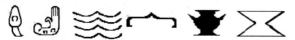

（2）折线纹：

推论四：同铭现象

"同铭"现象，即不同地区出土的不同器物上的符号组合是相同的，这个我觉得是比较有意思的现象。

第一例：四川省荥经县南罗坝村墓葬（M9：7）铜矛、四川省荥经县南罗坝村墓葬（M1：51）铜矛与四川省什邡市城关战国墓（M90－2：6）铜戈上面都是下图这样的符号：

大家如果看下地图就明白了：

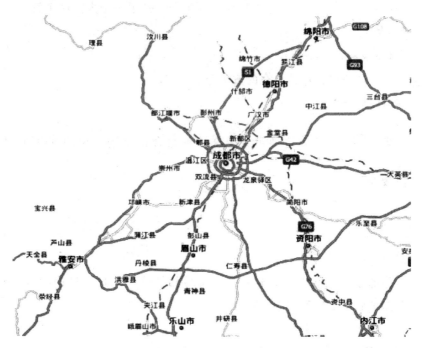

荥经县在图左下角、什邡市在成都正北处，尽管都在原来蜀人的分布区内，但是一南一北，相差的距离上还是挺远的。

第二例：四川省大邑县五龙乡机砖厂墓地（M3：4）铜矛与重庆市云阳

县高阳镇青树村李家坝墓地（M45：11）铜矛，符号组合是下图这样的：

这两地之间的距离就更加远了（见下图）：

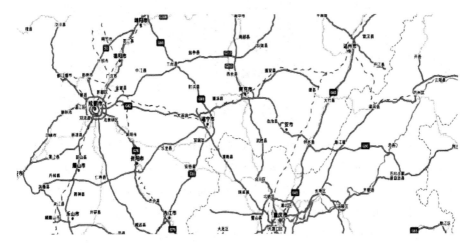

一个是在巴人的区域，另一个是在蜀人的区域，跨越了这么长的距离，但是符号是一样的，这种"同铭"现象说明什么问题呢？我不知道，但是研究这种大家说不清东西的时候，要是能指出来一点儿现象，也许还有点儿意义，因为大家至少可以注意到这种现象，如果不注意这种组合、排比的话，我想要找到点规律太难了，不会想到大邑和云阳出的东西，相差这么远的距离两个地方出现的符号是一样的。虽然总的来说都是巴蜀区域，但从小的来说一个是巴文化、一个是蜀文化，那就是说这两种符号的组合可能和族属上没有太大关系。

推论五：繁化现象

四川省什邡市城关战国墓的三件铜矛上有下图这样的符号组合。

它们的符号好像是累加的，更加繁化了。当然这种现象表明是什么原因、什么意义呢？我不知道，但是就存在这样的现象。

推论六：罍与钟

为什么要挑出罍来讲呢？因为青铜罍在巴蜀文化里有特别重要的位置的，差不多可以说是巴蜀文化礼制的一个标志性器物；咱们中原地区一般都用鼎或者簋来体现，但他们巴蜀文化都用罍来体现。

上图展现的五件罍是我在四川省博物院拍的，就是在彭县竹瓦街出土的铜罍。其中 1960 年出土窖藏列罍 5 件——那个蜀王墓里出来的也是 5 件；1980 年出土铜罍 4 件。如果说咱们中原有列鼎的话，那这就可以说成是列罍了。当然不止这一个地点，更早的时候广汉三星堆一号祭祀坑中就出现有圆罍 5 件、方罍 1 件。涪陵小田溪出土墓地青铜罍 3 件。新都马家公社的战国木椁墓中则又出土了列罍 5 件。这些列罍的出现与使用，说明巴蜀文化对罍的重视，较其他的铜器有更重要的意义，所以罍在他们的文化中很重要，那把罍形符号用于铜器上，可能也和这有些关系，并以此形成了独特的使用礼规。

还有就是钟的问题。

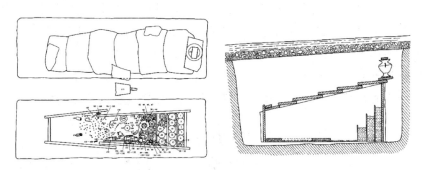

上图是四川牟托的一座石棺墓，右图右上角是一个铜罍，它用一种独特的方法向大家展示我们讲的这个罍有多么重要，别的东西都是放在棺材里面，唯独这个罍，要单独放在石板上面；这个钟也不放在棺材里面，这个罍和钟对墓主来说是独特的，要把它展示出来。

　　上图就是刚才提到的那件罍和钟。我为什么要提到这件钟呢？因为罍和钟的组合是巴蜀文化核心价值所在：罍与钟是蜀人的重器，是蜀人礼乐文化的最重要的象征，是蜀文化核心价值的最重要体现，是蜀人上层身份的重要物证。包括在四川的一些边远地区——比如战国中晚期，由于受秦文化的逼迫慢慢地往西南山地转移，跟外面一些部族进行交流的时候——我们的考古发现当时的文化面貌很复杂，里面有各种文化因素，判定其到底是巴人、蜀人，或者说是别的族属的性质的时候，我觉得罍和钟的组合就像指示物一样：如果这个文化或者墓葬里头出现这种组合，差不多就可以说是蜀人的东西。

　　上图是四件印章。像 ▨ ▨ ▨ ▨ 这几个，有人说这是玉璋，我觉得可能说是钟更合适一些。刚才说的牟托一号墓出的罍和钟的组合，我觉得就是这个，罍和钟的组合。而且出这种方形印的巴蜀墓等级都比较高，一般都不是小墓。▨ 这个符号比较有意思，目前一共出了十来件，只出现在印章上，在别的器物上从来没见过。并且见有出土地点的有荥经、什邡、新都、蒲江，都集中在川西蜀人聚居区。而峡江巴人区则不见一件。应该是蜀人的特有的符号，地域、民族性很强。

总之，"韭"与"罍"的组合，仅出现于印章中，也说明在当时蜀人的社会意识里，印章是一类重要的标示物，鉴于出有"韭"的墓葬级别比较高，拥有"韭"与"罍"印章者，当是蜀人社会中的高地位者；而其中的方形印的持有者的权位似乎要比持有圆形印者为高。

推论七：分布与族群

从器物的年代来看，川西蜀文化区中罍形符器物从战国早期到战国晚期皆有分布，其分布态势是战国早期时期以成都地区为中心，在战国中期偏早阶段向北由新都扩展到什邡，并形成了一个延续至战国晚期的分布聚集点；同时向南由蒲江、大邑流布到荥经、峨眉一带，并在荥经形成又一个延续至战国晚期的罍形符分布聚集点。同时在战国早、中、晚阶段，成都地区仍然作为罍形符的一个核心聚集点。这样看来，川西蜀文化区中的罍形符在其社会生命中经历了由以成都为中心点向南、北两个方向流布并形成北（什邡）、中（成都）、南（荥经）三个中心的发展过程。而在峡江的巴文化区，罍形符分布虽有分布，但很分散，没有明显的聚集点。年代上也只见有战国中、晚期器物，而且数量少。表明巴文化区不是罍形符的原生文化区（见下图）。

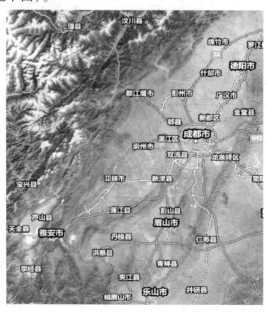

十五　罍形符号的社会学意义

讲这个是因为我有一个思路，就是要看它和社会等级的对应关系，我们就把墓葬分成这几个等级。战国早期的巴蜀墓葬以墓坑长 3 米为界分为两级；战国中期以 3 米、6 米、10 米为界分为四级；战国晚期巴蜀墓以 3 米、6 米、9 米亦可分为四个层级。

1. 历时性分析

（1）罍形符号的使用者与拥有者的身份在其社会层级中不会是社会底层，出现罍形符号的墓葬一般都是二、三、四级的，也就是说罍形符号的使用可能存在身份等级的象征意义；但峡江地区的巴人墓在这一阶段墓葬规格比较低——出现罍形符号的蜀人墓葬等级比较高，而巴人的比较低，这件事情很奇怪。

（2）战国晚期，罍形符号器物则较集中地出现在荥经地区的墓葬中，多是第二级小中型墓；而中、大型墓中则不见有罍形符号的使用，荥经南罗坝墓地的整体层级偏低。

2. 共时性分析

所谓共时性分析就是把它放到单独一个墓地里头去讲，以荥经南罗坝墓、荥经同心村墓、什邡市城关墓三个墓地为例：荥经南罗坝墓地的整体层级偏低、荥经同心村墓地社会分层明显、什邡市城关墓地总体层级分化比较弱；出罍形符号的墓葬在墓地中所处层级相对较高位置，这与对墓葬的历时性分析所得的结论是相一致的。所以整体感觉巴蜀文化分层不是很强烈。

推论八：方向性问题

巴蜀符号本身的方向性问题，这关涉符号本身结构与形态的问题，是巴蜀符号研究中的关键性问题，也是巴蜀符号研究中需要特别加以关注的问题；因为你做研究至少要知道这个符号到底应该怎么写，比如它都是哪边冲上，这关系到怎样理解这个符号本身。所以我在一开始做的时候就关注，当时拟定的方案是：确定巴蜀符号所在的器物的方向，比如说下图这

个矛、，我知道矛锋冲上是正方向，那这个符号写在上

面我就知道它是和矛头方向一样；又如簋之类的器物正常情况下都是口朝上是正方向，那也可以确定这个符号的方向。若出现人物，则以人头在上为正方向——我不知道能不能颠倒放，但一般是这样。这是一个拟定的方案。但这也会出现一些问题，我这部分就出现了，比如矛头冲上，剑一般考古报告中也是剑锋在上，柄在下的。那我做了一个表出来，我们来看：

器　号	器　类	叠形符方向
成都凉水井街 M1：12	戈	反
什邡城关 M90 – 2：6	戈	反？
涪陵余家坝 M8：4	戈	正
什邡城关 M1：16	矛	正
什邡城关 M90 – 2：1	矛	正
荥经南罗坝村 M1：51	矛	正
什邡城关 M100：5	矛	正
荥经同心村 M21 – A：26	矛	正
荥经同心村 M24：19	矛	正
荥经同心村 M9：5	矛	正
大邑五龙机砖厂 M3：4	矛	正
荥经南罗坝村 M9：7	矛	正
什邡城关 M38：2	矛	正
峨眉符溪砖瓦厂	矛	矛盾
云阳李家坝 M45：11	矛	矛盾
开县余家坝 M187：2	剑	反
成都簸箕街	剑	反
什邡城关 M38：29	剑	反
什邡城关 M52：6	剑	反
成都圣灯村 M1：3	剑	反
枝江杨家垱化肥厂	剑	反
巴东红庙岭 M130：1	剑	反
新都木椁墓	印	正
蒲江东北乡 M2：25	印	？
荥经南罗坝村 M5：22	印	？
什邡城关 M33：4	印	？
成都金沙巷 M2：4	豆	正
巴县冬笋坝 M50：12	带钩	？

　　根据这个原则，矛和剑的方向就出现了一些问题。

　　比如根据矛的正方向来讲这个曡形符号它是正放的，但就所有的剑——根据我刚才的原则——来看，如果剑锋朝上，所有的曡形符都是倒个儿的，完全是反的。我就想为什么出现这种现象，为什么会出现这样两分呢？矛上一般是曡口向上，圈足向下的，这是按照器物摆放的方式；但是剑里头是完全相反的。我琢磨了一下，直到后来我才明白：考古报告里这个剑的摆放方式可能是有点问题，因为我们考古发现很多剑的出土，很多都是放在剑鞘里头的，像这样的有好多例，那说明当时的人都是剑锋朝下放着的，也就是考古报告中剑锋向上的放置方式可能是不对的，得倒过来。这样曡形符号就像矛一样，全部都正过来的；有可能是这样子的，因为咱们不知道当时的剑摆放时什么是正方向。

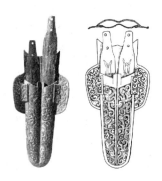

　　推论九：次序性问题

　　我打了一个问号，因为我不知道怎么确定这个次序。

　　一般来说矛冲上，直行的还比较简单，从上往下。但是我们也知道，世界上很多语言，有的从左往右写，有的从右往左写，不一而足，什么情况都有。假如说这种符号是记录语言的，咱们出土的时候、认知它的时候顺序是什么样的。比如说我刚才说那个组合的时候，摆出来一排排的，是从左往右看还是从右往左看，反正不管是什么样是不是必须得把它们放在一块儿才能认识呢？这是不知道的。刚才说组合的时候我摆出那样一排排的东西，但是作为那样的排序我觉得是没有任何理由的。只是说那个组合存在、那些符号在一块儿，至于谁前谁后真是说不出来的。唯一能说的，如果它是竖排的或者是直行的，那我说从下往上来，这是自己定了个规矩，但当时人是不是如此、怎么样理解的，我不知道。次序问题，目前解决不了，而且我也没什么想法，连一个具体的方案都拿不出来。

好了，就先讲到这里，谢谢各位了！

互 动 环 节

主持人： 严老师在商代考古、青铜器研究上都很有成就，刚才我们也看到他解决问题有一个非常广阔的视角，在一个很宏观的社会文化背景下观察这个巴蜀符号，这跟我们上课讲容老的时候说容老也有这么一个广阔的背景，这是相合的。严老师把他细腻、严整的思路完整地呈献给大家，我觉得这对研究生搜集材料、研究问题的方法是一个很好的指导。大家有什么问题可以交流，不限内容。

问： 严先生，那个钟 🔲 （左上角）为什么是倒的？

答： 这的确是个问题。这个东西大家有过争论，李学勤先生也写过文章，他最早认为这是铎，后来他就说这个不是铎了，这个是玉璋。我刚才觉得这里说玉璋也挺好，但是后来我又想因为从一个现象来看我觉得说玉璋可能不合适。它一般来说中间都是一个柱子垂下来，像这个样子，但我发现有一个例子：这个东西大概有十件，其中有一件中间不是一个柱子，而是明明白白有一个空心的钮——就是钮钟的钮，那就是这样子的，形态上从来没有出现过。另外有人说这个像牙璋，所谓的牙璋就指在所谓三星堆的时候——那是很多年前，也包括殷商——大量的出现，可是到了战国时期一个都没有了，好像所有的墓里只出过一件牙璋，所以从这两点来讲我不如选择说它是钟。当然这个东西是什么，可能说它像什么就是什么，这个研究推想的比较多。这个符号就像你说的它是口朝上的，但钟使用的时候不都是口冲下吗？这个问题我也不好解决，我只能说如果像这个样子

（左上角），它也是的话，那它的口是朝下的。

问： 那在墓葬里这个人是怎么埋的？

答： 如果从墓葬来讲的话，正常情况下罍所在的方向应该是头的方向，那钟口应该是朝下的，但里面人到底怎么埋的怎么也找不出来了，头朝哪边看不出来了，因为人骨头朽掉了。但按我们的想法应该是这个罍的位置高，头肯定埋在这边。从这个钟的正常角度来讲的话，确实应该是朝下边的。我说把它说成钟面临一个比较大的问题就在于：这个符号发现的时候

都是口朝上。当然如果说是玉璋的话也很好讲：你把那个柱子说成朝上的，但有人会说战国时期为什么没有出现这个玉璋，这是一个很让人费解的事情。就是在战国时期的墓里很少出现玉璋。

问：它都是一件吗？不会出列钟吗？

答：有，那不叫列钟，那叫编钟。编钟在小田溪墓里或者别的墓里头有一例，但是所有墓里出钟的情况我还没有完全总结出来。

问：从器物上看，巴蜀文化是受秦文化还是楚文化影响多？

答：当然是楚了，秦很快就过去把它给灭了。而且巴蜀文化它也很怪，它出的兵器比较多，虽然具体数字我没统计出来，但一个墓葬出的这种符号还是兵器上的比较多。

问：这种符号是刻的还是铸的？

答：铸的。当然有一些是刻的，但大部分是铸的。

问：这个蜀文化有中心点吗？

答：就像我刚才讲的，比较早的就在成都附近，再往后它慢慢向北、向南发展，往北就是在什邡这边比较集中，往南就是从浦江或者是到荥经这边比较集中，当然到晚期的时候这个成都地区也还在。因为有时候一个文化——就像有北京、上海、广州一样——它可能有一些比较重要的据点，它不光就一个点；早期有一两个点，后来就衍生出好多个点。

问：那这个是按时间的演变中心慢慢往南北移？

答：对。

（整理者：吴盛亚、张芃）

时间：2014 年 12 月 9 日（周二）10：00～12：00

地点：首都师范大学北一区综合楼 314（甲骨文研究中心）

主讲人简介

许进雄　1941 年生，台湾高雄人。台湾大学中文研究所毕业后，于 1968 年受聘加拿大多伦多市皇家安大略博物馆远东部整理馆藏的商代甲骨文字，直至 1996 年退休。1974 年获多伦多大学东亚系博士学位。历任多伦多大学、台湾大学、（台湾）世新大学教授。对甲骨研究特有专精，发现甲骨钻凿型态断代法，于安阳博物苑甲骨展览厅被评为对甲骨学有贡献的二十五名学者之一。著有《殷卜辞中五种祭祀的研究》《甲骨上钻凿形态的研究》《明义士所藏甲骨文字》《中国古代社会》《简明中国文字学》《中华古文物导览》《文物小讲》等专著十余部，论文四十余篇。大陆中华书局近年出版了他的《简明中国文字学》（修订版，2009）、《许进雄古文字论集》（2010）等著作。

主持人（黄天树）：咱们讲座现在就开始了，我先介绍一下许进雄先生。许先生是甲骨学研究方面的前辈学者，我在北大读博士的时候就拜读过许先生的书，像《怀特》《安明》，还有《甲骨上钻凿形态的研究》那本书，咱们在座的很多同学可能也都读过。许先生是在加拿大多伦多读的博士。我们现在就欢迎许先生给我们做报告。

我研究的机缘与风格

许进雄

非常荣幸能够来到贵校做学术活动，让我有机会跟大家交流一下自己学习的心得。今天下午我也会在这里，假如有同学还有兴趣交流一些问题，也欢迎同学能够再度跟我讨论。我和其他的老师稍微不一样，我的研究范围比较广，不但在中文系教书，也曾经在博物馆工作过很长的一段时间，还接触考古人类系的东西，所以我的论文就包括多方面的内容，也经常把它们融汇在一起。和以甲骨为专业的学者比起来，就显得不精。今天来到这里才了解到你们甲骨研究中心这么庞大，这是我从来没有碰到过的，以前接触的胡厚宣教授的十个学生研究团队，也没有你们这么大的规模，这个是我非常羡慕的。因为在台湾，研究这方面的学生比较少，总觉得我是英雄无用武之地。今天首先来谈我为什么读中文系。

读中文系的机缘

偶然往往是一个事件的开始。我原先读报考理工学系的甲组班。在高三休学那年，有一天我去逛书店，看到一本书，是王念孙的《广雅疏证》。我一翻开，就看到"古、昔、先、创……始也"。"干、官、元、首……君也"。"……我也"。我就觉得中国文字怎么会这么有趣，这么多个字都具有相同的意义，而有时一个字又有那么多不同的意义。我就把这本书耐心地读完了，还意犹未尽，又读了像《经传释词》《经义述闻》《古书疑义举例》这些书，甚至更进一步去读文本。我就一心一意要报考中文系。

大一学甲骨文

其次谈我大一就开始学甲骨文的原因。进到台湾大学之后，我就旁听二年级的文字学，三年级的声韵学，因为我已了解训诂、音读、字形，三者之间有密切的关系。当时教文字学的戴君仁老师大概觉得很惊讶，一个大一生问的问题经常是不容易回答的。那一年，台大中文系的古文字研究室创刊了《中国文字》，金祥恒老师，是甲骨学大师董作宾先生的学生，第一辑有一篇文章叫《释虎》，他送了我一本。我读了之后，才知道原来甲骨文的虎字〈象形〉是个象形字，后来慢慢演变到金文，到小篆，到楷书，形态就越来越不像。我觉得：如果要了解中国文字的创意，一定要从甲骨文开始。所以我就开始自个儿学习甲骨文。

大三开始发表论文

到了第二年，我就正式地上文字学课，这时换了李孝定老师来教，他当时在编写《甲骨文字集释》，我也跟他讨论些问题，他就觉得这个学生有相当的程度，让我给他的引文做校对的工作。这本书从头一个字到最后一个字我都读过了。每一条，我不但读了一次，还要把原书拿出来校对引文，这样我就打下了非常坚实的甲骨学基础。这一年下学期快结束，他推荐我申请一个奖学金，是由一个美国的机构在台湾设立的"东亚学术研究基金"。我用《商代祭祀卜辞的研究》这个题目去申请研究经费，得到了8000块的补助经费。八千块有多少呢？我们学生当时宿舍的伙食费一个月是180块。一个大二生拿到了8000块的研究经费，当然就要努力地学习。这个奖金的申请对象是讲师以下的，还要写论文。我开始作研究，发现问题时就向金老师请教，金老师鼓励我把它给写出来，于是我就发表了第一篇学术文章《释御》（《中国文字》第12期，1963），因为我读到胡厚宣教授的文章《释兹用兹御》，他认为这两个词是同样的意义。可是我发现"御"基本有两个字形，一个是一个跪坐的人，前面有一个午（ ）；另外一个是一个跪坐的人前面有一个短划（ ）。两者的创意目前我们虽然还是不能了解，但在甲骨刻辞里，这两个字的意义是完全不一样的。前面的是禳除，是一种祭祀的名字，后面的是一个动用马车的意思。我发现"兹用"和"兹御"的用法是不一样的。前者是所谓的兆侧刻辞，是对这一卜兆到底能不能用、是不是使用做出判断，而"兹御"基本上是贞辞里头的辞句，是验辞，作如"王占曰：大吉。兹御。获狐三，鹿四"一类的，它后边都带有捕获的动物数量。而在个别使用时，"御"之后也有某种动物的形象，它和禳除的御字的意义是完全不一样的，我就把它写了出来，当时是大三。我想到现在，也没有人能否认我当时的发现。后来这两个"御"因为字形很相近，就慢慢变成一个字，所以"御"现在有两个意义，一个是"御除、抵御"，一个是"驾驭"。因为得到了必须要写论文的机会，所以我才会这么早就开始发表论文。

其次是关于周祭的，这也算是我研究周祭的一个重要发现。当时对周祭研究比较有名的有两位，一个是董作宾先生，另一个是日本的岛邦男先生。他们两个人对于祀首（有研究），也就是说，这五种祭祀由哪一个最先举行的。董作宾先生认为"肜"是最先的。他假设飨宴时最先是音乐,然后是跳舞,最后是用餐。岛邦男先生则说以祭、载、劦祀典开始,他认为最先的应是最盛大的,因为这三个是一组,有三个祀典。可是我发现两个证据,让我认为应该是"翌"开始的,然后才是祭、载、劦,最后是肜。这三组祭祀跟下一祀组的连接是有区别的,前两个都是跟着后头的祀典,可是第三个之后就有一个空旬。显然用途是作为头尾标识的,这空的一旬就是作为一个祭祀的结束,下一个祀周系统开始的信号。同时我又找到两条刻辞,当这三组祭名同时出现的时候,都是作翌、劦、肜,因此我就写了文章,说明周祭举行的次序应该是翌、祭、载、劦、肜。目前来说,这也应该是定论了。(《甲骨卜辞中五种祭祀祀首的商讨》,《中国文字》第 22期;《五种祭祀的祀周和祀序》,《中国文字》第 24 期)

我还在台湾创了一个首例。当时张光直先生在中研院民族学研究所集刊发表了一篇文章《商代庙号新考》,是一个新的说法。他认为商代是两个大家庭的集团相互执政,上下两代不是父子的关系,而是甥舅的关系,说下一世代的执政轮到对方那个系统,是自己姐妹结婚对象的儿子们,两代是甥舅的关系,而不是一向所认为的父子关系。可是我从周祭得出的祭祀祀谱,这个也是一个新的观点。当时甲骨的数量比较少,某些受祭者与其他受祭者是联系不起来的,大家就根据规律来复原当时周祭的祀谱。所谓祀谱就是祭祀的顺序与日期,从上甲开始一直到前一个及位的王,他们的祭祀日期排列得非常的有顺序,也有一定日期间距,还包括他们的配妣。当时董作宾、岛邦男两位先生都做过排序的复原,不过我的排序,至少到目前为止还没有反对的意见。当时我发现了一个问题,下一代儿子的数量一定多于母亲的数量,就是说这个王假如有三个配妣,他一定有超过三个儿子继位,卜辞最多的时候是有三个配妣而有四个儿子继位。假如说有两个儿子继位,经常就是有两个配妣。这个说明下一代和上一代之间是母子的关系,一个母亲可以生两个儿子,但是一个儿子不能由两个母亲来生。我反对张光直先生两代之间没有血缘关系的说法。假如上一代是舅舅和舅母,那么舅舅可能会有好几个太太,而下一代的及位者却可能只有一个。母亲的数量应该可以多过儿子的,可是事实是,下一代王的数量都是多于上一代王的配妣。所以我就写了文章,请我老师屈万里先生来看。屈万里老师是有名的经学家,也写过《殷墟文字甲编》的考释。老师就把它送到中央研究院民族学研究所的集刊。那是给研究员发表文章用的刊物,当时我还是大学将毕业而已，结果就被采用了。如有机会时，我都忘不了想要表扬一下张光直先生，我们虽然在某些学术意见不合，可是他对我的钻凿、断代（是肯定的），他以前就告诉过我："你的例子这么多，在统计学上已经够成立了，你的结论是可以肯定的。"后来在"中央研究院"纪念傅斯年跟董作宾这两位先生的展览册上的序文是他写的，他就说："许进雄的钻凿是可以称为继董作宾之后的第 11 个断代标准。"我想你们都是学甲骨专业的，晓得董作宾先生提出了 10 个断代的标准，我们现在基本上还在使用。张光直先生不会因为个人意见不同而不肯定我，所以我就特别珍惜他对我的肯定，也钦佩他的为人。我当时提出，商代初期是母以子贵，儿子即位了他母亲才能够有正式的配姓徽号，可是从第三期之后，就变成子以母贵，母亲要有正当的位置，儿子才有继承的权利，所以纣王和比干，虽然比干比较贤，因为他不是正妃所生，所以他并没有办法继承权位。在一个研究员发表的刊物上，竟然会登一个大学生所写的文章，这个也算是很意外的事情。

出国的选择，面对新环境

人的一生，机缘是很重要的。当你碰到一个新的环境，你要想办法去克服它，想办法去完成新环境所面对的问题。在我中文研究所即将毕业那一年，中研院历史语言研究所的李济之先生和屈万里老师在史语所接见我，原来加拿大皇家安大略博物馆（当时还是多伦多大学的一部分），向中研院请求派人协助整理明义士先生的甲骨。中研院虽有张秉权先生，可是这个工作需要把甲骨给拓印出来。张先生是研究员，不宜做这种细琐的工作，所以推荐我去。当时台大中文系正要设立第一届博士班，戴君仁老师告诉我，我已被老师们内定为博士生。当时台湾给学生公费读研究所，得了博士后在大学教书，职位是副教授。尤其是对于第一届的学生，连毕业后的教书位置都给保留着了，不用愁往后的职业问题。我面对这么一个选择，如果我留在台湾读博士班，连往后的工作都有妥善的安排，我应不应该放弃这个保障而接受未知新环境的挑战呢？尤其是我也因英文程度太差才选读中文系的，这样能适应英文国家的环境吗？我最终选择了去加拿大。既然是老师要我去的就去吧，能不能达成目标以后再说吧，我就携眷去了多伦多。

周祭的新概念

到了加拿大之后又有几个新的发现，也是出于偶然。我在整理甲骨时，希望也能把碎片都缀合起来。有一天我的助理拿来两块小甲骨，问能不能缀合。它们看起来，从厚度，颜色和斑点等都没有问题，应该是可以缀合的。可是上头的刻辞，一个是"辛亥彡大甲配妣辛"，一个是"己酉彡祖乙配妣己"，这是个新的现象。以前知道的周祭的祀周有两个，一个三十六旬，一个三十七旬。但是当时的资料都是在翌工典与翌上甲之间多出一旬，没有在其他祀组出现，而且上甲以下的都同属一个祭祀的系统。但这个新缀合却是两个王妣之间插上一旬，变成分属不同的祭祀系统。哎呀，这个是新的现象啊。我就开始找，因为我在拓完甲骨的时候，当碰到周祭的材料，我就根据它们的组分成六批，分六个系统堆放，找缀合的时候就能比较方便，因为不可能和别的祀组缀合在一起。可是现在发现两个相邻的祀组是可以缀和的，我又开始寻找，结果就发现其中有一版，是七块，就可以缀合成一个比较长时期的祭祀内容了，而且后来也发现中央研究院所藏的三片周祭刻辞是可缀合的，也是中间多出一个空旬。我就了解到，原来例外旬是可以放至在任何一个位置上的，而不是只在翌工典与翌上甲之间。常玉芝先生最先是反对这个新概念的，认为我的缀合是错误的，是强把不同的祀组缀合在一起。当时我告诉她，她的同事齐文心教授，也到过我们的博物馆几个月，也研究过这批甲骨，怎么不叫齐文心教授来看看这个缀合是不是有问题呢？这些是用骨头缀合的，不会有问题。而且中研院的是张秉权先生所缀合的，也是用骨头缀合的，也有问题吗？所以后来她也承认例外旬是可以在任何一个位置的。（《殷卜辞中五种祭祀研究的新观念》《中国文字》第35期，1970年3月）

我也开始探寻，为什么这个例外旬是游动的？有约略的周期，会在不同的位置，是基于什么样的现象呢？我当时第一个想到的是天文现象，因为周祭的三十六旬跟三十七旬两个周期加起来是两年，730天，那会不会这个例外旬就是基于某种特殊的天象，看起来三十六旬跟三十七旬祀周的交替安排显然就是配合一年365天的现象。例外旬约经七十四旬设置一次，我当时找到了太阳系的第六星，正好运行一周是730天，那岂不是正好和例外旬设置的日期一致吗？不过，这个星我们的肉眼是看不到的，我们现在用望远镜可以看到，商代人是没有办法看到的。我们不相信他们当时能够看到。古代人做不到的事情，我们就认为它是不可能的。所以到现在为止我们还不能了解为什么设置这一例外旬。

后来我又有缀合。我算是以前缀合不少的人，现在黄老师跟蔡哲茂先生可以说是缀合最多的了。我特别注意周祭的问题，结果我也缀合了好几版，有年月日的。周祭可以说是我们现在能够研究商代历法唯一的材料，其他材料都不管用。因为这种祭祀，各个祭祀之间都有一定的间距，你没有办法多一天或少一天的。集结很多刻辞的话，就可以把好几年的，每一个月的日子，从哪一天到哪一天的都给计算出来。所以我就写了好几篇这样的文章。我发现在帝乙长达八年的月份里头，竟然有连小月的现象。以前使用的都是太阴月和太阳年的调和历，只有连大月而没有连小月的。因为一个月平均 29.57 天，两个月一定是一个 29 日、一个 30 日，但有可能两个月都是 30 日，不可能有连续两个月都是 29 日的。可是从缀合起来的好几版周祭刻辞，中间一定要有个是连小月才可能排进去。这是违背天文学惯例的，所以最先常玉芝反对，不过后来她也赞同了，因为甲骨的现象就是这样。严一萍先生也很反对这个说法，本来我跟严先生是很要好的，我还把他介绍给胡厚宣先生，因为胡先生要我替他买书，书先寄到我那里，再转寄到中国去，中间都要转寄一次，太麻烦了。所以我说，严一萍先生在台湾开书店，他直接想办法从香港寄到大陆，就不麻烦了。可是因为这一篇文章（《五种祭祀的新缀合——连小月的现象》，《中国文字》新第 10 期，1985 年 9 月）他从此就不让我的文章登到《中国文字》了。因为我把董作宾先生的历谱改动了，董作宾先生他算多了三天，早了三天，就是说他的历谱有问题。所以他之后就不再刊登我有关周祭的文章。所以我的第五期《五种祭祀祀谱的复原——兼谈晚商的历法》就投到《大陆杂志》（1986 年 3 月）了。本来我还应计划写我最后的一篇关于周祭的文章。昨天晚上我在清华大学碰到北大城乡所的唐教授，他说："我当时到你们博物馆的时候，你告诉过我 55 岁以后你就要享受人生，不再从事学术研究，怎么你现在还在教书啊？"我答说："对不起，对不起，当时我确实是很想不再从事研究，可是人在江湖身不由己。因为这是朋友一定要你教书，我不教也不行。因为朋友要求，你就觉得这个不好意思。"后来有一个学生跟我写论文，基本上我的最后一个关于周祭的看法就在他那本论文上了。不过后来有件铜器出土，记载祭祀帝乙的周祭，在二十二祀，应该是帝辛二十二祀。这个让我又了解了周祭还有以前我们不了解的新事实，但是现在我没有时间针对这个新的概念又来重新编谱。编历谱是非常费时间的，因为你只要动一天，整个几十年的历谱都要重新变动，计算起来会很麻烦。那是什么样的新观念呢？因为以前我们都认为只祭祀到文武丁，现在知道祭祀到帝乙，就得把祭祀周期至少延长一旬，本来是 36 旬的，就变成 37 旬，当然也有可能每一祀组都加一旬而变成可能是 39 旬了，但是我相信应该是 37 旬。所以周祭的周期可能就变成 37 旬与多一例外旬（休息旬）的 38 旬两种了。

周祭的纪年有廿，一般读为二十，但有这个年代的周祭刻辞，有些是以前有冲突的，排不进帝乙，也排不进帝辛的祀谱，所以以为它是属于文武丁时代的。而李学勤老师和裘锡圭老师对这个廿字又有不同的讲法。但如果依祭祀到帝乙的这个新观念，就都可以排进去了。本来我还有一个构想，儒家所谓的三年丧服是不是从帝辛的祀谱可以证实，因为等下要谈，人死后三年才算真正的死，这时候才被祭祀，这个时候才会加到祀谱里头。假如说帝辛时代的周祭，最先的周期还是 36 旬跟 37 旬的话，表示他还没有祭祀帝乙，就是说，帝乙死了后帝辛并没有马上祭祀他，而是要等几年之后捡了骨头才祭祀帝乙。不过一查帝辛元祀，第一年的周期，已经是 37 旬了。如果是 36 旬的话，我们就可以肯定他是没有祭祀帝乙的。现在既然是 37 旬的周期，就有可能是早先的 36 旬与 37 旬中多出的这一旬，但也有可能是新制的 37 旬跟 38 旬了。所以我们还得重新排列从帝辛元祀到帝辛十年或到帝辛二十年这一段祀谱，看看是不是加上帝乙之后整个祀谱的一个新的变化。但是现在我的年纪真的大了，就像唐先生所说："你告诉我你 55 岁以后就不再写文章了，你为什么现在还在教书啊。"所以现在希望我的学生能够把我一些概念由他们的手写出来。我在讲课的时候告诉学生，我虽然开的同样是甲骨学的课，可是每年讲的都不一样，因为对同一条刻辞我可能有新的观念，有新的思考。我觉得应该把那个看法与你们来交流，是不是有这个可能性。学问是天天在增进的，有时候某个偶然的机会就会让你认识到新观念。下一个谈我的重要发现，钻凿的断代。

钻凿断代的发现

董作宾先生的断代研究例在甲骨学界有两种论争，一个是所谓"堆组（或称师组）"，对于这个组的年代，董作宾先生，还有金祥恒先生、严一萍先生和我，都认为应该是第四期。可是大陆的陈梦家先生、郭沫若先生，后来的李学勤先生，还有裘锡圭老师都是认为这个组是第一期的。如果从甲骨刻辞的本身，大家有争论，难以解决的话，那么从另外一个观点切入，说不定就有更好的结果。钻凿断代的问题不是我早有的规划，而是在清理甲骨的时候偶然发现的。因为甲骨很脆弱，拓甲骨的时候就要先做一个台子，是用蜂蜡来做的，因为蜂蜡冷的时候是坚硬的，这样你打印的时候就不会伤到甲骨。可是用蜂蜡做台座，拓完后就要把蜂蜡清理掉，这样就一定会看到背面的情况。我慢慢觉得好像每一期的甲骨的钻凿形态都不一样，所以就开始注意。而且我还发现以前学者所说的"钻"是挖出来的，根本不对啊！不都是烧灼出来的吗？真正挖刻出来的不多。我就开始注意观察我们博物馆的收藏，然后去很多博物馆考察，到匹兹堡的 Carnegie 博物馆，到哈佛，到 Peabody museum，到京都大学的人文科学研究所，这个还闹出了一个有趣的笑话。他们说："许进雄来了之后，所有甲骨都翻身了。"因为大家都注意表面的刻辞，没有人会看后头的钻凿形态，我去是专门看钻凿形态，所以每一片甲骨都翻身了。我们顺便谈谈做学问的方式，日本人对于收集资料非常行，他们非常彻底，松丸道雄先生，大家也了解，他是东京大学的教授，也写甲骨文的文章，在日本也算是比较有名的。我去京都大学之后，他也去了，他照了两千多张的照片。后来我又去他的研究室，他就把这些照片拿给我看，他说："你看，你一去之后，你发表文章之后，我也拍了这两千多张照片。"可惜他没有这方面的文章。同时我看他整个屋子里头卡片一柜一柜的，原来就是《综览》的材料，这本书很重要，可以查到比较早期的某个甲骨字形的某个学者有着怎样的意见。它的说明虽很简要，但是都有详细的出处注明。我也到过英国，只要能够让我看的地方都去了，后来我到了中央研究院看到最重要的一批有关于"堆组"的甲骨。因为那边藏得最多，我不看那边的材料不能放心，不过《库方》的也有一批。结果我就确定每一期的钻凿形态都不一样，我就分成了正常形和异常形。正常形是每一期都有的，就是只有一个长凿，没有钻。还有四个异常形的：第一个是圆钻包摄长凿的，这个基本上只有第一期才有，但是我也发现了"堆组"里头有一片是这样的。这一片为什么会有这样的例外？这个当然也是值得探讨的。我们研究学问也是要分别何者是特例，或是一般的形态。如果说是特例的话，就要个别讨论它为什么会有这样的例外，而不是把它当作和普通的例子同等对待。你不能让一个现象跟一百条的现象同等量观。第二是长凿旁边有一个圆钻的，这个基本上也是只有第一期有。第三个是只有小圆钻，刚才黄老师让我看了一本书，翻开一页，我不晓得刻辞是第几期的，因为那只是后面的钻凿图，我说这个是"堆组"的，是第四期的，因为钻凿形态就是那一期的。黄老师后来告诉我它是《村中村南》的，基本上也是所谓的历组卜辞。第四异常形是在骨面上来钻凿，而刻辞在背面，这个只有第四期和"堆组"有这个现象。我发现"堆组"的钻凿习惯基本上是接近第五期的形态，都是小而弯曲肩的，是这种形状。而第一期的都是又直又窄，而且有尖针状突出。我做过实验，就是用 V 型的刻刀。如何钻？它就不停地这样磨磨磨，自然就变成了一个小尖凸出。我不是只有看看而已，我还做过实验，我去挖看看，看怎么挖会形成这样。所以你假如看实物的话，第一期长凿两肩的壁非常光滑，因为它是经往往复复的摩擦而生光，就像玉要摩擦才会亮。而其他几期都没有这个现象，其他期长凿的肩还要再挖宽，把它扩大，但是这些都是有原因的，我现在不是专门谈钻凿形态。就是说，我通过观察，所以就发表了《钻凿对于断代的重要性》（《中国文字》第 37 期，1970 年 9 月），发表之后北京图书馆的馆员也把他们收藏的能够确定时代的甲骨拿出来，结果他们发现和我的结论是一模一样。因为基本上应该就是这个样子，因为我看了几千个例子，后来在我的博士论文里发表（《卜骨上钻凿形态的研究》，艺文印书馆，1979）。每一个例子我都把图形画出来，所以张光直先生才说在统计学上我是站得住脚的，因为收集到这么多例子，其他的收藏应该也不会有例外了，这是他站在统计学上的观点来说的。我的博士论文对于——尤其是第三、四期，因为我收集的这种材料比较丰富——结果也有一系列的从钻凿形态的角度来讨论问题的论述。我还发现不但是钻凿形态不一样，第三期到第四期钻凿的排列也基本上不一样，这个也是合于它的物理性，因为第三期凿形长大，在骨头上端没有办法并排排列，就排成一三形式，而第四期的钻凿比较小，最上头可以两个并排，形成——形式。还有骨沿也不一样，这些后来小屯南地的考释者都利用到了，结论也和我一样。不过，这个对不对我不敢断言。我博士论文写出来的，第三期到第四期整个钻凿的变化，后来算是从小屯南地的发掘得到地层的印证，不过这个观点国内可能还有一些人有意见，我今天不谈这个。这个也是积久之后才慢慢发现的。我没有事先想要研究这些钻凿形态，因为你不晓得有没有用。没用的话，你就白花时间了，对不对？所以你最先是怀疑，我们做学问最重要是怀疑，对某一件事情你怀疑之后才开始探索。假如不怀疑的话，那么好像都可以啊。很多学生就不具有这种怀疑精神，我算是比较喜欢怀疑的，很多东西我觉得不对劲。不对劲才开始去探讨，结果就慢慢有和别人不一样的意见了。今天虽然是讲我的经历，但基本上，有我做学问的一些方式，各位同学也还是可以参考一下，说不定可以对以后的研究工作有一些帮助。我从拓印甲骨慢慢了解到钻凿形态每一期都不一样，都有固定的形态，而且烧灼用的火也不一样，不同期产生的烧灼面也不一样。听说有一个同学也要专门研究钻凿形态，所以这里多谈这个发现。

视野的扩充，读考古人类学系

接着谈我研究方向的改变，就是到考古人类学系攻读博士学位。我到加拿大的聘约是两年，我如期把整理明义士甲骨的工作完成了，包括释文。我若要在当地生存，在学术界里最少要有个博士学位。当时多伦多大学东亚系还没有博士学位，所以我先读了介乎硕士跟博士之间的 M. phil，拿到这种学位的也可以在大学教书。可是等我毕了业，还拿到加拿大学术院的奖学金，这是当时一个最高的奖学金，可是东亚系博士班还没有得到批准。那怎么办呢？我的指导教授史景成老师就替我找考古人类学系谈，他们说非常欢迎我，因为全加拿大得这种奖学金的才两三个人，他们接受这个学生觉得很荣耀，所以我就到考古人类学系注册。它对我后来对中国农业的兴趣提供了契机，也同时拓宽了我的视野。我们那边上课比较轻松，老师给你一个题目，上课不上课，上几堂课什么的，都由老师来决定。我就选了一个题目：中国农业的起源与发展，作为我的论文作业。我就把中国的农业分成三区，华北、华南和东海岸。然后从各个方面，它的年代、地理环境、气候因素、工具使用、物征等各种信息综合起来讨论。我得出一个结论，中国的农业是从华南发展起来的，应该有差不多一万年的历史，然后因为气候的因素，分成两支，一支往东海岸发展，另一支沿太行山往北，变成中国东西两个文化圈。越是早期这两个文化圈的相似点越多，越晚两个文化圈的相似点就越少。当时整个中国的研究都是所谓 nuclear area，就是说中原是中国文化孕育发展的地方。我就提出了不同的意见。演讲会上我也跟张光直先生有过辩论。后来也出现了证据，华南一万年前的栽培稻在湖南道县玉蟾宫找到了。华北最多是八千年前的培育小米，在东海岸的就稍微晚一点。这个作业就奠立了以后我对中国农业的兴趣，后来我写了好几篇关于农业的文章，这是个新的研究方向，是因为我读了考古人类学系，不但对农业，对民俗学也发生了兴趣，所以我甲骨学的研究范围也大了起来。又因我在安大略博物馆远东部工作，号称中国地区以外，世界十大中国收藏之一，有很多东西连大陆到现在都还没有发掘到的，像商代的老虎上膊骨，全世界只有我们的一例是有刻辞的。所以我常常把甲骨学、文字学、考古学、民俗学、文物学等，汇合起来作研究，写文章。

民俗学——伏羲与女娲

说到民俗学，就要谈伏羲与女娲的传说，也可和甲骨文的"风"字取得联系。台湾阿美族的创生神话，说日和月神的十五代子孙，兄妹两人共同乘坐一个木臼逃避洪水，漂流到台湾来。他们发觉是世界仅存的两个人，为了让人类继续繁殖下去他们想结为夫妇。但是他们的族有个禁忌，不能接触对方的腹部与胸部，所以有一天哥哥打到一只鹿，就剥下鹿皮晒干，然后挖了一个洞，这样两个人就可以用鹿皮隔开身体而达到交配的目的，从此他们的子孙就变成许多部族的祖先。这个传说和大陆伏羲与女娲的故事有很多共同点，第一是都和日、月发生关系，在汉画像石上都是一个人手捧一个太阳，另一个人手捧一个月亮。文献里头都不晓得为何这样。因为画像石基本上都是墓葬的东西，郭沫若先生解释日和月代表阳与阴，一天 24 小时保护死者。其实是表明阿美族是日神与月神的后代。然后都发生在洪水之后，他们的主角是兄妹兼夫妇，而鹿皮是遂成婚姻的重要媒介，而且都与蛇有关。最重要的是名字。阿美族的男主角叫 piru karu，汉族是伏羲。p 和 k 的音正好是"伏"跟"羲"的古音拟音的声母，阿美族的传说很合理地解释为什么使用鹿皮，为什么会有这些事情发生。大陆的是因为太文明了，有些事情就掩盖起来，不愿让子孙晓得，所以才有女娲捏黄土造人，创造婚姻制度的传说。人是不能由黄土造出来的，但可以通过交配。台湾阿美族也有演进，他们也慢慢变文明了，也弄出一些解释来遮盖他们祖先犯了罪恶的事实，就说哥哥用磨米的磨子，把凸出来这一片丢下山，妹妹就用磨中间有圆圈的从山上丢下去，于是两片磨子在山下就套合起来。这个既有象征性，又有实际的意义，就是两个人交配了。或者是妹妹把一根针，针有一个孔，从山上丢下去，哥哥把一根线也从山上丢下去，结果线就穿过了针孔。世界上哪有这回事，线拿在手中要穿过去都有点困难，何况在空中飘浮着穿过去？当然这都是说神要我们这么做，不是我们自己要的，避免被指责犯了乱伦。中国唐代的《感应经》就描写说，伏羲与女娲上了昆仑山，各烧一股烟，假如说这两股烟在中间结合起来，那就表示神同意他们两个结为夫妇。因为在正常情况下，风吹过来两股烟都会往同一方向移，不会在中间搅合起来。汉画像石就有这样一个图，但是文字是唐代才见到。而且还说到要用扇子来遮盖女方的脸。台湾高山族的故事是妹妹告诉哥哥，在什么地方有一个女人在等他，妹妹于是用泥土涂自己的脸孔，使哥哥认不出来，所以就结亲了。在台湾，高山族出嫁的妇人脸上要刺青，表示已经结过婚姻，来源就是这里。我认为中国传说的伏羲与女娲就是台湾的阿美族的人来到大陆，变成中国人的祖先。

这个故事还和甲骨文"风"字有关系。中国说伏羲的姓氏是风，"伏羲"的先秦拟音，伏是唇音 p。很奇妙的，阿美族的"风"读 fili。古无轻唇音，p 是由 f 变来的，所以莫扎特所作的歌剧《费加罗的婚礼》，仆人的名字虽是 ficalo，实际发音是 picalo。阿美族男主角的名字 piru，第一个音也是 p，而第二个音是 r，也与舌边音的 l 很相近。台湾的高山族名字常是两个两个音节共四个音。原来阿美族男主角的姓的意义是风。我刚才看到图书室有《张政烺先生论文集》，张政烺先生曾经说过，甲骨文的"风"有两个标音，从凡（𤉸），从兄（𩙿），它可能表示古代读两个音。裘锡圭老师在《中国文字学》中提到这个，但是他没有更详细地说明或加注，所以我不晓得张先生这个意见发表在什么地方，我刚才很希望在他的文集里找到这篇文章，读一下，到底他还有些什么更多的说法，因为裘先生说得太简单了，只有这么一句。

还有更奇妙的，我们博物馆展示一幅埃及大壁画，时代是公元前 16 世纪，正好是早商的时代，这个壁画描述一个大帆船，好多人扛着东西上下船，圣书体的铭文以前我不会去读，这个是埃及嘛，和我的工作也没有什么关系，对不对？有一天好奇，我就读了看，到底是怎么样，就是在女王的统治之下，国家非常繁荣，全世界珍贵的东西都运到埃及来，其中包括象牙、鲍鱼，还有磨了粉的树——ks 树。国内喝咖啡大概还没有讲究到这个程度，咖啡经常泡了之后上头还要撒上肉桂粉。肉桂是一种香料，要磨成粉末使用。所以磨成粉的树，是它的表意字，ks 树则是它的读音，就像我们中国好多字，最先是表意字，后来加上一个声符，就变成了形声字，比如造加上声符告，疑加上声符牛。埃及文字也有这种情形。在中国桂皮叫做桂，原产地是广西，它是广西这个地方的人用来跟印度尼西亚人交换丁香，丁香也是一种香料。然后印度尼西亚人把中国的桂皮卖到阿萨姆，阿萨姆又运到埃及去，阿萨姆语的桂皮 cassia 就是 ks 的两个音，所以现在学名就是来自中国原来的读音。肉桂是中国原生的物资，一定是中国人说这叫 ks，印度尼西亚人才会叫它 ks，印度尼西亚卖给阿萨姆人说这是 ks，埃及人买了这个也是叫它 ks。可是在中国桂后来读成一个音节，我请教语言学者，他说可能这个 s 的音影响了这个词，使变成了第四声，第四声是短促的结束这个音的发音。还有很多双音节的例子，像獮鹰，像蜈蚣，仓庚，蝴蝶，这些都是两个音，可是画的图形应该都是一个，像甲骨文的鹰是画一只獮鹰的形状（𤢾），可是我们后来叫它"獮鹰"两个音。所以中国有可能之前也是两个音节，这也是阿美族的习惯，他们语言是两个音节两个音节的，你看这个名字（piru karu），p、r 是两个声母，k、r 是两个声母，他们都是这样的。所以甲骨文风字从凡声，从兄声，正好都是这两个音节的第一个音，这么多的巧合使这个说法有一点可能性。后来我也对什么时候阿美族到大陆来，大概做过地理方面的考察。台湾跟大陆一万多年前是连在一起的，所以台湾的绳文陶和大陆华南的绳文陶是一模一样的。可是到了后来就中断了，台湾一万年前的人种跟六千年前以后的人种是不一样的，中间中断了。为什么中断了现在没有人晓得。可能因为洪水水涨隔绝了大陆，这些人没有继续生存下去，和后来的人种就不一样的。以上表明甲骨学和考古、民俗、文献都可能会有关联。（《鹿皮与伏羲女娲的传说》，《大陆杂志》59 卷 2 期，1979 年 8 月；《伏羲、女娲与台湾的原住民》，《语文、情性、义理——中国文学的多层面探讨国际会议论文集》，1996 年 7 月）

民俗学——死亡仪式

我也对死亡问题写过好几篇文章。什么时候才算是死？现在一般的说法，要么是脑死，要么是心脏不动了。可是中国古代，可能要等到尸体化成白骨才算是死。甲骨文的死有两个字形，含义可能不一样。发展到现在的"死"（𣦵），可能指异常的死亡。第二个字形（𡩜𡩜）的死才是正常的死亡。这两个字曾经在同一条贞辞出现过。"癸亥卜，某贞：旬亡祸？王占曰：'有祟'，其亦有来艰。五日丁卯子某𣦵不𡩜。"（《合集》10405）而从"丙午卜，卅贞：乎堆往见有堆？王'占'曰：隹老隹人，途遘若。
'兹'卜隹其害，二旬有八日（至）壬'申'，堆夕𩰪"（《合》17055）。可
知𩰪表达在远地，异常的死亡。古代的人要死在大厅特设的床上才算正常的
死，所以"葬"字表现一人躺在棺内床上之状（囷）。不死在床上被认为
非常不吉祥，台湾民俗说这样灵魂就不能投生，故"疾"字作一人生病而
睡于床上之状（疒），准备做最坏的死亡打算。梦在很多社会里被认为是神
灵的指示。一般人不必刻意求梦，也不一定记得梦中的细节，但贵族有做
梦的重要性及迫切性，非得做梦不行，于是有以吃迷幻药或绝食断水的方
法强制求梦。这两种方法可以产生类似做梦的幻觉，但也可能导致死亡，
故要选择在床上做梦，以防万一死亡时不违礼仪。故"梦"字就作一位画
有眼睛和眉毛的人躺在床上之状（𡞽 梦）。相关的问题暂且不谈。还是谈白
骨问题。

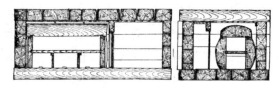

古代棺木内有张床

《汉书·南粤列传》中南粤王说："老夫死骨不腐，改号不敢为帝矣！"他
说在化成白骨之前都不再背叛汉朝了，但化成白骨之后他就不能够信守诺言
了，因为他已经死了。台湾也有"骨头打鼓"的话：假如你的父亲不同意你
做什么事，但要等死了，管不着了，你才能做你的事情，之前还是要听父亲
的。骨头能够打鼓是怎么意思呢？当然是人死了，肉腐烂掉了变成白骨的时
候才能够拿来打鼓，以前台湾也是这个时候才算死亡的。尸体化成白骨，在
华北可能需要三年的时间，所以孔子谈三年之丧，他解释是父母抱孩子抱三
年，孩子也要用同样的时间来回馈父母亲养育之恩。这种说法应该是不对的。
《天问》："鸱龟曳衔，鲧何听焉？顺欲成功，帝何刑焉？永遏在羽山，夫何三
年不施？"我的老师台静农先生批注："本文意谓鲧虽长绝于羽山，何以时经
三年而其尸不腐耶？"明白表达尸体腐化成为白骨的时间一般为三年。三年是
华北的一般情形，比较合理解释服丧三年的真正来源（《从古文字看床与病疾
的关系》，《中国文字》新第 10 期，1985 年 9 月；《从古文字探讨床与丧葬仪
式的关系》，《中国文字》新第 33 期，2007 年 12 月）。

丧葬仪式的演变

接着来介绍"微"这个字（⿰），让我们看到一种世界性丧俗的演变。"微"是表现一只手拿着一个棍子，从一个人的后头来攻击他，这个人长头发有可能是老人。这个字《说文》有两个意义，一个是眼睛瞎了，另一个是私下行动。我们了解，既然意义是眼睛瞎了，那就是这个人眼睛瞎了才要把他打死，这种事情基本上都是私下里行动。因为古代经济情况不佳，老人没有办法照顾自己的时候就要把他打死以减轻经济的负担。大家晓得怎么一回事，第二天老头不见了，人家也不会问他儿子老头到什么地方去了。大家晓得什么事情发生了，因为他私下去把他解决掉了。我们人类学家对旧石器时代的人普遍头骨都受到人为的伤害——这个属世界性的现象——大家都不能了解，就解释说这是要吃别人的脑来增加自己的魔力。我认为这个是不对的。应该是像桂林甑皮岩，一个 7000 多年前的遗址，有 14 个头骨，4 个受到人为的打击，其他 10 个没有的，都是年纪比较轻的。我们了解，古代一个人达到五十几岁，算是年纪很大了，就要把他打死，之前死了就让他死了，不用敲击。《天问》有一段话，"何勤子屠母而死分竟坠"，屈原不能了解，在楚国宗庙的图画中，为何夏启会把母亲杀死。他不能理解一个贤良的君王会把母亲打死。后来人就解释，说夏禹的太太在前面走，被禹看到，夏禹从后面追去想要跟太太说几句话，太太一急啊，就往前跑，最后就被追上了。在被追上之前她化成了一块石头，石头就爆炸而把夏启给生产了出来。启是从石头中生出来的，爆炸时候当然把母亲的尸体也四下里分散了，所以说启杀了母亲而把尸体四下分散了。我们晓得石头生产孩子是不可能的事，这是说古代有杀父母亲的习惯，然后渐渐演进到文明了不忍这么做，就送到山上由野兽来做，我们中国汉代的孝孙原谷就是这个故事，日本的楢山节考也是这个故事。送去山上让野兽吃掉肉，然后把骨头捡回来埋葬，这就叫"二次葬"，有些残留的肉没有被吃干净，人们认为这表示这个人生前是有罪的，所以还要把肉清除干净，所以这个也叫"洗骨葬"，不是真正用水来洗，是用刀子把这些骨头修理得很好。我在安徽师大演讲有关于生死问题的时候，有位教授告诉我，李白要离开四川的时候，就是这样快速地把他朋友尸体的肉割掉，把他变成白骨然后烧成灰带回去。我们中国人都有埋葬在故乡的心愿，他说李白做过这件事，这可能是因为他要仓促离开四川，来不及让朋友变成白骨，只好亲自动手把这些肉都刮掉，把骨头带回去。后来这种习惯慢慢变成死了才送到沟壑让野兽处理掉肉，"壑"这个字的解构就是在谷里面捡尸骨。现在伤残的残字就是所谓食肉残也，就是野兽吃完尸体剩下的这些残肉，我们现在残字已经是形声字了。（《文字所表现的葬俗》，《中国文字》新第 2 期，1980 年 9 月）

原谷用担架送祖父上山

还有甲骨文的（夷），是"尸"，也是"夷"字，作一人蹲踞之形。古代中国有一个习惯，要自己的儿子用蹲踞的形式代表祖先接受我们的拜祭，这个叫作"尸"，蹲踞是二次葬的葬姿。我认为是人死后变成白骨时，收敛了白骨才算是死亡，才真正接受祭祀。之前他还没有死，还不能祭祀他，这个让我想到另外一个问题，商代的祖先都是用甲乙丙丁的干支命名的，学界对此有很多种说法，有些说这是生日，有些说是死日，各种各样的，我现在认为有一个可能性，要么它是命名日，要么是捡骨的日子。为什么是命名日呢？我发现西洋人古代他们不重视诞生日，他们重视命名日。看托尔斯泰的《战争与和平》，或者是听很多歌剧，也都是经常庆祝女儿的命名日，举办大型舞会让她来认识男孩子。中国也有文字的字（字），就是命名，第三个月，在庙里。但是各地命名时期都不一样，有的长可达三年，是要确认婴儿有办法留存下来，因为古代夭折率很高，差不多有一半人口两岁之前就死了，所以古代人要多生子孙，就是怕他们养不活。所以这天才重要，你正式地承认他们是你的儿女，但是这个习俗没有见诸文献，因为中国古代一般人是不过生日的。另外一个有可能就是捡骨日，商代王名的干支排列很奇怪，集中在某几个，所以张光直先生才提出了庙号新考的意见，解释是两个集团相互的执政，每一个集团包括五个家族，因为真的排列很奇怪，集中在某一些日子，很可能是人为的日子。也有人提出来这个可能和行事有关，比如某一天比较忙就不用这一天，比如说商王癸日这一天都要卜旬，所以只有示癸一人以癸命名，所以认为和行事历，就是说和工作日期的安排有关。命名的干支如果是人为的，因为死亡的日子不可能这么集中，但如果是捡骨，就可以挑选日子了。认为某个日子比较吉祥，就在那天去捡骨，所以比较可能有人为的因素。学者有很多推测，就是没有说命名日和捡骨日的。我现在从三年之丧想到商王的名号，比较偏向为捡骨这一天，因为命名日是孩子还活着的，但是捡骨日是在死亡之后，中国认为这时候人才真正结束了生活（可能命名干支依死日的说法就是这个）。不过我没有写出文章来，就像唐教授所说，我五十五岁以后就不想再多写文章了。

有关农业的探讨

现在来介绍几个字，是我考证出来的。甲骨文"襄"（〓〓），用这个字和《说文解字》（以下简称《说文》）古文（〓）比较，上面中间的是耕犁，被双手拿着，下边是灰尘，然后是一只或两只动物，这是表现两只手拿着一个拉犁形式的犁，前面有一只或两只动物拉着，还有灰尘飞扬起来，所以才有耕田的意义，《说文》解释为"解衣而耕"。为什么还"解衣"呢？因为《说文》已经把这两个字误合在一起了，另一个字形有从衣的偏旁（〓），所以他解释从衣。耕地不必要脱衣服，犁地才是最重要的。这个字在后代有没有保留下来呢？有一个很重要的战国中山国的中山方壶，有"亡有襄（〓）息"这一句，这个字大家都读不出来。它是说宰相非常忙于政事，没有下车来休息的时间。〓以车和襄构成。襄是驾牛驾马之事。若与甲骨文和《说文》古文相较，中间是三角形的犁，旁边两只手，代表灰尘的两个点比较长，又把侧面动物形象转化为牛。所有动物的侧面形象都很相似，牛的侧面形象和一般动物是没有区别，但在确实表达牛的时候就用头部的字形来表达。中山方壶把侧面动物的形象画成牛，更证实了这个动物就是牛，这是说明商代有牛耕（《甲骨文所表现的牛耕》，《中国文字》新第 4 期，1981 年 7 月）。

我还从其他字来证明，以前大家也都不了解"旁"（〓〓）字的创意。这个字上头是一块平板，下头是一把犁，犁的部分是没有问题的。大家猜不透的是上头的形象，我也是从农业的观点来思考的，原来这是犁上头有块板。犁是插进土中把土翻上来的工具，犁壁是把翻起来的土块推向两旁，所以旁是把土推向两旁的创意，否则如何创造抽象意义的"旁"？犁壁有两个形式，一种是弯曲的，翻熟土时使用，因为弯曲处可以留得住更多的土。假如是生硬的土，太多就拉不动了，就要使用直板的犁壁，它的阻力少，拉起来比较不费力。读金文时候常读到的旁京（）就是曲版的犁壁。以前张政烺先生说甲骨文表达垦田意义的（），基本上表达双手拿着曲版犁壁的犁插进了土中之状，其实就是上文所介绍，甲骨文襄字的上半，使用弯曲的犁壁。使用拉犁可以作为商代有牛耕的旁证，可是很多人就反对，说牛耕有五倍的人力，假如商代有牛耕，社会的形象就不一样了，它应该更为繁荣，生产力更高。不过大家没有考虑到，用牛来拉铜犁或者石犁，它的效果只是人拉的 1.7 倍，就是说只增加了 0.7 倍的耕作量而已，要使用铁犁牛耕才有 5 倍的人力效果，5 倍跟 1.7 倍就相差很多了。这也是后来我读到《农业考古》里的文章才了解的。有篇文章讲模拟用石犁或用铜犁的，才有 1.7 倍人力而已，所以商代才没有大量使用。因为牛在当时有很重要的任务，它是拉车为贵族阶级服务的，它用为祭神的品物，是更重要的工作。人可以拉得动犁时就用人拉，除非在生地，在垦田，人拉不动犁，这时才使用牛，甚至有时候一只牛还拉不动，就要使用两只牛，所以甲骨文"襄"字有时下头就画两只牛。他们认为商代不应该有牛耕，如有的话，马上就像战国时代那一种社会情况，可是忘了这是有铁犁时候的结果。铁犁基本上是到了春秋晚期才开始大量生产的，到了战国的时候变成很普及，这时候使用牛和铁犁，才有 5 倍的人力效果，整个社会生产力就加了好几倍，所以战国时代在中国是黄金的时代，就是因为牛耕的使用。很多历史学家反对商代有牛耕，是基于铁犁牛耕 5 倍的人力，但若使用铜犁、石犁，只有 1.7 倍的效果不是很明显，所以商代有牛耕但并不大量使用。

冶金知识

有个机缘，也让我对冶金知识有些了解。英国的李约瑟先生要编写一系列《中国科技与文明》，在分章的策划时，我和多伦多大学一个讲座教授分到非铁金属这一分册，后来因某种原因我退出了，但也充实了一些经验，成就了我对几个字创意的提出。今天来介绍甲骨文"吉"（𝌀 𝌁）字。这个字演变到后来，《说文》说："吉，善也，从士口。"一点解释也没有，《说文》中很多都是这样子，只分析了字形，没有说出为何有这样的意义。我估计，《说文》非形声字80%以上的解释都是错误的，所以我大一的时候就立志，探讨中国文字的创意就要依从甲骨文的字形解释。我的老师李孝定先生在他的回忆录里，对于我对《说文》的批判有一点不满意，因为以前的人都不太敢对《说文》有这么多的批判。看看这个字，它是表现一个型范，上头是浇注口，基本形状都是三角形。下头是多块型范组合成一的形状，然后是埋在深坑里头。石璋如先生写过商代的铸铜工艺，描写安阳挖到了很多在深坑里头废弃的型范碎片，但是没有人说出为什么会这样。我们都晓得那是铸铜遗址，但为什么如此，我们不了解。直到我跟纽约大都会博物馆的冶金科学组有所接触后才了解。青铜的成分是铜跟锡，在刚刚浇注的时候排列是乱起八糟的，随着凝固的时间越长它整合得越好，最后形成一个树枝状，中间主干是铜，两旁边空隙是锡，表面非常光滑，没有气孔。铜器表面有气孔就不好了，尤其是祭祀祖先的一些礼仪用器，要讲求越漂亮越光滑越好。在深坑里头热空气跑不掉，所以冷却的时间就比较长，铸出来的器物形象就比较好。如果在平地上铸造，热气被吹散，冷却就快，不够时间整合，铸造出来的表面就粗糙，就不好。所以商代基本上都是在深坑里铸造的。这在典籍上没有记载，就算我们知道商代在深坑里铸造，也不能推论这个是为了让冷却的时间加长。现在有了甲骨字形就有了证据，"吉"这个字的吉善意义就是这样来的。

了解廌是何种动物的机缘

解廌是东周以来渐成神话的动物，被理解为似鹿而一只角的神物，有解决讼案的能力，并视之为吉祥的象征，常见为吉祥装饰图案中的题材。但甲骨文的廌字却作平行长角的羊类动物形（𦫿 𦫿）。它有被猎获、被驾驭的记录，肤色为黄，且有多字是以廌为结构的部分。如"庆"字，是以廌与心组合（𢠵）。很可能古人视解廌的心脏为美食或有特殊的药效，故以获得可资庆祝表意。羁字，作廌的双角被绳子绑着之状（𦌹 𦌹）。羁在甲骨刻辞的意义为传递信息与物资的驿站。想来古代还以之拉车或坐骑，后来改以较快速的马，故字形也改从马。"荐"字（）作廌在众草之间，创意是解廌所吃的草料是编织席子的好材料。"法"字以廌、去、水组合（ ），创意是解廌用角碰触讼案中有罪的人以去之，执法公正如水之保持平准。古代有以动物协助判案绝不是附会的解释。越南以前也有借用老虎判案的习俗。显然，廌是种中国古代熟悉的动物，为何没有人知道它们跑到什么地方去了呢？有一次和一位来访的北越官员谈话，它让我看一张照片。说是在越战时，在密林里发现的，是前所未见的动物。一种头有一对非常平行的长角，身躯有如羚羊的黄肤色大型哺乳动物。它不正是甲骨文"廌"字所描绘的对象吗？原来中国在 7000 年到 3000 年前，年平均温度比现在高约摄氏两度。后来气温下降，甚至比现今还低摄氏两度。有些喜欢温热的动物不能适应气温的下降，就被逼而南移，以致最后不见于中国，如大象和犀牛，也是古代在华北大量生息过的，现在都已不见了。廌可能因字形的演变（小篆：廌 、鹿 ），使头部看起来有点像歧角的鹿，所以被误会为像鹿的神兽。

成年的越南色拉兽

写书的机缘

某一次系务会议，系主任要求教授们多开一些有趣味及通俗性的课，以便吸引较多的大学部学生来选课。我觉得中国的象形文字可以反映创字时代的生活环境、使用的工具、生活的方式，甚至是处理事务的方法和思想概念等，如想探求古代社会的一些具体情况，分析古文字所得的信息应该会有莫大的启示。尤其是中国的古代文字以表意为主，不但字数多，其涵盖的范围也远较其他的古文明广泛。于是提出开课的计划，当 1980 年开始上课时，学生只有 12 人，华裔洋人各半。不想开课一两年后，来选的华裔学生大大超过本地生。要求选修此课程的学生，一下子跳到 50、100、200，但我都限定人数为 35 人。我想，这个课在加拿大受欢迎，说不定也可介绍到台湾来。于是我探询出版中文版的可能性。商务印书馆于 1988 年 9 月出版中文版后不久，1991 年韩国的洪熹先生译成韩文，由东文选出版。1993 年韩国岭南大学的中国研究室也集体合作翻译成韩文。之后，材料又继续有所增加，有些看法也较成熟，于 1995 年出修订版后。2007 年北京的中国人民大学出版社也认为值得介绍到大陆来，又稍加修订而以简体字发行。想不到一时的起意，《中国古代社会》竟成了自己销售最多的书，共有两个英文本，四个中文本，两个韩文译本。

世新大学兼课，简明中国文字学

我到世新大学中文系兼课两小时，教二年级的文字学，就得准备课纲，写讲义。后来台湾大学中文系也要我教文字学。因此就把计算机打印的书稿影印出版，名之为《简明中国文字学》（学海出版社，2000），我教文字学的内容与一般的教授有异。我在大学的时期就常对《说文解字》的解释感到疑惑，随着年岁的增长，知道《说文解字》所据以解说的字形，因为流传时代久远，字形常有讹变，所以解说得不清楚。如要真正了解一个字的创意，所根据的字形越早就越适当。所以就尽量依商周时代的甲骨或金文的字形来解说创意。尤其是领悟到早期的文字，创意多与古人的生活经验有关，所以常根据古人生活的观点去作解释，不太纠缠于旧的说解，因此用"简明"表达其旨意，有人说这是新文字学。不想中华书局也有意出版台湾地区的著作而派人来台向我交涉出版事宜，又可以让更多人读到这本书了。（《简明中国文字学》，中华书局，2009）

教中华古文物、古文物导览、文物小讲

有一次酒宴中坐在世新大学通识课的主任赵庆河教授的旁边，谈到我在加拿大皇家安大略博物馆远东部工作了 30 年。赵教授就问说我一定对古文物有些认识，我不否认知道一点。他问我可不可以到世新大学兼课，我随意说有何不可。后来接到赵教授的电话，说课程已然通过，也排上了。

我只好赶快编写教材。我讲文物课的方法是以器物的类别分章节，依年代作纵向的介绍，又选出某些精品件作比较详细的说解。我讲一件文物的社会背景，也往往配合古文字与经典、考古、民俗等信息讲一些题外话，和一般的考古报告很不同。有一位在出版社上班的学生，向主编推荐我讲课的内容有趣，值得出版。我先把一些讲课的内容写出来，让主编参考。和主编见了面，决定了版面的大小与格式，每篇字数的多少，总共写几篇等具体的内容。但后来却因版税问题，我不接受出版。后来另一出版社向我征求甲骨文的稿件，我手头没有立即可以提交的稿件，所以以这个稿件应付。出版社老板竟然答应愿意出版，版税没问题，而且还可以用最昂贵的铜版纸全色套印。于 2006 年 6 月出版了《中华古文物导览》。不久，中国人民大学出版社也觉得此书写作的方式很新颖，和一般文物的介绍有不一样的风格，值得介绍到大陆来，就以简体字出版，并把书名改为《文物小讲》（2008）。

无心插柳柳成荫，部落格（博客）写文字小讲

我参加了一个大学退休者的转转会，轮流做东，每星期聚餐一次，餐后聊天。成员中，赖永松先生、杨惠南教授都在网络上架设部落格写文章。赖兄的网站叫"一日一言"。杨兄则有四个站，分别就新诗、哲学、佛学及时事发表文章。有一天我做了个梦，梦到赖兄拿来一堆文稿要我写序，打算出版。其文稿图文并茂，这是我把他的文章和杨兄的画作在记忆中混合在一起了。我清楚地记忆用甲骨文的强字去形容赖兄的散文及短诗简短有力，因此就把梦境记载下来，贴到赖兄的网站。不想引来好几个响应，直说中国文字很有趣。在我做了几次响应后，有几位网友建议我干脆也辟个有关文字的网站，甚至热心地帮我取名字，帮我设计版页及建构网站的一些技术问题。我也就开始经营这个名为"殷墟书卷"的网站。开始时大致是一周写一篇，用一千一百字去介绍一个字，常常要构思好多天才写一篇。后来由于内人罹患失忆症，家中乏人照顾，我打算永久回加拿大长居了，没有心力再持续写下去，所以就任由部落格荒废了。有一天我突然心血来潮，自己花了时间写的文章，不出版太可惜。就把它给寄到台湾商务印书馆，试试能否被采用。想不到很快就被印出来，而且七个月后就再版了。（《文字小讲》，台湾商务印书馆，2014）

后 记

自 2013 年初开始，受张桃洲教授和孙士聪副院长的委托，教务处主办、文学院承办的"燕京论坛"的具体工作由我们三人开始承担，大致分工如下：语言学、文字学方向由陈英杰负责，古代文学方向由刘尊举负责，文艺学、现当代文学及其他方向由胡疆锋负责。2014 年度我们和其他老师一共邀请了海内外的近 30 位专家学者，论坛议题延续了以往的传统，聚焦于文化的传承与担当，关注社会文化热点。

同以往一样，这一年度的论坛的顺利进行，离不开王德胜教授及其教务处同仁如马啸老师、刘昕老师的大力支持和协助，离不开方敏教授、石长地馆长率领的图书馆团队的积极配合，在此特别表示感谢。论坛各种工作的展开得到了文学院的马自力教授、牛亚君书记、左东岭教授、吴相洲教授、王光明教授、冯新华副院长、齐军华副教授、凌燕副教授、孙晓娅副教授、艾尤副教授、黄华副教授、陈继华老师、张安琪老师、黄翠华老师等领导、专家和老师的关心和指导，他们为论坛联系专家，为论坛的组织和宣传奉献了宝贵的时间，也让我们感佩不已。

相关专业的研究生参与了录音整理，本文集的出版离不开他们的热情参与和付出。这里一并致以谢忱。

最后感谢宋月华女士为本书出版所做的辛苦而细致的工作，也感谢社会科学文献出版社的责任编辑吴超先生的辛勤付出。

2016 年 6 月

图书在版编目（CIP）数据

燕京论坛. 2014 / 首都师范大学文学院编. -- 北京：
社会科学文献出版社，2017.1
ISBN 978 - 7 - 5201 - 0005 - 2

Ⅰ.①燕… Ⅱ.①首… Ⅲ.①社会科学 - 文集 Ⅳ.
①C53

中国版本图书馆 CIP 数据核字（2016）第 299164 号

燕京论坛 2014

编　　者 / 首都师范大学文学院

出 版 人 / 谢寿光
项目统筹 / 宋月华　吴　超
责任编辑 / 宋淑洁

出　　版 / 社会科学文献出版社·人文分社（010）59367215
　　　　　　地址：北京市北三环中路甲 29 号院华龙大厦　邮编：100029
　　　　　　网址：www. ssap. com. cn
发　　行 / 市场营销中心（010）59367081　59367018
印　　装 / 三河市尚艺印装有限公司

规　　格 / 开　本：787mm × 1092mm　1/16
　　　　　　印　张：25.5　字　数：425 千字
版　　次 / 2017 年 1 月第 1 版　2017 年 1 月第 1 次印刷
书　　号 / ISBN 978 - 7 - 5201 - 0005 - 2
定　　价 / 99.00 元